A Life History Manifesto

生活史宣言

ライフヒストリーの社会学

有末 賢

Ken Arisue

慶應義塾大学出版会

目次

第Ⅰ部　現代社会学と生活史研究

第五章　〈意味の社会学〉と生活史研究　151

第六章　生活史における記憶と時間　175

序　章　生活史宣言の意図

第一節　マニフェストの意図

「生活史宣言」とは、ずいぶん大上段に振りかざしたタイトルになってしまったが、意図していることは、生活史（ライフヒストリー）という手法、視点、分析などを再評価したいという一点である。現代社会学や文化人類学などの領域においては、むしろ最近は「ライフ・ストーリー」という呼び名の方が一般的となっている。桜井厚や小林多寿子などの業績によるところも大きいが、国際的に言っても、ＩＳＡ（世界社会学会議）研究委員会38（Research Committee 38）の"Biography and Society"（「伝記と社会」）の公式機関誌は、かつては"Life stories/Récits de vie"であったし、歴史学を中心とした"Oral History"と区別していく意味でも、社会学や文化人類学においては、ライフ・ストーリーの用語を使用していく方が妥当であると思われる。

しかし、それにもかかわらず、私はあえて「生活史宣言」をしたかった。「生活史」という言葉に対して、何よりもなじんでいるし、日本語の文脈において使用していく際に、あえて外来語を使用しなければならないとは考えなかった。中野卓編著『口述の生活史』（御茶の水書房、一九七七年）が発刊されたのは、著者がちょうど大学の学部を卒業した年であった。大学院の修士課程で社会学を真剣に学んでいたとき、「こんな研究も社会学で許されるのだ」と思ったことを今でもよく憶えている。それ以来三五年間、都市・地域社会学を一方の専門分野としつつ、もう一方で、この「生活史研究」を追求してきたわけである。

今回、一〇年前（二〇〇二年）に慶應義塾大学大学院社会学研究科に提出し、博士学位を授与された『生活史の社会学―その方法と課題―』を一部改稿し、新たな章を書き下ろして、ここに『生活史宣言』として刊行することにした。本来は、博士学位取得後数年のうちになされるべき公刊が一〇年後になってしまったのは、二〇〇三年に起きた身内の不幸も一因としてはあるが、やはり著者の怠慢のせいなのである。

「生活史宣言」においては、まずシンプルな言明において、生活史研究の意義を読者に理解していただきたいと願っている。その意味で、マニフェスト（宣言）という形式によって、提示していきたい。

「生活史宣言」とは、第一に、人間の全体性、総合性、（自然界に対する）相対性を重要視しながら、哲学や形而上学よりは具体的な日常生活の歴史的、モノグラフ的様相を記述していくことに徹していく。第二に、生活史宣言とは、個人の当事者性や調査の立場性に留意し、調査者と被調査者との間で構築されていく対話的インタヴューを重視していく。しかし、ライフ・ストーリーの物語性や社会的構築の要素を考慮しながらも、生活史における事実や証言の要素に最も重点を置いている。「フィクション」であることや「虚構」であることを前提とするのではなく、「歴史的事実」であることを前提としつつ、フィクションや物語の虚構性も含むこともあるという点を考えていかなければならない。生活史宣言の第三は、「語り得ないこと」「語らないこと」の重要性を主張する。つまり、生活史研究や生活史の分析が、語られたことや、言説の解釈や分析だけに焦点が絞られてしまうと、第一の特徴でもある、人間の全体性、総合性が隠されてゆく可能性がある。むしろ、人間の記憶、語り、沈黙、表情、感情、表象文化などすべてにわたって生活史が活き活きと描かれることを目指している。その意味で、「語り得ないこと」「生と死」「死者たち」といった「語り」だけからは解釈、分析が無理であるような状況を考える必要がある。それは、L・ヴィトゲンシュタイン（Ludwig Wittgenstein）が「語り得ないことについては、人は沈黙しなければならない」と言った重みのある命題を心に据えて、言語ゲームや言説分析を行う〈モダン〉と〈ポスト・モダン〉の両方の姿勢が要求されているということである。

二一世紀の現代社会において、個性ある人間像が要求されているが、その「個性」と「時代状況」は、生活史を媒介として結び付けられる。だからこそ、現代において「生活史宣言」が必要なのである。

第二節　生活史の社会学的研究の意義と課題

ライフヒストリー研究は、社会学のみならず多くの人文科学、社会科学において今までにも、さまざまな角度から資料収集され、記述され、研究され、議論されてもきた。しかし、それでも一九七〇年代以前にさかのぼると、社会科学の分野では、社会調査の歴史において、むしろ否定的な題材、すなわち、非科学的で規則性や法則性を見出すことは困難である、という見方が一般的であった。やはり、この四〇年ほどの研究の蓄積、方法論の議論、理論的関心や学際的研究交流によって、著しく発展してきた分野であるといえる。

私は、大学院在学中から、一方において、都市社会学、地域社会論を専攻しながら、もう一方で理論社会学、社会学研究法、社会調査論などにも関心を払い、この「生活史」という分野を、社会学において一定の領域として確保していきたいと考え、今日まで研究を続けてきた。そこで、今回、今まで発表してきた研究業績を土台として、新たな構想の下で、『生活史宣言』を完成させたいと考えたわけである。ライフヒストリーの訳語としての「生活史」は、むろん、個人の一生（生涯）を対象とした個人中心的アプローチによって成立している。しかし、日本語の「生活」の意味には、集合的な意味での衣・食・住生活や物質文化、生活水準や家族、地域社会などの日常生活など、非常に広範な意味が込められており、必ずしも「個人」だけに限らずとも、「村の生活史」や「都市の生活史」、「女性の生活史」などが存在しうるわけである。もちろん、本書の主要な内容は、個人生活史を扱うことであり、集合的な意味での「生活文化」や「生活構造」は、単に比較の対象として考察するにとどめるが、社会学が生活史研究を行っていく際に、避けては通れない課題であると思われる。

従来、生活史研究は、主題的に興味を持たれるか、方法的に関心を払われるか、二つの方向に分裂しがちであった。つまり一方で「こんな人間もいる」というようなユニークで、珍しい体験や生き方や「語り」を収集し、それを味わい、楽しむという「読み方」であり、また有名人の伝記（biography）に対する興味も、この延長線上にあるものと思われる。それに対してもう一方で、社会学研究法として、口述の生活史（oral life history）や聞き書き、また日記や手紙、手記などを利用した事例の収集に対して、「質的調査法」対「量的調査法」の二元論に収斂するきらいがあり、社会調査史上でもしばしば「対立の構図」を形作ってきた。しかし、生活史に対してこのように一方的に見ていく視角（perspective）ではなくて、もっと複合的、重層的な視角があっても良いのではないかと思われる。主題と方法とは交錯しながら、多種多様な展開を示すことになる。そして、私が本研究で主要な関心としたのは、「社会学の研究方法論」の問題である。

もちろん、第Ⅲ部の「生活史の応用と解釈」においては、私自身が調査・研究している移民の生活史やある男性のライフヒストリーとアイデンティティ論が展開されるが、これは「主題」としての生活史の一部ではあるが、しかし、全面的に「主題」を追求し、展開したものではない。社会学的な研究として展開するための「方法」を充分に意識した「主題」であり、その意味でも複数の「主題」が扱われている。また、第Ⅰ部の「現代社会学と生活史研究」において、都市社会学、家族社会学、生活学、生活構造論、民俗学などが登場してくるが、これも学問の全体像や膨大な内容をすべて盛り込むつもりは毛頭ない。それらの「方法論」において、共通する「生活史法」を取り出すことによって、現代社会学の理論、方法論、認識論の課題を追求していきたいと考えているのである。

生活史研究は、その最も中心的な研究関心として、「主体の意味」の問題を扱うことになる。つまり、ライフヒストリーの作品においても、生活史調査の過程においても、また、生活史を解釈する場合でも、「意味解釈」の問題は常に重要な位置を占めている。私は、質的社会学（Qualitative Sociology）というカテゴリーにおいて、生活史の意味論を考えている。この中には、質的データ論、質的調査論、質的分析論の三つの分野が含まれるが、質的データとしては、生活史データを含む質的資料（データ）の分類やデータ収集、データの扱い方などの方法の議論が展開される。また、質的調査論としては、「生活史調査の意味論」として、インタヴューや調査者―被調査者関係、モノグラフ法と作品化のヴァリエーション、また調査のバイアスやジレンマについても、検討される。さらに、質的分析論としては、「生活史における記憶と時間」の問題を考察し、インタヴューや自伝の問題などを記憶と時間と「語り」に焦点を当てながら分析している。

このように一九七〇年代以降、生活史研究がさまざまな分野で試みられ、ライフヒストリー調査や事例の収集、膨大な量の「テープ起こし」がなされ、研究業績の一つとして認められつつあるわけだが、しかし、現在でも、個別社会学の調査データの一部としてしか、評価されなかったり、膨大な作業量の割には、分析手続きや結論が貧弱なものも多い。生活史調査や生活史データは、それぞれの特色を生かして、分析視角を「主体の意味」の地平にまで展開していくべきではないだろうか。第Ⅲ部では、私自身が継続している生活史調査として日系ペルー人の女性や家族のライフヒストリーと、竹大工師でトカラ列島の平島への「こだわり」を持ち続けている稲垣尚友氏という男性のアイデンティティの「揺らぎ」について、できるだけ「意味の地平」から論じていこうと考えている。「主体の意味」とは、すなわち、調査者・研究者の側からも主観が登場してくるわけで、再び研究における「客観性の問題」も浮上してくることになるのである。

「生活史宣言」の目的は、生活史研究を社会学の方法と理論の下で検証し、現代社会学の視角を生活史研究を含む質的社会学の方法で拡大していくこと、である。社会学の方法と理論と言っても、もちろん現代社会学の理論や方法論には、相当な相違や対立および多様性が存在している。構造＝機能主義のシステム論や構造主義、ポスト構造主義、マルクス主義、構造主義的マルクス主義、フランクフルト学派の批判的社会学、現象学的社会学、シンボリック相互作用論、エスノメソドロジーなど、数えあげればきりがないが、生活史研究との関連では、やはりマクロ理論よりはミクロ理論を参照した。特に、A・シュッツ（Alfred Schütz）やP・L・バーガー（Peter Ludwig Berger）などによる現象学的社会学における「生活史的状況」や「バイオグラフィカル・アプローチ」などの概念は、理論と方法論の双方の観点から非常に有益である。また、「質的社会学」の方法とは、歴史学（特に社会史）や文化人類学、精神分析学、文学批評（特に「物語論」）などの人文諸科学の成果を取り入れながら、質的データ、質的調査行為、質的分析の方法を模索し、そして実際にライフヒストリーの事例を収集し、記述し、解釈してみることから始めている。この研究では、文献研究、歴史研究、フィールド・ワーク、社会調査、意味解釈などのさまざまな方法を総合していく、という複合的、重層的な方法が採用されている。

社会学の方法論や調査法の議論の中で、生活史の方法についての議論はまだ始まったばかりと言える。生活史（life history）とは、「基本的には、個人の生涯を社会的文脈において記述したもの」を指している。その意味で生活史の方法論とは、佐藤健二が述べているように、「フィールドとしての個人」、「生活」の意味と対象化、そして「口述」の方法性としての現在性・主体性・現場性などに関連してくる研究の位相を持っている。確かに社会調査としての生活史法が語られるとき、従来から「統計的研究法」対「事例研究法」、「量的調査」対「質的調査」という安易な二項対立の図式に当てはめてしまいがちだった。しかし、生活史が含意している方法としての意義は、もっと複合的、重層的なものである。例えば、「個人」を捉えるという視点は、方法論的個人主義を前提とした、質問紙調査においても共有されているはずであるし、フィールド調査の現場性や生活構造、ライフ・サイクルなどの「私的生活」にまつわる調査項目のうえでも、統計的研究法と共通の土壌が存在している。しかし、生活史調査が目指しているものは、それらの総合性や過程性、重層性をモノグラフとして記述していこうとする点である。

モノグラフ法とは、個別の調査対象の中に社会的・文化的総合性、複合性、全体性を盛り込む形で単一の事例（ケース）を綿密に検討して、要因関連を示していくという方法である。生活史調査の場合には、個人のライフヒストリーを詳細に聞き取ったり、書いてもらったりする中から、個人の行為、相互行為、関係性、感情などを総合的に理解するという形式をとる。複数の個人や集団を対象としなくても、事例の意味は個人のライフヒストリーそのものの内側から照らし出されなくてはならないのである。したがって、生活史調査の場合はある意味では、伝記研究（biography studies）とも関連している。文学やノン・フィクション、ジャーナリズムなどにおいて多くの蓄積をもっている伝記研究のジャンルでは、人間の内面的な精神史や個性の形成が主題となっている。しかし、伝記が既に「功成り名遂げた」人物に焦点を当てているのに対して、生活史の方は、社会的人間としての「誰でも」、その対象者として考えている。つまり、有名人ではない「庶民」に光を当てているということである。その点では、調査票を用いた社会学的な他の調査と連続線上にある。しかし、個人のライフヒストリーを詳細に理解していくという過程においては、伝記研究の方法ともつながっているのである。ここでは、biography をライフヒストリーとの関連で、「個人誌」と訳しかえてみたい。

民族学や文化人類学においては、民族誌（ethnography）という方法が定着している。アメリカの人類学者C・ギアツ（Clifford Geertz）は、イギリスの哲学者G・ライル（Gilbert Ryle）の表現を借りて、「薄い記述」と「分厚い記述」の対比を示しながら、民族誌の記述の目的をこれらの中間に見出そうとしている。確かに、民族誌の目的は、特定の人間集合単位（民族、地域、職場など）に見られる社会・文化現象の記述であるから、対象者自身の言葉や行動の中から描き出すという方法が採用されることが多い。このようにモノグラフ法としての生活史は、バイオグラフィとしての個人誌とエスノグラフィとしての民族誌の中間に位置しているように考えられる。

現代社会学は、個人の行為や関係性、集団の規範や規制、国家と国際社会など大きな転換点に立っている。近代社会が前提としていた家族や地域社会、学校教育などにおける「社会化」の機能や、小集団や中間集団などの「社会」としてのまとまりは、一方における私化（privatization）現象と他方における地球社会化（globalization）の社会変動の影響を受けて、弱体化しつつあるように思われる。二一世紀の「情報化社会」のイメージは、時間と空間を伸縮しながら、個人と個人が情報のメディアを通じて、ネットワークを結んでいく、というものであるかもしれないが、その一方で、私化（プライバタイゼーション）と地球社会化（グローバリゼーション）が、近代国民国家や社会の意識を確実に変えてきている。そして、個人の「生き方」そのものに、社会的属性であると同時に個人的属性でもある、ジェンダー、セクシュアリティ、エスニシティ、階級性などが剝き出しに現れ始めている。

一九七〇年代以降、生活史研究が世界各国で興隆し、ジェンダー、フェミニズム、エスニック・マイノリティなどの新たな社会学的研究の有力な「研究方法」として脚光を浴び、徐々に確立してきたのも、故ないことではない。つまり、従来の家族の中の個人、地域社会（community）の中の個人、学校・職場の中の個人といった、標準化された質問紙などによる社会調査の場面では、もはや「個人」の総体的な「意味付け」が埋もれてしまう、という危機感である。しかも、ジェンダー（女性）やエスニシティなどマイノリティとして、差別や迫害を受けてきた経験は、支配的な歴史においては、記録されることもなく、文字化されることもまれであった。したがって、口述史（oral history）や生活史（life history）によって、語られ―聞き取られることが、彼らのアイデンティティの確保や自らの存在証明の記録ともなっていったわけである。社会学の調査者・研究者にとっても、自らの研究関心からも、ライフヒストリーなどの質的な調査法は、その研究対象と方法の両視点からも、最適であると考えられたのである。今後、個人の「自己決定」と「自我―他我」論、「重要な他者」論など、さまざまな場面で生活史法は、社会学的、文化人類学的な研究方法の重要な一つとなっていくものと考えられる。このように、ジェンダー、セクシュアリティ、エスニシティなどの個別の社会学的研究にとって、生活史の活用と解釈・分析の問題が今後の課題ともなっているわけである。

第三節　先行研究の概括

「生活史研究」（a study of life history）という分野は、しばしば多義的で、広範かつ曖昧な意味を含んだ領域として考えられている。もちろん、その研究の流れには、一定の歴史もあり、背景や影響力も拡大しているのであるが、未だに定義や概念枠組、モデルや理論の問題となると、確定されたものは乏しい。

生活史の社会学的定義としては、『新社会学辞典』（有斐閣、一九九五年）によると、以下のような記述がみられる。「基本的には、個人の生涯を社会的文脈において詳細に記録したものをさす。しかし、日本語で『生活史』という場合、歴史学・民俗学の分野などから、集団や地域全体の『生活の歴史』という意味で用いられることもある。英語におけるライフ・ヒストリーは、個人の一生（人生）を個性記述的アプローチによって描いていくことをさしている。したがって、生活史という概念は、ライフ・ヒストリー、個人史・事例史、個人的ドキュメント、ライフ・ストーリーなどの関連概念や派生概念を含む包括的な概念である。」（項目執筆者：有末賢）。ここにも見られるように、生活史という概念は、さまざまな概念の多層的、重層的な視角の上に成り立っている。

生活史の手法そのものは、社会学に限らずさまざまな分野で比較的古くから活用されてきたが、研究方法として意識的に導入されだしたのは、一九二〇年代からと考えられる。社会学および社会心理学などの領域で、そのような意味で研究法の画期をなしたとされるのは、W・I・トーマス（William Isaac Thomas）とF・ズナニエツキ（Florian Znaniecki）の『ヨーロッパとアメリカにおけるポーランド農民』（一九一八〜二〇年、第二版一九二七年）の出現であった。この『ポーランド農民』に使われた個人の生活記録は、五〇組の家族の手紙と、一人のポーランド人移民（ウラディック）に書かせた自伝である。そして、内容的には、方法論ノート、ポーランド農民社会と移民のアメリカでの社会的解体・再組織化を扱ったモノグラフの部分、そして自伝の資料編などに分かれているが、必ずしも生活史資料と方法論とが整合的に整理されているわけではなかった。

しかし、このトーマスとズナニエツキの研究に刺激されて、一九二〇年代から三〇年代にかけて、R・E・パーク（Robert Ezra Park）およびE・W・バージェス（Ernest W. Burgess）に先導されたシカゴ学派（Chicago School）の人々が、社会調査法としての生活史法を積極的に取り入れるようになったのである。人間生態学（Human Ecology）の旗の下で、社会踏査法（survey）や参与観察法（participant observation）とともに生活史法をも活用しながら、都市のスラムやゲットー、ギャング集団、非行や犯罪研究、社会病理の研究などを展開していった。例えば、C・ショウ（Clifford R. Shaw）の代表的な研究『ジャック・ローラー』（一九三〇年）においては、非行少年スタンレー自身の話や彼によって書かれた生活記録に対して、詳細な注記や犯罪学的なコメントが付されているのである。

このような一九二〇年代から始まった生活史研究の第一期は、文化人類学においても、有名なP・ラディン

(Paul Radin) の『雷鳴』(一九二六年) などのように、方法論的発展とは別に資料の蓄積がなされた時期として位置付けることができる。そして、一九四五年までに、生活史研究の位置付けと評価がさまざまな分野でなされた。アメリカ社会学における生活史研究の概観は、社会科学調査評議会 (Social Science Research Council) の委託を受けた一連のレポートから、うかがうことができる。社会心理学の分野では、G・W・オールポート (Gordon W. Allport) の『心理科学における個人的記録の利用法』(一九四二年)、トーマスとズナニエツキの『ポーランド農民』に対して、H・ブルーマー (Herbert Blumer) の『社会科学における調査の批判』(一九三八年)、また歴史学、人類学、社会学の分野では、L・ゴットシャーク (Louis Gottschalk)、C・クラックホーン (Clyde Kluckhohn)、R・エンジェル (Robert Angell) の『歴史学・人類学・社会学における個人的記録の使用』(一九四五年) などが出され、またバージェスも「社会学研究法」の中で、生活史法を生物学における顕微鏡の役割になぞらえて、「個人を中心にしたコミュニケーションの記録」の重要性を指摘している。

二〇世紀前半の形式社会学や社会行動主義から影響を受けたシカゴ学派の研究者たちによって、生活史研究が社会学の中に取り入れられていったわけである。二〇世紀前半の、特にアメリカ社会では、多くの移民や都市化、コミュニティの解体、社会病理現象などさまざまな問題が多発していた。そうした中で、人間の「生き方」そのものに焦点を当てる生活史研究が社会学、社会心理学、文化人類学などで始まってくるのも、それなりの理由があったのである。しかし、こうした初期生活史研究の勃興も、結局、第二次世界大戦後、一九六〇年代までは、社会学の科学化、計量化の流れの中で衰退していくことになる。戦後の社会科学、特にアメリカ社会学の流れでは、行動科学 (Behavioral Science)、構造＝機能主義 (Structural=Functionalism) の隆盛に伴って計量的、大量調査の手法が圧倒的になり、個人的生活記録の事例を収集する質的調査法はあまり省みられなかった。社会調査法としてだけではなく、理論や学説の上でも、戦後の社会科学の中で重要な位置を占めてきた構造主義、機能主義、マルクス主義、批判理論、システム論などにおいては、いわば「誇大理論」（Grand Theory）が中心となっており、個人の相互作用や小集団研究などのミクロの分野においても、行動主義の心理学や認知論、測定論などの行動科学が主流であった。

社会調査法と社会学理論の動きの相互関連を考察しようとしたG・イーストホープ（Gary Easthope）は、『社会調査方法史』（一九七四年）の中で、この衰退の理由として、「第一に、生活史は独特な資料であったが、社会生活の規則性を探し出すことはできなかった」点と「第二には、生活史法によって得られる資料を、他のより簡単な方法によって引き出し得ることが示されたから」という二点を挙げている。いずれにしても、文化人類学における O・ルイス（Oscar Lewis）の『貧困の文化』（一九五九年）や『サンチェスの子供たち』（一九六一年）などの独自な著作を除いては、一九四五年から一九六〇年代までの第二期は、生活史研究の衰退期として位置付けられるように思われる。

そして、一九七〇年代から現在に至るまでが、いわば第三期として、生活史研究の再興期に入っているように考えられる。この意味で、ヨーロッパを中心とした、ＩＳＡの中の「伝記と社会」研究委員会の活動は、一九七〇年代以降のライフヒストリー・アプローチの隆盛に大いに貢献している。この時期には、生活史の事例の収集だけにとどまらず、質的調査法や調査行為、調査の倫理問題にかかわる研究方法論、あるいは個人の「アイデンティティ」や「日常意識」などにかかわる精神分析学や現象学との接点、さらには社会変動の担い手としての個人の役割などさまざまな方向が模索されてきている。

このように、生活史研究と現代社会学を結び付けていく理論としては、現象学的社会学、シンボリック相互作用論、エスノメソドロジーなどの、いわゆる「主観性の社会学」だけにとどまらず、解釈学、記号論、精神分析、フェミニズム理論、文化的マルクス主義、文学批評、ポスト構造主義（ディコンストラクションおよびディスコース論）など多種多様な理論や思想が存在しているのである。その意味では、「人間の生」そのものを、現代社会においてどのように作品化していくのかという課題が、生活史研究を通して、現代社会学の学説自身にも問い直されてきているといえるかもしれない。個別、具体的なライフヒストリーやバイオグラフィを通して、「社会」を位置付け直すという課題がそこにあるわけである。

第四節　生活史の「個性」と「時代性」

1　〈等価性の世界〉

蔭山宏は、『ワイマール文化とファシズム』（一九八六年）において、「ワイマール文化の一断面――〈等価性の世界〉の概念――」という興味深い考察を提起している。「〈等価性の世界〉とは、わかり易く言えば、モーツァルトの音楽とジャズが、流行歌手とマルクスが等価的なものとうけとめられる心的、精神的世界、すなわち従来異質の精神的秩序に属し、決して等価であるとはされていなかった諸事象がそれ固有の質を主張しえなくなっている精神的世界のことである。」[(1)]と述べられている。蔭山は、この他にも〈等価性の世界〉の両義的意味や〈等価性の世界〉への一体化やそれをのりこえようとする動きとの緊張関係についても言及しているが、ワイマール文化の思想世界が投げかけている「志向性の影」（西郷信綱）[(2)]を受け止めるのに適した原状況が、一九六〇年代以降の欧米や日本にも同じ〈等価性の世界〉として現れていると指摘している。そして、P・ゲイ（Peter Gay）の著作『ワイマール文化』（一九六八年）発表以前について、「まだ個別的、散発的にしか関心をえておらず、固有の意味におけるワイマール文化の実在性が十分に自覚されていたとはいいがたい。作品として結実したワイマール文化というよりも、作品をうみだすにいたるまでの知的実践の過程にきざみこまれている同時代性が、小稿に即して言うと、〈等価性の世界〉という原状況の受け止め方とそれへの対応（作品形成）のはらんでいる同時代性が、その緊張関係において十分了解されてはいなかったのである。[3]」と述べている。

従来から社会思想史、あるいは政治思想史の世界では、「誰々の哲学」、「〇〇の思想」というように、哲学者、思想家、政治家「個人」の思想を対象としてきたが、この〈等価性の世界〉以後は、個人と時代性、個性と同時代性が両義的に重なり合いながら、登場している。『ワイマール文化とファシズム』においても、主要には「保守革命」論が扱われているが、ワイマール文化の担い手たちは、マックス・ヴェーバーからキャバレー文化のマレーネ・ディートリヒまでが含まれる。このような社会史的、生活史的考察は、思想史から出発した考察であっても、私のように社会学的考察から出発しても、狙っているところに、それほどのずれはなく、同じ対象物にぶつかっていくのである。それこそが、「個性と時代性」という課題である。「ワイマール文化の作品や作品形成」という蔭山氏の研究課題とは異なるが、個人の生活史、社会学的「個人」の作品としての「ライフヒストリー」「ライフストーリー」という研究課題は、やはり「個性と同時代性」という課題と格闘することになるのである。しかも、一九二〇年代の「都市大衆文化状況」は、私のもう一つの研究課題である「大都市構造」や「都市的生活文化」とは言うまでもなく重なり合っているが[4]、さらに「生活史研究」とも重なっているということをこれから示していきたい。以後、「ライフ」の意味変化、オーラリティの意味、歴史的事実と社会的構築、生活史調査の主題と方法、記憶論と表象論、近代という時代性などの文脈において検討していきたい。

2　「ライフ」の意味変化

蔭山の言う〈等価性の世界〉と社会学理論における「等価機能主義」（ルーマン）[5]とは同じではないのだが、しかし、ある種の「同型性」がそこに存在しているように思われる。T・パーソンズ（Talcott Parsons）を中心とした構造＝機能主義が、構造から見た「機能」で世界を説明していたのに対して、N・ルーマン（Niklas Luhmann）は、構造に付随しない「機能」、つまり、個人の行為選択における「等価機能性」に着目して、機能の等価性を主張した。この観点からすると、ルーマンは、一九六〇年代以降の現代世界における〈一義性の世界〉の崩壊という状況と深く結び付いていたわけである。ルーマンは、現象学や一般システム論などから複雑性や不確定性に満ち溢れた「世界」を説いていくが、その際に、自己言及やオートポイエシス（自己組織性）の概念が鍵となってくる。つまり、自己を取り込むシステムは、一義性から離れ、常に相対化の作用を及ぼすのである。〈等価性の世界〉は社会的世界においては現実的であり多義的でもある。このことと、「ライフ」の意味変化とは重要な結び付きがあるものと思われる。

生活史（ライフヒストリー）の「ライフ」については、従来から多様な意味が込められてきた。生命・生存・生活・生きる・生など全体的・総合的意味から、衣・食・住生活や、家族・家庭、労働・職場、都市・農村・地域、医療・病などさまざまな社会生活に分割される細分化されたライフの意味まで含まれるものと思われる。日本語での「生活史」の意味は、生活水準史や生活経済史の意味でも使用されてきたが、ライフヒストリーは、主に個人の一生、生涯についての歴史という意味で使われている。しかし、近年はライフに対して、ライフ・スタイルやライフ・プラン、ライフ・ステージなどライフの意味が人生行路の選択にウェイトを置いた意味で使用されることが多くなってきた。このことも、〈等価性の世界〉と無関係ではないように思われる。なぜならば、〈一義性の世界〉が徐々に崩壊し、生の選択肢が徐々に拡大してきた点が、「戦後世界」の大きな特徴であるからである。そして、戦争や飢饉などによる「大量死」の時代を経て、少産少死の時代へ、そして平均寿命が大幅に伸びてきたことも、〈等価性の世界〉への扉を開けた要因である。

ライフの意味変化は、生の選択肢の多様化をもたらした一方で、切迫した生命の危機や〈死〉の問題を遠ざけてきた。このことは、生活史（ライフヒストリー）が「ライフ」の多様性に焦点化されてきたことと無関係ではない。ライフヒストリーを語る上で、C・クラックホーンとH・A・マレー（Henry Alexander Murray）が「どのような人間でも（A）他のすべての人々のようである、（B）他のある人々のようである、（C）他の誰のようでもない。」[6]と述べているように、（A）は一般化を目指しており、（B）は集団や国家や民族などの社会集団の中の人間像を目指している。それに対して、（C）はある個人の特殊性、つまり、個人の多様性を目指す意味でライフヒストリーの典型であるように考えられている。しかし、生の個別性や特殊性だけに目を奪われると、生の全体性や一般性、生と死のサイクルなどの課題を見失う恐れも考えられるのである。生命や「いのち」の問題、自然や地球環境などの総合的な問題が今日の課題として登場してきたわけである。

3　口述とオーラリティ

次に生活史研究における「口述とオーラリティ」について考えてみたい。社会史はともかくとして、思想史において「口述」やオーラル・ヒストリーが扱われることは、ほとんどないだろう。それは、思想史が扱ってきた思想家、哲学者は文字を書き残し、書物を遺している場合が多いが、生活史は、自伝や日記が資料としてあったとしても断片的で口述の「聞き書き」やインタヴューによる「オーラル・ヒストリー」が主要な方法となっているからである。口述やオーラリティの特徴について、改めて考えてみたい。第一に、文字に残されない歴史、あるいは、文字を知らない人々の「語り」による伝承という意味である。柳田國男が、口承伝承による民間伝承を「もうひとつの国学」として位置付けたわけであるが、確かに口述による文化の「伝承」の意味も存在している。アイヌや沖縄などの離島の文化においては、口述が伝承文化の基礎となっている場合もある。第二には、文字を知っている人々、識字率（リテラシー）の高い文化・社会においても、普通の人々にとって生活史や自伝は、書き残しておくものとは考えられていない。自分自身の経験も多くの人々が経験していることで、あえて記述する価値はないと思ったり、文章力に自信がなかったりという理由で、文字や書物に残されることはまれである。このような意味で、口述やオーラリティは、インタヴューを行う調査者による対話的インタヴューの役割が重要でもある。つまり、インタヴュアー（調査者）は、語り手（インタヴュイー）との相互作用の中からオーラル・ライフヒストリーを紡いでいくことになる。どのような質問の仕方をしたら良いのか？　肯いたり沈黙したり、ある時は相手の言うことを否定したり、それらの連続によって、語り手の口述が作られていくのである。オーラリティの意味の三点目は、逆から見ることになるが、語れない、語り得ないことがあるということである。つまり、個人の生活史において、「語り得ること」と「語り得ないこと」が区別される。調査者や聞き手との関係性や相互作用によって、文字に残されていないライフヒストリーやライフ・ストーリーが語られることはあるが、それでも「語られない」人生があることはオーラリティの重要な意味でもある。「語られないこと」はもちろん、他者に伝わらない、調査者や読者に理解できないことである。それならば、「語られないこと」は「ない＝存在しない」ことと一緒なのだろうか？　私たちはインタヴューをしていて、「何が語られないか」を知ることはできないが、「何か語られないことがあるかもしれない」ということに気づくことはある。本人が「語りたくないこと」、「語り得ないこと」を聞くことはできないが、「語り得ないこと」の存在に気づくことは、オーラリティ（口述）の大きな特徴である。

後に、生活史調査の主題と方法の項目でもこの「語り得ないこと」を再考してみたいが、オーラリティにおいて「書かれた歴史」と「書かれなかった歴史」との対比については、従来から指摘されていたが、口述の中の「語り得ること」と「語り得ないこと」との対比は、オーラリティの特徴としては見られてこなかった。「書くこと」と「語ること」との一つの連続線上で考察する必要があるのではないだろうか。

4　ストーリーとナラティヴ

ライフ・ストーリーとは、桜井厚によると、「個人が生活史上で体験した出来事やその経験についての語りである。社会科学では、ライフストーリーは特別な会話形態としてのインタビューをとおして語られ、しばしばそれによって自己概念や自己と社会の関係のあり方が表わされる。[7]」と述べられている。「ストーリー」とは、物語のことである。ライフ・ストーリーは、ライフヒストリーがヒストリーとしての事実に立脚しているという点から、ストーリー（物語）という用語を使っているのではないだろうか。もちろん、語りは、インタヴューによって構築されるという側面があり、それは、「歴史的事実」と言うよりは「物語」と言った方が適切であるという判断が含まれている。

しかし、ライフ・ストーリーは、桜井も言っているように、「これまで歩んでこられた人生を語っていただけますか」「若い頃に体験した○○の出来事について、ご自身の経験をお聞かせください」。このようなインタヴュー依頼ではじまる調査[8]が、ライフ・ストーリー・インタヴューである。とすると、このような調査の依頼は、ストーリー（物語）を話してほしいとは言われていない。話された内容を通して、ライフ・ストーリーとして構成されるわけである。

ライフヒストリーの再構成をライフ・ストーリーと呼ぶのは、賛成である。しかし、インタヴューによって記録されたものは、「ナラティヴ」（語り）として統一した方が良いのではないだろうか。と言うのは、語り手は、ライフヒストリー（生活史）を語っているのであり、ストーリーがはじめから構築されているわけではない。「ナラティヴ」を集めていくことによって、「ストーリー」が次第に顔を出してくる――物語は、インタヴュアーとインタヴュイーとの相互作用によって構築されていくものである。その意味で、ライフ・ストーリーは、ライフヒストリー調査の産物である。しかし、語り手の「語り」は、歴史的事実として見ていくべきではないだろうか？　語り手は、「いま、ここ」で語り、「いま、ここ」で聞き手に「聞いてほしい」と思って語っているのである。その意味では、ナラティヴは、事実であり、ストーリーでもなく、フィクションでもない。ナラティヴの集合は、確かにストーリーになりえるし、語り手がはじめから、ライフ・ストーリーを語る場合もあるだろう。それは、モデル・ストーリーやマスター・ナラティヴとして、ライフ・ストーリー調査の核心にもなってくるわけである。しかし、ひとつひとつのナラティヴやストーリーは、ライフヒストリーを構成しているピースである。われわれは、ひとつひとつの事実を積み重ねながら、歴史を構成していくという課題を負っている。

生活史研究は、社会史や思想史ともつながっている、歴史科学の一つとして存在している。ドイツの思想家W・ベンヤミン（Walter Benjamin）が描いた「歴史の天使」の姿と重なっている。「『新しい天使』と題されたクレーの絵がある。それにはひとりの天使が描かれていて、この天使はじっと見つめている何かから、いままさに遠ざかろうとしているかに見える。その眼は大きく見開かれ、口はあき、そして翼は拡げられている。歴史の天使はこのような姿をしているにちがいない。彼は顔を過去の方に向けている。私たちの眼には出来事の連鎖が立ち現われてくるところに、彼はただひとつ、破局だけを見るのだ。その破局はひっきりなしに瓦礫のうえに瓦礫を積み重ねて、それを彼の足元に投げつけている。きっと彼は、なろうことならそこにとどまり、死者たちを目覚めさせ、破壊されたものを寄せ集めて繋ぎ合わせたいのだろう。ところが楽園から嵐が吹きつけていて、それが彼の翼にはらまれ、あまりの激しさに天使はもはや翼を閉じることができない。この嵐が彼を、背を向けている未来の方へ引き止めがたく押し流してゆき、その間にも彼の眼前では、瓦礫の山が積み上がって天にも届かんばかりである。私たちが進歩と呼んでいるもの、それがこの嵐なのだ。(9)」ベンヤミンの「歴史の天使」は、歴史の流れの外に立って歴史を俯瞰している歴史の神ではない。歴史の内に立ち、歴史の嵐を翼に受け止めながら、過去に目を向けている。この「歴史の天使」は、生活史における記憶と語りの問題と重なっている。次に、歴史的事実と社会的構築について考えてみよう。

5　事実と社会的構築

歴史的事実と言われる場合には、生活史の事実にプラスして、歴史的事件に遭遇したり、当事者の経験や証言が歴史の一瞬において重要な決定的機会となっていることなどが考えられる。そういう場合にも、社会的構築作用が働いている場合がある。例えば、戦争の記憶や戦場の記憶などの場合も、事実は複数の社会的構築を経て、時代状況にも大きく影響される。戦後一〇年、二〇年の頃には、戦場の記憶とか、戦争から帰ってきた復員兵の言説は日本の各地に溢れていたと言ってもよい。しかし、戦後六〇年、六五年と時間が経ってくると、戦場の記憶も戦地の記憶も遠くに隔たってくる。戦場の記憶を語る語り手の数もどんどん減少してくる。そうすると、戦場の語りは、それだけで希少なものとなり、記録される価値の高いものとなってくるわけである。戦後一〇年の頃には、戦地でのいわゆる「軍事話」「軍隊話」は世間に溢れていたし、戦後生まれの若い世代にとっては、「うんざり」という思いさえ存在していた。同じ事実であっても、このように、「いま、ここ」が変化すると記憶や言説の意味が変化してしまうのである。

社会的構築という場合にも、何も事実に反したフィクションが捏造されていくというわけではない。複数の事実に基づきながら、時代的状況や語り手を取り巻く種々の社会集団の中で、語りが社会的に構築されていく、という過程がある。例えば、戦後の広島・長崎の原爆調査を振り返ってみても、昭和四〇年厚生省調査の、健康調査についても、生活調査についても「被爆者と他の国民一般との間に有意の差と認められるものがあったが、全般的にいちじるしい格差があるという資料は得られなかった[10]」という結論に対して、さまざまな反発から被爆者調査が展開されている。中鉢正美の生活構造論による広島調査も石田忠らの『反原爆』に見られる、被爆者生活史調査も昭和四〇年厚生省調査の結論に対する「反証」の意図が明白である。また、精神科医R・J・リフトン（Robert Jay Lifton）による *Death in Life*（原著：一九六八年『ヒロシマを生き抜く』）によって、被爆者における「死のトラウマ」の心理が初めて告知されてからは、サバイバー（生存者）の心理をめぐるさまざまな語りが世に出てくることになる(11)。このように、社会的構築は事実の発見を契機として、語りの流れが変わってくることにも現れているのである。それでは、生活史調査の場面での「個性」と方法的文脈の問題に移っていこう。

第五節　生活史調査の課題と論点

1　当事者と当事者性

昨今のライフヒストリー調査においては、調査者自身が当事者として、対象者に対してライフ・ストーリーを語ってもらうという当事者―当事者間の生活史調査も試みられている。同性愛者などのセクシュアル・マイノリティや病気や被害者や遺族などの負の体験を背負っている人々など、当事者や当事者に近い支援の立場に立つ人が、調査者となって当事者に「聞き取り」や「証言」を語ってもらおうとするライフヒストリー調査がある(12)。このような場合の主題と方法、ないしは生活史調査の意味論について考察していきたい。

当事者は、「語りたい」という欲求と「語りたくない」とう欲求と同時に両方の欲求を抱えている。調査者が当事者である場合、対象者の気持ちは手に取るようにわかることがある。対象者に対する「共感」である。したがって、対象者の語りや気持ちを理解するうえで調査者が当事者であることは、生活史調査にプラスの効果があるという点も理解できる。しかし、当事者の「語りたくない」という欲求の方を考えると、調査者の役割と当事者の感情とは齟齬をきたす場合もありえる。調査者の立場からは、当事者といえども、一種類ではなく、当事者における複数性、当事者の多様性を強調する必要がある。

私自身が、「自死遺族」という当事者であるが、三年ほど前から、自死遺族の方々からさまざまなライフ・ストーリーを聞く機会があった。この経験からも、「自死遺族」の多様性や当事者たちの複数の声を聞くことができた[13]。もちろん、遺族の立場でも、親の立場か、配偶者の立場か、子供や兄弟姉妹の立場かなどの関係性の違いもあるし、直後かどうか、どのくらい時間が経過しているのかによっても異なる。あるいは、誰にも言えない「つらさ」を「分かち合いの会」で打ち明ける人も多いし、専門家や警察・病院関係者、マスコミ、あるいは身近な世間の人達の無理解などによる「二次被害」を訴える人たちもいる。また、自死した大切な人の喪失感や自分自身の罪意識はほぼ共通した自死遺族の感情であるが、子供を亡くした場合でも、母親の立場、父親の立場、残された子供の立場などによって、家族同士の感情がちぐはぐしてしまう場合もある。「自死遺族」のライフ・ストーリーということになると、現在七年を過ぎた当事者として、私自身もいろいろな経験があり、語りたいこともある。その面では、当事者としての経験や共感はプラスにも働くが、「語りたくない」という感情については、調査者の立場に立つことを難しくさせている。自死遺族といっても、それぞれの事情は異なるし、亡くした人の病歴や自死以後の自分自身の健康状態も異なるなど、語りたくないことの内容も同一ではない。また、「自死遺族の会」「分かち合いの会」などのボランティア組織を運営していく場合にも、組織に対する思い入れや社会的意義などボランティアである故に、後には引けないそれぞれの主観的思いも手伝って、妥協ができないぎりぎりの立場も表出している。現実に、自死遺族の会、ライフリンクなど多くのボランティア団体が自然発生的に各地で作られており、行政も各自治体の保健所などを通して自死遺族対策や自殺予防対策を表明している。

当事者と当事者性を考えていくと、当事者が声を出すことの重要性、当事者主権の重要性だけではなく、当事者が声を出せない場合の非当事者の立場の重要性も浮かび上がってくる。非当事者は、当事者ではない立場から、いわゆる「一般の声」「一般の立場」の代表でもある。非当事者が当事者のことを「わかる」ことは、むしろ当事者同士ではわからない過程（プロセス）を明らかにしてくれる。もちろん、非当事者であることから多くの誤解や失敗も出るであろう。場合によっては、当事者を傷つける可能性もあり、非当事者が調査に加わるリスクも存在している。しかし、その非当事者が調査者になるということは、少なくとも当事者のことをわかろうとする意図があるということである。それならば、非当事者であっても、支援者の立場を取ることができる。このことから、当事者は何かの経験や属性を持っている個人であるが、当事者性／非当事者性という連続線上にその立場性（positionality）を保有していることになる[14]。そのことが、当事者であっても、当事者でなくても、ライフヒストリー調査を同様に行うことが可能であるという保証にもなっているということができる。それでは、このような調査関係を踏まえたうえで、再び「語り得ないこと」について考察していきたい。

2　語り得ないこと

L・ヴィトゲンシュタインは『論理哲学論考』において、「七．語りえないことについては沈黙しなければならない」という命題を最後に置いて締めくくっている[15]。ヴィトゲンシュタインの論理哲学、言語哲学はいわゆる「真理表」や「真理値」を求める論理学の創始者として有名であり、初期ヴィトゲンシュタイン研究においては、この第七の命題は、言語哲学から見て、言語ゲームの範囲を述べただけの「当たり前」の命題として理解されていた。ところが、S・トゥールミン（Stephen Toulmin）などの研究[16]によって、この第七命題は、後期ヴィトゲンシュタインの扉を開く重大な命題ではないか、という問題提起がなされたのである。つまり、「語り得ないこと」こそが重要であって、この「語り得ないこと」を前にしては、人は沈黙を強いられる、というヴィトゲンシュタインの言語ゲーム論の限界について、自らが挑んだ挑戦ではないか、という点である。

「語り得ないこと」とは何だろうか？　生活史のナラティヴとオーラリティについての項ですでに「語られないこと」「語り得ないこと」について考察したが、言葉では語られないことは、表現されていないというわけではない。例えば、表情や眼で語るとか、感情を顕わにするとか、泣くとか声を詰まらせるとか、さまざまな表現や表象が存在している。写真や絵、音楽や映像によって表現するという様式も存在している。「語り得ないこと」を言語ゲームだけの創造物とするのではなく、さまざまな表現形態によって、ライフヒストリーを共有していく試みがもっとなされてもよい。また、「語り得ないこと」はいつまでも「語り得ないこと」に止まるというわけでもない。長い間の調査過程によって、「語り得ること」に変わっていったり、いつか対象者、当事者がカミングアウトしたり、変化の様子が観察される場合もある。「語り得ない」「語られない」ことを自明の前提にするのではなく、「語りたくない」状況と理由を理解することから、いつか語られるかもしれない、と気長に待つのである。そのことも、生活史調査の「時間の問題」でもある。一回目の何時間かのインタヴューで「語られること」など、実に表面的なことである。「語られないこと」だらけだと言っても過言ではない。何回も何十回もインタヴューして、何年も付き合って、少しずつ語ってくれるものである。そうであるならば、「語り得ないこと」は少しずつ減少していくという楽観論も成り立つ。しかし、最後まで明かされない「語り得ない」ことがあるかもしれない、という推測ももちろん成り立つ。しかし、その「語り得ないこと」の前では、確かに「人は沈黙しなければならない」。

　調査者が当事者であるような場合には、この「語り得ないこと」は自分自身のことを考えれば自ずとわかってくる場合もある。「語りたくない」「忘れたい」という欲求もそれは、生きていく以上、自然であるし、当然でもある。人が忘れたがっていることを無理に思い出させて、「語れ」と言うわけにはいかない。生活史調査であっ

表 序-1　心理学と社会学の記憶研究の特徴

心　理　学	社　会　学
実験室の中の記憶	日常生活の中の記憶
個人的記憶	集合的記憶
個人で記銘	集団で記銘
脳の中に保持	物質・空間のなかに保持
個人で想起	集団で想起
当事者の記憶	当事者・非当事者の記憶
正解あり	正解なし

出所：浜日出夫「6章　歴史と記憶」長谷川公一・浜日出夫・藤村正之・町村敬志『社会学 Sociology: Modernity, Self and Reflexivity』有斐閣、2007年、190頁。

ても、調査倫理に反することはできない。調査者と被調査者が無言で、手を握り合って、耐えていくことこそが語り得ないことへの対処であるのかもしれない。

第六節　記憶論と表象論

1　個人的記憶と社会的記憶

浜日出夫は、「歴史と記憶」という『社会学』の一章において、個人的記憶と集合的記憶とを対比させながら、心理学と社会学の記憶研究の特徴を表序-1のように整理している[17]。

基本的に心理学は、実験心理学、認知心理学を念頭に置き、社会学はデュルケム派のM・アルヴァックス（Maurice Halbwachs）の『集合的記憶』をベースに考えている。もちろん、納得するところも多いのだが、社会学的な個人生活史研究から見たときの「記憶論」は、個人の記憶を問題としているのであるから、この表のようにきれいに対照するだけとは言えない。

生活史研究においては、集団で想起するばかりではなくて、個人で想起する場合もあるし、当事者の記憶が重要で、非当事者ではわからない、個人の記憶が語られるからこそ、研究の価値があると考えられている部分もある。もちろん、複数の当事者や複数の個人の語りから、記憶が多面的に検討されることによって、実験心理学などで「正解」と呼ばれる、記憶が正しいかどうかだけが問題とされているわけではない。しかし、歴史的事実を確定したいと思って研究しているオーラル・ヒストリーの研究者にとっては、個人（当事者）の記憶が「証言」として正しいかどうかは、やはり重要な問題である。記憶が曖昧で不確かな個人（当事者）よりは、記憶が鮮明で鮮やかな証言ができる個人の方を、語り手として選択することは生活史調査においても、当たり前である。

もちろん、「集合的記憶」が存在し、むしろ「社会的記憶」となって、共有されている現実は無視できない。戦後の原爆被害者調査の歴史を見ても、社会史的文脈、時代的文脈は無視することはできない。一九九〇年代以降の「被爆者調査」の特徴は、「被爆」が語られる文脈が原水爆禁止日本国民会議の運動や反核運動から離れて、韓国人被爆者の存在や日本によるアジア侵略の戦争責任、あるいは、冷戦体制以後のポスト・コロニアル時代の「記憶のポリティクス」など多様な言説の中で語られている。その意味で、「原爆の記憶」とは、それ自体が、「社会的記憶」に属する。しかしそれでも、毎年八月六日になると繰り返し、生の「被爆者の声」が伝えられるのは、やはり集合的記憶だけでは伝えきれない「個人的記憶」があるからなのである。そこで、記憶論と時間論を次に結び付けていきたい。

2　記憶の時間と空間

小林多寿子は、「インタビューからライフヒストリーへ」という論文において、五つの時間の流れを設定している。[18] 小林はインタヴューから出発する時間秩序に従って、④〈現在〉という時間をまず最初に挙げているが、インタヴュー・テクストの中の時間として、西暦や元号年、年齢などの編年体で表現できる①〈クロノロジカルな時間〉、誕生や結婚など人間のライフ・サイクル上の通過する出来事としての②〈ライフ・サイクル的な時間〉、そして戦争や不景気などの社会史的出来事が時間経過の中で言及される場合の③〈歴史的な時間〉の三つがひとかたまりになる。これらを小林は「a．語り手と聞き手が他者とともに共有できる時間」としている。それに対して、④〈現在〉という時間は、「b．語り手と聞き手の二者だけがもつ時間」とされており、さらに、⑤〈個人的な時間〉とは、「c．語り手だけがもつ固有の時間[19]」とされている。

確かにインタヴューからライフヒストリーへの変換に際して、小林が述べているような「時間の流れ」が存在している。小林は「唯一の媒介者である聞き手は、本来、〈個人的な時間〉であるものを、ライフヒストリーという他者にも理解可能なものに組み替えて、秩序づけていこうとする。インタビューからライフヒストリーへという語り手と聞き手のあいだですすむプロセスは、『人生』をひろく他者にも理解可能にするための変換の作業なのである[20]。」と述べているが、これは生活史調査一般において正当な時間関係である。しかし、あえてその先の話に触れてみたい。つまり、話し手の時間秩序や聞き手の時間意識などのいわゆる〈個性〉の部分がどのようにかかわってくるかという点である。例えば、第一に「語り手の『時間の基準点』は何か」という問題を提起してみよう。岩井洋が言及している「記憶の回帰点[21]」とも関連しているが、語り手が自らの生きた過去を語るときに、重要な柱になっている時点、あるいは何の話をしていても「その話」に戻っていくという時点、あるいは時間が逆流するように、そこまでの話が強調され、それ以後の話が茫漠とかすんでしまうような時点というものがある。それ自体はクロノロジカルな時間でも語れるし、ライフ・サイクル的な時間でも語ることができる。あるいは多くの場合には、歴史的な時間とも何らかの関連を持っているということもあるだろう。しかし重要な点は、その「基準点」なり、「回帰点」なりは、紛れもなく「主観的な時間」＝「生きられた時間」に属しているという点である。ライフ・ストーリーの眼目が、主体的に生きたストーリーの採取にあるとするならば、語り手固有の「記憶の回帰点」＝「時間の基準点」を探し出すことを第一の主題とするという考え方もある。もちろん、これに付随する問題として、語り手と聞き手が共有する時間である〈現在〉という時間がいわば「前提としての時間の基準点」になっている、という点がある。したがって、ライフヒストリー研究においては、語り手が自らの「生きられた時間」にすぐに没入していくとしても、聞き手はそれを語っている〈いま、ここ〉という時間を考慮に入れなければならないし、読者も聞き手（＝調査者）の存在と現在という時間の枠組を考慮に入れておかなければならない。

第二に、ライフヒストリー構成者は時間秩序をどのように考えるのかという課題も存在している。つまり、インタヴューからライフヒストリーへの構成段階において、語り手と聞き手（ライフヒストリー構成者）との合成において、作品が制作されるわけである。一般的にライフヒストリー調査は、①語り手との出会い、②インタヴューの順序、③「薄い記述」から「分厚い記述」へのライフヒストリー、④「伝記」的な時間への整理というように展開していく。しかし、小林も述べているように、ライフヒストリー構成者は「他者と共有できる時間」、すなわち読者に対していかに理解可能な形でテキスト化していくのかという課題を担っているのである。そこで、インタヴューにおいて駆使したクロノロジカルな時間に従って、編年体で記述した方が理解しやすいか、また、ライフ・サイクル的な時間を主要な時間軸として「伝記」として記述すべきか、あるいは、社会史や時代への「証言」としての「歴史的な時間」を中心に記述するのかという作品化の形態とも関連してくるのである。

3　事実と記憶と構築

記憶論と表象論において鍵となるのは、時間と空間である。記憶の表象の問題が提起されたのは、フランスの映画『ショアー』（クロード・ランズマン監督、一九九三年）の衝撃を契機としてであった[22]。この映画はホロコーストの生存者（サバイバー）たちへのロング・インタヴューにおいて収容所への旅を写しながら、サバイバーたちの言葉にならない表情を写し続けることによって「表象の限界」を見る者に訴えかけることに成功している。表象の不可能性を示した『ショアー』を表象の軸の一方の極とするならば、逆に「負の世界遺産」としての広島・原爆ドームの存在は大衆化した「記憶の表象」のもう一方の極ということができる。ポーランドのアウシュヴィッツ（ビルケナウ強制収容所）もユネスコによる「世界遺産」に登録されており、その意味で「記憶の表象」の相似形をなしている。一九九六年の広島・原爆ドームの世界遺産登録以来、世界のヒロシマは、反核、平和のシンボルとなっている。国内はもとより、韓国・中国・台湾などのアジア諸国や欧米からも多くの観光客が訪れて写真を撮っている。原爆ドームは、原爆を知らない多くの人々に対して、核兵器の悲惨さを知らせる「記憶の表象」として原爆資料館とともに広島の地に厳然と立っている。長崎の浦上天主堂や平和記念公園も「原爆遺構」を一部に残してはいるが、「記憶の表象」としての一般性では広島の方が知られているだろう。

フランスの歴史家P・ノラ（Pierre Nora）は、「集合的記憶が根付いている重要な『場』」を「記憶の場」と呼んでいる。「『記憶の場』とは、物質的なものであれ、非物質的なものであれ、きわめて重要な含意を帯びた実在である。それは人間の意志もしくは時間の作用によって、なんらかの社会的共同体…（中略）…のメモリアルな遺産を象徴する要素となったものである。[23]」「記憶の場」には、史跡や歴史的建造物、博物館や記念碑、銅像や絵画などの物質的な場のほか、戦友会や同窓会、歴史書や暦などの機能的な場、葬儀や記念行事、黙禱や巡礼などの象徴的な場がある。また、最近ではマンガや写真、テレビや映画などのメディアも重要な記憶の場として付け加えておく必要がある。これらの「記憶の場」は、集合的な記憶を構成し、いわば、現在における歴史を日々創造していく活動にもなっている。日本における「靖国神社」参拝問題とは、靖国神社に第二次世界大戦時のA級戦犯が合祀されたときから、日本の侵略を受けたアジア諸国からの反発という形で政治問題、外交問題となっている。これは、「記憶の場」が「記憶のポリティックス」として作用し、政治家や国民個人の政治意識に影響を与えているというケースである。つまり、「記憶の場」は、個人的記憶の場であると同時に、集合的記憶の場を形成し、さらに、ナショナリズムや政治的意識、政治思想とも関連して再度個人に戻ってくる、という影響力を持っているわけである。

4　生活史とポスト・モダン

今まで、生活史の「個性」と「時代的文脈」とを相互に検討しながら、生活史研究と社会史・思想史研究の接点を見つめてきた。現代という時代を考えていくと、近代と時代性について考察する必要が出てくる。ジャン＝フランソワ・リオタール（Jean-François Lyotard）によれば、「すなわち、科学はみずからのステータスを正当化する言説を必要とし、その言説は哲学という名で呼ばれてきた。このメタ言説がはっきりとした仕方でなんらかの大きな物語——《精神》の弁証法、意味の解釈学、理性的人間あるいは労働者としての主体、富の発展——に依拠するとすれば、みずからの正当化のためにそうした物語に準拠する科学をわれわれは《モダン》と呼ぶことにする。…（中略）…極度の単純化を懼れずに言えば、《ポスト・モダン》とは、まずなによりも、こうしたメタ言語に対する不信感だと言えるだろう。この不信感は、おそらく、メタ物語機構の衰退には、とりわけ形而上学としての哲学の危機、そしてそれに依存していた大学制度の危機が対応している。物語機能は、真なる物語を構成する関係の諸要素——すなわち偉大な主人公、重大な危難、華々しい遍歴、崇高な目標——を失いつつある。[24]」ということになる。

リオタールの言う「大きな物語」の終焉という時代状況を「ポスト・モダン」と呼ぶならば、われわれは、まさにメタ物語を失って、「小さな物語」としての「自己物語」に終始している感がある。それは、事実であれ、フィクションであれ、壮大な成長神話や哲学的・教養主義的物語が影をひそめてきている。ポスト・モダンは、自己の個性や身の周りの日常生活にこだわりながら、自分物語を紡いでいくような語りが多い。したがって、自己の再帰性や自己決定権がポスト・モダンの鍵概念となってくるわけである。自己アイデンティティや自己と他者の差異性、行為の選択性や多様性などは、結局、ポスト・モダンにおけるライフ・ストーリーの構築において重要な諸概念となってきている。しかし、近代における「大きな物語」も前述した薗山の「等価性の世界」において、一九二〇年代のワイマール文化辺りから相対化されてきている。これは、都市大衆文化の成立や新中間層の創出など戦後世界（一九六〇年代以降）の拡大によって、近代的世界の重要な精神となってきた「等価性の世界」の普及でもあった。したがって、ポスト・モダンの生活史や自己物語を準備したものは、ある意味で「等価性の世界」であったのかもしれない。「等価性の世界」とは、哲学・形而上学・思想性の優位が崩壊していく過程でもある。薗山は、「〈等価性の世界〉における思考と体験の特徴は、歴史が現在に解消される点に、極端にいえば、〈いま、ここ〉という瞬間的状況に解消されてしまうところにある。〈等価性の世界〉における中心はたんに押し出されただけの瞬間的なかりそめの中心、持続的ではなく、一時的な中心であるにすぎず、そこにできあがる内面の秩序はきわめて不安定なものにならざるをえない。[25]」と述べている。そこには、〈ポスト・モダン〉の兆しがすでに現れているとも言える。

そして、生活史研究は、オーラル・ヒストリーやライフ・ストーリーのさまざまな意義と多様性を含みつつ、歴史的にも社会学的にも人類学的にも、あるいは生活学や生活科学においても十分持続的な学問運動として、「近代」と「脱―近代」を貫く一貫した分析視角を保っている。その意味で、私は「生活史宣言」（A Life History Manifesto）というマニフェストを提起したい。二一世紀の現代社会において、個性ある人間像が要求されているが、その「個性」と「時代状況」は、生活史を媒介として結び付けられる。だからこそ、現代において「生活史宣言」が必要なのである。

第七節　本書の概観

以下では、本書『生活史宣言―ライフヒストリーの社会学―』の各部・各章の内容を紹介し、概観を述べておきたい。本書は、全体で三部構成、全一一章と序章、結章で構成されている。本書全体は、生活史の社会学をその方法と研究の展開、そして研究の応用と解釈という順番で述べられている。第Ⅰ部では、現代社会学にとっての生活研究や生活構造論、あるいは社会学理論や再帰性の社会学にとっての生活史研究の意味を検討し、再発見を試みている。第Ⅱ部では、生活史研究を意味論（言語学で言うところの“semantics”［語義論、意味論］ではなくて、“significance”［意味のあること］ないしは“meaning”［意味］である）の観点から考察する。そこでは、質的社会学としての調査論やデータ論など、そして現象学的社会学やシンボリック相互作用論、エスノメソドロジーなどの〈意味学派〉、記憶と時間論、自伝研究、生活史調査の行為やインタヴューによる「意味の生成」過程などが扱われる。そして、第Ⅲ部においては、生活史の方法および成果として活用してきた、具体的な調査研究を展開する。移民研究と生活史研究の接点から具体的には日系ペルー人の女性・家族のライフヒストリーが述べられている。また、一人の竹大工師のトカラ列島（平島）への思いを軸とした、ライフヒストリーとアイデンティティの彷徨が解釈される。そして結章では、生と死のライフヒストリーを〈生〉のライフヒストリー、〈死〉のライフヒストリー、それぞれについて検討し、〈生と死〉の関係性を相互性、循環性、一回性について考察する。つまり、現代社会学の学説、理論、方法、実証の各側面から生活史研究を多面的に考察していくことになるわけである。以下では、各部・各章の概要とねらいについて、簡単に記しておきたい。

序　章　生活史宣言の意図

本書全体の位置付けとして、「生活史宣言」の意図や生活史の社会学的研究の課題と意義、特に、その方法と分析・解釈に力点を置いて概要を述べる。また、生活史の「個性と時代性」に視点を置いて、「ライフ」の意味変化やオーラリティ、ストーリー、ナラティヴ、事実と社会的構築などの諸概念を解説し、生活史調査や記憶論と表象論など本書で取り上げる諸課題を概観する。

第Ⅰ部　現代社会学と生活史研究

第Ⅰ部においては、三つの章を費やして現代社会学における生活史研究の位置付けと研究動向を検討する。まず最初に、生活史研究の視角を私なりに限定し、本論文全体のパースペクティヴを打ち出す。そして、生活研究、生活学、生活構造論、ライフ・コース論、生活文化論などの「先行研究」を俎上に載せて、家族社会学や都市社会学などの実証的な社会学研究における「生活史研究」の可能性を探っていく。

第一章　生活史研究の視角

社会学における生活史研究の系譜や現代社会学の理論的な課題とライフヒストリー研究の視角との接合を目指していく。〈方法の軸〉と〈主題の軸〉の交錯によって、⑴事例の類型化、⑵質的調査法と「個人」研究、⑶主観的現実の変更過程、⑷生活史と社会史という四つの視角が示される。生活史研究の範囲を最大限広く採りながら、生き方や人間像の模索へと展望していく。

第二章　生活研究とライフヒストリー

社会政策、社会福祉、文化人類学、民俗学、住居学、考現学などのさまざまな学際的研究関心から出発した「生活学」あるいは「生活研究」において、私の志しているライフヒストリー研究のアプローチの仕方を検討していく。まず最初に、生活把握と生活研究の系譜を総合的に類型化し、(1)生活意識論、(2)生活構造論、(3)生活組織論、(4)生活システム論の四つに分類した。また生活研究としての社会史、個人史、精神史を区別し、方法論としての存在性の軸、日常性の軸、超越性の軸を設定する。

第三章　再帰性とライフヒストリー

理論的には、現代社会学がモダンの時代からすでにポスト・モダンの時代に入りかけている、という認識のもとでは、生活史研究の現代的意義をポスト・モダン論との関係で論じていかなければならない。そこで、本章では再帰性（reflexivity）という、すぐれて近代かつ脱近代のキー・コンセプトを駆使しながら、生活史研究とポスト・モダンを考えていきたい。ジェンダー、セクシュアリティ、エスニシティ、エイジなどの社会学的な基本概念がライフヒストリーによって再帰的に検討されてくることになる。

第Ⅱ部　生活史の意味論

第Ⅱ部では、質的社会学（Qualitative Sociology）の観点から、生活史研究の意味論的側面に焦点を当てている。意味論や意味学派は、言葉や「語り」「パフォーマンス」などを通して、主体の主観的意識の世界に入っていこうとするもので、質的なデータ、質的な調査行為、質的な分析を伴うものである。また、主体の「記憶」や「時間意識」が大きなウェイトを占めてくる。生活史研究の中でも、方法論と分析論の主要な課題は、この「意味論」に集約されるものと考えられる。

第四章　質的社会学としての生活史研究

社会調査の方法論の問題から出発し、質的社会学としての質的データ論、質的調査論、質的分析論のそれぞれの次元を設定した。また生活史研究の方法についても、質的データ論として、資料源泉、言語的データと非言語的データの特質を明らかにし、また調査者―被調査者関係、調査行為論など第七章で展開する予定の「生活史調査の意味論」の前提を提示する。

第五章　〈意味の社会学〉と生活史研究

「意味の社会学」は、現象学的社会学、シンボリック相互作用論、エスノメソドロジーなどのいわゆる「意味学派」を指しているが、このような理論・学説と生活史研究との関連性について論じる。過去の生活史研究の中でもシカゴ学派や小集団研究など意味学派と深い関連を持ってきた系譜もある。しかし、特定の個人への関心へと収斂されるライフヒストリーでは、意味論という普遍的な地平は、分析・解釈に至ってようやくつながっていくのである。

第六章　生活史における記憶と時間

生活史調査における時間と記憶の問題を、(1)語りによる「記憶の生成」、(2)現在による過去の「意味づけ」、(3)聞き手による「時間の共有」、(4)語り手による記憶と時間の秩序、によって整理する。また、記憶と「語り得ぬもの」について、映画『ショアー』などから、記憶の欠落と語りの欠落との関係、アイデンティティの喪失と再発見直しについても考察する。

第七章　生活史調査の意味論

質的調査の方法論について生活史調査、参与観察法、自由面接法などが挙げられるが、単なる調査の技法だけではなく、調査行為の意味論として考察する。まず、インタヴューや「会話」の採取について、「記憶」とメモ（記録）と「録音」との関係性、写真とビデオ、聞き取りと取材との関係性などを検討する。また、調査者―被調査者の関係性を、社会的属性、ジェンダー、階層、パーソナリティなどから多角的に分析し、「意味の生成過程」を発見していく。また作品化のプロセスや調査上のバイアスやジレンマについても考察する。

第Ⅲ部　生活史の応用と解釈

第Ⅲ部では、私自身が行ってきている「生活史調査」を題材として、実際のライフヒストリー・データを用いながら、生活史研究の応用と解釈・分析について展開する。第八章と第九章では、日系人移民のライフヒストリーを題材としている。特に近年多くなっている「日本への出稼ぎ日系人」を対象として、移民概念の再検討や移民の重層的なアイデンティティを考察する。また、第十章と第十一章においては、現在、年齢が七〇代前半のある男性の若い頃からの「トカラ列島」とのかかわりあい、「島」へのこだわりと「彷徨するアイデンティティ」に焦点を当てている。

第八章　移民研究と生活史研究

「アメリカ大陸における日本人」という共同プロジェクトにおいて、「移民研究と生活史研究」という方法論的課題を検討した。移民概念の再検討や移民一世へのインタヴューを中心とした生活史研究の類型を試みる。日系人・日系社会を必ずしも適応―同化のパラダイムで研究するばかりではなく、二世・三世以後の新たなエスニシティ研究とライフヒストリー研究の方法論的融合が必要とされている。

第九章　日系ペルー人のエスニシティ変容

「アメリカ大陸における日本人」共同プロジェクト第Ⅱ期の成果として、ペルーのリマ市をフィールドとして、日系人・日系社会調査を実施した。私はその中で、一九八〇年代後半頃より急増している「日本への出稼ぎ」現象を取り上げた。そして、日本に来ている日系ペルー人の中から、八〇代と四〇代の女性を対象者として、彼女たちのライフヒストリー、ファミリーヒストリーを中心として聞き取りを行った。最終的なテーマは、彼らのエスニシティの変容を追っていくことである。

第十章　個人生活史の解釈

生活史研究の現代的展開の中から、私はライフ・ストーリー的主観性とライフ・ドキュメント的主観性の対比に注目した。すなわち、「口述の生活史」を典型とする回想と物語の主観性に対して、日記や手記などのドキュメント的主観性の「生の記録」の意味についてである。題材としたのは『悲しきトカラ』という口記風のニュー・フォークロア双書を著わした稲垣尚友氏のライフ・ドキュメントである。彼と「島とのかかわりあい」に対して、解釈・分析の光が当てられる。

第十一章　彷徨するアイデンティティ

ここでは、前章に引き続き、稲垣尚友氏が取り上げられるが、彼に対してのライフヒストリーのインタヴュー調査も含めて、アイデンティティ論として展開される。「彷徨するアイデンティティ」とは、彼の放浪やトカラ列島・平島へのこだわりから、家族・人間関係・仕事、理想と現実、記録と創作などさまざまに「揺れ動く」アイデンティティを追求した。日記や手紙などの主体の記述は、特にアイデンティティの「揺れ」を正確に表現している場合も多い。稲垣氏は、『十七年目のトカラ・平島』（一九九五年）を書いてから、むしろ積極的にトカラ列島や南島文化にかかわる著作も増えて、『密林のなかの書斎』（一九九六年）、『埋み火』（二〇〇三年：フィクション処女作）、『灘渡る古層の響き』（二〇一一年）など多くの著作が生まれている。近年は、「南風（ハエ）語り」やトカラ塾を通じて、若い人々への伝授も行われている。

結　章　生と死のライフヒストリー

「生活史宣言」を締めくくるにあたって、博士論文を書き上げてから、出版に至るまでの一〇年の間に、私自身が体験した「死別」という現象を生活史の観点から取り上げた。私たちは、生活史、ライフヒストリーを「生」「生きる」という側から見ているし、それが、ライフヒストリーのポジティヴな特徴でもあるのだが、一方、

「死のライフヒストリー」という側面も欠かすことはできない。特に、原爆被爆者や自死遺族など極限的な状況における死や死別の経験は、〈生〉のライフヒストリーと〈死〉のライフヒストリーの相互の関係性を考察することになるのである。

以上が、本書の全体の概要である。

（1）蔭山宏『ワイマール文化とファシズム』みすず書房、一九八六年、九〇頁。
（2）西郷信綱の「作品の志向性の影」については、蔭山が一貫して関心を持ち続けてきたテーマである。蔭山宏「『学問の危機』と経験―西郷信綱『古典の影』に寄せて―」『法学研究』第七九巻第一号、二〇〇四年一月、一～二三頁、参照。
（3）蔭山、前掲書、九一頁。
（4）蔭山、前掲書の中では、三章「都市文化状況としての〈一九二〇年代〉」参照。有末賢『現代大都市の重層的構造―都市化社会における伝統と変容―』ミネルヴァ書房、一九九九年、参照。
（5）ニクラス・ルーマン（土方昭監訳）『法と社会システム』新泉社、一九八三年、三六～四八頁。
（6）Kluckhohn, C. & Murray, H. A., "A personality formation" in Kluckhohn, C., Murray, H. A., & Schneider, D.（eds.）, *Personality in Nature, Society and Culture*（New York: Knopf, 1953）, p.53.
（7）桜井厚「第一章　ライフストーリー・インタビューをはじめる」桜井厚・小林多寿子編著『ライフストーリー・インタビュー―質的研究入門―』せりか書房、二〇〇五年、一二頁。
（8）同右、一二頁。
（9）Benjamin, W., "Über den Begriff der Geschichte", Gesammelte Schriften, 1-2（Frankfurt am Main: Suhrkamp, 1974）（「歴史の概念について」浅井健二郎編訳『ベンヤミン・コレクション1　近代の意味』ちくま学芸文庫、一九九五年）。
（10）厚生省公衆衛生局『原子爆弾被爆者実態調査　健康調査および生活調査の概要』一九六七年、四六頁。
（11）有末賢「戦後社会調査史における被爆者調査と記憶の表象」『法学研究』第八三巻第二号、二〇一〇年二月、三九～七二頁、参照。

(12) 有末賢「ライフヒストリーにおけるオーラル・ヒストリー」『日本オーラル・ヒストリー研究』創刊号、日本オーラル・ヒストリー学会発行、二〇〇六年二月、五〇～六四頁。また、『日本オーラル・ヒストリー研究』第六号、二〇一〇年九月、においては、「〈特集2〉オーラリティにおける当事者性／非当事者性をめぐって」として、蘭信三、齋藤雅哉、李洪章、鈴木隆雄、大城道子、門野里栄子などが論じている。

(13) 有末賢「死別の社会学序説」山岸健［責任編集］、草柳千早・澤井敦・鄭暎惠編集『社会学の饗宴Ⅰ 風景の意味—理性と感性—』所収、三和書房、二〇〇七年、三～二五頁。

(14) 鈴木隆雄「当事者であることの利点と困難さ—研究者として／当事者として—」『日本オーラル・ヒストリー研究』第六号、二〇一〇年九月、六七～七八頁。大城道子「『当事者性の共有』可能性を探る」同右、七九～八八頁、など参照。

(15) L・ヴィトゲンシュタイン（藤本隆志・坂井秀寿訳）『論理哲学論考』法政大学出版局（叢書・ウニベルシタス6）、一九六八年、三〇六頁。

(16) **Janik, Allan and Toulmin, Stephen,** ***Wittgenstein's Vienna*** (Simon and Schuster, 1973)（藤村龍雄訳『ウィトゲンシュタインのウィーン』平凡社ライブラリー、二〇〇一年）。

(17) 浜日出夫「6章 歴史と記憶」長谷川公一＝浜日出夫＝藤村正之＝町村敬志『社会学 Sociology: Modernity, Self and Reflexivity』有斐閣、二〇〇七年、一七一～一九九頁。浜日出夫「記憶の社会学」『哲学』（慶應義塾大学三田哲学会）一一七、二〇〇七年三月、一～一八頁、も参照。

(18) 小林多寿子「インタビューからライフヒストリーへ」中野卓・桜井厚編『ライフヒストリーの社会学』所収、弘文堂、一九九五年、四三～七〇頁。

(19) 同右、六八頁。

(20) 同右、六八～六九頁。

(21) 岩井洋「想起することと歴史をつくること」佐々木正人編集『現代のエスプリ二九八 エコロジカル・マインド』至文堂、一九九二年五月、一九五～二〇一頁。また、エリ・ヴィーゼルの自伝『そしてすべての川は海へ—二〇世紀ユダヤの肖像—』（村上光彦訳、朝日新聞社、一九九五年）のように、ヴィーゼル自身の「記憶の回帰点」がアウシュヴィッツ体験であるのは言うまでもないが、そこに「二〇世紀ユダヤ人の肖像」という〈典型〉が刻印される点も、共同想起の特色である。

(22) 鵜飼哲・高橋哲哉編『「ショアー」の衝撃』未來社、一九九五年、および高橋哲哉『記憶のエチカ—戦争・哲学・アウシュヴィッツ—』岩波書店、一九九五年、等参照。高橋哲哉は次のように述べている。「ランズマンの言うように「『ショアー』はその存在において、その本質において、生還者たちについての映画ではなく死者たちについての映画である」とすれば、また『ショアー』の課題が、「いかにして死を映画にするか」ということであったとすれば、死者たちの「生」や「言葉」を生還者たちの「生」や「言葉」をもって購うことはけっしてできないはずなのである。」（同書三六頁）。

（23）Ｐ・ノラ（谷川稔監訳）『記憶の場―フランス国民意識の文化＝社会史―』第一巻、岩波書店、二〇〇二年、四八頁。

（24）Lyotard, Jean-François, *La condition postmoderne*（Paris: Les editions de Minuit, 1979）（小林康夫訳『ポスト・モダンの条件―知・社会・言語ゲーム―』白馬書房、一九八六年）、邦訳八〜九頁。

（25）蔭山、前掲書、一〇六頁。

第Ⅰ部　現代社会学と生活史研究

第一章　生活史研究の視角

第一節　現代社会学と生活史研究

現代社会学のさまざまなパラダイムに対して、現在、多様な反省と批判が展開されている。T・クーン（Thomas Kuhn）の『科学革命の構造』（一九六二年）に端を発した、科学者集団とパラダイム概念の提起、および科学史・科学哲学上での従来の「累積による発展」という科学観に対して、非連続な「革命」による科学の歴史を主張する方向が、広く社会科学に対する今までの方法論に反省を促したわけである。(1) こうした「パラダイムの危機」という考え方は、まず第一に、一九六〇年代後半以後のさまざまな「社会問題」の噴出という現実と密接に結び付いた問題意識から発している。理論と調査双方の総体としての社会学がますます細分化され、専門化していく中で、社会紛争、学園闘争、公害問題、生態学的危機、第三世界と南北問題などのさまざまな現実の問題に対して有効な対応がなされていないのではないかという反省である。こうした社会的危機を「変化の可能性としての危機」として捉え直す社会学内部の動きとしては、第二に「批判的社会学」（Critical Sociology）の台頭を指摘することができる。例えば、T・パーソンズらの構造＝機能主義に代表される「アカデミック社会学」と国家社会主義の公的イデオロギーとしての「マルクス主義社会学」の双方の理論の下部構造（Infrastructure）に注目して、西欧社会学の危機の諸相を捉えていくA・W・グールドナー（Alvin Ward Gouldner）の「反省の社会学」（Reflexive Sociology）[2]や資本主義の構造把握を古典理論へさかのぼって見ていくA・ギデンズ[3]（Anthony Giddens）、現代社会の危機を多面的な視角から捉え、認識と利害関心、正当化の危機やコミュニケーションなど幅広い問題関心を展開していくフランクフルト学派のJ・ハーバーマス[4]（Jürgen Habermas）などが挙げられるであろう。

しかし、こうした「パラダイムの危機」という考え方が社会学の理論的方向で受け入れられてきている一方で、なお反省を強いられるような具体的な課題もいくつか考えられるように思われる。その一つが本章で検討しようと考えている現代社会学の方法における反省を基軸として、生活史研究（Life-history Approach）の視角を位置付けるという課題である。生活史という用語はもちろん英語のライフヒストリー（life history）に対応しているのであるが、一応「人間個人を中心にした生命・生活史」という意味で用いることにする[5]。つまり、生活史研究の持つ意味として、歴史の視点、個人中心的アプローチ（person-centered approach）、生命＝生活研究という方向性が含まれているわけである。

まず、現代社会学の方法に対して理論研究における反省と社会調査論における反省の両面から生活史研究を取り上げる意図を明らかにしておこう。理論研究の反省点としては第一に、現代社会学において近代を相対化する「歴史」の視点が欠落してきたということが挙げられる。社会学的人間像が、近代、現代を担う産業社会あるいは脱工業化社会の人間たちのそれであったにしても、具体的な人間は歴史から切れて存在しているわけではない。例えば、行為論において目的合理的や価値合理的ではない伝統的行為についての考察の不足や、非合理性、情動性に対する感覚の乏しさという点にも表れているし、都市社会学においても伝統的な社会組織や社会関係の問題はとかく軽視されがちであった。この「歴史」の問題は、社会変動論や歴史社会学において最近特に見直され、再検討が迫られているが[6]、マクロ社会学的な視点からだけではなく、個人の社会生活にとっての「歴史」というミクロ社会学的な課題もまた重要である。また、理論研究の第二の方向として、個人の主観性を基礎に現象学的社会学による「日常生活世界論」も盛んであるが、こうした「リアリティの構成理論[7]」の中でも、具体的な個人の生活史を扱う分析枠組は出てきていない。こうした中で反省点の第三は、「個人」の全体性をいかに扱っていくかということである。方法的個人主義か方法的全体主義かという議論においても、ともすれば具体的な人間の持っている生命＝生活の全体性を忘れてきたのではないかという反省である。生活研究や生活構造論など、確かに具体的な生活の場面に対する研究の蓄積も進んできてはいるが、経済学的手法や構造＝機能主義的アプローチに基づいた、いわば「生活の断面図」といった傾向が強いように思われる[8]。例えば、職業・労働生活、消費生活、余暇生活というように現代の生活研究は細分化され、より専門分化されていく傾向がある。しかし、統計的に処理できない、一人の人間の生活を追い続けることにも社会学的意義があると考えられる。

またこの問題は、社会調査論における反省点と直結している。まず第一に社会学史の中で、実証的研究の系譜としての社会調査史の位置付けが不明確であり、とりわけ参与観察法（participant observation method）や生活史法に基づくシカゴ学派や文化人類学の成果が、現代の社会調査論において、あまり生かされていないということが挙げられる。また第二には、調査者と被調査者の関係性、統計的に処理できない質的なデータの分析方法など、生活史調査によって提起されるいくつかの問題は、社会調査論の重要な課題になると考えられるのである。

以上のように、現代社会学の方法に対するさまざまな反省の上に立って、生活史研究という非常に広範な領域にまたがるアプローチのいくつかの視角を検討していきたい。従来の社会学、経済学、社会福祉学、歴史学、心理学、文化人類学、民俗学などのさまざまな生活史研究への関心をいくらかなりとも整理して、歴史的系譜や今後の展望についても触れるつもりである。したがって、現代社会学に対する批判と反省から出発しつつも、あまり社会学の個別領域にこだわらずに、生活史的パースペクティヴの持つ意味について探っていきたいと考えている。

第二節　生活史研究の歴史的概観

生活史の手法そのものは、社会学に限らずさまざまな分野で比較的古くから活用されてきたが、研究方法として意識的に導入されだしたのは一九二〇年代からと考えられる。社会学および社会心理学などの領域でそのような意味で研究法の画期をなしたとされるのは、W・I・トーマスとF・ズナニエツキの『ヨーロッパとアメリカにおけるポーランド農民』（一九一八〜二〇年）の出現であった。この『ポーランド農民』に使われた個人の生活記録は、五〇組の家族の手紙と、一人のポーランド人移民に書かせた自伝である。そして内容的には、方法論ノート、ポーランド農民社会と移民のアメリカでの社会的解体・再組織化を扱ったモノグラフの部分、そして自伝の資料篇などに分かれているが、必ずしも生活史資料と方法論とが整合的に整理されているわけではなかった(9)。しかし、トーマスとズナニエツキの研究に刺激されて、一九二〇年代から三〇年代にかけて、R・パークおよびE・W・バージェスに先導されたシカゴ学派の人々が、社会調査法としての生活史法を積極的に取り入れるようになったのである。人間生態学の旗の下で、社会踏査法（survey）や参与観察法とともに生活史法をも活用しながら、都市のスラムやゲットー、ギャング集団、非行や犯罪の研究、社会病理の研究などを展開していった。例えば、C・ショウの代表的な研究『ジャック・ローラー』（一九三〇年）においては、非行少年スタンレー自身の話や彼によって書かれた生活記録に対して、詳細な注記や犯罪学的なコメントが付されているのである。

このような一九二〇年代から始まった生活史研究の第一期は、文化人類学においても、有名なP・ラディンの『雷鳴』（一九二六年）などのように、方法論的発展とは別に資料の蓄積がなされた時期として位置付けることができる。そして一九四五年までに、生活史研究の位置付けと評価がさまざまな分野でなされた。アメリカ社会学における生活史研究の概観が、社会科学調査評議会（Social Science Research Council）の委託を受けた一連のレポートからうかがうことができる。社会心理学の分野では、G・W・オールポートの『心理科学における個人的記録の利用法』（一九四二年）、トーマスとズナニエツキの『ポーランド農民』に対しては、H・ブルーマーの『社会科学における調査の批判』（一九三九年）、また歴史学、人類学、社会学の分野では、L・ゴットシャーク、C・クラックホーン、R・エンジェルの『歴史学・人類学・社会学における個人的記録の使用』（一九四五年）などが出され、またバージェスも「社会学研究法」の中で生活史法を生物学における顕微鏡の役割になぞらえて「個人を中心にしたコミュニケーションの記録」の重要性を指摘している。(10)

これらの社会科学的な評価と方法論としてのさまざまな問題については省略せざるを得ないが、結局、第二次世界大戦後、一九六〇年代までは生活史研究は衰退していくのである。戦後の社会科学、特にアメリカ社会学の流れでは、行動科学、機能主義の隆盛に伴って量的調査、大量調査の手法が圧倒的になり、個人的生活記録の事例を収集する質的調査法はあまり省みられなかった。社会調査方法と社会学理論の動きの相互関連を考察しようとしたG・イーストホープは『社会調査方法史』（一九七四年）の中で、この衰退の理由として、「第一に、生活史は独特な資料であったが、社会生活の規則性を探し出すことはできなかった」点と「第二には、生活史法によって得られる資料を、他のより簡単な方法によって引き出し得ることが示されたから」という二重の要因を挙げている。(11)いずれにしても、文化人類学におけるO・ルイスの仕事を除いては、一九四五年から一九六〇年代までの(12)

第二期は生活史研究の衰退期として位置付けられるように思われる。

そして、一九六〇年代後半ぐらいから現在に至るまでが、いわば第三期として生活史研究の再興期に入っているように考えられる。この時期には、生活史の事例の収集だけにとどまらず、質的調査法や調査行為、調査の倫理的問題にかかわる研究方法論、あるいは個人の「アイデンティティ」や「日常意識」などにかかわる精神分析学や現象学との接点、さらには社会変動の担い手としての個人の役割など、さまざまな方向が模索されてきている。このような新しい方向性の模索は、一九七八年、スウェーデンのウプサラで開かれた第九回世界社会学会議でのライフヒストリー・アプローチのワーク・ショップにもまとめられている。(13) そこでは、(1)認識論的・方法論的問題、(2)生活物語（ライフ・ストーリー）についての試み、(3)歴史的データとしての生活史（口述生活史［オーラル・ヒストリー］）の三部に分かれて自伝や伝記、口述生活史などと社会学的研究法の課題が検討されている。こうした生活史研究の歴史的概観を踏まえて、現在再興しつつある第三期の生活史研究の視角について、筆者なりの検討を加えていきたいと考えている。

第三節　生活史の主題と方法の交錯

生活史研究に対する関心の示し方は、大きく分けると二つの軸が設定できるように考えられる。第一は、社会学、あるいは歴史学、文化人類学、心理学などにおいて、生活史を聞き取りしたり、自伝を書いてもらったり、その人の書き残した自伝、日記、手紙、作品などのさまざまな生活史の資料を用いるという研究方法上の関心である。例えば、社会学では前述したように統計的に処理できない質的なデータとして生活史調査の意義を見直そうという動きがあるし、歴史学においても、従来の文献史学に対して、「一回性のない歴史」記述としての民俗学や社会史に対する関心が高まっている。また、心理学や文化人類学では、ある個人の生活史から、文化の型やパーソナリティを類型化し、文化構造や心理構造を理解するための方法として生活史の事例を収集するということもある。

このような研究方法上の関心に対して、第二の軸は、何と言っても、ある特定の人間の生活史の内容や主題に対する興味である。生活史研究は、ほとんどの場合、歴史上有名な人物よりはむしろ、名もない庶民の一生の方に関心を持っている。これは、歴史や文化や社会との相互関係の中で、個人がどのような生き方をしてきたのか、誰にでもあるような経験をいかにその人自身が独自に意味づけているかということを、研究者が発見してみたいということなのかもしれない。いずれにしても、ある特定の個人の職業や業績や家族、親族、集団や地域社会とのかかわり方などの事実的側面から、その人間が経験し、記憶しているさまざまな事柄や人間関係に対する意味付与に至るまで、生活史の主題・内容に関する興味が存在しているのである。

したがって、一方の方法の軸では、聞き書きや自伝（autobiography）、伝記（biography）、日記、手紙、作品などの生活史資料を集めるというデータ収集から、集まったデータから生活史を再構成し、記述し、解釈するという分析の方法までが課題となってくるし、他方の主題の軸では、ある特定の個人生活史の客観的事実の側面とその事実を主体がどのように意味づけているかという主観的意味付与の面とが区別できるのである。そこで、方法の軸と主題の軸を交差させて、生活史研究の四つの視角を図示してみると図1-1のようになる。

まず、方法におけるデータ収集と主題における客観的事実に関心を集中していくと、生活史事例の類型化という視角が生まれてくる。このパースペクティヴは、人間の生活を歴史的、時間的な視点で捉え直し、生活過程の把握や移動経歴、家族形成史などにおいて統計的な研究も可能であることから、広い意味での「生活研究」として位置付けられる。次に方法においては、同じくデータ収集に関心があるが、主題においては、主体（被調査者）

図 1-1　生活史研究の四つの視角

出所：筆者作成。

の主観的意味付与を重要視する視角は、明らかに社会調査論の中でも、質的調査法に属するテーマである。したがって、自由面接法（informal interview method）や参与観察法などと同様に、調査者と被調査者との社会関係や調査の個人的、政治的、倫理的問題[14]などが調査行為にかかわる課題として存在している。さらに第三の視角は、生活史の内容の主観的意味付与を記述し解釈する、その方法を模索しようとする観点である。ここでは、特に主観的現実（リアリティ）の社会的構成と、そうした意味システム（あるいは解釈のパラダイム）の変更過程に関心が集中される。生活史の主体が語るライフ・ストーリーは常に、現在時点から過去を回想する形でなされるが、日記や手紙・作品では断片的ながらも、その時点での意味システムを示している。そこで可能ならば両者の資料を複合的に使用することによって、解釈の方法を探ることもできるのである。その意味で、この第三の視角は、現象学的社会学のパースペクティヴに近いものと思われる。最後の第四の視角は、もう一度、主題において客観的事実の側面にもどって生活史のデータを解釈する場合であり、生活史と社会史[15]との接点が問われてくるものである。つまり、ある個人が総体として社会の変動とどのようにかかわってきたのかという社会変動論への関心が含まれている。

以上のような生活史研究の四つの視角は、むろん実際には、画然と区別されうるものではなく、相互に関係を持ちながら重層的な形で各々の生活史研究の中に包含されているように思われる。したがって、ここでは単に操作的に、理念型として主題の軸と方法の軸を交差させて四つの視角を取り出してみただけである。また、これらのパースペクティヴはお互いに他を前提としたり、次のパースペクティヴの中に進入していったりすることもある。例えば、生活史事例の類型化は、客観的なデータの収集という意味では、研究の出発点でもあるが、主観的な現実や被調査者との親密な人間関係を経て、社会変動の担い手としての一個人を設定しうるならば、新しい人間類型として生活史研究を展望していくことも考えられるのである。(16) その意味では、これらのパースペクティヴの重層的循環が要求されているように思われる。

第四節　生活史研究の四つの視角

1　生活史事例の類型化（生活研究）

第一の視角である生活史事例の収集と類型化は、社会学の非常に広範な範囲にわたっている。社会学の実証的な調査研究では、ある社会事象の変化の過程（プロセス）を探るうえで、時系列的なデータが必要不可欠である。ある地域社会の変動過程を考察する場合には、行政区域の問題はあるにしても、基本的な人口（年齢・性別）構成や世帯規模、家族構成、職業構成、居住歴、居住形態などの時系列データをきちっと把握したうえで地域住民の生活過程の変化の問題に入っていくわけである。そこで、生活史の事例を聞き取りによっていくつか集め、そしてそれらのケースを他のケースと比較しながら類型化していく、という方法を取る。したがって、第一の視角においては、生活史の事実の側面がいくつも比較され、研究者の問題関心にしたがって、類型化される点が特徴的である。

　このような生活史研究の第一の視角に属する諸研究はおそらく、かなりの数に上ると思われるが、以下では六つのテーマを列記してみたい。その第一は、労働者生活や貧困研究の中での生活史への注目である。篭山京[17]、中鉢正美[18]、あるいは布施鉄治[19]らの膨大な研究蓄積の中に、「貧困層の創出過程」、「生活構造の履歴現象」あるいは「生活過程と生活史・誌」などのテーマで扱われているものである。これらに共通して見られるのは、階層的視点や生活構造とその変動という社会経済的な背景と個人の生活史を重ね合わせるという視点であろう。第二のテーマは、第一とも重なり合っているが、家族生活史やライフ・コース論である。森岡清美[20]らの家族周期（ライフ・サイクル）の研究や国民生活センター（岡田政子[21]）の『都市家族の生活歴』などはまさに生活史の事実的側面（家族歴・居住歴・職業歴）を重視した事例の収集と類型化を志向している。さらに、最近のG・エルダー[22]（Glen Elder）のライフ・コース論も、ライフ・サイクルよりは、より個人の生活史に即した家族研究を目指しているように思われる。第三には必ずしも生活史だけに注目するわけではないが、小集団研究との接続が挙げられる。従来の参与観察法では、W・F・ホワイト[23]（William F. Whyte）やR・P・ドーア[24]（Ronald P. Dore）、あるいは、きだみのる[25]などのように特異な研究者による「内側」からの優れた観察と分析は示し得るが、研究方法としては一般化はかなり困難な面があった。しかし、松平誠[26]は都市祭礼集団の実証的研究を積み上げていきながら、「集団参加観察」や「集団の口述生活史」の方法を模索しており、中野卓[27]の個人生活史と集団との社会関係の視点とも合わせて、注目されるものである。第四のテーマは、当然、前述した第一、第二のテーマの中に含まれるものであるが、特に社会移動（職業移動・地域移動[28]）に注目した移動経歴というテーマである。移動過程や移動効果を考えるうえで、個人の生活史の事例は非常に有効なデータとなり得る。さらに第五のテーマとしては、文化人類学からの影響として地域社会の変化と個人の生活史を重ね合わせて、地域生活の変貌を捉えるという視点がある。例えば、加藤秀俊・米山俊直(29)らの研究や祖父江孝男(30)などに見られるし、和崎洋一(31)のユニークな地域社会研究にも表れている。最後に生活史を通して、社会問題や社会運動などに結び付くテーマを扱っている一群の研究者がいる。R・J・リフトンの「歴史心理学的（サイコ・ヒストリアン）研究」(32)によるヒロシマ原爆体験や中国の文化大革命の精神史的な考察にも表れているが、直接的には石田忠(33)らの長崎被爆者の生活史を追っていく中で、〈漂流〉から〈抵抗〉への運動論的な視点が如実に示されているわけである。以上、非常に簡単ではあったが、生活史事例の収集と類型化を志向する第一の視角に含まれる六つのテーマを列記してみた。次に社会調査論の視角から見ていくことにしよう。

2　質的調査法と「個人」研究（社会調査論）

生活史研究の第二の視角は、生活史のデータを収集し、記述する際に、そのライフヒストリーの主体の主観的な意味付与を問題とする立場である。ある人間の生活史を口述によって語ってもらい、調査者がテープや聞き書きの手法で記録する場合や、当人の半生や出生以来の長期間の生活史でなくても、ある体験や事件、職業や家族や地域とのつながりなどを断片的に聞き取る場合や、一日の生活あるいは一週間、月、一年の生活記録だけを聞き取る場合など、さまざまな生活史調査の場合が設定できるが、これらはいずれも話者が被調査者として設定できる場合であり、その意味では「社会調査の行為」にかかわる部分である。それに対して、自伝や日記、手紙、作品などだけが残されていて、調査者が当人に会って聞き取りをすることができない場合には、そうしたデータの記述と解釈が重要な課題となってくる。その意味では、ライフヒストリーの主体は記述者であり、研究者との記述を通しての相互作用を経た「社会調査の記述」が問題となってくるわけである。

そこで、生活史法だけではなく、自由面接法や参与観察法も含めた質的調査法[34]と「個人」の社会学的な研究という観点で社会調査論の三つのテーマを提起しておきたい。第一には、調査者―被調査者関係を含む「調査行為論[35]」の問題である。口述の生活史の場合には、例えば、話者が語り、調査者が聞き出すという相互行為そのものが、生活史研究を成り立たせているのであり、その意味では、主体と調査者との共同作品として位置付けることも可能である[36]。また、調査過程と調査行為を明らかにすることによって、そこから得られたデータの分析結果に対しても影響を持つものと考えられるのである。調査者が常に調査する側、研究する側に立つばかりではなく、調査の過程と相互作用を通して、時には調査される側、研究される側の立場にも身を置くことになる。そこでは、調査者と被調査者が共に「生き」、共に「考える」ということも生まれるのではないだろうか。第二に、調査の行為および記述が、多面的かつ重層的にならざるを得ないという点である。参与観察の場合でも、生活史法においても、調査者は当初「よそ者[37]」として被調査者に接触するわけである。小集団研究や地域社会研究で、当該集団の中での「よそ者」をインフォーマント（情報提供者）として選ぶケースもあるが、この「よそ者」性こそがある意味では、社会調査の鍵になってくることもある。なぜならば、対象の内側にできるだけ入り込みたいと思う専門的な「よそ者[38]」としてのフィールド調査者は、「よそ者」であるが故に、ある人間や集団を取り巻く社会的状況の全体性を考察しなければならないからである。O・ルイスの「羅生門」式手法[39]なども、このような意味で多面的および重層的な社会調査方法の一つであると思われる。生活史研究の視角としての社会調査論の第三のテーマは、記述自体が主題化されるという点である。調査行為にかかわる問題にしても、調査過程でのさまざまな試行錯誤についても、ほとんどの社会学的な実証研究についてまわる問題ではある。しかし、このような調査経過は、調査結果と分析に対してはほとんど影響がないものとして、意識的に叙述されることはほとんどない。ところが、生活史研究では、話者が語る生活史をどのように記述するか、主体が書き綴った自伝、手紙、日記などの生活史資料をどのような形で記述していくのかということが、まさに主題の問題として浮かび上がってくるのである。生活史そのものに対する興味が、他の誰のようでもない個人の個性と主体性に向けられているのであれば、当然、研究者の側の個性と主体性も問われてくる、ライフ・ストーリーの叙述形式が考えられなければならないし、さらに、データの共有という意味での記述の比較対照も今後、必要になってくるのではないだろうか。

3　主観的現実の変更過程（現象学的社会学）

生活史のデータを収集する段階から、それらのデータを解釈するという方法的段階になってくると、主題と方法の双方から現象学的パースペクティヴが要求されるようになる。そこで第三の視角として、現象学的社会学の生活史に対するアプローチを取り上げることにしよう。A・シュッツは「多元的現実論」[40]において、「至高の現実」としての日常生活の現実のほかに、「限定された意味領域」としての非日常的な現実（例えば、夢、幻想、科学、宗教、神話など）を設定し、その間のリアリティの移行について論じている。またP・L・バーガーらは、日常生活の内部での主観的現実の移行やそれに伴う「自明性」の危機について論じている。[41] このような現象学的社会学の概念は、生活史を解釈する上で非常に有効な概念装置を与えてくれるように思われる。そこで、生活史の解釈にあたって重要であると思われる三つの概念について、少し説明していくことにしよう。

第一は、主観的現実の維持と変更という点である。バーガーによれば、出来事が選択され、それに意味を与える主観的現実の解釈枠組を「意味システム」と呼んでいるが、それは通常、社会的に維持されている。しかし、個人の人生の主要な転機（turning）に際して、この「意味システム」が変更されることがある。この意味システムの変更を「態度変更」あるいは「翻身」（alternation）と呼ぶ。こうした態度変更の典型としては、自己の宗教的、イデオロギー的世界観の転向（conversion）が挙げられるのである。生活史を解釈しようとするとき、このような主観的現実の意味システムが、いつ、どのように形成され、維持され、また変更されていったのか、その転機や態度変更は何によって引き起こされたのか、さらに、過去を回想して口述する場合には、現在の意味システムからの解釈であることをも考え合わせて、研究者による再解釈の試みがなされなければならないのである。第二の概念は、「重要な他者」（significant others）の存在である。意味システムの社会的維持に際して、準拠集団や社会構造が持つ機能については言うまでもないが、意味システムの変更や新しい主観的現実の維持に際しては、この重要な他者の存在の有無が注目される。態度変更は、多かれ少なかれ他者との社会関係の上に展開される。偶発的な場合もあるし、自らの意志と欲求に基づいた変更もあるであろう。しかし、決定的な態度変更であればあるほど、重要な他者の存在が自己との関係の上で、登場してくることが多い。例えば、宗教的な回心（conversion）の場合には、教祖との交流や超越的な宗教体験など「重要な他者」が象徴的意味を持つことがあり、その意味では「お大師様」や「お稲荷さん」も象徴的な意味で重要な他者として位置付けることもできるのである。[42]第三に、新しい社会的状況を克服しながら、アイデンティティ（自己の同一性）の連続性を保つために、個人が自律化していくという考え方である。本来、社会化（socialization）の概念の中には、個人が幼年期に経験する第一次的社会化と、その後の第二次的社会化ないしは成人の社会化（adult socialization）とが含まれているわけだが、個人の生活史を主観的現実の側から解釈し直していくと、常に個人が受動的に、社会の現実を内在化させていくという過程ばかりではない。時には客観的現実を拒否し、それに抵抗し、社会構造に対する変動の要因をも提供する場合がある。このように、各個人は困難な状況をいかに切り抜けるかというその人なりの主体性という意味での「適応ストラテジー」[43]を持っており、第二次的社会化の中で自律化していくわけである。以上のような生活史の解釈に有効なさまざまの現象学的社会学の概念は、実際の生活史の事例とのつき合わせのうえで、より一般化され、抽象化された概念装置へと展開される必要があるものと考えられる。

4　生活史と社会史（社会変動論）

生活史研究の第四の視角は、個人が社会構造や社会変動とどのようにかかわっているかを再び生活史の事実の側面から捉え直していこうという立場である。しかし、その際に第一の視角のように、生活研究という枠で事例を収集し、類型化するわけではない。個人の生活史を、家族、職業・労働、地域社会、集団などの社会学的な枠組で分類するのではなく、人間の生涯に即した形やその人自身の重要な意味を持つ事件や体験から、社会の歴史を再構成していこうという考え方である。

そこで、社会史との接点を考える意味で生活史のテーマを分類してみると、次の三つの形に整理できるように思われる。第一には、人間の生涯（一生）に即した経験の歴史＝生活史という捉え方である。例えば、出産、育児、遊び、学校、就職、結婚、移動、病気、死などのテーマで生活史を見ていく方法である。これに対して第二のテーマは、人と物とのかかわり合いを軸に生活史を追うという方向である。柳田國男は『民間伝承論』（一九三四年）および『郷土生活の研究法』（一九三五年）において、民俗資料を(i)生活外形（生活技術誌＝有形現象）――目の採集＝旅人の採集、(ii)生活解説（言語の知識＝言語芸術）――耳と目の採集＝寄寓者の採集、(iii)生活意識（心意現象）――心の採集＝同郷人の採集の三つに分類しているが、[44] 人間と物とのかかわり合いという意味では、(i)の生活外形＝有形現象に当たるものである。例えば、自然とのかかわり合いとして、漁、狩、林、農などがあるし、日常生活としては、衣、食、住、あるいは道具、工具、民具などであり、そうした物や技術の介在人として、職人、工人、狩猟民、水上生活者、技芸者集団などが挙げられる。社会史との接点という観点から、生活史のテーマを整理する第三の見方は、人間と集団や事件、運動とのかかわり合いから捉えていく視点である。例えば、戦争や災害という非常にマクロ的な社会史と個人の生活史がどのような関連を持っていたかというテーマだけでも、かなりたくさんの視角を含んでいる。「戦争体験」と一口に言っても、戦地での体験、空襲、軍隊内の体験、学童疎開、飢餓体験など、まさにさまざまである。このような個人の体験は、それ自体一回限りのものであるが、にもかかわらず、社会史的な事実とのかかわり合いにおいて、民俗学とはまた違った意味で、「伝承」の対象になり得る。社会学的な歴史では、個人の一回限りの体験でも、生活史の中で重要な意味を持つ限り、「伝承」の対象になるからである。

それでは、社会史の意義はどのようなものであろうか。ここでは、ル・ロワ・ラデュリ(45)（Emmanuel Le Roy Ladurie）などのフランス「アナール派」の方法の特徴として簡単に五つの点を挙げてみたい。まず第一に長期的波動や数量的把握が目指されていることである。歴史人口学を基点として気候や環境などの数量史的アプローチがなされている。第二は、物質文化や日常生活の歴史に重点が置かれている点である。子供たちの世界、結婚や出産や育児、住居や学校、都市や農村の慣行、習俗などが取り上げられている。第三は、文献資料以外の口述資料、伝説、民話などの資料を重視している。これは民俗学が社会史と結び付く有効な方法と考えられる点である。社会史の意義の第四点は、集団史、事件史、運動史などを手掛かりとして政治史や経済史とは異なった社会史、文化史の領域を確立させようとしていることであろう。そして最後に第五点としては、何よりも表面的な既成の歴史区分ではない、深層史を志向している点である。つまり精神史、心理史などの心意現象を摑むことが要求されているわけである。このような意味で生活史のパースペクティヴは、社会史の視点とも重なってくるものと考えられるのである。

第五節　生活史研究の課題

今まで、現代社会学の反省と生活史研究の意義から出発して、生活史研究の歴史的概観の後に、第三期としての現在の生活史研究の視角について、主題と方法の交錯に基づいて四つのパースペクティヴを提示してみた。もちろん、これらの視角は相互に密接に関係し合っており、お互いが切り離せないものではあるが、しかし、生活史研究の視角だけを提示してみても、残された課題は依然として大きい。中野卓は「個人の社会学的調査研究について」の中で、次のように述べている。

「新たな人間像が模索されなければならなくなっています。このままでは人類の未来が危ぶまれるという懸念がありますが、こういうとき、既成の人間類型を立て変えて、個人についての新たな諸典型を提示する新しいタイポロジーが、社会学に必要となって来ていると考えますが、そのためにも個性ある生身の個人の研究がいま必要なのであります。…（中略）…個人のライフ・ヒストリーの諸事例を揃えるというのがその方法であります。それが、新しい人間類型の発見を可能にし、また、その自己形成された過程の分析を許すと考えているからであります(46)。」

ここには、ある種の明確な方向性を持った研究意図が表れている。生活史に興味を持つことは、人間に興味を持つことでもあり、未知の人間との「出会い」に興味を持つことでもある。そこで生活史研究の視角を検討してきたうえで、今後の課題を図で示してみると、図1-2のようになる。まず、本章で示した四つの生活史研究の視角は、相互に絡まりながら、生活史調査・「個人」研究ないしは集団や社会変動などの実証的な研究へ向かっていかなければならない。

そうしたフィールド・ワークや調査研究の中で、従来使われていた社会学理論や社会調査の網が生活史の事例に対して、果たして有効であり得るのか、また変更し得るならばどのようにすればよいかなどが、検討されなければならない。そして、そのうえで、中野卓の言う「新たな人間像」あるいは「人間の生き方の発掘(47)」、「歴史に

図 1-2　生活史研究の課題

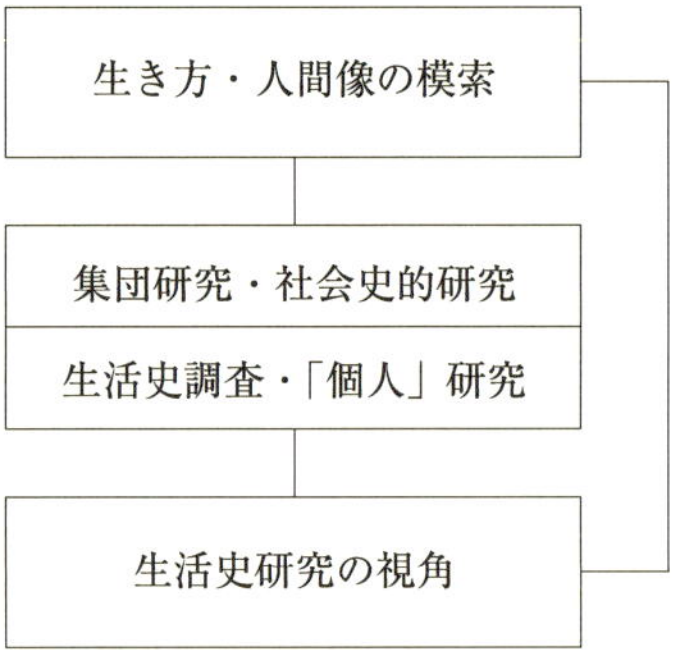

出所：筆者作成。

おける存在証明[48]」などが模索されることになる。生活史を見直すことは、とりもなおさず現在の自己のあり様を省みることであり、他者の生き方の中に自己の生き方を投影させながら、新たな人間像を模索していくという生活史研究の最初のパースペクティヴに回帰することにもなるのである。

（1）T・クーン（中山茂訳）『科学革命の構造』みすず書房、一九七一年。なお、有末賢「批判的社会学の知識構造—パラダイム概念を軸として—」『慶應義塾大学大学院社会学研究科紀要』第二〇号、一九八〇年三月、三七〜四五頁、も参照。

（2）Gouldner, A. W., *The Coming Crisis of Western Sociology*（New York: Basic Books, 1970）（岡田直之他訳『社会学の再生を求めて』新曜社、一九七四年）。

（3）Giddens, Anthony, *New Rules of Sociological Method*（New York: Basic Books, 1976）および *Central Problems in Social Theory*（Berkeley: University of California Press, 1979）。

（4）J・ハーバーマス（細谷貞雄訳）『晩期資本主義における正統化の諸問題』岩波書店、一九七九年。山本啓『ハーバーマスの社会科学論』勁草書房、一九八〇年。

（5）桜井厚「社会学における生活史研究」『南山短期大学紀要』第一〇号、一九八二年一二月、では「日本語の『生活』では生物学的次元での『生命』の意味がややもすると抜け落ちる嫌いがあるので、われわれが『生活史』というとき、ライフ・ヒストリー＝生命・生活史のことであると理解しておきたい。」（三三頁）と述べており、ここでもこの定義を踏襲していきたい。

（6）鶴見和子・市井三郎編『思想の冒険―社会と変化の新しいパラダイム―』筑摩書房、一九七四年。Shils, Edward, *Tradition* (Chicago: The University of Chicago Press, 1981), Abrams, Philip, *Historical Sociology* (England: Open Books, 1982).

（7）Berger, P. L. & Luckmann, T., *The Social Construction of Reality* (New York: Doubleday & Company, 1966)（山口節郎訳『日常世界の構成』新曜社、一九七七年）。

（8）青井和夫・松原治郎・副田義也編『生活構造の理論』有斐閣双書、一九七一年。

（9）W・I・トーマス、F・ズナニエツキ（桜井厚訳）『生活史の社会学―ヨーロッパとアメリカにおけるポーランド農民―』御茶の水書房、一九八三年、において『ポーランド農民』の抄訳とH・ブルーマーの論評、そして訳者自身の「生活史研究の課題」を付している。なお、水野節夫「初期トーマスの基本的視座―『ポーランド農民』論ノート（一）―」『社会労働研究』第二五巻第三・四号、一九七九年二月、同「『ポーランド農民』の実質的検討に向けて―『ポーランド農民』論ノート（二）―」『社会労働研究』第二六巻第一号、一九七九年一二月も参照。

（10）E・W・バージェス（内藤莞爾訳）「社会学研究法」ギュルヴィッチ＝ムーア編（東京大学社会科学研究所監訳）『二十世紀の社会学』Ⅳ所収、誠信書房、一九五九年。また、桜井、前掲論文、および江馬成也「ライフ・ヒストリー分析への一試論」『東北大学教育学部研究年報』第四集、一九五六年三月も参照。さらに、Langness, L. L., *The Life History in Anthropological Science* (New York: Holt, Rinehart and Winston, 1956) では、人類学における生活史研究の経緯を（i）一九二五年までのライフ・ヒストリーの使用……非専門的な情緒的・小説的な使用、（ii）一九二五年―一九四四年までの使用……E・サピア、P・ラディンに代表される研究、（iii）一九四四年―現在までの使用……C・クラックホーンの要約、「文化とパーソナリティ」研究、の三つの時期に分けている。

（11）Easthope, Gary, *A History of Social Research Methods* (London: Longman, 1974), p.91,（川合隆男・霜野寿亮監訳『社会調査方法史』慶應通信、一九八二年、一〇九頁）。

（12）オスカー・ルイス（高山智博訳）『貧困の文化―五つの家族―』（一九五九年）新潮選書、一九七〇年。同（柴田稔彦・行方昭夫訳）『サンチェスの子供たち一・二』（一九六一年）みすず書房、一九六九年。同（行方昭夫・上島建吉訳）『ラ・ビーダ一・二・三』（一九六五・六六年）みすず書房、一九七〇・七一年。

（13）Bertaux, Daniel (ed.), *Biography and Society: The Life History Approach in the Social Science*, Studies in International Sociology 23 International Sociological Association/ISA (California: Sage, 1981).

(14) 中井信彦『歴史学的方法の基準』塙書房、一九七三年。同「史学としての社会史―社会史にかんする覚書―」『思想』第六六三号、一九七九年九月号も参照。
(15) Faraday, Annabel and Plummer, Kenneth, "Doing Life Histories", *The Sociological Review*, Vol.27, No.4, November 1979によると、生活史の問題領域は、(1)社会科学の問題、(2)実際的・技術的問題―データの収集と分析、(3)倫理的・政治的問題、(4)個人的問題に区分されている。また、(3)、(4)の問題については、Bulmer, Martin (ed.), *Social Research Ethics* (Hong Kong: Macmillan Press 1982) および Beauchamp, Tom L., Faden, Ruth R., Wallace, R. Jay, Jr. and Walters, LeRoy (eds.), *Ethical Issues in Social Science Research* (Baltimore: The Johns Hopkins University Press, 1982) も参照。
(16) 中野卓「個人の社会学的調査研究について」『社会学評論』一二五号（第三二巻第一号）一九八一年六月。なお、鶴見和子「書評：中野卓編『口述の生活史』」『社会学評論』一二八号（第三二巻第四号）一九八二年三月、も参照。
(17) 篭山京『戦後日本における貧困層の創出過程』東京大学出版会、一九七六年。また、篭山京編『大都市における人間構造』東京大学出版会、一九八一年も参照。
(18) 中鉢正美『現代日本の生活体系』ミネルヴァ書房、一九七五年。
(19) 布施鉄治編著『地域産業変動と階級・階層―炭都夕張／労働者の生産・労働―生活史・誌―』御茶の水書房、一九八二年。布施鉄治・岩城完之・小林甫「生活過程と社会構造変動に関する一考察」『社会学評論』九九号（第二五巻第三号）一九七四年一二月。
(20) 森岡清美『家族周期論』培風館、一九七三年。
(21) 国民生活センター編『都市家族の生活歴―社会変動とライフ・サイクル―』ドメス出版、一九七六年。
(22) Elder, Glen, "History and the Life Course" in Bertaux, Daniel (ed.), *op. cit.*
(23) W・F・ホワイト（寺谷弘壬訳）『ストリート・コーナー・ソサイエティ―アメリカ社会の小集団研究―』垣内出版、一九七九年。
(24) R・P・ドーア（青井和夫・塚本哲人訳）『都市の日本人』岩波書店、一九六二年。
(25) きだみのる『気違い部落周游紀行』冨山房百科文庫、一九八一年。同『にっぽん部落』岩波新書、一九六七年。
(26) 松平誠「都市の社会集団―〝まつり〟を準拠点とする実証研究（その三）―」『応用社会学研究』第二三号、一九八二年三月。同「都市の社会集団―府中祭礼集団にみる町内（まちうち）の実証的研究―」『応用社会学研究』第二四号、一九八三年三月。

（27）中野卓「大正期前後にわたる漁村社会の構造変化とその推進力」『村落社会研究』第四集、塙書房、一九六八年。同編『明治四十三年京都―ある商家の若妻の日記―』新曜社、一九八一年。同・小平朱美『老人福祉とライフ・ヒストリー』未來社、一九八一年。

（28）鈴木広編『コミュニティ・モラールと社会移動の研究』アカデミア出版会、一九七八年。また、社会移動とライフヒストリーに関しては、Carr-Hill, R. A and Macdonald, K. I., "Problems in the Analysis of Life Histories", *Sociological Review Monograph* (University of Keele), No.19, 1973, pp.57-95 を参照。

（29）加藤秀俊・米山俊直『北上の文化―新・遠野物語―』（現代教養文庫）社会思想社、一九六三年。加藤秀俊「個人史による地域社会研究」『人文学報』第二六号、一九六七年一一月。

（30）祖父江孝男「村の生活はどう変わったか―ライフ・ヒストリーによる分析―」『文化とパーソナリティ』所収、弘文堂、一九七六年。

（31）和崎洋一「地域社会の研究」『人文学報』第二一号、一九六五年一二月。和崎は、この中で「個人のライフ・ヒストリーの投影によって浮かびあがってくる地域社会」を、自分自身も調査対象者として記述していくという、調査者＝被調査者のユニークな手法を用いている。

（32）ロバート・J・リフトン（小野泰博・吉松和哉訳）『終わりなき現代史の課題』誠信書房、一九七四年。

（33）石田忠編著『反原爆―長崎被爆者の生活史―』未來社、一九七三年。同編著『続反原爆―長崎被爆者の生活史―』未來社、一九七四年。

（34）Bogdan, Robert and Taylor, S., *Introduction to Qualitative Research Methods* (New York: John Willey & Sons, 1975) および Schwartz, Howard and Jacobs, Jerry, *Qualitative Sociology* (New York: The Free Press, 1979)。

（35）Denzin, Norman K., *The Research Act: A Theoretical Introduction to Sociological Methods* (Chicago: Aldine Publishing Company, 1970), Denzin, K., *Sociological Methods: A Sourcebook* (New York: McGraw-Hill Book Company, 1970). また、Johnson, John M., *Doing Field Research* (New York: The Free Press, 1975) では、調査の人間関係がデータの収集や分析結果に及ぼす影響について論じている。さらに、Becker, Howard S. and Geer, Blanche, "Participant Observation: The Analysis of Qualitative Field Data" in Adams, R. N. and Preiss, J. J. (eds.), *Human Organization Research* (Illinois: Dorsey Press, 1960) では、被調査者の自発性か、調査者に指示されてか、また被調査者の言明（statement）か、行動かという区別を設けて、調査過程と調査行為の規準を明らかにしている。

（36）最も良い例として、中野卓編著『口述の生活史―或る女の愛と呪いの日本近代―』御茶の水書房、一九七七年、を挙げることができる。

(37)　アルフレッド・シュッツ（桜井厚訳）『現象学的社会学の応用』御茶の水書房、一九八〇年の「他所者」によると、「他所者とは、私たちの生きるこの時代、この文明に属する成人となった個人を意味し、かれが接近する集団に永久的に加入しようとするか、少なくともその集団に許容されようとする立場にいる人を指す」（三頁一部改訳）となっている。

(38)　Agar, Michael H., *The Professional Stranger: An Informal Introduction to Ethnography* (New York: Academic Press, 1980).

(39)　オスカー・ルイス、前掲『貧困の文化』によると、「羅生門」式手法とは「家族をそのメンバー一人一人の目を通して捉えるアプローチの仕方である。これは、家族の各メンバーの長期的=集中的な自伝を通してなされる」（一五頁）ということであり、O・ルイスはこの方法で『サンチェスの子供たち』や『ラ・ビーダ』において、離婚や家族崩壊や貧困などの危機的状態に対する対応と仕方を探っている。

(40)　Schütz, A., "On Multiple Realities" in *Collected Papers I: The Problem of Social Reality* (The Hague: Martinus Nijhoff, 1971)、アルフレッド・シュッツ（森川眞規雄・浜日出夫訳）『現象学的社会学』紀伊國屋書店、一九八〇年、A・シュッツ（佐藤嘉一訳）『社会的世界の意味構成―ヴェーバー社会学の現象学的分析―』木鐸社、一九八二年。および片桐雅隆『日常世界の構成とシュッツ社会学』時潮社、一九八二年、も参照。

(41)　Berger, P. L. & Luckmann, T., *op.cit.*、P・L・バーガー（水野節夫・村山研一訳）『社会学への招待』思索社、一九七九年。生活史研究とバーガーらの主観的現実論について参考にしたものは、桜井、前掲論文および渡辺牧「志向性の社会学序説」『ソシオロゴス』第六号、一九八二年六月、がある。なお、バーガー=ルックマンの「リアリティの社会的構成」を図式化して知識社会学的に考察してみたのが、有末、前掲「批判的社会学の知識構造」、の中にある。

(42)　「お大師様」や「お稲荷さん」は、中野編著、前掲『口述の生活史』、の松代おばあさんの「語り」の中に登場し、ライフヒストリーにおいて重要な役割を担っている。

(43)　前山隆『非相続者の精神史―或る日系ブラジル人の遍歴―』御茶の水書房、一九八一年。前山は「私のここで採り上げるストラテジーとは、個人的な意思決定に基づく、個人の生きざまに関わる方針である」（一四頁）と述べている。なお、同『移民の日本回帰運動』（ＮＨＫブックス）日本放送出版協会、一九八二年、も参照。

(44)　柳田國男「民間伝承論」、同「郷土生活の研究法」『定本柳田國男集第二五巻』所収、筑摩書房、一九七〇年。有賀喜左衛門「民俗資料の意味―調査資料論―」『有賀喜左衛門著作集Ⅷ』未來社、一九六九年。また、川合隆男「近代日本における社会成層研究の生成」『法学研究』第五〇巻第五号、一九七七年五月、も参照。

（45）ル・ロワ・ラデュリ（樺山紘一・木下賢一・相良匡俊・中原嘉子・福井憲彦訳）『新しい歴史〔歴史人類学への道〕』新評論、一九八〇年。また、ユルゲン・コッカ（早島瑛訳）「社会史の概念と方法」『思想』第六六三号、一九七九年九月号、も参照。

（46）中野、前掲「個人の社会学的調査研究について」、八頁。

（47）真木悠介『気流の鳴る音―交響するコミューン―』筑摩書房、一九七七年、二八頁。

（48）栗原彬『歴史とアイデンティティ―近代日本の心理＝歴史研究―』新曜社、一九八二年、一頁。

第二章　生活研究とライフヒストリー

第一節　生活学の歴史研究

「生活史研究」（life history studies）という領域は、しばしば多義的で曖昧な意味を持った言葉として使われているように思われる。生活学あるいは生活研究に対して、ライフヒストリー研究の意義と課題を提起しようという本章の「ねらい」からすると、その当の「生活史研究」が極めて曖昧な立場であるとなると、その提言も茫漠としたものになってしまいかねない、とも言えよう。

しかし、大きく分けると「生活史」という用語は、二つの使われ方がされているように思われる。第一は、日本語の一般的意味での「生活の歴史」という意味での生活史である。歴史学の分野において、どのような領域の分類が正統であるのか詳しくはわからないが、政治史、経済史、法制史などと並んで『体系日本史叢書　生活史』[1]という使われ方もされている。これに似たものとしては、矢木明夫『生活経済史　大正・昭和篇』[2]なども含まれるし、そうしたものの源流には、柳田國男『明治大正史　世相篇』（一九三一年）が挙げられるであろう。柳田は、「打明けて自分の遂げざりし野望を言ふならば、実は自分は現代生活の横断面、即ち毎日我々の眼前に出ては消える事実のみに拠つて、立派に歴史は書けるものだと思つて居る[3]」と述べ、「此書が在来の伝記式歴史に不満である結果、故意に固有名詞を一つでも揚げまいとしたことである。従つて世相篇は英雄の心事を説いた書では無いのである。国に遍満する常人といふ人々が、眼を開き耳を傾ければ視聴し得るもの丶限り、さうして唯少しく心を潜めるならば、必ず思ひ至るであらう所の意見だけを述べたのである[4]」［傍点引用者］としている。このような「生活の歴史」、「生活者の視点からの世相史」という観点は、生活学における歴史研究とも通じている点である。

『生活学会報』創刊号（一九七四年）に掲載された「生活学会の方向と生活学の内容」によると、生活学の内容には、歴史研究、生活原論、生活設計論などがあり、歴史研究の中の「人口論と生活歴」という項目において、「そこで、生活学というのは、一つは個人の生活歴、――ライフヒストリー、もう一つはポピュレーションだと思われる。それは単なる人口学ではなく、それぞれの生活歴をもったナマの人間が詰まったマスとしてのポピュレーションを考えるということである。つまり、生活学の歴史研究には、マクロな生活史とミクロな生活歴の両方があり、しかもマクロはミクロが詰まったものとしてマクロでなければならず、ミクロはマクロのなかのミクロでなければならない、ということになろう[5]」と述べられている。

しかし、ここで「ミクロの生活歴」と呼ばれている個人の生活歴――ライフヒストリーこそ、「生活史」という用語の第二の使用法として社会学、文化人類学などでは一般的であると言ってもよい。例えば、社会学および社会心理学などの領域で、生活史研究法の画期をなしたとされるW・I・トーマスとF・ズナニエツキの『ヨーロッパとアメリカにおけるポーランド農民』（一九一八～二〇年）では、五〇組の家族の手紙と、一人のポーランド人移民に書かせた自伝という、個人の生活記録（ライフ・レコード）を用いている。[6] このように、英語のライフヒストリー（life history）には、個人の生活、生命、一生という意味が強く、この意味では個人生活史（パーソナル・ライフヒストリー）を指しているとも言えよう。こうした観点は、現象学的社会学者のバーガー夫妻が「バイオグラフィカル・アプローチ」[7] と名付けた個人の生活史に即した日常生活世界の視角（パースペクティヴ）ともつながっているものである。

以上のように、生活史研究の大雑把な二つの意味について見てきたが、以下この章においては、次の二つのことを述べてみたいと思う。第一点は、生活史（ライフヒストリー）研究の第一義的意味としては、やはり個人中心的なパーソナル・ライフヒストリーを捉える必要があるという点である。しかし、また第二点としては、生活の歴史的研究、生活学の歴史研究の系譜をはっきりと押さえて、生活学へのアプローチとして位置付ける必要があるという点が挙げられる。つまり、生活研究とライフヒストリーを一応は区別し、その上で、両者の位置関係を検討していきたいと考えているのである。

第二節　生活把握と生活研究

生活史研究の立場から生活学へのアプローチを試みていこうと考えているのであるが、個人生活史の主題と方法の問題に入っていく前に、生活研究における「生活把握」の仕方と生活の歴史的研究の布置連関について見ておくことにしよう。生活学へのアプローチにとって、生活研究の歴史的生活把握の方法と生活史の方法とが、車の両輪のように位置付けられる必要があるように思われるのである。

「生活」をどのように捉えるのか、という課題は、生活研究にとって、最も基本的な問題である。社会学および生活史研究に関心を持っているだけの私にとって、生活研究全体をカバーできるだけの力量は、初めから持ち合わせていないが、それでも、生活研究にとっての生活把握を大胆に分類してみようと思う。これは、生活把握だけの問題には限らないが、人間の生活を個別性・特殊性の位相において捉えようとするのか、一般性・普遍性の局面において見ていこうとするのかという区別があるように思われる。もちろん、有賀喜左衛門が「私にとって確実なことは一般性と特殊性とは相互媒介するという事実である。一般性は特殊性を通して、特殊性は一般性を通して追求しなければならない(8)」と述べているように、一般性と特殊性の相互媒介こそが、生活把握においても必要不可欠なのではあるが、一応独立した見方としてここでは位置付けておきたい。

それに対して、第二に生活実体、生活実相の規則性、不変性を重視するか、それとも変動性、可変性を重視していくのかという軸も大切である。この第二の観点は、生活を歴史的視点からいくつかの時期区分と変化、変遷の局面として捉えるか、あるいは生活の実体を一つの体系（システム）として、ないしは組織や集団の関係として科学的に分析していく方向をとるか、という区別である。言うまでもなく、これも歴史性と科学性を相反する方向と捉えること自体に問題を孕んではいるが、生活把握の概括的類型としてお許しいただきたい。

そこで、第一の特殊性――一般性の軸と、第二の変動性――規則性の軸を交錯させてみると、図2-1のような「生活把握の類型」が整理される。ここで示した生活研究の整理は、あくまでも理念型的に生活把握の方法に注目して構成したものであるので、各ボックスに対する命名の仕方には、異論も出てくるかもしれない。前掲の「生活学会の方向と生活学の内容」において、生活学の研究活動の方向として、学際研究や専門領域からのアプローチ、歴史的状況からのアプローチなどが挙げられているが、今までの生活研究の系譜と類型や整理については、ほとんど触れられてはいない。多少冒険ではあるが、今回の「生活把握の方法」の試みは、そういった意味で、あえて専門領域からのアプローチを取らずに、高踏的に類型化してみたわけである。

図 2-1　生活把握の類型

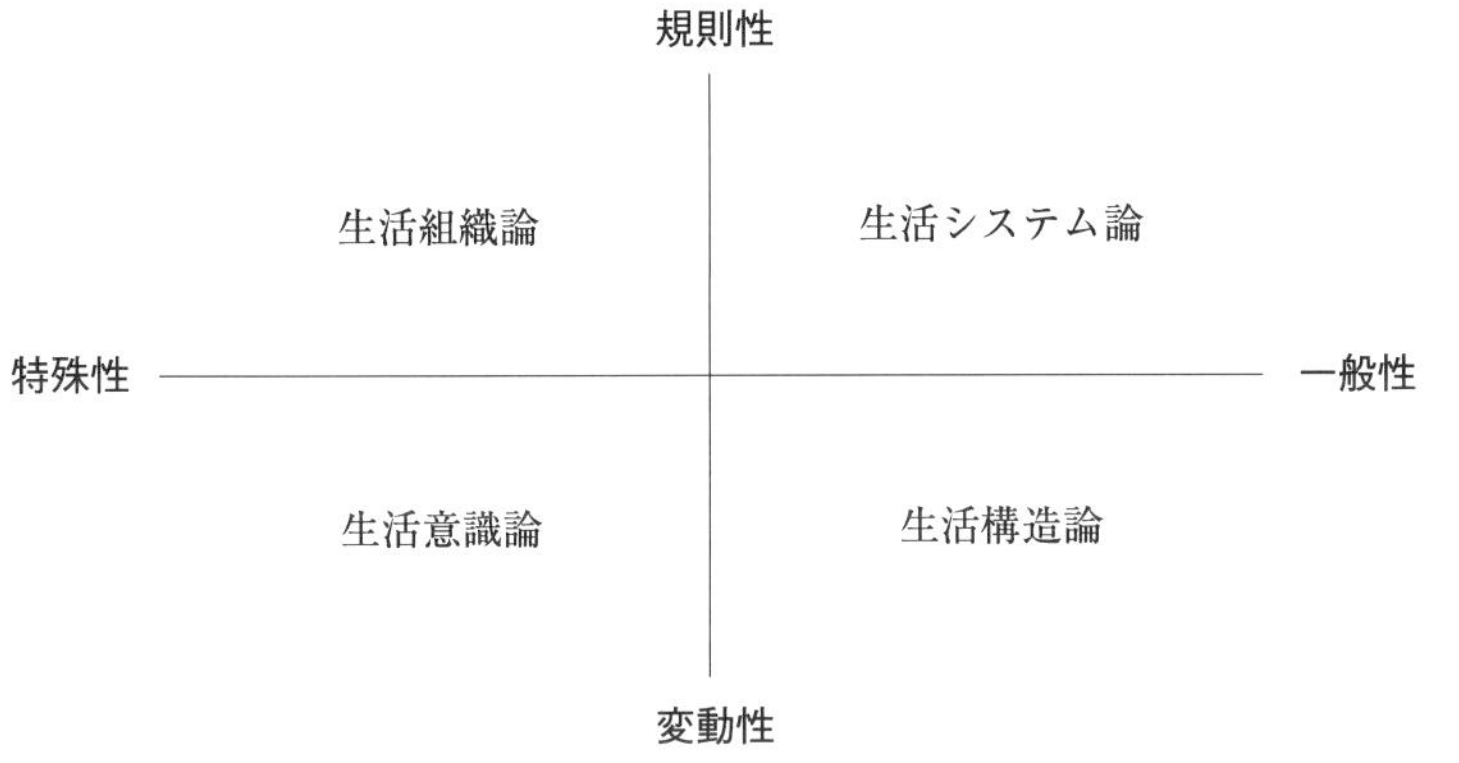

出所：筆者作成。

一般性と規則性によって特徴づけられるのは、生活システム論である。「生活学会の方向と生活学の内容」の中でも、生活原論において、生活のシステムをM—Mシステム[9]として捉える観点が示唆されているが、ここではむしろ社会学のT・パーソンズらの構造＝機能主義を下敷きにした松原治郎らの『生活構造の理論』（一九七一年）が代表的なものであろう。松原らは、「とくに、われわれ人間が日常的にいとなむ生活というものは、よりよく生きるという目的にむかって展開される複雑な体系であり、目的志向的な各種の生活欲求が、一定の社会的状況のもとで、各種の生活手段を用いながら、その充足を目指して、各種の生活行動を選択して遂行される過程である[10]」として、生活行為の体系を動機づけの側面や生活過程の手段・便益の効果分析、さらには、再生産構造としての生活体系などを提起している。

このように、松原治郎らの『生活構造の理論』は、一般性と法則性、規則性を重視した生活システム論として位置付けられると考えられるのに対して、篭山京、中鉢正美らの貧困研究や社会政策からの系譜は、むしろ、規則性よりは、変動性、歴史性を重視した生活構造論と考えられるのである。篭山は、戦前の生活時間研究から、戦後のいわゆる「エンゲル線の変曲」をめぐっての消費される物財の面からの研究によって、「生活の枠組」という考え方を構成していった。(11) また、中鉢は、「生活構造の履歴効果」という理論によって生活構造（家計構造）の抵抗と変動を分析していったのである。(12) このような生活構造論の系譜は、大河内一男、氏原正治郎、江口英一らの社会政策学、労働政策学とも密接な関連を持っているが、その源流としては、大原社会問題研究所の高野岩三郎、権田保之助あるいは森本厚吉や今和次郎ともつながっている。(13) そういった意味で、個別性・特殊性よりは一般性・普遍性を目指しながらも、歴史の変動を常に意識した生活把握であると思われる。

以上のような一般性に重点を置いた社会学、経済学、社会政策学などの社会科学的観点に対して、生活実体の個別性、特殊性をまず採集・記述しようというのが、民俗学などの生活把握であったように思う。まず生活意識論と名付けた特殊性と変動性によって特徴づけられるボックスには、柳田國男と宮本常一が位置付けられるように思われる。柳田國男は『民間伝承論』（一九三四年）および『郷土生活の研究法』（一九三五年）において、民俗資料を（i）生活外形（生活技術誌＝有形現象）――目の採集＝旅人の採集、（ii）生活解説（言語の知識＝言語芸術）――耳と目の採集＝寄寓者の採集、（iii）生活意識（心意現象）――心の採集＝同郷人の採集の三つに分類している。(14) 膨大な柳田学の中核が何であったかについては、まだ確定した解答は与えられていないが、「日本人の心性を掘り起こす」という日本民俗学の課題からしても、心意現象論＝生活意識論は欠かすことのできない重要な柱であると思われる。また、宮本常一は『民俗学の旅』（一九七八年）において、「日常生活の中からいわゆる民俗的な事象を引き出して、それを整理してならべることで民俗誌というのは事足りるのだろうか」、「人びとの日々いとなまれている生活をもっとつぶさに見るべきではなかろうか。民俗誌ではなく、生活誌の方がもっと大事にとりあげられるべきであり、また生活を向上させる梃子になった技術についてはもっとキメこまかにこれを構造的にとらえて見ることが大切ではないかと考えるようになった(15)」と述べている。こうして、宮本は柳田の方言周圏論や口承伝承重視の民俗学に対して、生活の中の技術、民具への注目など渋沢敬三の系譜につながる独自の生活把握を形作っていったのである。

最後に、個別性・特殊性を重視しながら、規則性・法則性を探求していこうとする立場に生活組織論と呼べる立場がある。先の宮本常一も生活外形や生活解説に沿いながら、生活組織に触れているが、村落社会学の有賀喜左衛門は、生活形態、生活組織、生活意識などの概念を用いながら、独自の生活把握を試みてきた(16)。有賀は、「多くの村落についてそれぞれの生活組織の歴史的発展を精査することは、それらの比較によって村落生活の一般的な歴史的発展の系列を立てることができ、かつは個々の村落の生活形態がその系列の上でどのような位置を占めているかを知ることができる点できわめて重要である(17)」と述べている。このように、生活組織の歴史的発展と村落形態や村落類型を重ね合わせて考えていく有賀社会学の理論は、正常人口の正常生活に基づいた五種の都市社会集団（世帯、職域集団、学校集団、生活拡充集団、地区集団）や都市における三重の生活地区（近隣的地区、副都心地区、都心地区）の分析などの鈴木栄太郎の理論(18)とともに、言わば「生活組織論」の典型であると言えよう。

第三節　生活の歴史的研究の布置連関

生活学、生活研究の系譜に注目しながら、生活把握の類型を整理してみたわけだが、ここで生活史研究に結び付けていくために、生活の歴史的研究について考察していきたい。まず、図2-2に示した「生活の歴史的研究の布置連関（configuration）」を説明していくことにしよう。「生活学へのアプローチ」は「生活学の方法」を意識した展開になっているので、生活研究と方法論のそれぞれについて、三本の軸を交差させてみたわけである。まず、生活研究の方は、歴史的研究に限定したうえで社会史、個人史、精神史の三つの類型を考えてみた。先に見

図 2-2　生活の歴史的研究の布置連関（configuration）

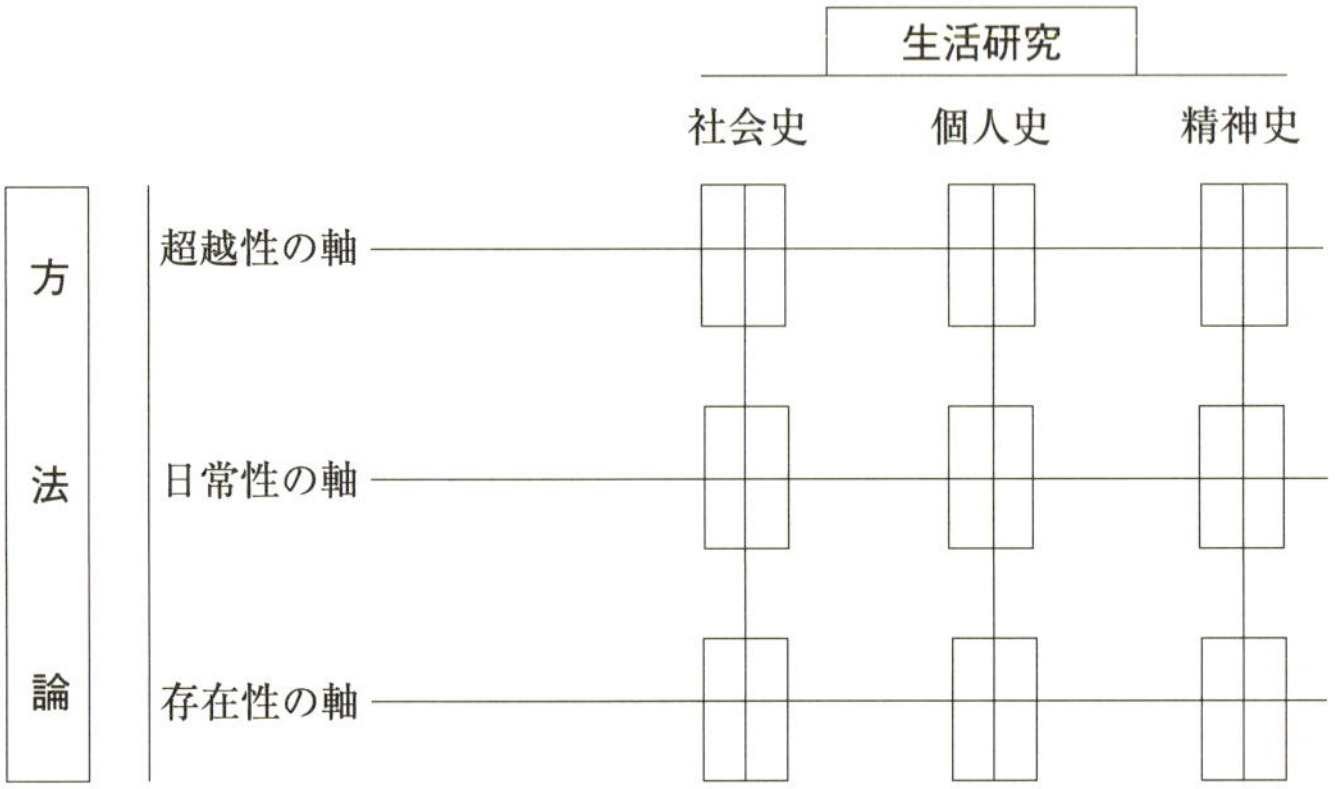

出所：筆者作成。

てきたように、もちろん多様な生活把握から形成される生活研究においては、歴史的研究以外のものも含まれているわけで、その意味で生活の歴史的研究のみに焦点を当ててみようと思う。

第一に社会史と名付けた部分は、むしろ歴史学的な「生活の歴史」と言ってもよいところで、生活にかかわる政治史、経済史、事件史、社会史といったところである。それに対して個人史は、これから述べていこうとする個人生活史を指している。ここには、自伝（autobiography）、伝記（biography）、日記、手紙、作品などを含む生活史資料や聞き書きによる口述の生活史も含まれている。そして、歴史的研究の第三は、精神史としてみた。これは、かなり普遍性を持たせた意味で精神史と命名してみたのであるが、個人ないしは集団の内面的歴史で生活を支えているエートスの歴史を表していると言ってもよい。つまり、個人史という個別性・特殊性を真ん中にして、社会史という表層的・外面的な普遍性と、精神史という深層的・内面的な普遍性とが両側に位置付けられているわけである。

それに対して、方法論の三つの軸についても、日常性の軸が中心に置かれることになる。日常性の軸が社会史あるいは歴史と交差した部分では、当然、年表という形をとることになるであろう。年表を作るということは、歴史にとって非常に基本的なことであるが、その中に何が入ってくるかという問題も出てくるのである。事件史や政治史や経済史が生活の歴史的研究というテーマに合わせて、どのような項目の年表を作っていくのか、また時代区分をどこでどのように区切っていくのか、ということが注目される。個人史にあっては、資料としての日記や手紙も日常性の軸にかかわってくるであろうし、口述の生活史では、何が記憶され、何が語られるのかという問題にもなってくるわけである。精神史的には、内面的な体験として自伝に著されたり、語り継がれるべき共同体験（例えば戦争、原爆、革命など）として位置付けられたりされるものである。

しかし、この日常性の軸だけでは、生活の歴史的研究のすべてを捉える方法としては、不充分なのではないかと思われる。第一には、日常では起こりえないような非常に突飛なことが、生活の中にはあるという意味で、超越性の軸を設定しておく必要があろう。日常性に対しては、非日常性と言ってもよいであろうが、それは社会史においても、個人史、精神史においても存在しているのである。そして、しばしば、超越性の軸にかかわってくるような次元において、日常性も影響を受けることが多い。例えば、個人の生活史において転機になるような事件は、その人にとって主観的には非日常の出来事として位置付けられているものである。もう一つは、精神史に対応させて、存在性の軸と名付けたのであるが、例えば日常性の中では衣・食・住というような実際に手で触れられる肉体性、存在そのものという意味である。日常性の軸においては、言語を用いた思考が最も中心であろうが、非言語的なコミュニケーションや肉体、身体、感覚の世界として存在性の軸を設定しておく必要があるのではないかと思われる。例えば、社会史においても、物とか技術とか衣食住などが人間の生活にかかわるだけではなく、それ自体として語りかけてくるものとして見ていかなければならない。個人史では、身体的・感覚的な成長記録や発達過程なども含まれるし、精神史においては、色や音や味や皮膚感覚などの共有とその変遷が課題となってくるのである。以上のように、日常性の軸を中心にしながらも、超越性の軸と存在性の軸とは日常性とは異なった方法論を探求しているように思われる。

なお、図2-2において、生活研究と方法論の三本の軸がそれぞれ交差する九つのポイントに四象限を配置しておいたが、これは、前節で述べた「生活把握の四類型」を念頭に置いたものである。もっとも、それぞれの点で正確に対応するような生活システム論、生活構造論、生活意識論、生活組織論を設定することはかなり困難であろう。しかし、生活の歴史的研究においても、生活把握の方法を意識しておくことは重要なことなのである。

第四節　個人生活史の主題と方法

生活史研究の立場から「生活学へのアプローチ」を試みていく際、生活研究の歴史的考察を個人生活史とは区別しながら、もう一つの「生活史研究」として位置付けておく必要があった。生活史（ライフヒストリー）という名称は、混同を避ける意味からも、個人中心の生命＝生活史に与えた方がよかろうが、しかし、生活を歴史的に把握する方法についても検討してみる価値はあったのである。そこで、本節では個人生活史の主題と方法から、生活の歴史的研究との類似点や相違点を明らかにしていきたい。個人生活史の主題と方法については、第一章において、図1-1のような四つのパースペクティヴを設定して生活史研究の意義と課題を明らかにした。詳細は、そちらに譲るが、研究方法上の関心から、生活史の資料を収集・編集する観点と解釈に重点を置く観点、およびある特定の人間の生活史の内容や主題に対する興味から、個人生活史の客観的事実の側面と、その事実を主体がどのように意味づけているかという主観的意味付与の面をそれぞれ区別することができる。そして、(1)人間―生活研究、(2)社会調査論、(3)現象学的社会学、(4)社会変動論のそれぞれのパースペクティヴを検討していくことから、生活史研究の主題と方法をかなり拡大しつつ深化させていった。生活学との関連では、特に生活史事例の類型化を企てる人間―生活研究の視角との類似が指摘できるものと思われる。

そこで、生活の歴史的研究とライフヒストリー研究を方法や主題、研究範囲の点から比較してみることにしよう。まず第一に、研究・調査方法上の両者の相違点について見ていくと、三つの点が指摘できる。第一点は、資料に対する扱い方で、生活研究の方では、歴史学や民俗学において、文献史料を駆使した客観的な実証性が重視されていると言える。それに対して、ライフヒストリー研究の方では、もちろん自伝、伝記、日記などの文献資料もそれなりに重視していくが、聞き書きによる口述の生活史などの主観的な質的調査法が駆使されている。次に第二点は、研究の目的や重心にかかわる問題で、生活研究では、前述の生活把握の類型でも見たとおり、生活意識論などではソフトな面もあるが、おおむね構造や法則性の発見が意図されている。逆に、ライフヒストリー研究では、特定の個人生活史の具体性や主観的な意味の理解が重視されていると言えよう。さらに、第三点は調査方法上の留意点と言うか、調査行為（research act）にかかわる問題である。生活研究、生活学においては、例えば、今和次郎の考現学などにおいては、外面からの観察、記録が重視されている。そういう意味では、調査する側の眼が訓練される必要があろう。それに対して、ライフヒストリー研究、特に口述の生活史（oral life history）においては、調査者と被調査者がある程度の信頼関係の上に立って、共同の作品を作成していくという考え方がある。聞き取りを行う際にも、話者の生活史上の内面の態度変更ないしは翻身（alternation）にスポットを当てて調査を行うこともある。そういう調査者―被調査者関係の微妙な問題も含んでおり、いわば調査される側の眼を意識しなければならないわけである。

第二に、生活研究とライフヒストリー研究の主題および研究範囲において比較してみよう。まず第一点は、対象の時代的範囲であるが、生活研究では、「生活学会の方向と生活学の内容」の歴史研究の「対象年代について」

で近世中期以降、特に大正期の意義が強調されている。一方、生活史研究では、もちろん対象者の生きた時代によって決められてくるが、口述生活史の対象者では、どうしても明治・大正・昭和の近代日本の歴史が背景となってくる。したがって、この点ではそれ程の相違はないようである。次に第二点は、どのような主題（テーマ）を設定できるかという点であるが、生活研究、特に生活構造論では、生活の主体を世帯ないし家族と置いて、職業や労働、階層、あるいは福祉といったテーマが選ばれるのに対して、ライフヒストリー研究では、特異な体験を持っている個人、あるいは逸脱者、マージナル・マン、小集団や地域社会でのリーダーなどが選ばれることが多いようである。最後に、第三点として、対象地域の範囲については、生活研究、生活学の方が、さしあたっては、日本の国内を対象としているように考えられる。これは、大正期における生活学の萌芽以来、生活構造論にしても、民俗学にしても、近代日本の社会問題や生活問題から発しているからであると言えよう。しかし、ライフヒストリーの方では、前述のトーマスとズナニエツキにしても、あるいは文化人類学のO・ルイス[19]や最近の欧米のライフヒストリー研究への関心の高まりなど[20]を見ても、国際的な広がりを見せている。また、対象者が、移民であったり、海外成長者（帰国子女）であれば、当然個人の地理的移動に伴って、地域的にも異文化との接触が視野の中に入ってくる。

このように、生活研究とライフヒストリー研究を比較してみると、いくつかの点で相違点が浮かび上がってきた。これらは、それぞれの研究の系譜とも絡み合っていて、比較が困難な点も多々あると思われる。しかし、お互いまだ新しい研究領域でもあるので、相互の研究交流が不可欠であると思われる。

第五節　ライフヒストリーの可能性

生活研究とライフヒストリー研究とはお互いに接触し合う部分が大きい領域である。そのため、生活史とか生活歴という用語は、かなり曖昧な意味で使われてきたことも多かった。今回、生活史を「個人生活史」の意味で使っていくことを提言したのも、この曖昧さをどこかでいったんは遮断しておいて、しかしなお、生活研究とライフヒストリー研究との連続性を「生活＝ライフ」の中に求めていこうとしたからである。

ライフヒストリーは非常に多様な研究対象である。人間一人ひとりが個性的であるのと同様に、その個人の生活史も例外なく個性的なものである。したがって、ライフヒストリー研究というのは、一つの学問分野によって究められる類いのものではないし、またいくつかの専門領域の学際研究によって成功するものでもないように思われる。今までの生活史研究を例にしても、社会学、歴史学、文化人類学、社会心理学、精神分析学、社会福祉学、社会政策学、民俗学、宗教学など非常に広い分野で展開されているが、対象が個人ないしは家族や小集団であるだけに、調査・研究者の個性も浮き彫りにされることになる。そういう意味では、多様であるが、個性的な研究領域であると言えよう。

また、ライフヒストリーはそうした個性的で、自分では経験しようもない出来事を理解しようとするという意味では、他者理解や異文化理解、あるいは異なる時代の歴史理解という側面を持ってはいるが、また一方では、同時代人の共通の体験や感覚を通して、調査者・研究者と話者（被調査者）と読者ないしは録音記録などの聴取者とが共同で作り上げていくという面もあると思われる。つまり、自己理解と他者理解の相互作用による歴史把握・生活把握が目指されているのである。

そして、ライフヒストリーには、読者や編者や著者が、語りかけたい生々しい感動の記録というものがたいてい詰め込まれている。もちろん、研究者という第三者にとっては、冷静な判断と客観的な資料批判が必要であるから、「感動を伴った事実」とは言っても、小説や文学・芸術の世界とは異なるだろう。しかし、ノンフィクションにおける「感動」という共通感覚についても、生活史の研究者は敏感でなければならないと思う。そういった意味でも、ライフヒストリーの可能性は生活学の地平を切り開いていくものと思われる。

（1）森末義彰・寶月圭吾・小西四郎編『体系日本史叢書一七　生活史Ⅲ』山川出版社、一九六九年（『生活史Ⅰ』『生活史Ⅱ』もある）。
（2）矢木明夫『生活経済史　大正・昭和篇』評論社、一九七八年。
（3）柳田國男『明治大正史　世相篇』平凡社（東洋文庫）、一九六七年、自序一頁。
（4）同右、自序四頁。
（5）川添登他「生活学会の方向と生活学の内容」『日本生活学会』一九八二年四月、一四頁。
（6）W・I・トーマス、F・ズナニエツキ（桜井厚訳）『生活史の社会学―ヨーロッパとアメリカにおけるポーランド農民―』（御茶の水書房、一九八三年）において、『ポーランド農民』の抄訳とH・ブルーマーの論評、そして訳者自身の「生活史研究の課題」を付している。
（7）P・L・バーガー、B・バーガー（安江孝司・鎌田彰仁・樋口祐子訳）『バーガー社会学』学習研究社、一九七九年。
（8）有賀喜左衛門「日本家族制度と小作制度」『有賀喜左衛門著作集Ⅱ』未來社、一九六八年、七〇～七六頁。
（9）川添他、前掲論文、一五～一六頁によると、M―Mシステムとは、man-man system, man-mind system, man-matter system, man-material system（man-money system）の四つの関係、すなわち、人と人、人と心、人と事、人と物の関係をさしている。
（10）青井和夫・松原治郎・副田義也編『生活構造の理論』有斐閣双書、一九七一年、一〇二頁。
（11）篭山京「国民生活の構造」『篭山京著作集第5巻』ドメス出版、一九八四年。また同「生活構造研究の経過と課題」『現代社会学』第一八号（Vol.10, No.1）一九八四年六月、アカデミア出版会（本号は「特集　生活構造論―現代社会学の論点―」である）、二八～四九頁、も参照。
（12）中鉢正美「生活構造の履歴現象」『現代日本の生活体系』ミネルヴァ書房、一九七五年。

(13) 生活研究同人会編著『近代日本の生活研究―庶民生活を刻みとめた人々―』光生館、一九八二年、参照。

(14) 川合隆男「近代日本における社会成層研究の生成」『法学研究』第五〇巻第五号、一九七七年五月、参照。なお、佐藤健二「わが国における『生活史』研究への視座―『社会史』との接点―」関東社会学会第三〇回大会、シンポジウムＢ「社会学における生活史」における報告（一九八二年六月）も参考にした。

(15) 宮本常一『民俗学の旅』文藝春秋、一九七八年、一九四～一九五頁。

(16) 鳥越皓之「有賀理論における生活把握の方法」『トカラ列島社会の研究―年齢階梯制と土地制度―』所収、御茶の水書房、一九八二年。

(17) 有賀喜左衞門「大家族制度の名子制度」『有賀喜左衞門著作集Ⅲ』未來社、一九六七年、三一一頁。

(18) 鈴木栄太郎「都市社会学原理」『鈴木栄太郎著作集Ⅵ』未來社、一九六九年。

(19) オスカー・ルイス（高山智博訳）『貧困の文化―五つの家族―』新潮選書、一九七〇年。同（柴田稔彦・行方昭夫訳）『サンチェスの子供たち　一・二』みすず書房、一九六九年。同（行方昭夫・上島建吉訳）『ラ・ビーダ―プエルト・リコの一家族の物語―一・二・三』みすず書房、一九七〇、七一年、など参照。

(20) Bertaux, Daniel (ed.), *Biography and Society: The Life History Approach in the Social Sciences*, Studies in International Sociology 23, International Sociological Association/ISA (California: Sage, 1981), Plummer, Ken, *Documents of Life: An Introduction to the Problems and Literature of a Humanistic Method*, Contemporary Social Research: 7, Series editor: Martin Bulmer (London: George Allen & Unwin, 1983) など参照。

第三章　再帰性とライフヒストリー

第一節　ライフヒストリーとアイデンティティ

本章においては、現代社会学からさらに将来のポスト・モダンの社会学へと視点を広げつつ、生活史研究の「再帰性（reflexibility）」について考えてみたい。この再帰性の概念は、直接的にはA・ギデンズによって提起された「構造の二重性」や「構造化（structuration）」の議論を踏まえているが、根本的には、E・フッサール（Edmund Husserl）やA・シュッツなどの現象学、現象学的社会学から発生している概念であるものと思われる。再帰性とは、社会（学）理論が、どのような場合でも「自らの存在と言説」に再び戻ってくるという性質のことを指している。かつて、構造＝機能主義理論に対抗する形で、現象学的社会学や批判的社会学が「自己反省の社会学（reflexive sociology）」や「社会学の社会学（a sociology of sociology）」を主張した当時は、理論に対する現実（reality）の「反逆」というか、「リアリティの復権」という側面があった。しかし、今日の「再帰性」の議論は、理論対現実という局面よりも理論も現実も含むシステム内での再帰性、すなわち「自己組織性」の問題と深く絡んでいる。つまり、現代社会では、「患者の自己決定権」「女性の自己決定権」「死にゆく者の自由意志」「葬送の自由」など従来、医学・科学の領域に委ねられていたり、社会・文化的慣習に任されていた部分にも「個人主義」の価値意識が浸透し始めている。(1)個人の自由意志は先端科学・技術の「要素主義」とどのような関係を取り結んでいくのかが問われているのである。

このような現代社会において、現代人のアイデンティティは常にかなり揺れたものとなっている。つまり、社会理論がどのような場合でも「自らの存在と言説」に再び戻ってくるように、言説の再帰性は、日常生活の場面でも現れてくる。自らの言説、行為、感情、身体などが積み重なった自らのライフヒストリーの上に、常に再帰的に蘇ってくるのである。したがって、生活史を「語る―聞く」という相互行為それ自体が、多声的にアイデンティティを構成し、あるいは破壊し、また再生していく、という重層的過程として考えられる。本書の第一章でも述べたように、生活史研究は、近代が、とかく組織やシステムの総合性が社会を覆い隠してきた時代に、個人がシステムの要素としてしか位置付けられなくなった後に、個人の持っている全体性、総合性の復権を主張したものである、と考えることもできよう。しかし、近代的な意味での「個人主義」の価値意識も、今また変容を強いられているように思われる。

モダニティの人間関係における表現様式として、「個人主義」という価値観が大きく影響している。この点は、とかく欧米の価値意識と日本やアジア地域の価値意識を比較して、日本や東洋は「集団主義」の価値意識を持っており、近代化においても決して「個人主義」の価値意識に染まってはいない、という主張も存在している。しかし、拙稿「戦後日本社会の価値意識の変化」（一九九四年）(2)で取り上げたいくつかの世論調査、意識調査からも、私化（私生活主義）、「個の尊重」、核家族化から個人化へ、自己実現や自己決定権などいわゆる「個人主義」の価値意識が、戦後五〇年の間に、一九七〇年代あたりから膨らんできていることがわかる。

しかし、必ずしも「個人主義」が万能というわけではない。もともと、個人（individual）というのは、「これ以上分割不可能な」個という「要素」から成り立っている。医学を含む近代科学が、人間の要素を内臓（臓器）、骨格、皮膚、脳などの各要素に分類して、それぞれの「病気」の治癒に専念してきたわけだが、臓器移植や延命治療など先端医療技術の発展によって、「生命体の死」の線引きという「全体性」の課題が投げかけられている。つまり、個人主義の行きつくところが、決して「問題の解決」にはならないという現実がたち現れてきた。そこで、社会理論からこの「個人主義」を解剖してみなければならないと考えたわけである。

個人主義の特徴は、個性ある個人を分割し得ない「主体」と考えると同時に、個人の有する「属性」も場合によっては強調したり、権利主体として考えるという立場に立っている。それゆえに、ジェンダー、エスニシティ、エイジなどの社会的・文化的「差異」に着目し、それに対する「差別」への告発も含まれている。例えば、「産む自由・産まない自由」を掲げる「女性の自己決定権」も、従来の男性支配、生産力（資本と国家）支配に対してのフェミニズムのプロテストが元になっている。セクシズム（性差別主義）、レイシズム（人種差別主義）、エイジズム（年齢差別主義）に対抗するジェンダー、エスニシティ、エイジの平等主義の主張は、個人属性をむしろ権利主体として強調する立場をとっている。このように、モダンの徹底化であるかポスト・モダンであるかは別にして、現代社会では個人主義が自己意識の覚醒と結び付きながら、個人の属性原理をむしろ強調していく場合もある。女性であるか男性であるか、民族性は何か、高齢者であるかなどが、かえって敏感に問われてくるのも『個人主義の時代』と言える。そこで、自己と他者との関係性がますます複雑化してくる。特に、女性／男性のジェンダーとセクシュアリティについて考察してみたい(3)。あらゆる人間関係の中で、最も突出し、敏感である関係性はジェンダー問題であると思われるからである。

Ａ・ギデンズは『親密性の変容』（一九九二年）において、「この論考で、私は、ジェンダーによる不平等が経済や政治の分野でどれほど存続しているかを分析したいのではない。むしろ、女性たちが――自分はフェミニストであると自覚している女性集団はもとより、毎日の暮らしに忙しい普通の女性たちが――極めて重要な、また一般化が可能な変化を切り開いてきた、そうした感情的秩序の問題に焦点を当てていきたいのである。これらの変化は、『純粋な関係性』、つまり、性的にも感情的にも対等な関係が実現できる可能性を探求することと本質的に結びついているが、そうした対等な関係性の構築は、性差にもとづく既存の権力形態の打破を暗に意味しているのである。[4]」と述べている。ギデンズの言う「純粋な関係性（the pure relationship）」とは何であろうか。ギデンズは、フーコーのセクシュアリティ論やロマンティック・ラブ、愛情などを吟味しながら、「純粋な関係性」を次のように説明している。

「純粋な関係性とは、性的純潔さとは無関係であり、また、単なる記述概念ではなく、むしろ限定概念である。純粋な関係性とは、社会関係を結ぶというそれだけの目的のために、つまり、互いに相手との結びつきを続けたいと思う十分な満足感を互いの関係が生みだしていると見なす限りにおいて関係を続けていく、そうした状況を指している。かつて、愛情は、ほとんどの性的に『正常な』人びとにとって、婚姻を介してセクシュアリティと結びついていた。しかし、今日、愛情とセクシュアリティは、純粋な関係性を介してより一層強く結びついている。婚姻は――決してすべての人にとってではないが、多くの人びとにとって――その後起こった多くの事象により、ますます純粋な関係性という形態へと変わってきているのである。繰り返して言えば、純粋な関係性は、親密な関係性が包括的に再構築されていく過程の重要な要素をなしているのである。純粋な関係性は、異性愛婚姻以外の他のセクシュアリティの脈絡においても出現している。つまり、純粋な関係性は、自由に塑型できるセクシュアリティの発達と対応して、ある程度因果関係があるかたちで生じているのである。ロマンティック・ラブにたいする抑圧されたこだわりは、セクシュアリティの領域における純粋な関係性の形成に途を切り開く一助となったが、今日ではそうしたこだわりが引き起こしていった影響力そのものによって、弱められているのである。(5)」

このように、ギデンズは「純粋な関係性」をわれわれ個人がどのように受け入れるのかという点が、「親密性の変容」にとって重要な鍵となってくると述べている。そして、この「純粋な関係性」への欲求は、女性の側からの声として、現在では未だ、男性にはなかなか理解されていないと言っている。この「親密性の変容」は、「社会関係を結ぶ主義の内実をどのように変えてきつつあるのだろうか。ギデンズの言う「純粋な関係性」とは、「社会関係を結ぶというそれだけの目的のために」関係を結び、そして「互いに相手との結びつきを続けたいと思う十分な満足感を互いの関係が生みだしていると見なす限りにおいて関係を続けていく」ということになる。この定義が、一見、トートロジー（同義反復）的に構成されているのは、いわゆる「再帰性」の反映であるのかもしれない。「純粋な」というのは、その意味で自己肯定と自己否定との間を揺れ動きながら、常に自己を創造的破壊（あるいは破壊的創造）へと導いていく「再帰性」を内包していると言えよう。(6) そこで、次にギデンズが近代社会において、歪んだ形での関係性として問題提起している「嗜癖（アディクション）」や「共依存」について考えてみたい。そして、セクシュアリティやマイノリティの「語り」などにおいて、しばしば登場するカミングアウトの意味論を通して、再帰性とポスト・モダンについても考えてみたい。

第二節　再帰性とモダンとポスト・モダン

「嗜癖（addiction）」とは「何かに夢中になりやめようと思ってもやめられない状態にはまってしまう」状態のことをさしている。やめられなくなる対象としては、一般にアルコールや麻薬といった薬物がすぐに思い浮かぶが、アルコール中毒患者に対しての精神科医の治療活動や断酒会などの自助グループ、臨床心理家たちによる、アディクションは、単に「もの」への執着からだけ発するのではなく、「関係性の病」として見ていく必要がある、という指摘から、社会理論の上でも注目されている概念の一つである。(7) ギデンズは、嗜癖を近代の再帰性や自己の自立と関係づけながら以下のように、考察している。

「嗜癖は、衝動強迫的に没頭する様式化された習慣であり、中断した場合手に負えない不安感を生じさせるものと定義づけできる。嗜癖は、不安感を和らげることでその人の心の安らぎをもたらすが、こうした安心感はつねに多少とも一時的なものである。…（中略）…嗜癖は、伝統が以前にもまして徹底的に一掃されており、また、それに相応して自己という再帰的自己自覚的達成課題がとりわけ重要な意味を呈するようになった社会の観点から、理解していく必要がある。…（中略）…だから、嗜癖は、自己という再帰的自己自覚的達成課題がどの程度近代後期の時代特性の中で中央舞台に移動してきたかを推し量る、負の指標となっている。嗜癖は、自己という達成課題のなかに、おそらく非常に重大な帰結をもたらすかたちで侵入するが、自己という再帰的自己自覚的達成課題に結びつけて利用されることを拒否する行動態様なのである。この意味で言えば、嗜癖は、いずれも一人ひとりにとって有害であり、したがって、嗜癖克服の問題は、今日なぜ心理療法の文献でかくも大きな比重を占めているのかが容易に理解できる。嗜癖は、未来をコロニー化できないことであり、嗜癖はそれ自体、今日人びとが再帰的自己自覚的に対処していかなければならない最大の関心事のひとつを妨害しているのである。[8]」

この「嗜癖」と対をなす言葉が「共依存」である。アルコール依存症患者の家族（多くの場合は「妻」）が、むしろ「嗜癖者の依存心に、多くの場合微妙なかたちで、時としてまた有害なかたちで依存していく」「後押しする人（イネイブラー）[9]」という意味である。共依存症者という考え方は、こうした後押しする人が薬物依存の人間と同程度に、あるいはそれ以上に苦悩していることが明らかになったために、後押しする人という概念にとって代わって用いられるようになったのである。ギデンズによると、「共依存症の人間は、他の人びとの行動や欲求をとおして自分のアイデンティティを見いだすことが習慣化している。しかし、いずれの嗜癖的関係性においても、自己は相手の人間と同化していきやすい。なぜなら、嗜癖は、生きる上での安心感の最も重要な源泉となっているからである[10]」。このように、アディクションと共依存は、実は「どこにでもある自己と他者の関係性」とも置き換えることができる。

野口裕二は『アルコホリズムの社会学』（一九九六年）において、この点を次のように記述している。

「近代における自己というフィクションは、自己それ自体を神聖化することによって、自己を意味づける外部の絶対的定点を失った。自己を意味づけるのも自己以外にないという文字どおり再帰的な空間が出現したのである。そうしたなかで、自己に献身することで自己を見出すというタイプのアディクションが生まれる。これがエゴイズムである。一方、なんらかの達成とそれによる満足に自己を見出すタイプのアディクションも生ずる。これがアノミーである。そして、いずれも、その困難から脱出するためには、よりいっそう、反復を強化させざるをえないという点に注意する必要がある。不安や不満の解消のために、エゴイズムは自己への献身をさらに強化させ、アノミーはまさに『無限性』に向かって突き進んでいく。

あるいは、アディクションの概念は、エゴイズムとアノミーが相互にからまりあう現在の状況をうまく指し示すものと考えることもできる。再帰性の規範が強まる現在において、エゴイズムのもたらす苦悩は、自己以外に献身対象をもてないことではなく、自己への献身を手抜きできないこと、自己への献身に最大の関心を払わなければならないことへと焦点を移している。そして、その自己への献身に終わりはなく、まさに『無限性の病』という状態におかれる。一方、現代におけるアノミーは、欲望の対象を『自己』や『身体』へと移すことで、エゴイズムとの境界を曖昧にしている。つまり、現代的自己のおかれた状況はエゴイズムのアノミー的追求、あるいは、アノミーのエゴイズム的展開として描けるような性格をもっている。こうした状況をうまく言い当てているのが、アディクションの概念なのである。この意味で、アディクションは、一九世紀のエゴイズムとアノミーの現代における正統な嫡子といえそうである。前世紀にすでに気づかれていた自己をめぐるアポリアが、いま、名前を変えてアディクションと呼ばれている。[11]」

つまり、自己というフィクションが、再帰性によって「いつでも、どこにでもあるアディクションと共依存」を生産―再生産し、それを反復強化するというわけである。[12]このようにして見ていくと、近代の価値意識としての「個人主義」は、むしろ何らかの自己コントロールと抑制を強いられていると言うことができる。ギデンズが『親密性の変容』でも、「個人生活の民主化」や「民主制」を主張し、公開性、選択性、自立性などの諸原則を持ち出しているのもこの点と関連している。「無限性の病」としての「個人主義」は、再帰性によって、再度「社会的合意」の場に持ち込まれようとしているのである。

近代と自己アイデンティティについては、今までにも、多くの論者が論じているが[13]、そもそも「自分が自分であること」というアイデンティティは、近代社会が生み出してきた虚構＝フィクションでもある。自分自身が他者とは異なる存在である、という近代社会においては「自明な前提」も、「近代」の持っている「再帰性」の顕著な特徴である。自分自身に常に帰ってくる、自己組織性の構造化によって、「世界」から常に「差異化」を求められている自己、さらに分業化、専門化、分化によって、他者と共有してきた「世界」を時間―空間の分断によって、分節化せざるを得ない社会変動が日常化している。

今村仁司は、『近代の思想構造』（一九九八年）において、機械としての世界＝機械状組織、支配の方法＝主人と奴隷、交通としての社会＝市民社会、労働と倫理＝労働社会の到来、時間意識＝企てる精神、という五つの思想構造に分類しながら、「近代性（モダニティ）」の構造を明らかにしている。そして、それらをつなぐ「モダンの横断」について、以下のように記述している。

「近代というエポックは、自分で自分を反復する能力において際立っている。自分の原理を、機械論であれ有機論であれ、あるいはその他の理論形式であれ、そうした形式をとりながら、経済的な再生産のように、再現し、反復し、再記述する能力において卓越するところが、近代の最大の特徴の一つであるといえよう。そのことをわれわれは『近代の思想構造』としてできるだけ明確に提示した。機械、方法、交通、労働、時間という五つの構成的構造契機は、それぞれが他の諸契機を呼び起こし、参照し、また内面化する。各契機は他の契機なしには存立しえない。こうした諸契機の相互反照関係あるいは相互の送り戻し関係が、近代という一つのシステムを構造として成立させている。そしてこの構造は自己再生産の力をみずから作り出し、その原理構成力をもって自己複製を行う。各契機はそれ独自の原理をもち、それぞれの原理が他の原理と結合する。原理の組織化がここに見られる。(14)」

このように、自己反復、再記述の特性こそ、近代性の最大の特徴の一つであり、それゆえに、アイデンティティの要請もますます強化されてくる。自己決定への要求は、機械や支配、市民社会から次第に、労働、時間意識といったミクロなレヴェルにまで及んでくる。そして、その果てに起こってくるのが、前述したアディクションと共依存という関係性であろう。野口裕二は、次のように「自己＝アディクションのゆくえ」について述べている。

「自己という信憑は、アディクションという信憑と対になって存在している。しかも、それは、相互に論理的に析出しあう関係にあるだけでなく、つねに、相互に参照しあい、相互に排除しあい、また、相互に駆動しあうような複雑な双対性を形成している。この意味で、われわれは、今、両者から構成される『自己＝アディクション』というフィクションを生きているということができる。

そしてこの『自己＝アディクション』というフィクションは、今後、当分のあいだ有力であり続けることが予想される。それは自己とアディクションの無限の運動を想定している点で、いいかえれば、自己をすでに存在するものではなく、達成すべきものとする点で、自己の限界という考え方をあらかじめ巧妙に排除する仕掛けになっているからである。近代は、この巧妙な仕掛けを発明し、それによって作動してきたともいえよう。

この仕掛けは、結局のところ、再帰性という概念のもつ論理的な性格に依拠している。どれだけ再帰的な努力を続けても、これで終わりという到達点は定義上存在しない。また、自分がどれだけ再帰的であるかを評価する基準も存在しない。再帰的であるということは、そのような定点や基準に依拠することを拒否することを意味するからである。こうしたなかで、なんらかの定点に依拠しようとするとき、それがアディクションと呼ばれる。あるいは、呼ぶことができる。一瞬前の自分を対象化し評価し反省しそれを未来へと投企するような果てしない営み、これだけが、再帰性の名に値する。そして、この営みからの逸脱が、アディクションと呼ばれ、そのアディクションを克服するささやかな試みは、再帰性への帰還として賞賛されるのである。だとすれば、自己が存在する限り、アディクションもまた存在し続ける。

この意味で、『自己＝アディクション』という仕掛けは、きわめて巧妙なかたちで、これまでどおり作動し続ける可能性がある。[15]」

野口の言う「自己＝アディクション」という仕掛けは、モダニティとアイデンティティとの逆説的な関係をよく表している。再帰性によって、どこまでいっても自己アイデンティティが確定されない、「本当の自分」を求めて、オールタナティヴな（もう一つの）アイデンティティを模索するという「果てしなき旅」へと旅立つことになるのである。[16]

具体的なジェンダー・アイデンティティやエスニック・アイデンティティを見ても、バリアフリー、ボーダレス、エイジレス・セルフなど、より自由で浮遊するアイデンティティが模索されている。また、「癒し」の流行や「自分探し」などの言葉も、近代のアイデンティティの拡散を象徴しているが、これらは、むしろ私化現象や私的時間―空間への収縮などとの関連が強いように思われる。自己決定とは別物の「私的所有[17]」のカテゴリーに入るものである。なぜならば、どこかに必ずあるはずの「自己のアイデンティティ」を獲得したい、ないしは〈自分のもの〉としたい、という欲求と結び付いているからである。それに対して、自己の完結性を放棄し、自己＝フィクションとしてのアイデンティティを求めていく場合には、「自己決定権」という概念に一定のリアリティが取り込まれる。つまり、ギデンズの用語を使えば、「再帰的自己自覚的達成課題」を決定していくということになる。そこには、もはや単一の自己アイデンティティ像はなく、それぞれの課題ごとにジェンダー・アイデンティティ、セクシュアル・アイデンティティ、エスニック・アイデンティティ、ナショナル・アイデンティティ、レイシャル・アイデンティティ、コミュニティ・アイデンティティ、カルチュアル・アイデンティティなどが重層的、複合的に再構成されるものと考えられる。[18]

アイデンティティの重層的再構成にとって、生活史調査も重要な役割を果たすことがある。カウンセリングやナラティヴ・セラピー、あるいは生活史調査の場面で、時折、カミングアウトによる「意味の生成」場面に向き合うことがある。何らかのPTSD（トラウマ後のストレス障害）に悩んでいる人や「嗜癖（addiction）」や「共依存」の問題にぶつかっている人も、ピア・カウンセリングやセルフ・ヘルプ・グループ（自助グループ）などの治療過程の中で、カミングアウトをしていくことがある。性的虐待（sexual abuse）やレイプの被害などが最も「沈黙の壁」が高いものであろうが、それ以外でも、同性愛としてのカミングアウト、病気や障害の「告白」、ある種の「嗜癖」や「共依存」の状態、そしてアダルト・チルドレンなど、いずれにしても「沈黙の壁」が存在している。その「沈黙の壁」の構造は、対象者本人が「語らない」というだけではなくて、周囲がむしろ「語らせない」という社会的・文化的装置が働いている。「人に言うべきではない」「人に言っては誤解される」という周囲の「善意ある」雰囲気によって、実は「壁」はますます高く構築されていくのである。しかし、さまざまな障害で悩んでいる当事者は、どこかで、「壁」を崩したいとも考えている。周囲は「壁」を構築することで、むしろマイノリティを「収容」し、自分たちの「社会」から隔離してしまって、見えなくしているわけである。しかし、被害者や当事者たちは、必ず「壁」の存在を常時意識している。つまり、自ら発した「声」は「沈黙の壁」に反響して、また自らにしか帰ってこないからである。「再帰性」の本質をまさに身体で感じているのは、実はこのような人たちであるのかもしれない。そして、セルフ・ヘルプ・グループの中や精神科医やカウンセラーの前で、はじめて「カミングアウト」を行う。「実は私は……」、この時、確かに近代社会の仮構的な「掟」としての「沈黙の壁」は一時崩壊する。しかし、そのカミングアウトの後で、カウンセラーや仲間たちや調査者などが、どのような手を差し伸べるのか、どのように反応するのか、によっては「第二の沈黙の壁」が築かれることもあるし、「セカンド・レイプ」と言われるように、更なるトラウマを背負うことにもなりかねないのである。したがって、対象者がカミングアウトから「回復」へという順調な過程をたどるとは必ずしも言えない。

そこでカミングアウトの意味の生成過程は、生活史調査の調査者自らが、ある意味で再帰的に対象者の「声」を、自らの「声」と重ね合わせてみなければならないのではないだろうか。そのことが、「沈黙の壁」を本質的に壊していくことにつながるものと考えられる。もちろん、このことは「共依存」の関係を作ることではない。むしろ、「純粋な関係性」の上に、モダンを超えた人間関係を模索することにつながるのかもしれない。「大きな物語」（＝モダン）の中で共に頼りあって、共通の物語を紡いでいくのではなくて、一人一人が自立した「物語」を「語り―聞く」、その相互の自立した関係性の中で、ポストモダンの相互関係が生まれてくるのではないだろうか。

次に、戦後日本社会におけるアイデンティティ論について考察していきたい。そこでは、重層的アイデンティティという考え方が提起されるであろう。

第三節　アイデンティティ論の登場

1　戦後社会意識の転換点

アイデンティティ（identity）という用語は、精神分析・社会心理学者のＥ・Ｈ・エリクソン（Erik H. Erikson）の中心概念の一つであり、「同一性」または「自己同一性」と訳されている。エリクソンによるアイデンティティ概念は、発達心理学の段階的な位置付けにおいて、特に青年期にアイデンティティの確立かアイデンティティの危機（拡散）かという課題が投げかけられている、という理解である。

このアイデンティティなる用語は、日本で出版されている日本人による『社会学辞典』などにおいては、いずれも項目として挙がっており、詳細な記述と文献案内がなされている。[19] ところが、イギリスで発行され英語文化圏で広く読まれてきたペンギン・ブックスの『社会学辞典』(*The Penguin Dictionary of Sociology*)やフランス社会学界で定評のある『ラルース社会学事典』(*Dictionnaire de la sociologie*)においては、アイデンティティという用語は、辞典の中には項目として出てきていない。[20] このことは、何を意味しているのであろうか?

もともとのエリクソンによるアイデンティティ概念の提起に対して、日本社会の反応はある意味で「社会意識としてのアイデンティティ」として集合的に理解してきたように思われるのである。戦後日本社会を論じていく際には、一九七三年のオイルショックによって、高度経済成長が終了する時点は、大きな転換点になっている。前稿でも指摘したが、いわゆる「物の豊かさ」か「心の豊かさ」か、どちらに重さを置いて生活をしてゆくのかという質問に対して、一九七〇年代後半から両者の関係が拮抗し、そしてやがて八〇年代以降は、「心の豊かさ」が「物の豊かさ」を凌駕していく傾向がはっきり示されている。[21] その意味で、オイルショック以後の日本社会において、精神的な意味での「自己同一性」に危機が訪れて、「心の豊かさ」とは一体何なのか、模索され始めた時であった、と言えるのではないだろうか。そして、もう一つは七三年のオイルショック以前に用意されていた、一九六八年を中心とした「社会運動」「学生運動」の経験とその後の「挫折」の意識であった。

2　社会運動と挫折

一九六八〜六九年頃の、世界的な学生運動や社会運動についてはさまざまな解釈や分析があり得るが、戦後日本社会にとっては、一九六〇年の「日米安全保障条約」(安保)締結に伴う「安保反対」の大衆運動以来の大きな運動の盛り上がりであった。いわゆる「全共闘世代」と言われる「団塊の世代」が大学生になって、若者の「異議申し立て」や過激な行動が目立つようになったわけである。

このような社会運動が、その後の住民運動や公害反対運動、反核運動、環境運動などに引き継がれていく面ももちろん見られるし、ライフ・スタイルとしても伝統にとらわれない自由で革新的な生き方として、その後に続く人々に継承されている面も存在してはいる。

しかし、運動の「盛り上がり」はその後、必ず潮が引くように退潮に転じ、組織の分裂やいわゆる「内ゲバ」や大衆の支持を得られない過激派の行動が目立つようになると、一般的には「学生運動とは何だったのか」という「挫折」と「反省」の時期に入っていくことになる。一九七〇年代は、このような意味でも戦後日本社会全体が「アイデンティティの危機」を経験していたとも言えるのである。欧米社会に比べると、階級文化やローカル文化、エスニシティなどの要素が比較的弱い点も、アイデンティティを世代全体で集合的に受け止める傾向が見られる要因であるかもしれない。そこで、これからアイデンティティ論を検証していくうえで、アイデンティティの種類と類型について次に見ていくことにしたい。

3　アイデンティティの種類と類型

エリクソンの定義だけではなく、戦後日本社会を考えるうえで有効な概念としてアイデンティティを見ていきたい。まず、「自己同一性」と訳される「自己」についての分類としては、(1)関係的自己と(2)達成的自己の分類が存在している。つまり、(1)関係的自己とは、自己を他者との関係性の中で「関係的なる存在」として位置付ける見方である。それに対して(2)達成的自己とは、自分自身が後天的に獲得し、達成していく業績やその過程（プロセス）に自己同一性（アイデンティティ）を見出していくという見方である。

もちろん、現実の「自己」は関係的自己でもあるし、達成的自己でもあるわけであり、純粋に二つの理念型に当てはまっているわけではなく、綯い交ぜになって、あるときは使い分けてアイデンティティを保っているとも言えるだろう。そして、第二の種類として、ポジティヴ・アイデンティティ（肯定的アイデンティティ）とネガティヴ・アイデンティティ（否定的アイデンティティ）の分類が存在している。肯定的アイデンティティとは、「こうなりたい自分」「理想とする自分」であり、人格的にはモデル・パーソン、すなわち「理想の人」に近づきたいという方向性を示している。それに対して、否定的アイデンティティとは、「こうなりたくない自分」「反面教師」「自己の否定面」など、「裏返し」としてのアイデンティティを示している。

このように、関係的自己と達成的自己の両方が、肯定的か否定的かいずれかのアイデンティティを模索しながら、自己同一性を獲得しようとしているのである。

第四節　自我と他者関係

1　「自己実現」という物語

戦後の高度経済成長期には、日本人の全体が一種の「底上げ」状態、あるいは総中流化を経験してきた。もちろん、一部には階層の下降移動もあったし、経済成長下での「貧困」も存在していた。しかし、社会意識として「アイデンティティの危機」が流行してくるのは、やはり高度経済成長が終了して低成長下に入ってくる一九七〇年代後半あたりからである。そして、私の解釈では、達成的自己と否定的アイデンティティの組み合わせから始まって、次第に肯定的アイデンティティとしての「自己実現」へ収斂してきたように思われる。六〇年代後半からの「自己否定」の論理は、その後の運動の挫折において、否定的アイデンティティの「虚しさ」「空虚さ」を露呈していった。しかし、一言付け加えておかなければならないのは、「自己否定」の契機は、単に時代の気分であっただけではなく、自己省察や内省を通して、「これまでの自己ではない」自分、否定の契機を通して、歴

史や社会の全体像に迫っていくという方法論も内包していたものであった。(22)

この達成的自己の内容についても、高度成長期からの延長では「物の豊かさ」の追求が主要な達成課題であった。つまり、収入、地位、財産などの目に見える「幸せ」が自己実現に大きく影響していたわけである。ところが、七〇年代後半あたりから、「心の豊かさ」という課題が登場してくると、達成的自己だけでは行き詰まってきて、関係的自己による肯定的アイデンティティが要求されるようになってきたのである。

関係的自己は、他者との関係性の中から、自己を見出していくプロセスである。家族関係、友人関係、恋愛関係、同僚関係、コミュニティ関係など、まずはミクロな人間関係から出発する場合が多い。「自己実現」は、達成的自己ばかりではなく、関係的自己の発達段階や役割の移行などにおいても、アイデンティティの危機を経験し、自己実現が目指されてもいる。「自己実現」の特徴は、自己のストーリーが何らかの形で「実現する」という物語を作っていくという点である。「仕事」「職業」においてでも良いし、「結婚」「出産」「家族」においてでも良いのだが、自分自身の理想（モデル・ストーリー）が「実現（具現化）」していくことが重要なポイントなのである。

物語は、往々にして典型的ストーリー、サクセス・ストーリーあるいはマニュアル化した「ハウツー」を生産、再生産していくことが多い。「自己実現」という課題は、現在でも就職活動を控えた大学生たちに、ある種の「圧力」を与えつづけている。一九八〇年代以降、若者たちの「転職」希望が増加し、バブル期には転職が一気に一般化したのも「自己実現」の物語が背後で大きな影響力を持っていたと考えられるのである。バブル崩壊後は、確かに転職はかなりのリスクを伴うため、希望通りには実現していない状態ではあるが、潜在的には転職希望は増加しつづけているものと思われる。また、就職試験などにおける自己ピーアール、プレゼンテーションの重要性なども「自己実現」という物語の維持、再生産に寄与しているのではないかと思われるのである。

2　他者関係と役割の重層性

アイデンティティは他者関係の中で形成され、変容し、また危機を迎えることもある。自我と他者の問題はG・H・ミード（George H. Mead）以来、古くから研究されてきた。シンボリック相互行為論に基づいて構築主義的な「自己論」を展開している片桐雅隆は、『自己と「語り」の社会学』（二〇〇〇年）において、次のように述べている。

「役割アイデンティティ論は役割がシンボルであることから出発し、そのセイリアンス論は、役割アイデンティティの獲得のあり方、その多元的な使用のあり方を指摘した。われわれはそのシンボル論の視点を基本的に共有しつつも、役割（カテゴリー）による相互行為や自己の一方的な規定には疑問を投げかけた。見てきたように、役割アイデンティティは、独我的で自閉的なものではなく相互行為に開かれており、それは相互行為の中で使用されるとともに、その使用のあり方は、曖昧性や非対称的な特徴をもつ交渉性を伴っている。そして、相互行為が、曖昧で非対称的なものである限り、役割アイデンティティの獲得のあり方も、そのような特徴をはらむ試行性を免れない。そのことは、指摘したように、乳幼児期における役割アイデンティティの原初的な獲得期においても例外ではない。個々人がもつ自己あるいは役割アイデンティティとは、そのような試行性の出来事の積み重なりの所産であり、それが一人一人のもつ個性と呼ばれるものである。したがって、自己は、自他関係の認知地図としての役割（カテゴリー）に位置付けられることによって構築されるとしても、自己の構築は、他者によって付与される役割（カテゴリー）との永続的なズレの蓄積を伴っている。(23)」

また、次のようにも述べている。

「しかし、また一方で、現実を構築し、トークにおいて用いられる自他関係の認知地図としての役割（カテゴリー）や、その中に位置付けられた自己（あるいは役割アイデンティティ）は、相互行為の中で試行的に維持され、構築される。ミードは、自らの働きかけへの他者の反応を予期し、それに基づいて自己のあり方を調整する過程を役割取得と定義したが、自己の構築は、そのような役割取得の過程と相補的、循環的であった。

役割取得は、役割（カテゴリー）の獲得やそのことによる自己の構築によって、より予期が可能なものとなり、また、役割取得は、役割（カテゴリー）や自己をより安定したものとする。ミードは、自己の構築、役割取得、制度（社会）の構築を同時的なものと考えた。換言すれば、自己あるいは役割アイデンティティの構築は、自他関係の認知地図としての役割（カテゴリー）の獲得と不可分であるし、また同時に、相互行為の構築とも切り離すことはできない。自己と社会とは、そのような意味で相互に規定しあう再帰的な関係にある。(24)」

片桐の主張する役割（カテゴリー）の取得を通して、自己のアイデンティティが構築されていくというのは、もっともな説である。しかし、E・ゴッフマン（Erving Goffman）による、「役割距離」や「役割演技」などの諸概念も重ね合わせてみると、役割（カテゴリー）の重層的な関係が存在しているのである。自己にとって、支配的な役割（カテゴリー）とは何で、従属的な役割は何か？　複数の役割（カテゴリー）を場面場面によって使い分ける自己とは何なのか？　また関係性による役割は他者との関係のあり方によって、変化するものでもある。

そうであるならば、自己のアイデンティティにとって、関係性の「喪失」という事態が最も危機的な状態として浮かび上がってくるのである。

3　関係性の喪失と危機

片桐の前著以降、さまざまな方向からの自己論、「自己と社会」についての著作が出版されている。「寛容の社会理論」という合理的選択理論、社会秩序問題からアプローチしている数土直紀『理解できない他者と理解されない自己』[25]（二〇〇一年）、家族療法や物語論、構築主義からアプローチされている浅野智彦『自己への物語論的接近』[26]（二〇〇一年）、想起や記憶、集合的記憶や集合的過去などの問題も視野に入れている。片桐雅隆『過去と記憶の社会学』[27]（二〇〇三年）、自己と他者と〈間〉の社会理論を目指す大著、西原和久『自己と社会』[28]（二〇〇三年）など「自我と他者関係」についての文献は枚挙に遑がないほどである。

どの文献でも、関係性や役割（カテゴリー）の複数性から、自己の物語を構築していく観点はほぼ論じられている。浅野の『自己への物語論的接近』においては、家族療法などから、精神的「病」の語りに注目し、カウンセリングやセルフ・ヘルプ・グループの活動などにも言及されてはいる。

しかし、アイデンティティの危機として最も重要な契機は、関係性の変容や役割距離や役割演技ではなくて、むしろ「関係性の喪失」であることは間違いないのである。例えば、親密な関係にある家族との死別、恋人の喪失（失恋）、離婚など、関係性の喪失は最も大きなダメージをもたらすとされている。関係性の「喪失」という消失点（vanishing point）からアイデンティティを再検討してみたい。

関係的自己は、何か特に葛藤や軋轢が生じたりしなければ、日常的には親密な関係の維持が実現されている。その場合には、おそらく「達成的自己」の課題がアイデンティティの目標として設定されることが多いものである。「自己実現」や「本当の自分探し」などは基礎的な関係性が維持されているからこそ、自己の内的な欲求から「本当の自分」を求めて「実現」させようとするのである。

ところが、最も親密な関係性を、特に「突然喪う」という経験においては、自己の消滅、破壊にも等しい苦痛を味わうことになる。関係的自己とは、言うまでもないことだが、夫があっての妻であり、妻があっての夫、子供がいての父親、母親である。このような関係性の喪失は、自己の存在基盤を根底から揺るがすことになる。

もちろん、「達成的自己」をアイデンティティの中核に置いている場合には、「失業」「解雇」「配置転換」などもアイデンティティを根底から覆す契機になる場合があるだろう。しかし、一九七〇年代以降の日本社会において、低成長や不況が常態化していくと「達成的自己」の限界性にも人々は気づいてくるのである。しかし、関係的自己は長い人生設計において覚悟して移行していく場合は別だが、突然の「関係性の喪失」は最も強いアイデンティティの危機に立ち向かうことになるものと思われる。

4　「再生」の物語

関係性の喪失は、アイデンティティの喪失や拡散にもつながる大きな危機である。本人にとっては、身体、精神、仕事、人間関係などすべての領域において大きな打撃を被ることになる。そして、時間をかけて「喪失の悲哀」から立ち直っていく過程こそ、「再生の物語」が必要なのである。高度経済成長下の「成長の物語」は、言わば「大きな物語」であった。近代（モダン）の様相のもとで、国家の物語がそのまま個人レヴェルまで覆っているような壮大な物語であった、と言えるだろう。

そして、オイルショック以降の「心の豊かさ」を求める「自己実現」という物語は、国家や経済構造（マクロ）と関係的自己の私的世界（ミクロ）との間に位置している〈メソ〉レヴェル（中間レヴェル）の物語と位置付けることができるだろう。したがって、自己実現は、達成的自己による（特に経済的な）「成功の物語」にも転化し得るし、また、私的な内面的充実の物語にもなり得るものである。

それに対して、関係性の「喪失」や「挫折」を経験した後の「再生の物語」「回復の物語」は、ミクロな意味での「自己物語」である。それは、いわゆるポスト・モダンの「小さな物語」であるのだが、本来は一人一人、異なっていなければならないはずの「小さな物語」は、逆に「癒し」やトラウマからの再生など、ある種の「定型物語」（モデル・ストーリー）も見られる。このように「再生の物語」でさえ、アイデンティティは個人的なものから社会意識的なものへと広がりを見せているのである。

何をもって「回復」「再生」と呼ぶのだろうか？　関係性が喪失した場合、元の関係性に戻ることはもはや不可能である。関係的自己は、一旦崩壊し、消失している。他の別の関係を修復していくこと、複数の自己アイデンティティを形成して、使い分けていくこと、また、仮面をかぶって、役割演技に徹することなど、喪失の悲哀に対する対応はさまざまである。例えば、家族における死別や離別においては、友人関係などがバックアップ関係として重要になってくるのである。さらに、再生や回復を考えていくと、私的な関係性から市民社会や公的（パブリック）な関係性へのつながり（絆）こそが重要になってくるものと思われる。しかし、自我と他者関係は、単純にアイデンティティを構築していくばかりとは言えない。戦後日本社会のアイデンティティ論においては、アイデンティティの「迷路」についても見ていく必要があるわけである。

第五節　アイデンティティの迷路

1　自己―他者の境界の曖昧さ

戦後日本社会のアイデンティティ論を検討してきて、達成的自己と関係的自己、肯定的アイデンティティと否定的アイデンティティの錯綜した関係がさまざまなアイデンティティ論を生み出してきたことが理解できるのである。本章の第二節において、野口裕二の『アルコホリズムの社会学』を参考にして、自己というフィクションが、再帰性によって、「いつでも、どこにでもあるアディクションと共依存」を生産―再生産し、それを反復強化するという「自己＝アディクション」という仕掛けについて分析した。

しかし、「自己＝アディクション」という再帰性の構造とともに、そもそも、野口の言う「近代における自己というフィクションは、自己それ自体を神聖化することによって、自己を意味づける外部の絶対的定点を失った。自己を意味づけるのも自己以外にないという文字どおり再帰的な空間が出現したのである。(29)」という近代の再帰性は、戦後日本のアイデンティティ論の過程で、微妙に変化しつつあるのではないだろうか。本節では、アイデンティティの「迷路」を複数の視点から多元的に考察してみたい。その第一は、「自己―他者」関係の境界の曖昧さについてである。

再帰的な構造は、自己＝アディクションというような「反復強化」を重要な特性としている。しかし「反復」のもう一つの特性は、「刺激の漸減」という現象でもある。つまり、「自己を意味づける自己像」自体が曖昧になってしまうという効果である。戦後日本のアイデンティティ論は、一九七〇年代、八〇年代、九〇年代、そして二一世紀と近年になるにしたがって、ある意味で「切実なアイデンティティの追求」から遠ざかっていく傾向がはっきり見られる。例えば、「傷つきたくない自己」とか「癒しを求める自己」などは、アイデンティティが「自己―他者」の相互作用の中から作られるという前提自体に対して、ある種の「揺らぎ」が見られるのである。つまり、「関係的自己」の前提となる他者との「相互作用」「相互関係」自体を自己の側から選択的に関係づけたい、という願望である。そうなると、自己―他者の境界そのものが曖昧化してしまう。なぜならば、他者認識（自己と異なる他者）を経ないで、つまり、他者とかかわることなしに、自己に閉じこもることによって、自己を追求しようとすると、他者の中にすっぽり自己が入ってしまうような「癒し」さえ、アイデンティティの名で追求されることになるからである。

この現象は、明らかにアイデンティティの迷路である。自己と他者の境界が曖昧になってしまうと、自己同一性は、他者同一性（自分と同じ他者を探そうとする）とも重なってしまって、ますます迷路に入ってしまう。しかし、アイデンティティが重層化していくことによって、自己像と他者像が交錯していくポスト・コロニアル時代の特徴が現れているようにも考えられる。つまり、西欧的、欧米的自我とは異なるアイデンティティとしてのアジア的アイデンティティなども現れてきているのかもしれない。自我とアイデンティティの確立を自明なものとした西欧的アイデンティティ論とは異なり、他者との相互依存を前提としたアジア的アイデンティティは、決して「アディクションや共依存」という病的な関係に陥るとは限らないのではないだろうか。

2　多重的自己と自己選択の複数性

達成的自己においては、肯定的アイデンティティにしろ、否定的アイデンティティにしろ、自己像は焦点を結びやすいものと考えられる。「こうなりたい自己」「こうはなりたくない自己」という自己イメージである。しかし、関係的自己の場合は、他者との関係性において、自己が変容していくことを前提として自己のアイデンティティがつくられていくことになる。したがって、多重的自己や多層的自己は、病的な多重人格という形態ではなくても、一般的なアイデンティティの追求の中で普通に見られる現象となってくるのである。例えば、心に重たい問題を抱えていたり、気軽に言えない問題などを持っていると、表面の自己と内面の自己を使い分けながら、多重的自己、多層的自己を構築していく傾向が見られるものと思われる。現代社会においては、役割や地位の多層的な構成や場面に応じた対応が迫られていることも多い。

アイデンティティ（自己同一性）とは、自己選択の対象となるものであろうか？　確かに関係的自己においては、多重的自己や多層的自己が存在しており、それらの中から、さまざまな場面に応じて自己選択をしているように考えられる。しかし、アイデンティティとは、自己が何者であるかの「存在証明」でもあるわけで、ある面ではシティズンシップ（市民権）とも関連をしている。つまり、国籍（ナショナリティ）、エスニシティ、ジェンダー、セクシュアリティ、ジェネレーション（世代・年齢）などのある側面は、アイデンティティとも重なってくるわけである。[30] 例えば、移民や外国人のケースにおいては、一世、二世、三世などの世代によって、ナショナリティやエスニシティの自己選択が異なってくるということも考えられる。グローバリゼーションが進行している今日、国際的な移動や移民は日常化した現象である。したがって、アイデンティティ形成の時期における、言語や家族関係、学校教育や仲間集団など複雑な要素によってアイデンティティに対して複数の自己選択が可能である場合も出てくるのである。

しかし逆に、複数の自己選択は、結局のところ「アイデンティティ」を不明確にする要素も備わっている。何が「本当の自分」であるのか、「使い分ける自己」に対する嫌悪感なども生じてくる。自己のアイデンティティを確立したいという欲求と複数の自己アイデンティティを保っていたいという欲求との間に、二律背反的な状態が生じてくるわけである。このような葛藤は、アイデンティティの迷路の中で、行きつ戻りつしてしまうわけである。

戦後日本社会において、社会意識や価値意識が多元化し、目標が複数化、多様化してくる一九七〇年代あたりから、このような自己決定の先送りやアイデンティティの不明確さが家族、教育、犯罪などの諸局面において顕在化してきている。「モラトリアム現象」や校内暴力、家庭内暴力、いじめ、引きこもり、凶悪犯罪の低年齢化など、もちろん個々の要因を分析しないで一括して論じることには無理があるが、ある程度は青年期のアイデンティティ問題とも関連した社会問題であったと言えるのではないだろうか。一九七〇年代以降の現代社会のもう一つの特徴は明らかに「情報化社会」である。この、知識・情報とアイデンティティとの関係についても次に考えてみたい。

3　知識・情報と意欲・関心

D・ベル（Daniel Bell）による「脱産業化社会の到来」以来、工業化段階の後の社会の基本的資源として「知識・情報」の価値がますます高まってきたが、近年のインターネット、電子メールや携帯電話、携帯メールなどの普及によって、よりスピードアップされた情報のやり取りが実現されている。こうしたインターネット社会におけるアイデンティティの問題を考察してみたい。

知識・情報の基本的な性格として、第一に送り手から受け手へのコミュニケーションの流れ（フロー）としての性格を有している。この面では、情報は基本的には「関係的自己」のアイデンティティに関連している。電話やメールは、パーソナルメディアであるが情報化社会におけるパーソナルメディアの進展は、情報の速度や頻度に関連して関係性の変化に影響を与えているものと思われる。しかし、メディアへの依存度や頻度が多くなるにしても、関係的自己のアイデンティティそのものは、その関係性の質によって影響を受けるものと思われる。速度や量や頻度の問題は、脱産業社会においても、基本的には「産業や経済」の問題である。

それに対して、知識・情報の第二の性格として、獲得的自己や達成的自己に関連したストックの側面が考えられる。インターネットなどによって得られる情報や知識は、確かに瞬時に獲得され、自分のものとして確保されるような「錯覚」が生じやすい。その面ではパーソナル・コンピューターの位置付けは、確かに自己実現や自己達成感に対して大きな影響を与えていると言える。一般的にパソコンの画面とキーボードだけの世界で操作していることからくる「全能感」とか「全能意識」と呼ばれる自己達成感は、H・マクルーハン（Herbert M. McLuhan）がかつて「人間の拡張」と呼んだ人間の感覚能力や運動能力の外化や拡張の極限的な形態と考えられなくもない。

しかし、アイデンティティの問題は、単に外から入ってくる知識・情報の量とそのストックだけにかかわっているわけではない。それが、知識・情報と対になっている「意欲・関心」の問題である。

旧来型のメディアである、書物・書籍・出版物・活字文化には、単なる「知識・情報」の側面とは異なった内側から「意欲・関心」を支えるような装置が働いているとも言える。達成的自己における「読書」の位置付けは、おそらくパソコンの達成感とは異なったものなのではないだろうか。さらに、知識　情報と意欲・関心は、相互補完的ではあるが自己のアイデンティティと関連しているのは、やはり「意欲・関心」の方であろうと思われる。つまり、意欲や関心がないと知識や情報ばかり持っていても、自分の身につかないということである。逆に、意欲や関心はあっても、知識や情報が不足すると「思い違い」や「空回り」を起こすが、その面では「リテラシー(識字率)」の上昇によって、達成的自己、獲得的自己へとつながっていくことが可能である。このように考えていくと、アイデンティティの「迷路」とは、必ずしも情報化社会の進展に伴う知識・情報の氾濫やインターネットなどの電子情報媒体による自己像の錯綜といった様相ではなくて、もっと、自己の内面的な意欲や関心、知識のストックの問題ではないだろうか、と思われるのである。

第六節　重層的アイデンティティと社会的属性

1　エスニシティ・ジェンダー・年齢の重層性

今までは現代社会における「アイデンティティの迷路」について述べてきたが、本節では、現代社会においてある意味で前提となってきている「重層的アイデンティティ」を社会的属性の面から再考察していきたい。重層的アイデンティティと社会的属性との関係は、「選べる関係」と「選べない関係」とのさまざまな組み合わせによって構築されていくものと考えられる。(31) 例えば、エスニシティ、ジェンダー、年齢という社会的属性は、一般的には「選べない関係」であると考えられる。血縁、地縁、生物的・身体的特徴などは、本人の自己選択の対象ではなく、生まれながらにして「決められている」要素が強い属性である。しかし、このようなエスニシティやジェンダーにこそ、社会的構築の要素が強く働いており、アイデンティティには多様な構築の要素や重層的な構築が可能である。

エスニシティの構築性は、移民家族の二世、三世、四世など、それぞれの世代によって変わってくることはよく知られている事実である。また、国際結婚や混血の子供たち、あるいは幼児期、学齢期に海外経験の長い、いわゆる「帰国子女」のアイデンティティも重層的に構築されていく。ジェンダーについては、いわゆる「女らしさ」「男らしさ」として「振り幅」を有している。このような基本的には「選べない関係」と、私たちは、どのようにつきあい、どのようにアイデンティティを構築していくのであろうか？

おそらく、「選べない関係」とアイデンティティとの関係は、否定的アイデンティティとの「葛藤」を孕みながらも、「選び直し」の儀礼を通して、エスニック・アイデンティティやジェンダー・アイデンティティを獲得していく過程が見られるのではないだろうか。もちろん、エスニック・アイデンティティもジェンダー・アイデンティティも社会的に構築されていくものである。「伝統」や「生物学的なもの」という「本質」がそこに存在しているわけではない。しかし、社会的・文化的・時代的、そして個人的に「振り幅」を持ったものではあるが、何らかの「選べない関係」を意識しながら、肯定したり拒否したり「選び直し」を試みたりしながら、個人のアイデンティティに深くかかわってくるものと考えられる。

それに対して、年齢・世代というファクターは、今、現在の時点では同様に「選べない関係」である側面もあるが、人間に平等に与えられている「時間」によって、いつかは「年を経る」という面も存在している。したがって、加齢に伴ったエイジ・アイデンティティは当然、変化していくものである。Ｅ・Ｈ・エリクソンが述べたように、青年期にアイデンティティの確立が課題になるように、中年期には中年期の課題もあるし、老年期にもそれ相応の課題が存在している。

エスニシティやジェンダーは社会的属性としてはカテゴリー変数であるが、年齢は数量変数である。しかし、世代となると五年か一〇年を束ねてある程度はカテゴリー化され得る。このように変数が一個人の中でも、重層的に構築されていくものであるから、アイデンティティの重層性は複雑な様相を呈するわけである。

2　職業・労働・家族・地域の重層性

個人の教育歴（学歴）や職業については、社会学的には獲得的地位とか達成的資源として扱われてきた。前述したとおり、戦後日本社会の前半期（一九七〇年以前）においては、高度経済成長期でもあり、このような獲得的自己実現こそが「成長の物語」とともに、信じられていたと言える。もちろん、学歴や職業・労働、あるいは配偶者や住む地域などについて、現在でも「選べる関係」の側面が強い。そして、選択可能であるからこそ獲得的自己におけるアイデンティティと深くかかわっているわけである。

しかし、一九七〇年代以降、日本社会全体として「成長の物語」が終焉し、自己達成や自己実現が必ずしも保証されているわけではない、という状態である。そこで、学歴や職業や夫婦家族、居住地域などの選択可能なアイデンティティの対象については、選択肢の多様性や人生における何度かのチャンス（機会）の保障、そしてアイデンティティ（自己の存在証明）につながっていると言うよりは、ライフ・スタイルと結び付いた多様な「生き方」が求められているのではないだろうか。例えば、職業・労働についても終身雇用型の企業への就職から転職、フリーターの生き方もあり得るし、結婚、未婚、非婚についても、またＤＩＮＫｓ型、核家族型、さらに、都心居住や郊外居住など多様なライフ・スタイルの選択が今では可能となっているように思われる。

その意味で自己選択は、アイデンティティの組み換えや変換、多様な「使い分け」にもつながっている面もある。従来のように、家族や職場、地域社会（コミュニティ）などの小集団や中間集団の機能が衰退している状況下では、このようなアイデンティティの変換を乗り越えられるだけの同一性が保持できるかどうかは、かなり疑問になってきている。従来から、家族の移行期や職業生活の変化を受け止める中間集団としての「社会」の存在は、日本社会の社会構造の特徴として指摘されてきた。しかし、都市化、情報化、個人化、グローバリゼーションなどの社会変動を通して、剝き出しの「個人」がこのような社会変動に立ち向かっていかないといけないような状態を生み出しているのである。

したがって職業・労働生活においても、家族生活においても、地域社会生活においても、アイデンティティは揺らいでおり、多層的、多重的なものになってきていると言うことができる。「選べる関係」だからこそ、自己選択や自己決定には「責任」が伴っている。達成的自己においても、関係的自己においても、選択の結果に対する「自己責任」は重要なアイデンティティとなってくるものである。既存の関係性や小集団、中間集団に対しては、確かに機能縮小や機能不全が指摘されている。例えば、地域社会（コミュニティ）は今までと同様の「町内会」や近隣関係だけでは、おそらく維持できなくなってきている。都市的な関係性の中で、情報ネットワークや行政、ＮＰＯ、福祉ボランティアなどさまざまな団体や活動が有機的に結び付くことによって、地域社会のサポート機能がよりよく発揮されてくるのではないだろうか。家族集団も「親子関係」などにおいては「選べない関係」も存在しており、社会的な拒否の関係や「選び直し」もあり得ることになっている。離婚、再婚家族などのアイデンティティも注目されるところである。

3　国家・環境・グローバルの重層性

今まで、エスニシティ、ジェンダー、年齢などの社会的諸属性とアイデンティティについて、さらに、職業、労働、家族、地域などの諸属性と重層的アイデンティティについて検討してきた。これらは、「選べない関係」にしろ、「選べる関係」にしろ、いずれも個人の社会的属性に関する諸特徴である。標準化されたサーベイ調査を行うとした場合には、いわば「フェイスシート」にあたる部分の質問項目に含まれている。

このような個人の社会的属性に関する部分が現代社会において重層的アイデンティティを構築していく要素について解説してきたが、ここでは、個人の社会的属性の部分ではなく、「個人の属性」を支えている社会的部分の変動について考えてみたい。つまり、国家であるとか地球環境であるとか、今まで、個人のアイデンティティを考察するうえでは「所与」となっていた部分が、変動を経験している、というわけである。国際的な環境の変化の中で、例えば、EU加盟国には、今までのナショナル・アイデンティティとは別に「ヨーロッパ・アイデンティティ」が芽生えつつあるし、「アジア人」「アジア系」「東アジア」などの地域的アイデンティティについても徐々に形成されてきつつあるのかもしれない。

国家の枠組が相対的に強かった近代においては、社会的属性を基本的に性格付けてきたのは、国家の枠組であった、と言える。エスニシティにしても、ジェンダーにしても、あるいは家族や地域社会や教育・職業にしても、それらの社会的属性を枠付けてきたのは、国家であったと言えよう。性別役割分業や性差別にしても、人種差別や家族やコミュニティの基本的性格にしても、国家的な影響が大きく作用してきたわけである。

しかし、ポスト近代、ポスト　コロニアル時代と呼ばれる今日は、脱国家的、脱―ナショナリズムの様相は、あらゆる側面に見出すことができる。環境問題やグローバリズムなど評価はさまざまに分かれるところであるが、一つの国家の枠を超えて問題や問題解決に向けての取り組みが広がっていく傾向を示している。このようなグローバリゼーションは、アイデンティティに対してどのような影響を持つのであろうか？

移民のアイデンティティにおいては、ユダヤ人に対してだけではなく最近では「ディアスポラ[32]」という呼び名が一般化しつつあるように思われる。このディアスポラ意識は、世界の中での移動性や離散性に注目して、エスニック・マイノリティをグローバルな視点で見直したときに登場してきたものである。アラブ人意識、イスラム教徒など国家の枠を超えた場合にも見られるが、逆に沖縄系（ウチナー）、スコットランド人、バスク人、カタルーニャ、済州島など国家の中に含まれるローカルなエスニシティの場合にもこのようなディアスポラの意識が生まれている。

このようなグローバル—ローカルの軸とマジョリティ—マイノリティの軸を交差させることによって、アイデンティティの重層的な様相が見えてくるのではないだろうか。先住民族のアイデンティティやエスニック・マイノリティのアイデンティティなどローカルなものから、地球人、エコロジー的価値を備えた人々などグローバルなアイデンティティについても重層的に登場しつつあるように思われるのである。

（1）有末賢「再帰性と自己決定—ポストモダンと日本社会—」田中宏・大石裕編『政治・社会理論のフロンティア〔慶應義塾大学法学部政治学科開設百年記念論文集〕』所収、慶應義塾大学出版会、一九九八年、二五一～二八三頁参照。

（2）有末賢「戦後日本社会の価値意識の変化—余暇と自己実現を中心に—」『法学研究』第六七巻第一二号、一九九四年一二月、五五～八八頁参照。そこでは、各種の世論調査、意識調査などを活用し、「戦後価値意識としての余暇」を検討した後、大衆社会論、消費社会論、脱—産業社会論、大衆文化論のそれぞれにおける「人間像」を再検討し、最後に、価値意識としての「余暇的人間像」を提起した。

（3）ジェンダーとセクシュアリティとは、現代社会理論を語るうえで欠かすことができない重要な課題である。それは、単に今までの社会理論が「男性によって造られてきた」というような、フェミニズムによる批判が重要であるからだけではなくて、近代社会理論の言説や集団・個人の関係性が、ジェンダーとセクシュアリティによって、言語化され身体化され、再帰化されているからである。Jeffrey, Weeks, *Sexuality*（London & N.Y.: Routledge, 1986）（上野千鶴子監訳『セクシュアリティ』河出書房新社、一九九六年）参照。

（4）Giddens, Anthony, *The Transformation of Intimacy: Sexuality, Love and Eroticism in Modern Societies*（Stanford, California: Stanford University Press, 1992), pp.1-2,（松尾精文・松川昭子訳『親密性の変容―近代社会におけるセクシュアリティ、愛情、エロティシズム―』而立書房、一九九五年、一二頁）。

（5）*Ibid.*, p.58, 邦訳九〇頁。

（6）現実の夫婦関係、恋人関係、父子関係、母子関係などのジェンダーとセクシュアリティの絡まり合った関係性は、おそらく「純粋な関係性」とは程遠いものであろう。そこには、異性愛優位、一夫一婦制、家父長制などの「制度」が「関係性」の上にまたがっているからである。

（7）嗜癖行動については、斎藤学『嗜癖行動と家族―過食症・アルコール依存症からの回復―』有斐閣、一九八四年参照。また、フェミニズム・セラピストとして活躍しているA・W・シェフによると「私たちのシステムは嗜癖的であり、また嗜癖システムと白人男性システムとは同じものであると考えるに至った」（Schaef, Anne Wilson, *When Society Becomes an Addict*（The Lazear Agency, 1987)（斎藤学監訳『嗜癖する社会』誠信書房、一九九三年）、邦訳六頁）と述べられている。

（8）Giddens, *op. cit.*, pp.71-76, 邦訳一〇九～一一五頁。

（9）「イネイブラー（enabler）」とは、アルコホリック（アルコール中毒）やその家族に接する機会の多い臨床家が、患者の周囲にいる人々が患者の世話を焼きすぎることによって、「患者ではなく患者の病気を支えてしまっている」ことに気づいて、アラノン家族グループ（Al-Anon：アルコホリックの配偶者を中核とした自助グループで、一九五〇年にアメリカ合衆国で始まった）のメンバーたちが、こうした「支え手」を「イネイブラー」と呼ぶことから始まった。こうしたイネイブリング（enabling：支え行動）が、シャロン・ウェグシャイダ＝クルーズ（Sharon Wegscheider-Cruse）、ロバート・サビィ（Robert Subby）、ジャネット・ウォイティツ（Janet Woititz）といったセラピストたちによって「共依存」と呼ばれるようになるのは、一九八四年になってのことである。共依存という言葉が鋳造されることによって、アルコホリックたちだけではなく、彼らを支える配偶者や親や保護者たちもまた病んでいることが明確になった。Schaef, *op. cit.*, 邦訳監訳者まえがきxii頁参照。

（10）Giddens, *op. cit.*, p.92, 邦訳一四〇頁。

（11）野口裕二『アルコホリズムの社会学―アディクションと近代―』日本評論社、一九九六年、一八六～一八七頁。

（12）この「フィクションとしての自己」という考え方は、現在、社会構成主義（Social Constructionism）の臨床心理学によって

「家族療法」や「ナラティヴ・セラピー（narrative therapy）」に応用されている。White, Michael and Epston, David, *Narrative Means to Therapeutic Ends*（New York: W. W. Norton & Company, 1990）（小森康永訳『物語としての家族』金剛出版、一九九二年）、McNamee, Sheila and Gergen, Kenneth J.（eds.）, *Therapy as Social Construction*（London: Sage, 1992）（野口裕二・野村直樹抄訳『ナラティヴ・セラピー――社会構成主義の実践――』金剛出版、一九九七年）など参照。

（13）ギデンズは、ハイ・モダニティの時代において、自己の存在論的な安全性や実存的な不安を抱えながら、個人の自己アイデンティティの「生命の政治（life politics）」を倫理的に問うている。Giddens, A., *Modernity and Self-Identity: Self and Society in the Late Modern Age*（London: Polity Press, 1991）（秋吉美都・安藤太郎・筒井淳也訳『モダニティと自己アイデンティティ――後期近代における自己と社会――』ハーベスト社、二〇〇五年）参照。また、石川准は、「人は存在証明に躍起になる」存在であるとして、所属、能力、関係の三つのアイデンティティ項目を提起している。石川准『アイデンティティ・ゲーム』新評論、一九九二年参照。

（14）今村仁司『近代の思想構造――世界像・時間意識・労働――』人文書院、一九九八年、二一五頁。

（15）野口、前掲書、一九〇～一九一頁。

（16）筆者は、現在、竹大工師の稲垣尚友氏のライフヒストリーを分析しながら、「南島（トカラ列島）」との関係から、「捜し求めるアイデンティティ」について考察している。本書、第十一章、参照。有末賢「彷徨するアイデンティティ――ライフ・ドキュメントとしての日記と作品――」中野卓・桜井厚編『ライフヒストリーの社会学』所収、弘文堂、一九九五年、一六七～一九〇頁。

（17）立岩真也は、自己決定の手前にある問題として「私的所有という主題」を扱っており、生殖技術、出生前診断、女性の自己決定、臓器移植などの生命倫理の問題を社会学の立場から精力的に論じている。立岩真也『私的所有論』勁草書房、一九九七年参照。

（18）もちろん、アイデンティティの重層的、複合的構成と言っても、コア・アイデンティティのようなものが、状況に応じて形成されることは大いに考えられる。移民の場合の一世、二世、三世などのエスニック・アイデンティティの重層的形成のように、一つのアイデンティティでさえ、形成―変容―再構成などが十分に起こり得るのである。本書、第九章、参照。有末賢「日本出稼ぎとエスニシティ変容」柳田利夫編著『リマの日系人――ペルーにおける日系社会の多角的分析――』所収、明石書店、一九九七年、参照。

（19）見田宗介・栗原彬・田中義久編『社会学事典』弘文堂、一九八八年、の「アイデンティティ」の項目では「変わることの保たれる斉一性、連続性の部分がアイデンティティ（同一性）の機軸である。」（栗原彬執筆）と記述されている。森岡清美・塩原勉・本間康平［編集代表］『新社会学辞典』有斐閣、一九九三年、においては、「自我によって統合されたパーソナリティが社会および文化とどのように相互に作用し合っているのかを説明する言葉。」（草津攻執筆）とある。濱嶋朗・竹内郁郎・石川晃弘編『社会学小辞典〔新版〕』有斐閣、一九九七年、によると、「エリクソンの中心概念の一つ。同一性または自己同一性と訳される場合が多い。客観的には人格（ときには集団や共同体）の統合性と一貫性を示す概念。主観的には自分がほかならぬ自分であるという確信ないし感覚をいうが、それは同時に、自分の不変性と連続性を周囲の他者も認めているという確信・感覚に裏づけられている。」となっている。また、『社会学小辞典〔新版〕』には、「アイデンティティ拡散」「アイデンティティ危機」「アイデンティティ形成」とさらに項目が続いている。一方、それに対して福武直・日高六郎・高橋徹編『社会学辞典』有斐閣、一九五八年、においては、「アイデンティティ」の項目は存在していない。エリクソンの著作の翻訳以前であるからだが、戦後日本社会のアイデンティティ論を考えるうえで興味深い事実である。

(20) N・アバークロンビー、S・ヒル、B・S・ターナー（丸山哲央監訳・編集）『新しい世紀の社会学中辞典』ミネルヴァ書房、一九九六年（**Abercrombie, Nicolas, Hill, Stephen, and Turner, Bryan S.,** *The Penguin Dictionary of Sociology* (London: Penguin Books, 1984, 1988, 1994)）には、"Identity"の項目はない。また、R・ブードン、P・ベナール、M・シェルカウイ、B-P・レキュイエール編（宮島喬・杉山光信・梶田孝道・富永茂樹［訳者代表］）『ラルース社会学事典』弘文堂、一九九七年（**Boudon, R., Besnard, P., Cherkaoui, M. and Lecuyer, B-P.,** *Dictionnaire de la sociologie* (Larousse, 1993)）においては、単一の"identite"の項目はないが、集合的アイデンティティ［仏：identite collective］という項目は存在している。

(21) 有末、前掲「戦後日本社会の価値意識の変化」、六一〜六二頁、「図4　心の豊かさか、物の豊かさか」参照。

(22) 自己否定の契機を通して、歴史や社会の全体像に迫っていくという方法論は、色川大吉『ある昭和史—自分史の試み—』中央公論社、一九七五年、同『歴史の方法』大和書房、一九七七年、などを参照。

(23) 片桐雅隆『自己と「語り」の社会学—構築主義的展開—』世界思想社、二〇〇〇年、六六頁。

(24) 同右、六六頁。

(25) 数土直紀『理解できない他者と理解されない自己—寛容の社会理論—』勁草書房、二〇〇一年。

(26) 浅野智彦『自己への物語論的接近—家族療法から社会学へ—』勁草書房、二〇〇一年。

(27) 片桐雅隆『過去と記憶の社会学—自己論からの展開—』世界思想社、二〇〇三年。

(28) 西原和久『自己と社会—現象学の社会理論と〈発生社会学〉—』新泉社、二〇〇三年。

（29）野口、前掲書、一八六頁。
（30）Isin, Engin F. and Wood, Patricia K., *Citizenship and Identity*（Sage, 1999）によると、近代的なシティズンシップ（市民権）が政治的、社会的権利として「市民革命」によって、獲得されてきた性格があるのに対して、近年のディアスポラ的、あるいは先住民族的なシティズンシップやセクシュアル・シティズンシップ、文化的シティズンシップなどのラディカルなシティズンシップの主張は、社会的属性に基づいたアイデンティティに源を発している、と説いている。
（31）「選べる関係」と「選べない関係」については、上野千鶴子「祭りと共同体」井上俊編『地域文化の社会学』所収、世界思想社、一九八四年、四六～七八頁、参照。
（32）戴エイカ『多文化主義とディアスポラ：Voices from San Francisco』明石書店、一九九九年。宮永國子編著『グローバル化とアイデンティティ・クライシス』明石書店、二〇〇二年、など参照。

第Ⅱ部　生活史の意味論

第四章　質的社会学としての生活史研究

第一節　質的データ・質的調査・質的分析

「生活史研究」（life history studies）については、今までも筆者はいくつかの論稿を発表してきているが、[1]「質的社会学」（Qualitative Sociology）ということについては、本章で初めて考察していくテーマである。この「質的社会学」[2]というテーマに結び付いてきたのは、社会調査論における、量的調査と質的調査、統計的方法と事例的方法の対比の問題であり、実際の社会学研究において「調査」と言えば、量的調査、統計的方法を思い浮かべることが多いという事実に基づいている。

社会学の歴史的展開と全体構造との関係は、もちろん壮大なテーマであって、本章での守備範囲を逸脱するものではあるが、理論研究から実証研究に結び付けようと、「生活史」という個別具体的な研究に着目してきた筆者は、ここで再度「社会学の構造」に眼を向けてみたい。筆者が修士論文で「批判的社会学序説」を書いた際に、各章のつながりを示す意味で、図4-1のような相互連関図を書いたことがある。[3] つまり、社会学の三角錐構造として、理論―学説史―認識論―方法論の相互連関を図示したものであった。つまり、社会学理論に焦点を当てていく場合にも、学説史、認識論、方法論の視角を相互補完的に持っていなければならないということである。当時の筆者の関心からは、批判的社会学の理論的関心から、学説史上での古典理論の再考や認識論における現象学の視点、そして科学方法論におけるT・クーンのパラダイム論などを中心に取り上げた。

しかし、その後、都市や地域社会をフィールドとして実証研究に入っていくに従って、「社会調査」という課題も大きな比重を占めるようになってきた。そこで、図4-2のような調査の視点も含めた社会学の構造連関図を考えたわけである。社会調査においても、社会調査史、調査の認識論、調査の方法論など相互に関連する構造を持っているものと考えられる。社会学の理論研究においては、学説史はむろんのこと、方法論、認識論への配慮も当然払われていることが多いが、社会調査論においては、まだ「技法」に片寄りがちな傾向が根強いと言える。調査を理論と結び付ける方向での方法論の検討において、実証主義に結び付く、仮説演繹法や観察帰納法についてはは多くの社会調査が論じているところであるが、質的調査法に結び付く意味解釈法の方法論についてはあまり議論されてきていない。[4] まして、調査の認識論や学説史と関係づけられる社会調査史の系譜などについては、ほとんど省みられてこなかったと言えよう。

例えば、社会調査史においては非常に重要な「社会踏査法」(social survey) の伝統や社会事業史、家計調査の系譜などが社会学史の中に正統に位置付けられていなかったり、生活史調査に関しても、シカゴ学派などの学説に位置付けられることはあっても、その認識論や方法論に至るまで詳細に検討されてはこなかったのである。[5] 従来の社会調査、特に戦後の行動科学を主体とした世論調査、量的調査の隆盛の中では、質的調査の系譜やその方法論、認識論の検討まで話されてこなかった。

そこで、本章では、質的社会学としての生活史研究というテーマに沿って、ライフヒストリー研究を社会学研究の一環として位置付ける。ここで、質的社会学と称している内容は、質的データ論、質的調査論、そして質的分析論の三つを含むものである。井腰圭介は、「なぜ『質的』データが必要なのか―見田・安田論争再考―」[6]の中で、見田・安田論争の論点の関係や争点の配置、争点の磁場としての潜在的論点など詳しく論じている。〈見田・安田論争〉とは、一九六五年の『社会学評論』（第二一巻第一号、七八～八五頁）誌上で安田三郎が「〈研究ノート〉質的データの分析と数量的分析―見田論文へのコメント―」と題して行った見田宗介への批判と、更に、それに対する「付記」という形で、安田の「研究ノート」に対して書かれた見田の応答を指している。この論争は、

図 4-1　社会学の三角錐構造

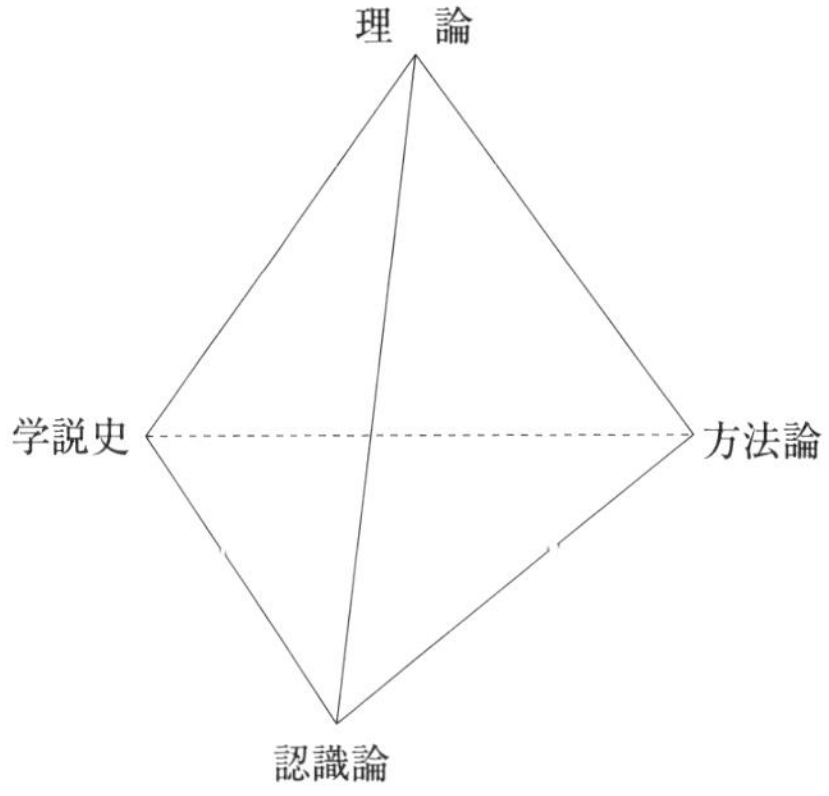

出所：著者作成。

図 4-2　理論―調査の構造連関図

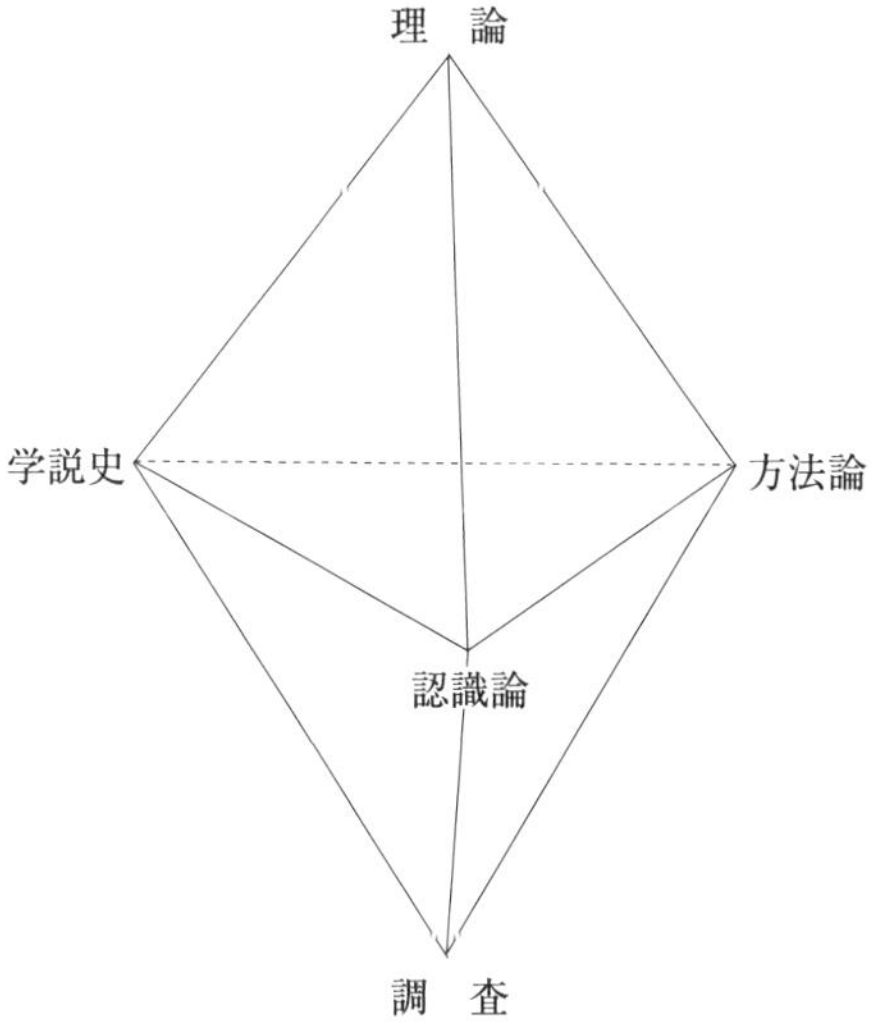

出所：著者作成。

充分な展開がなされたわけではなかったが、井腰によれば、「〈認識手段〉と〈認識目標〉との関係、すなわち経験科学的研究過程の全てを通して、『「質的」データは何故必要なのか』を明確に問うていくべきであった[7]」と問題提起がなされている。

ここで、〈見田・安田論争〉全体の位置付けを論じていくことは差し控えたいが、先の井腰論文にも提起されている通り、「質的なデータ（Qualitative data）」「質的な分析（Qualitative analysis）」「質的な命題（Qualitatively analyzed qualitative data）」などをそれぞれ、別なものとして用語表現を改めていかなければならないものと考えられる。ここでは、井腰の「なぜ『質的』データが必要なのか」という問いかけを受けながら、質的社会学としての生活史研究の意義を、質的なデータの問題（第三節）、質的な調査の問題（第四節）、そして質的データの比較分析の問題（第五節）に分けて見ていくことにしたい。

しかし、そうした質的社会学の構築へ向けての準備を進めていく前に、最近の生活史研究の蓄積から、批判点や限界論も含めた検討[8]（第二節）をしておきたいと思う。筆者を含めた多くの論者たちが認めているように、「生活史研究の多様な展開」がなされているわけであるが、そこには生活史研究の抱えているジレンマも内包されているのではないかと思われる。

第二節　生活史研究のジレンマ

生活史研究は今、いくつかの岐路に立たされている。筆者はすでに、生活史研究に対する関心の示し方の違いに着目して、方法の軸と主題の軸という二つの軸を設定し、それらの軸の交錯によって、生活史研究における四つの視角（パースペクティヴ）を提示してきた[9]。また、ライフヒストリー研究の活性化に大いに寄与した水野節夫の「生活史研究とその多様な展開」（一九八六年）においては、この〈方法の軸〉と〈主題の軸〉という発想を継承するかたちで、生活史研究が内包している〈方法としての生活史〉の活用という側面と〈主題としての生活史〉の探求・解明という側面とを区別することを示している。[10] そして、特に〈主題としての生活史〉における、事例史的な読まれ方（類型的側面）と個人生活史的な読まれ方（個人的側面）という二重の読まれ方こそが、一つの岐路と言えよう。

つまり、〈方法としての生活史〉と〈主題としての生活史〉との岐路があり、そして〈主題としての生活史〉の中で、事例史的な読まれ方（類型的側面）と個人生活史的な読まれ方（個人的側面）の二つに分かれていく、というわけである。しかし、このような岐路だけではなく、現在の生活史研究には、いくつかのジレンマが内包されているように思われる。

第一のジレンマは「代表性と個別性」の問題であろう。心理学者のG・W・オールポートは、『心理科学における個人的記録の利用法』[11]（一九四二年）の中で、日記・手紙・自伝といった個人的記録を心理科学のデータとして使用することに対する一四種類もの批判を列挙し、それらを一つ一つ検討し、反論を加えている。大久保孝治は「生活史分析の方法論的基礎」という論文において、オールポートの分類は、用語上の問題があり、また、基本的には同じ問題点を別のものであるかのように並べていたり、反対に、区別して論じなければならない問題点を同じ分類に入れてしまったりしているので、表4-1のような問題点の再整理を行ったうえで、個々の問題点について詳しく検討を加えている。[12]

その中で、生活史に代表される個人的記録分析の方法論的問題の第一は、サンプルの代表性の問題である。要するに、事例研究においてはサンプルの代表性が保証されておらず、したがって事例研究から得られた知見は、その事例については妥当するかもしれないが、それを一般化することはできない、という批判である。

表 4-1　事例研究法の問題点

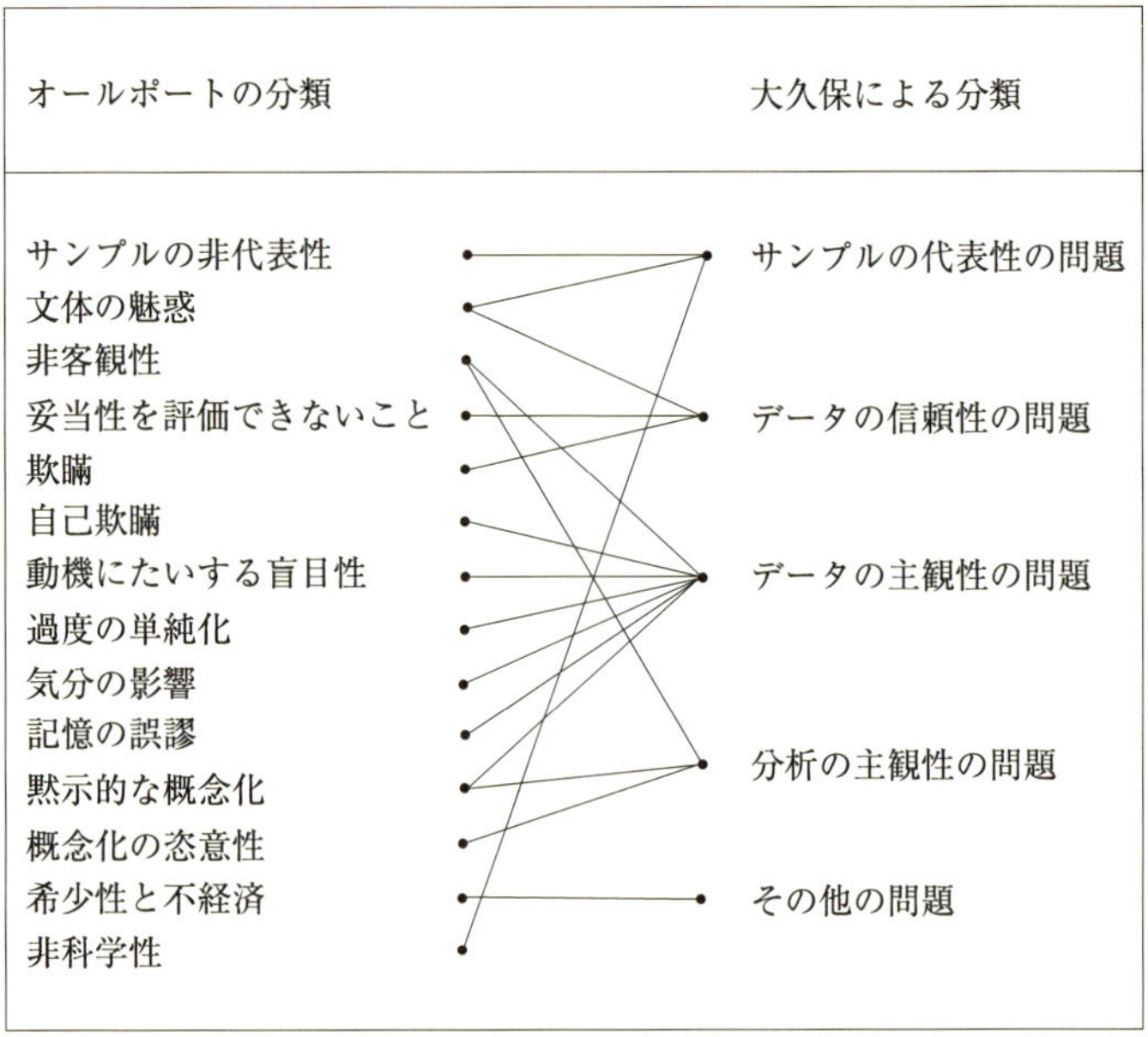

出所：大久保孝治「生活史分析の方法論的基礎」『社会科学討究』第34巻第1号、1988年、175頁。

　このサンプルの代表性の問題は、大久保が論じているように、統計的研究における無作為抽出（random sampling）の技法を、事例的研究において用いても、サンプルの特性値が母集団（population）の特性値を代表するということの意味が問題となってくるわけであり、質的データにおける事例の「典型性」の問題や多様な要因の顕在化こそが重要になってくる。したがって、代表性か典型性か、あるいは統計的一般化か事例的個別化かといったジレンマが生じてくることになる。生活史研究にとって常に、このジレンマはつきものである。大久保にしても、ライフコース研究における統計的方法と事例的方法を併用させるべきであると説いている[13]。

　まず、統計的調査と事例調査を組み合わせていく場合には、統計的調査によって、母集団の持っている特性値を全体として把握することが可能である。そして、その後に、母集団の中に見出されたいくつかのサブ・グループ（下位集団）ごとに、より集中的な事例調査に入っていくことになる。この場合には、そのサンプルの代表性は、サブ・グループごとに、事例がそれらの特性値を代表させる「典型」であることが必要となってくる。

しかし、生活史調査のように、母集団の特性が、あまりに広範で、一人一人異なっているような「人生の軌跡」を見ていく場合、そこでの「代表性」の議論は、統計的調査の場合と同一の土俵で論じることはできないのではないだろうか。つまり、研究者が、一人の対象者の「生活史」を、「何の」事例として扱おうとするのか、そして、その対象者自身が、自分を「何者」だと考えているのか、というレヴェルにかかわってくる問題である。生活史のような質的データにおいては、データに対する意味付与の仕方によって、データの性格は本質的に変わり得る。したがって、サンプルの代表性と個別性とは、連続線上にあって、そのデータをどのように扱うのかによって、代表性の程度も変わってくるわけである。例えば、家族社会学などで論じられている「ライフ・コース論」においては、出生から、学齢期、就職、結婚、出産、育児、退職、死亡に至るまでの「人生上の出来事」(life event) をコーホート（同時出生集団）ごとに分析していくというやり方で、代表性を考えようとしている。また、社会福祉学や臨床心理学における事例（ケース）研究においては、対象者の問題を追っていく中で、本人の生活史や家族関係において、何が原因となって問題が生じたのかという観点から事例史（ケース・ヒストリー）がとられている。つまり、社会学的な研究における生活史調査の応用面では「個別性と代表性」の問題は、研究者の観点と密接不離の関係にありながら、社会科学的な工夫が施されているのである。

第一のジレンマとしての代表性と個別性について、もう一点だけ指摘しておくと、そこには、量的方法における「結果析出」の優位と質的方法における「過程把握」の重視、という岐路もまた含まれていると言える。世界社会学会の研究委員会「伝記と社会」（Research Committee 38. "Biography and Society"）を中心的に組織化しているフランスの社会学者D・ベルトー（Daniel Bertaux）は、代表性が明確でない標本をベースにした「生活史」などの質的方法には、今までほとんど関心が払われてこなかった点を批判している。彼は、その理由として、「仮説を生み出す過程」と「それを検証する過程」の二つのプロセスのうち、今までの社会学研究は、量的方法を主に採用して、後者の過程のみを強調してきたからではないかと述べている。[14] そして、生活史調査の持つ特色は、「仮説を生み出す過程」そのものをより詳細に、より深く、より新たな可能性を含めて再検討していく方向に活用できる、と主張している。その点からも、量的方法における「検証重視」、「結果析出」の優位が挙げられるのに対して、質的方法における「過程把握」、「仮説構成」の重視がうかがえるわけである。

第二のジレンマとしては、ライフヒストリーとライフ・ストーリーの岐路があるのではないかと考えられる。生活史とは、直訳すればライフヒストリーとなり、その意味では歴史性を重要視しているかのように考えられる。しかし、前述した「伝記と社会」の機関誌名は、"Life stories/Récits de vie"であり、ここでは、ライフ・ストーリーが使われている。一般的な定義によれば、ライフヒストリーは、個人の一生（人生）を個性記述的アプローチによって描いていくことを指している。それに対して、ライフ・ストーリーは一人称の形式で書かれた記録であり、対象者の人生（の一部）を本人の口述や筆記をもとに調査者が再構成した作品のことである。したがって、対象者以外の人から得た対象者の伝記的情報や個人的ドキュメント、さまざまな公文書などの諸データを加えた作品であるライフヒストリーとは区別されている。つまり、ライフヒストリーにおいては、個人の生活史であり、個性を表出していることが特徴ではあるが、しかし、事実に基づいた歴史性がやはり基調になっている。ところが、ライフ・ストーリーでは、個人が自分自身の人生を〈物語る〉ことが重要であって、事実であるかどうかもさることながら、当人の主観性にどのように刻印され、どのように〈物語られる〉かということが、最大の関心事となるわけである。

ここに研究者にとってのジレンマも生じてこよう。歴史学的素養のもとで社会史的関心から生活史を見ていくならば、たとえ口述の生活史であっても厳密な意味での「資料批判」が要求される。いつ、誰が、誰に対して、どういう質問に応じて、〈語られた〉ライフヒストリーであるのか、その点は基礎的な注意事項である。また、対象者（話者）の主観性の世界に肉薄しようとしている研究者であれば、ストーリーの構成に重点を置きながら、語られていることの事実性よりも、感動を呼ぶ「真実」として再構成していくかもしれない。

第三のジレンマも、この第二のジレンマと関連しているものである。生活史研究は個人中心的アプローチを採るものであるが、その「個人」が誰であるのかという点は研究者の自由裁量に委ねられている。生活史という名称においては、「名もない庶民」「歴史上に名を残すような人ではない人」というような暗黙の前提があるようにも考えられるが、一方で「伝記」（Biography）の場合には、いわゆる「有名人」を対象とする傾向がある。もちろん、「伝記」であっても、その人の知られざる過去を掘り起こし、多面的な人間像を描き出そうとする方向においては、生活史研究と基本的には変わらないスタンスを取っている。しかし、対象者と研究者との間の距離の置き方においては、微妙に異なってくる面もあるかもしれない。生活史研究を行う側は、社会学、文化人類学、心理学などの研究者やルポライターなどのジャーナリストであることが多いため、水野の言葉を借りれば、編集志向あるいは「黒子」としての位置を占めやすい[15]。しかし、対象者との距離の置き方は、それ自体が生活史調査の根幹にかかわる問題であり、研究者にとってはジレンマを孕んでいるのである。つまり、自らの質問や意図的な記述を避けて、できるだけ対象者個人を浮かび上がらせたいとする「黒子」的発想と、「伝記」作者としての対象者との人間的な関係、並びに調査者―被調査者間の信頼関係の維持・発展という課題である。

最後に、生活史研究の抱えている第四の岐路としては、前述した点であるが、事例史（ケース・ヒストリー）か個人生活史研究かという問題が挙げられる。このジレンマについては、今までにも十分言われてきたことであるが、個人を社会的属性によって、その一つの事例として扱うか、あるいは個人生活史を中心として心理的葛藤や内面的転機を把握しようとするか、という点である。例えば、松本通晴らの関西の社会学研究者を中心とした庶民生活史研究会による『同時代人の生活史』(16)（一九八九年）は、開拓農民、野鍛冶、鉱山労働者、失対日雇労働者、地方政治家などの職業という社会的属性や出身地、居住地などの属性にも注目しながら、生活史を描いている。おそらく、それぞれの研究者にとっては、対象者を一つの事例研究として位置付けている場合が多いものと考えられる。その意味では、社会学的な生活史研究の場合、職業・階層的視点や家族・親族研究の視点や社会問題あるいは社会運動の観点など、それぞれの個別社会学における事例的方法として考えられる場合もある。しかし、中野卓の『口述の生活史』(17)（一九七七年）の場合のように、最初は公害問題と地域住民生活の変化という個別社会学のテーマから入って、その事例研究が個人生活史研究へと向かっていく場合もある。それによって、個人の内面把握や主観的世界の理解へと向かっていく場合もある。

このように、生活史研究は今、さまざまな岐路にさしかかっている。これらのジレンマを明確化しながら、質的社会学としての生活史研究を目指して、次に質的データ論、質的調査論、質的比較分析論へと展開していくことにしよう。

第三節　生活史資料の分類と性格

質的データとしての生活史資料を考えていく場合に、筆者はライフ・ストーリーとライフ・ドキュメントを区別して分類している。その際、個人のライフヒストリーにおける「主観的リアリティの構成の相違」という観点から、あえて生活史の調査・資料・研究・作品などを一貫して、個人のライフヒストリーをその個人の主観的世界に可能な限り接近して抽出していく作業として捉えているわけである[18]。

そこで使われた暫定的な定義によると、ライフ・ストーリーとは、個人の一生に近い、ある一定の時間軸上の幅をもって、何十年か、場合によっては半世紀から一世紀の時間を経由して再現される生活史をさしている。それに対して、ライフ・ドキュメントとは、個人個人が日々生活している時間軸上で絶えず起こっている「生の反省」と「生の記録」であり、その個人にとって、少なくともその時点においては「意味のある記録」として位置付けられているものである。

ライフ・ストーリーとライフ・ドキュメントとは相互補完的関係があるが、ライフ・ストーリー的主観性とライフ・ドキュメント的主観性とをいくつかのポイントに分けて比較している。それらをまとめてみると、表4-2のようになる。これらについては繰り返さないが、大山信義によると「ライフ・ストーリーや反省的生活史はストーリーであるとともに、口述／記述されたドキュメントでもあるから、日記や書簡や写真のような生活史の索引のみを『ドキュメント』というのは不適切と思われる[19]。」と批判している。そして、大山は、〈反省的生活史〉と〈索引的生活史〉という「生活史の二つの様式」を区別して提唱している。

反省的生活史とは、「ある生者の人生の一時期まで、あるいはその人のほぼ生涯にわたる体験を包摂している場合[20]」で、その特徴としては、「第一にこれらは、話者／作者が生活者としての体験を、現在の時点から過去に遡及して自覚的に意味づけ、その日常実践的な脈絡に即して生活史を追構成する契機を内包している[21]。」ことである。また、「反省的生活史の第二の特徴は、生活史の口述や記述のなかで使われている発話の言葉や文字などの象徴の意味について、読者・編者・研究者などこれを解読する側でも、当の生活者の日常実践的・生活史的な脈絡から解釈することができるということである[22]。」と述べられている。

もう一つの索引的生活史の方は、「日記・日誌・書簡・手記・覚書・雑記・家計簿・写真帳などのように、個人や家族の生活史の断面を記録したもの[23]」である。これらの記録は過去遡及的というよりも、それぞれの時点で生活者の意図や感慨をこめて、現在進行形の形で刻んできた事実、つまり現在表示的な事実であるから、日常実践的・生活史的な状況との文脈が明示されていないのが普通である。日記も書簡も写真も、日常実践的・反省的な脈絡を欠いているが、その人の生活史を構成する場合の索引（index）としての意味を持つために、〈索引的生活史〉（indexical life history）と名付けられている。大山は、これらの「生活史の二つの様式」を表4-3のようにまとめるとともに、作品／資料としての生活史に対して、研究者がどうかかわっているかについても、①規範的生活史（normative life history）と②解釈的生活史（interpretative life history）に分けて考えている。また、生活史における相互作用の問題についても、表4-4のように、〈自己の作品〉と〈他者の作品〉に分けて、生活史を〈自律的〉に語り／記録された作品か、〈他律的〉に客観的な第三者によって作品化されたものかを分類している[24]。

これらの分類の仕方については、細かいところでは多少の異論はあるものの、大筋においては筆者が提起したライフ・ストーリー的側面とライフ・ドキュメント的側面とに重なるものであると思われる。おそらく「ドキュメント」という用語の使い方や、索引的（indexical）という用語の定義にかかわる問題かとも思われるが、全体的には大山の方が、より詳細な分類と性格付けをしていると言える。

しかし、反省的か索引的か、あるいは規範的か解釈的か、そして自律的か他律的かという規準そのものが質的社会学の重点の置き方によって異なってくることがある。前述したように、日記においても、反省的なストーリーが混在している場合もあるし、口述史も立派なドキュメントとなり得る。そこで、質的データとしての生活史資料については、もう少し広い文脈の中において見なければならない。次節にも関連することであるが、質的調査法としては、生活史法（life history method）だけではなく、参与観察法（participant observation）、自由面接法（non-

表 4-2　ライフ・ストーリー的主観性とライフ・ドキュメント的主観性

	ライフ・ストーリー的主観性	ライフ・ドキュメント的主観性
1.主観的リアリティの時制	過去から	現在から
2.正当化の装置	重要な意味体系の獲得	正当化しえない葛藤・矛盾
3.「重要な他者」の存在	選択可能	未解明状態
4.文字と記録	口述性の重視	資料性・客観性の重視
5.調査者(研究者)との関係	直接性の重視	間接的にも可能

出所：著者作成。

表 4-3　生活史の二つの様式

分　類	時間の視界	現実構成様式	象徴解釈
反省的生活史	過去遡及的 (retrospective)	反省的 (reflexive)	日常実践的な状況 脈絡から可能 (contextual)
索引的生活史	現在表示的 (presentative)	索引的 (indexical)	曖昧／多義的 (equivocal)

出所：大山信義編著『船の職場史―造船労働者の生活史と労使関係―』御茶の水書房、1988年、330頁。

表 4-4　生活史における相互作用の形式

分　類	特　徴	作品化の契機	事　例	相互作用の形式
自己の作品	主観性・自律性	1）当人が語る	口述生活史	自己と他者
		2）当人が書く	書簡	自己と他者
			自伝・日記	主我と客我
		3）当人に依頼	自伝・回想録	主我と客我
他者の作品	客観性・他律性	4）他人が語る	回想	他者と他者
		5）他人が書く	伝記・学術資料	他者と他者
		6）他人に依頼	回想録・伝記	他者と他者

出所：同上、336～343頁。

表 4-5　質的データの分類と性格

質的データの分類／質的調査法	現地的源泉		文献的源泉
	言語的データ	非言語的データ	言語的データ
生活史法	口述史（oral history）	アルバム・風俗・民俗	日記・手紙・自伝
参与観察法	調査記録（field note）	写真・映像・図表	歴史的資料
自由面接法	面接（interview）	印象・記憶・深層心理	作品
実験的方法	会話（conversation）、会議	テスト結果・行動観察	

出所：著者作成。

directive interview）、実験的方法（experimental method）などが挙げられる[25]。そして、量的調査でも質的調査でも同様のことであるが、資料（データ）の分類においては、現地的源泉か文献的源泉かに分かれる。そして、質的データの種類としては、言語的データか非言語的データに分類できる。量的調査、統計的方法においては、言うまでもなく数量的データというカテゴリーが入るが、質的データにおいては、言語的データが中心的なものである。

そこで、質的調査法それぞれにとっての質的データを分類したのが、表4-5に表したものである。これらを見ると、生活史法、参与観察法、自由面接法などの主要な質的調査法においては、現地的源泉の言語的データにその中心的な役割が位置付けられている。実験的方法だけは、エスノメソドロジーのような質的調査においては、会話などが主要なデータ源泉となるが、心理学などの実験的方法においては、非言語的データも重要になってくる。また、実験的方法は、そもそも調査方法の性格からして文献的源泉は存在しないということになる。生活史法においては、文献的源泉としての日記・手紙・自伝なども、重要なデータであり、参与観察法や自由面接法における文献的源泉の補助的役割とは、対照的な関係になっている。

以上のように、質的データの分類と性格を見ていくと、さらに、言語的データ、非言語的データそれぞれにおけるメディア（媒体）の問題も見逃すことはできない。例えば、現地的源泉における言語的データの場合には、口述史でも、フィールドノートでも、インタヴューでも、会話採取でも、録音再生機器の果たす役割は非常に重要である。話者の細部にわたるライフ・ストーリーや話し方、強調の仕方、繰り返しや記憶ちがい、さらに、調査者の側の質問の仕方、対話や会話の記録などにおいて、言語的データとして再現する場合には、録音再生機器の使用は重要な調査技術であり、調査の過程が明らかになるわけである。また、非言語的データにおいては、写真や映像資料などの視覚メディアもかかわってくるし、文献的源泉においては、パーソナル・メディアやマス・メディアも介在してくるものと思われる。例えば、生活史のデータとしての日記にしても、自由形式のノート記入もあれば、一日一ページの日記帳、何年か連用の日記帳、家計簿型、あるいは手帳というように、さまざまなメディアとしての多様性があり、またそれらを同じ対象者が、時期的にもどのように使い分けてきたのかなども興味深い問題である。メディア論としての生活史研究、質的調査の問題は、未開拓の領域であり、調査行為論とも深くかかわっている点でもある。(26) そこで、次に質的調査論に論点を進めていきたい。

第四節　関係性としての生活史調査

K・プラマー（Ken Plummer）は『生活記録の社会学』（一九八三年）において、生活史調査を実施する上での、四つの基本的な問題グループを設定している。彼はこれを方法的問題のパラダイムと呼んでいるが、その四つの問題とは次のようなものである。(27)

(1)　社会科学的問題

この問題は、主として、そもそも調査を行う意味は何かという意味づけの問題を扱うものであり、社会調査における「何ゆえに？」という根源的な問いにかかわる。ここでの議論はほとんど認識論的な検討が中心になる。

(2)　技術的問題

この問題は、主として、実際に調査を進めるうえでの細々した問題と核心にかかわる問題――標本の選定、充分な面接、有効性の評価といった問題を取り扱う。本質的には、社会問題における「いかに？」という問いかけにかかわる。

(3)　倫理的・政治的問題

この問題は技術的問題や社会科学的問題の外側に広がる問題を扱う。こうした調査を行うことの政治的な意味づけや、調査を進めるうえで生じてくる倫理的なジレンマなどの問題である。

(4)　個人的問題

この問題は、調査が調査者の個人生活に及ぼす影響と、調査者の個人生活が調査に及ぼす影響という二重の影響の問題を扱う。

そして、プラマーは、こうした四つの問題は、いずれも調査の開始時点、進行途中、終了時点という動態の中で把握する必要があるとして、方法論から見た調査の全体像を表4-6のように示している。

しかし、実際の生活史調査の場面を考えてみると、社会科学的問題における認識論的な検討は、調査者と被調査者との関係の中にも入ってくるし、そこには、調査の倫理的問題も、また調査者の個人的な問題、さらには被調査者の個人的な問題も加わってくる。したがって、口述の生活史調査や面接調査に際しては、調査の技術的問題が、そのまま、認識論的問題や倫理的、個人的問題につながっているものと考えられるのである。そこで、関係性としての生活史調査について、認識論的モデルを中心として考察してみたい。

表4-3にも示したように、大山信義は、反省的生活史における象徴解釈は、日常実践的・生活史的な脈絡か

表 4-6　方法論的問題を分析するためのパラダイム

	調査の段階		
	調査前	調査中	調査の終わり
(1)　社会科学的問題			
(2)　技術的、実際的問題			
(3)　倫理的、政治的問題			
(4)　個人的問題			

出所：ケン・プラマー（原田勝弘・川合隆男・下田平裕身監訳）『生活記録の社会学―方法としての生活史研究案内―』光生館、1991年、128頁。

ら解釈することが可能であるとしている。彼は、「反省的生活史におけるリアリティは、そこで用いられる発話の言語が、話者／作者がおかれていた特定の状況と結びつくことによって構成されている。本書に収録した造船労働者の生活史が、読者に対してもリアリティをもつのは、すべての象徴が明らかに話者の生活史的な脈絡から発話されることによって成立しているからである。[28]」と述べている。それでは、生活史調査の場面で、象徴的解釈はどのような過程で展開されるのだろうか。

E・リーチ（Edmund Leach）は『文化とコミュニケーション』（一九七六年）の中で、基本的に人の心の中にあるイメージとそれを概念として把握する際の結合媒体を人間のコミュニケーション事象（Communication Event）として取り扱っている。つまり、コミュニケーション事象とは、外界の事物、他者との間に限らず、一人の人間の内部でまさに構成される事象についても言えるわけである。そして彼は、このコミュニケーション事象を、隠喩と換喩、表出的行為の所産とコード化されたメッセージの解読という二つの軸に沿って、二対コミュニケーション（Communication dyad）として、図4-3のような「認知の図式」を示している(29)。

筆者は、以前に、このリーチの認知図式を使って、図4-4のようなシンボル的コミュニケーションのモデルを示したことがある(30)。まず、Aの「意味世界」とBの「意味世界」とは、感覚イメージYを通じて、共有された意味、すなわちリアリティを持たない限り、基本的には「異世界」を形成している。したがって、シンボルとしてのZ（言語および非言語的事物）がたとえ同じであっても、その上層部の記号的連関だけを見ていては、コミュニケーションの核心に触れることはできない。つまり、同じ言語を用いても、意味世界として成り立つ「文化とコミュニケーション」は異なったものであるかもしれないし、また、異文化の理解が、まず言語を通して学ぶにしても、それは未だ記号的連関の段階にとどまっている状態だとも言えよう。

図4-4でもう一つ重要なことは、シンボルZを通しての「関係性の場」が共時態としてそこに存在している点である。例えば、象徴体系《シンボルシステム》として見ることのできる、通過儀礼や祭りという「関係性の場」でもって、シンボルが意味しているコミュニケーション的要素も通時態を通しての共時態、つまり「構造」という観点から見ているわけである。

ここで、「関係性の場」を生活史調査の場として考えてみよう。Aの「意味世界」とBの「意味世界」は、それぞれ調査者（研究者）の意味世界と対象者（被調査者）の意味世界と置き換えることができる。記号的連関は、言語的コミュニケーションを中心とした口述史や面接の場面を想定することができる。しかし、重要な点は、共有された意味＝リアリティを両者が共に持っているという点である。この場合のリアリティの共有とは、調査者（研究者）が、対象者の意味世界に興味を持っており、ライフヒストリーを聞きたいという基本的な調査の意図にかかわっている。しかし、それだけでリアリティが共有されるわけではなく、非言語的コミュニケーションとし

図 4-3　E・リーチの「認知の図式」

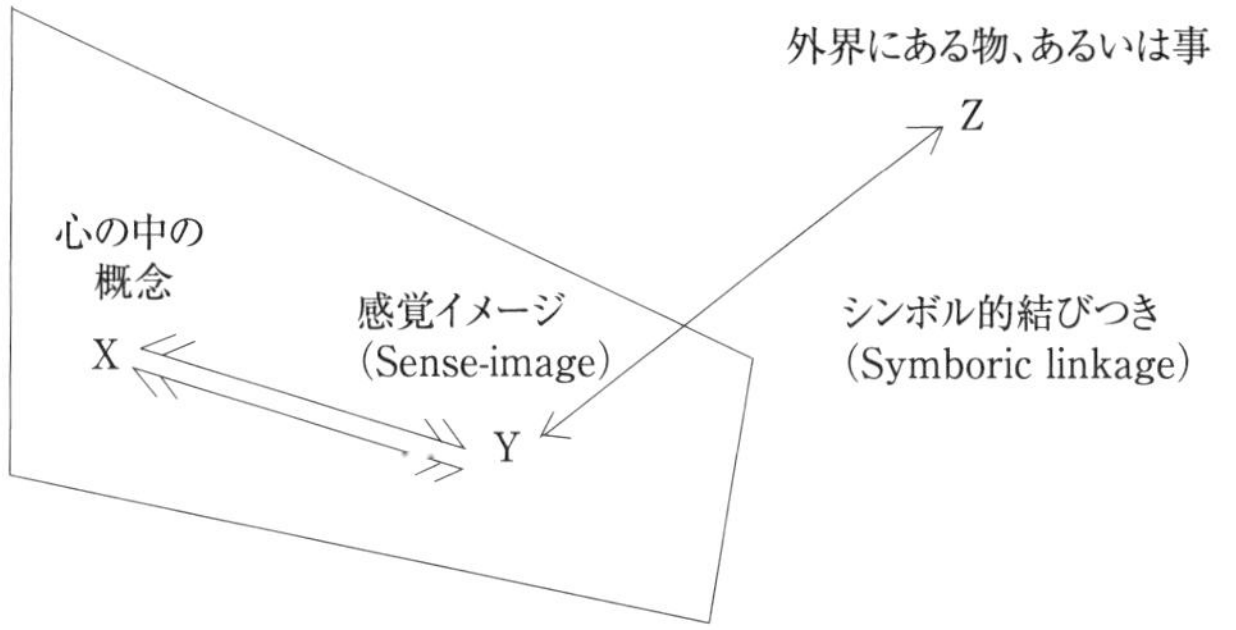

出所：Leach, Edmund, *Culture and Communication* (London: Cambridge University Press, 1976), p.19.

図 4-4　シンボル的コミュニケーション

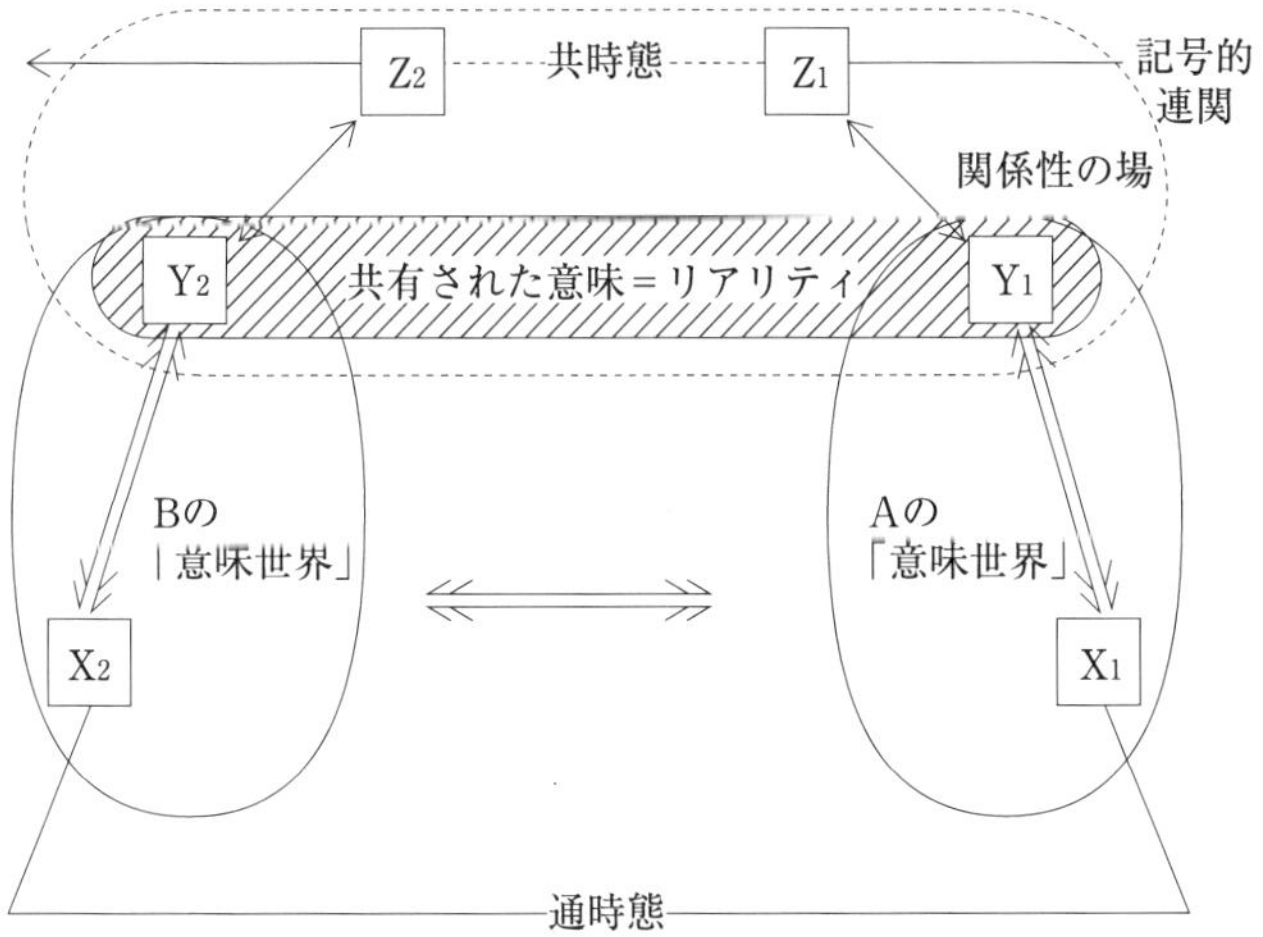

出所：有末賢「批判的社会学の知識構造—パラダイム概念を軸として—」『慶應義塾大学大学院社会学研究科紀要』第20号、1980年3月、44頁。

ての態度、しぐさ、視線なども重要な役割を果たす。また、客観的条件としての知識・情報の共有や同世代、同郷、同時代人としての共同体験なども通時態として、かかわってくるものと考えられる。

しかし、社会科学的な生活史調査の場合には、あくまでも調査者（研究者）は、対象者の意味世界に沿って、関係性の場を築いていくことになるが、臨床心理的なケース・ヒストリー（事例史）の場合などには、関係性の場のモデルが多少異なってくる。精神科医の土居健郎は『方法としての面接』[31]（一九七七年）において、「理解とは関係が見えて来ること」や『「ストーリー」を読む』、「劇としての面接」など興味深い指摘を数多くしているが、付論の「臨床的研究の方法論」の中で、A・フェインステイン（Alvan R. Feinstein）の『臨床的判断』（Clinical Judgment）を紹介しながら、図4-5のような精神疾患のスペクトルムを表している。この図の中で、Lanthanicとあるのは、フェインステインの造語で、ギリシア語の「気付かれないでいる」という意味の動詞からつくられた形容詞で、「隠れている」部分と訳されうる。

そこで、土居による説明は次のようになされている。「1、

図 4-5　精神疾患のスペクトルム

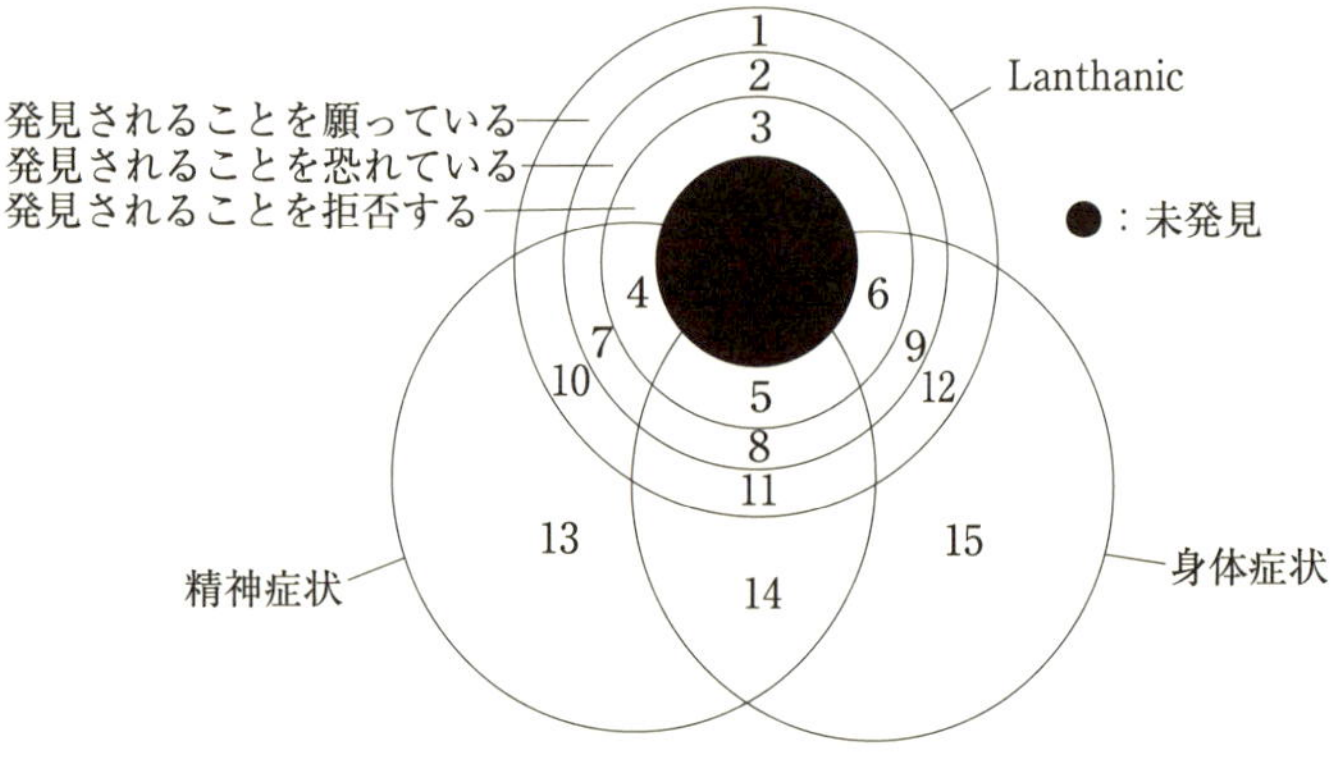

出所：土居健郎『方法としての面接―臨床家のために―』医学書院、1977年、130～131頁。

2、3群は、偶然の機会に、例えば心理テストによって、何らかの病理が疑われても、いわゆる臨床的症状は呈していないものである。4、5、6群は明らかに精神症状・身体症状を単独にか合併して有するが、精神疾患を持つ者として扱われることを頑固に抵抗するものである。7、8、9群は、症状を有することは4、5、6群と同じであるが、精神疾患を持つ者として扱われることにそれほど抵抗はせず、ただそのことに恐怖を抱いているものである。10、11、12群はこれに反して発見されたことで内心安堵するものをあらわしている。13、14、15群は自ら症状を訴えて、医者のもとを訪れる患者たちである。」[32]

質的調査としての生活史調査を考えていく場合に、このような臨床の場面と全く無関係ではあり得ない。ライフヒストリーの中にも、「発見されることを願っている」「発見されることを恐れている」「発見されることを拒否する」といったレヴェルが存在するだろうし、「語り得ること」と「語り得ないこと」との相克もあるだろう。[33]また、時間の経過や調査者と被調査者とのリアリティの共有の程度によって、「語り得ないこと」が「語り得ること」に変化することもあろうし、またその逆もあり得る。もちろん、未発見に終わる対象者の内面世界も存在している。そこのところは、決して「職人芸」ではないが[34]、しかし、関係性の場としての質的調査の課題が問われてくるところである。

第五節　質的データの比較分析

質的社会学としての生活史研究を考えていくうえで、質的データ、質的調査とともに、質的分析の問題は重要な鍵となってくるものと思われる。ここでは、質的データの比較分析を中心に分析・解釈の問題を考えていきたい。まず第一に、表4-5に示したような「質的データの分類と性格」に基づいたデータ同士の比較を考えてみよう。データの形式上の比較は、誰でも簡単に気づくことであるが、その細部にわたって、網羅的に比較検討しておく必要がある。調査者および研究者は、とかく「主題としての生活史」だけに眼を奪われがちで、その質的データの持っている形式的特性や限界について見落としがちになる。

例えば、生活史法による現地的源泉としての言語的データに位置付けられる口述史においては、対象者が何歳のときの口述史か、何回の調査で延べ何時間話されたことか、生活史の年月順に話されたのか、非常に詳しく話された時期は生活史の中でいつなのか、などが挙げられる。これらの点はもちろん生活史調査の段階でも、比較すべき点ではあるが[35]、ここではデータの性格として考えておきたい。また、文献的源泉としての日記についても、日記が記されている期間、年齢、一日の分量、全体の分量、また中断されていないか、日付順と記録された順番に相違はないか、日記の形式は「自由日記」形式か定形あるいは長期連用（三年または五年）形式か、毎日必ず記載されている事項があるかどうか、また日記の性格が、自己告白型、他者批判型、客観的記述型など、どのような特徴を持っているか、などに注意しておく必要があろう[36]。

第二に、質的データを質的に分析する諸方法について考えてみたい。質的データを比較していく場合には、それぞれのデータの特性と同時に、分析方法に応じた比較がなされなければならない。そこで、質的分析にかかわる諸方法をここでは広く渉猟してみることにする。第一には、事例分析が挙げられる。社会学的な生活史研究においては、例えば、職業・階層移動における事例（ケース）としていくつかの生活史を扱うことがある。家族社会学においても、地域社会学においてもこのようなケース分析はごく普通に行われている。しかし、多くは、量的調査、統計的分析の後に、その枠組の中で、より具体的事実を詳細に展開していくという目的から事例分析が添えられている。この他、臨床心理学や社会福祉学においても、ケース・ヒストリー（事例史）の方法が使われており、クライアント（患者）や（福祉）対象者の問題発見のために、面接によってライフヒストリーを聞き取るという方法である。(37) また、経営学やビジネス研究では、一企業の経営戦略をさまざまな要因から分析していく方法をケース・メソッド（case method）と呼んでいる。これら多くの領域における事例分析から比較して分析方法の特徴を積み上げていく必要があろう。

二番目には、歴史分析を挙げなければならない。「歴史分析」というと、史学方法論上の問題を印象づけることになるかもしれないが、ここでは、社会史を中心に、時間軸上の比較と考えてもよい。例えば、個人生活史上における時間軸と社会史、時代の影響なども「歴史分析」もしくは「時間分析」の中に含まれてくる。民俗学上の「一回性のない歴史」つまり「繰り返される歴史」の観点は、家、村落、共同体などの制度上にあって、通過儀礼として分析されてきたが、個人の一生のテーマからは、発達段階やライフ・コース論の観点も加わってこよう。また、時代効果、世代の概念など、いわゆる個別歴史性が個人に与える影響についても併せて考えていかなければならない点である。

第三には、内容分析を含む、いわゆるテクスト分析の方法が考えられる。これは、文学批評、哲学、記号論、文化人類学、マス・コミュニケーション研究などで応用されている分析方法で、まず文字資料、文献作品、映像資料などを「テクスト」として固定するわけである。そして、メッセージの送り手、受け手双方におけるシンボル分析、システム分析、インパクト分析などを進めていく。生活史法においては、日記分析、手紙分析などの資料を固定する際には、この方法はかなり有効であるし、口述史においても、書かれた作品が編集志向の強いものであれば、発表された生活史研究の作品を「テクスト」として、二次分析を行うこともできる。しかし、テクスト分析の場合、テクスト内での文脈には考慮が払われるが、テクスト外の非言語的データ、調査の場面などはなかなか考慮に入れられないという問題点もある。さらに、二次分析を行う場合には、調査者と分析者が異なってくるために、研究者の側に二重のバイアスがかかってくることもある。

第四の質的分析の方法は、広い意味では、テクスト分析に入るものだが、特にエスノメソドロジーなどで発展してきている会話分析（conversation analysis）である。エスノメソドロジーでは、日常生活において人々が使用している自明的な方法をある種の実験的方法を用いて発見していくというものである。例えば、会話の順番取得システムや「割り込み」（interruption）、「あいづちなどの支持作業」（support works）といった会話の中の細かい規則に注目したり、カテゴリー化装置、背後認識と「適切な認識」などを判断していくものである。[38]生活史法においても、会話分析の手法を取り入れて、「語り」の特質やライフ・ストーリーの構造を分析していく方向も模索されている。

最後に、第五の質的分析の方法は、深層分析を加えることができる。これは、精神分析学や臨床心理学において、すでに相当の蓄積のある分析方法であり、そういう意味では質的社会学にどのように取り入れることができるのか、課題となるところであろう。個人生活史の場合には、精神的な深層分析に直結しうる展開もあろうが、社会史的な深層分析、すなわち構造主義の分析も一種の深層分析として位置付けることができる。[39]つまり、支配的な歴史像のもとで、隠されてきた歴史の深層、あるいは社会生活の基層を明らかにしていくことも質的分析の重要な課題となろう。

以上のように、質的分析の課題は、従来の社会学では仮説演繹法、観察帰納法を中心に実証主義のラインで統計的方法を駆使してきたためか、意味解釈法の発展が立ち遅れてきたという問題がある。意味解釈法においても、M・ヴェーバー、A・シュッツ、現象学・解釈学などさまざまな伝統があるが、具体的データに即した分析方法の発展が期待されるところである。

表 4-7　生活記録改変《コンタミネーション》過程の連続体モデル

1	2	3	4	5
対象者の「純粋な説明」（生の材料）				社会学者の「純粋な説明」
手を加えない日記、自然なやりとりの手紙、自伝、書き手自身が記した書きもの・手記、社会学者自身の体験など	編集を加えた生活史記録	系統的・主題的分析	副次資料による検証（例示）	社会学的理論

出典：ケン・プラマー（原田勝弘・川合隆男・下田平裕身監訳）『生活記録の社会学—方法としての生活史研究案内—』光生館、1991年、167頁。

第六節　生活史研究の連続体モデル

生活史研究はその多様な展開の中で、個別学問領域（discipline）を大きく越えていく傾向を持っている。それは、「人間の全体性」の回復や人間の個性中心的アプローチを採っていく以上、当然の結果であり、現代科学の再編過程からも注目される領域の一つである。例えば、生活史資料や生活史研究に対しては、家族社会学や職業社会学のライフ・コース論やキャリア発達論からの関心も高まっているし、一方で社会史や生活研究の系譜からも興味を持たれている。また、伝記や文学的真理の題材としても、あるいは単なる読者の側の「人生教訓」を含んだ「読みもの」としても楽しまれている。

しかし、その一方で、これらの多様性は、とかく「場当たり」的で、その場限りのものと見られやすい。つまり、量的データは連続しているのに、質的データは根本的に非連続であるということである。この点について、K・プラマーは表4-7のような、「生活記録の改変（contamination）過程」の連続体モデルを提起している。

彼は、「この生活史記録を解釈するという問題を解明するために、社会学的生活史における二人の主要な解釈者、つまり研究対象と社会学者の位置を定めるための連続体モデルを想定してみるとよい。この両者は、いずれも自分が前提とするものを状況のなかに持ち込む。社会学者は、『哲学的な』理論や概念を用いる傾向があり、他方、対象者は自分が『世間的に当たり前と思っている見方』のうえに立つ傾向がある。したがって分析という問題は、対象者が理解していることに対して、社会学者がどの程度まで自らの「理論」を押しつけていくのか、あるいは、どの程度まで対象者自身による世界の理性的な組み立てが、その純粋形態において把握され、理解されるのか、という問題に置き換えられる。[40]」と述べている。

この連続体モデルは、社会学者が自らの分析装置に対象者を押しつけていく程度、ないしは対象者自身の世界が「改変」される程度を表しているが、まさに、質的データの分析における非連続を打破しようとする試みの一つとして評価される。質的社会学としての生活史研究は、一方で多様性を含みながら、もう一方で、それぞれのデータ、調査方法、分析と解釈を相対化させながら、比較していく方向へと模索されなければならないだろう。

（1）本書、第一章、第二章および第十章など参照。有末賢「生活史研究の視角」『慶應義塾創立一二五年記念論文集法学部政治学関係』所収、慶應義塾大学法学部、一九八三年、三四五〜三六六頁。同「生活研究とライフ・ヒストリー——生活史研究から——」川添登編『生活学へのアプローチ』ドメス出版、一九八四年、四九〜六八頁。同「生活史と『生の記録』研究——ライフ・ヒストリーの解釈をめぐって——」『法学研究』第六一巻第一号、一九八八年一月、二三三〜二六二頁、など参照。

（2）Schwartz, Howard and Jacobs, Jerry, *Qualitative Sociology* (New York: The Free Press, 1979)、Bogdan, Robert and Taylor, Steven J., *Introduction to Qualitative Research Methods* (New York: John Willey & Sons, 1975) など参照。

（3）有末賢「批判的社会学序説」（一九七九年・未発表・修士論文〔慶應義塾大学法学研究科政治学専攻〕）一七頁。

（4）仮説演繹法、観察帰納法、意味解釈法らの「メソドロジーの三角形」については、今田高俊『自己組織性——社会理論の復活——』創文社、一九八六年、に詳しい。

（5）日本社会調査史については、川合隆男編『近代日本社会調査史（Ⅰ）』慶應通信、一九八九年、江口英一編『日本社会調査の水脈─そのパイオニアたちを求めて─』法律文化社、一九九〇年などの労作が発行されている。他に、中川清「《書評論文》近代日本一〇〇年の自己認識を振り返る」『三田学会雑誌』八三巻三号、一九九〇年一〇月、二八三～二九六頁。川合隆男「日本社会学の最近の動向と反省」『法学研究』第六三巻第三号、一九九〇年三月、一～四二頁、なども参照。

（6）井腰圭介「なぜ『質的』データが必要なのか─見田・安田論争再考─」『上智大学社会学論集』一二号、一九八八年三月、二一～四二頁。なお、井腰圭介「質的データ分析における推論と解釈の差異─生活史分析の多様性とその意味─」日本社会学会第六三回大会・一般研究報告（ライフコース研究の理論と方法）でのレジュメも参考にした。

（7）同右、三五～四〇頁。

（8）水野節夫「生活史研究とその多様な展開」宮島喬編『社会学の歴史的展開』サイエンス社、一九八六年、一四九～二〇八頁、参照。

（9）本書第一章および有末、前掲「生活史研究の視角」、三五三頁参照。四つの視角とは、(1)生活史事例の類型化（生活研究）、(2)質的調査法と「個人」研究（社会調査論）、(3)主観的現実の変更過程（現象学的社会学）、(4)生活史と社会史（社会変動論）のことである。その意味では、本章は、(2)の社会調査論に主眼を置いている。

（10）水野、前掲論文、一九三頁。

（11）Allport, G. W., *The Use of Personal Document in Psychological Science*（1942）（大場安則訳『心理科学における個人的記録の利用法』培風館、一九七〇年）。

（12）大久保孝治「生活史分析の方法論的基礎」『社会科学討究』第三四巻第一号、一九八八年、一七五頁。

（13）同右、一六八頁。大久保は、ライフコース研究における統計的方法と事例的方法の性格の相違を表4-8にまとめている。

（14）Bertaux, Daniel, "Oral History Approaches to an International Social Movement" in Oyen, Else (ed.), *Comparative Methodology: Theory and Practice in International Social Research*, Sage Studies in International Sociology 40 (London: Sage, 1990), p.167.

（15）水野、前掲論文、一七〇頁。

（16）庶民生活史研究会編『同時代人の生活史』未來社、一九八九年。

表 4-8　統計的方法と事例研究法の比較

	統計的方法	事例的方法
分析の対象	集団	個人
サンプル数	多数	少数
データの性質	量的	質的
同時に分析できる要因数	少数	多数
分析の論理	客観的	主観的

（17）中野卓編著『口述の生活史―或る女の愛と呪いの日本近代―』御茶の水書房、一九七七年。
（18）有末、前掲「生活史と『生の記録』研究」、二四〇頁。本書、第十章参照。
（19）大山信義編著『船の職場史―造船労働者の生活史と労使関係―』御茶の水書房、一九八八年、三三一頁。大山は本書を第Ⅰ部・ある船具工の生活史、第Ⅱ部・ある仕上工の生活史、第Ⅲ部・解説論文、という形でまとめている。解説論文には、「生活史と産業労働の社会学―視座の転換のために―」と「反省理論としての生活史―パラダイム論の立場から―」の二論文が収められている。本章では、主に後者の方を中心に考察している。
（20）同右、三二九頁。
（21）同右、三三〇頁。
（22）同右、三三〇頁。
（23）同右、三三〇頁。
（24）同右、三三六～三四三頁。
（25）Easthope, Gary, *A History of Social Research Methods* (London: Longman, 1974)（川合隆男・霜野寿亮監訳『社会調査方法史』慶應通信、一九八二年）によると、参与観察法と生活史法を一つのセットにしており、踏査法（survey）と実験的方法、比較研究法などを別の章で解説している。質的調査法としての分類は筆者の見解による。
（26）阿南透「写真のフォークロア―近代の民俗―」『日本民俗学』一七五号、一九八八年八月、六九～九五頁。岩井洋「身体・記憶・場所」『上智大学社会学論集』一一号、一九八六年、三三～五〇頁。
（27）Plummer, Ken, *Documents of Life: An Introduction to the Problems and Literature of a Humanistic Method* (London: George Allen & Unwin, 1983), p.84,（原田勝弘・川合隆男・下田平裕身監訳『生活記録の社会学―方法としての生活史研究案内―』光生館、一九九一年、一二五～一二六頁）参照。
（28）大山、前掲書、三三〇頁。
（29）Leach, Edmund, *Culture and Communication* (New York: Cambridge University Press, 1976), p.19.
（30）有末賢「批判的社会学の知識構造―パラダイム概念を軸として―」『慶應義塾大学社会学研究科紀要』第二〇号、一九八〇年三月、四四頁。
（31）土居健郎『方法としての面接―臨床家のために―』医学書院、一九七七年。
（32）同右、一三〇～一三一頁。

（33）松本健一『仮説の物語り―いかに事実を発見するか―』新潮社、一九九〇年、参照。

（34）大久保、前掲論文、において、中野卓の「無作為主義」について、次のように批判している。「『無作為主義』はいうなれば社会調査法における『奥義』のようなものである…（中略）…『口述の生活史』は中野卓という個性あふれる研究者と内海松代という希有のインフォーマントとの出会いの所産であるが、そのためにかえって生活史法というものを芸術的な、あるいは神秘的なものにしてしまってはいないだろうか。」（一七〇頁）。

（35）Plummer, *op. cit.*, p.103（邦訳一五三頁）には、生活史調査において、バイアスが生じる領域のチェック・リストを⑴生活史の情報提供者、⑵社会科学者―調査者、⑶相互作用、に分けて提出している。

（36）中野卓編著『中学生のみた昭和十年代』新曜社、一九八九年、は日記資料の著者が中学生時代（一五歳一一カ月～一七歳三カ月）の中野卓であり、編者は、現在（一九八九年当時六九歳）の中野卓である、というものである。データの質的分析にとって興味深い資料であると思われる。

（37）浅賀ふさ『ケースヒストリーの要点―クライエント理解の手引き―』川島書店、一九七一年。

（38）Sacks, Harvey, "An Initial Investigation of the Usability of Conversational Data for Doing Sociology", Sudnow, David (ed.), *Studies in Social Interaction* (The Free Press, 1972), pp.31-73. ハーヴィー・サックスの「会話データの利用法―会話分析事始め―」の訳はG・サーサス、H・ガーフィンケル、E・シェグロフ（北澤裕・西阪仰訳）『日常性の解剖学―知と会話―』マルジュ社、一九八九年、九三～一七三頁に収録されている。

（39）佐藤健二「社会分析の方法としての『新しい歴史』」『社会科学紀要』第三三集、東京大学教養学部、一九八四年三月、一八九～二一七頁。

（40）Plummer, *op. cit.*, p.113（邦訳一六六頁）。

第五章　〈意味の社会学〉と生活史研究

第一節　「意味学派」と経験的研究

〈意味の社会学〉と「生活史研究」とは、社会学説史上においては、「シカゴ学派」という同じルーツを共有する面を持ちながら、現代社会学の理論的および経験的研究の流れの中で、相互にあまり深い関連を持たずに独立した研究動向を示してきた。

しかし、本章においては、特に生活史研究の視点から、〈意味の社会学〉へと橋渡しをしていく方向で、生活史研究の現状と課題を述べていきたい。まず第一に、生活史の社会学的定義について、関連する個人史、事例史、ライフ・ストーリー、伝記、あるいは民族誌や社会史などの隣接する領域についても見ていく。そして、〈意味学派〉へ連なる視点として、今後の生活史研究の課題を展望していく。つまり、理論や解釈、分析の重要性、質的データの種類や方法に関する議論、そして生活史研究の社会学的可能性についての考察がなされる。つまり、生活史研究にとって重要な課題は、対象者にとっても、「生の意味」を問いつつ、その中から得られてくる質的なデータをどのように解釈し、分析していくのかという問題であるように思われる。

現象学的社会学やエスノメソドロジー、シンボリック・インタラクショニズムなどのいわゆる「意味の社会学」と「生活史研究」とは、それほど、深い関連をもって語られてきたわけではない。もちろん、A・シュッツの「よそ者」(The Stranger, 1944)や「帰郷者」(The Homecomer, 1945)などの論稿において、生活史の持つ意味について考察されてもいるし(1)、現象学的社会学からの社会学への優れた入門書であるP・L・バーガーの『社会学への招待』(*Invitation to Sociology*, 1963)の中で「態度変更と生活史」という章が設けられてもいる(2)。

もちろん、学説史的にさかのぼって考えていけば、W・I・トーマスやH・ブルーマーなどシカゴ学派につながっており、その意味では、「意味学派」と生活史研究とは、同様のルーツを共有しているとも言える。しかしながら、戦後、特に構造＝機能主義の社会学の隆盛の中にあって、現象学的社会学やシンボリック・インタラクショニズムなどは、いわゆる「理論研究」として位置付けられ、また一方で、社会踏査法(social survey)や参与観察法(participant observation)と並び称せられる生活史法(life history method)は、文化人類学や犯罪学、臨床心理学、社会福祉学などで利用される「社会調査法」の一つとして、位置付けられることが多かった。したがって、「意味学派」と「生活史研究」とは、現代社会学の中では、それほど、交差する関係性が見出されないまま、今日に至っているということも言える。

しかし、今日の「現代社会学理論」研究の面においても、個人の一回きりの「生の意味」とは何かが問われており、「反省」理論や「言語行為と意味」などが、理論研究の側からも必要とされてきている。それと同時に、経験的調査研究の側にとっても、表面的、標準的なアンケート調査に対する批判や、調査者—被調査者関係における「調査行為」の問題や、個人の類型的側面と個性的側面に関する問題など、生活史調査に関するさまざまな期待と要望が表面化してきた。

このような状況の中で、「意味の社会学」と生活史研究との関連性、および「生活史の社会学的意味」とは何かを考えてみることが本章の課題である。筆者は、生活史研究の視点から、「意味」の問題に言及してみたい。つまり、個人の一回きりの「生の意味」を問うとき、個人の主観性を土台にした、生活史が登場してくるのではないかと考えられるのである。そこで本章では、生活史の社会学的定義から出発して、生活史研究と「意味学派」を中心とした学説史研究、および社会調査をめぐる問題点について記してみたい。特に、「意味学派」が志す「経験的研究」において、生活史研究の可能性は、その多様な展開の中で開かれているものと考えられる。

第一節 生活史の社会学的定義

「生活史研究」(study of life history)という分野は、しばしば多義的で、広範かつ曖昧な意味を含んだ領域として考えられている。もちろん、その研究の流れには、一定の歴史もあり、背景や影響力も拡大しているのであるが、未だに、定義や概念枠組、モデルや理論の問題となると、確定されたものは乏しい。

生活史の社会学的定義としては、以下のような記述が見られる。

「基本的には、個人の生涯を社会的文脈において詳細に記録したものをさす。しかし、日本語で『生活史』という場合、歴史学・民俗学の分野などから、集団や地域全体の『生活の歴史』と言う意味で用いられることもある。英語におけるライフ・ヒストリーは、個人の一生(人生)を個性記述的アプローチによって描いていくことをさしている。したがって、生活史という概念は、ライフ・ヒストリー、個人史・事例史、個人的ドキュメント、ライフ・ストーリーなどの関連概念や派生概念を含む包括的な概念である。[3]」

ここにも見られるように、生活史という概念は、さまざまな概念の多層的、重層的な視角（パースペクティヴ）の上に成り立っている。筆者はすでに、生活史研究に対する関心の示し方の違いに着目して、方法の軸と主題の軸という二つの軸を設定し、それらの軸の交錯によって生活史研究における四つの視角（パースペクティヴ）を提示してきた。[4]それらは、まず、方法におけるデータ収集と主題における客観的事実に関心を集中していく(1)生活史事例の類型化（生活研究）、そして、次に方法においては、同じくデータ収集に関心があるが、主題においては、主体（被調査者）の主観的意味付与を重視していく(2)質的調査法と「個人」研究（社会調査論）の視角である。また、第三の視角は、生活史の内容の主観的意味付与を記述し解釈する、その方法を模索しようとする(3)主観的現実の変更過程（現象学的社会学）の観点であり、最後の第四の視角は、もう一度、主題において客観的事実の側面に戻って生活史のデータを解釈する場合であり、(4)生活史と社会史（社会変動論）の視角ということになる。

ここでは、生活史研究の視角そのものが問題ではないが、生活史研究に対する研究者の関心の示し方において、〈方法としての生活史〉の活用という側面と、〈主題としての生活史〉の探求・解明という側面が区別される、という点は重要であろう。ライフヒストリー研究の活性化に大いに寄与した水野節夫の力作「生活史研究とその多様な展開」[5]（一九八六年）においても、この〈方法の軸〉と〈主題の軸〉という発想を継承するかたちで、研究者の主要な関心の在り方の違いから、

a　〈方法としての生活史〉の活用が優位を占めている研究

b　〈主題としての生活史〉の探求・解明が優位を占めている研究

b-1　事例史的性格の強い研究

図 5-1　生活史の布置連関（configuration）

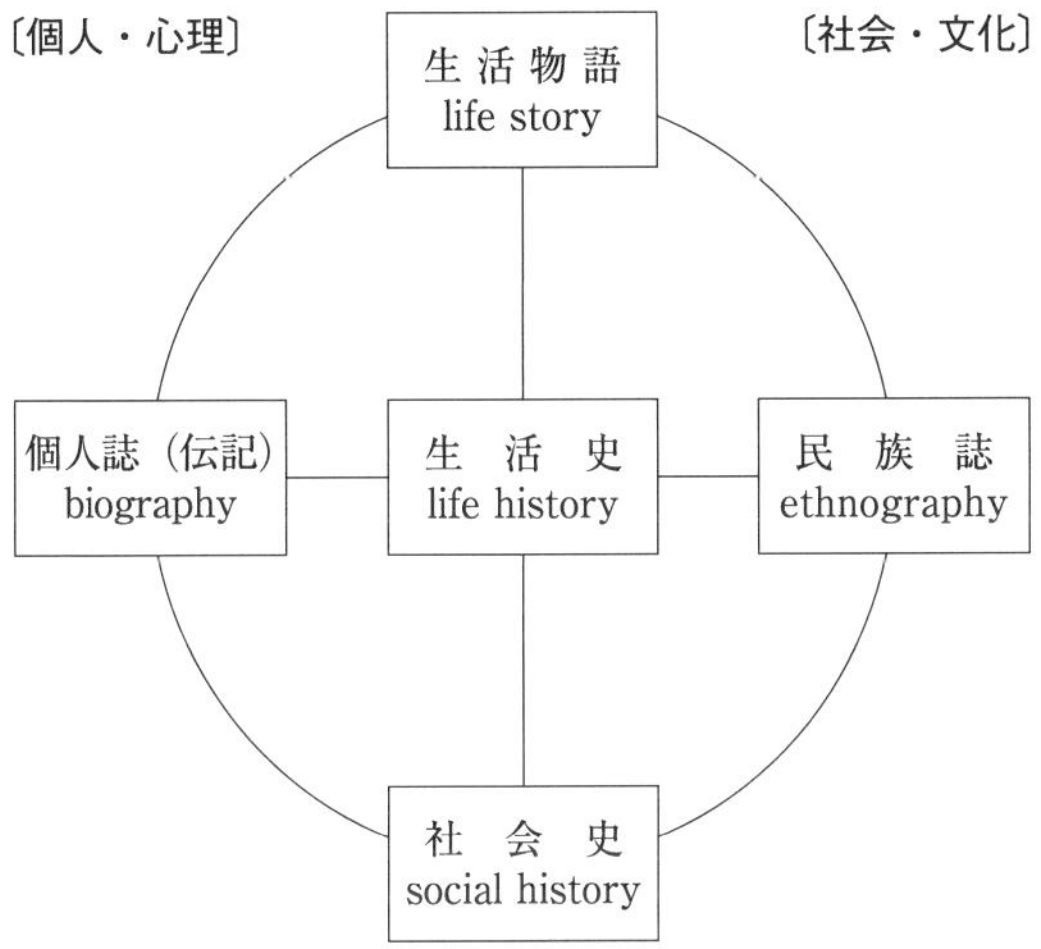

出所：筆者作成。

b-2　個人生活史的性格の強い研究

c　両者〈方法としての生活史〉と〈主題としての生活史〉に同程度のウェイトがおかれている研究

という三種類（もしくは四種類）の生活史研究を区別している。そこでの指摘、特に〈主題としての生活史〉における、事例史的な読まれ方（類型的側面）と個人生活史的な読まれ方（個人的側面）という「二重の読まれ方」という点は最も重要であると思われる。つまり、類型的側面と個人的側面との区別は、〈社会的カテゴリーのはりついた個人〉という表現に見られるように、現実場面においては、両者は密接な絡まり合いを見せているわけである。

そこで、生活史の社会学的定義について、個人史、事例史、ライフ・ストーリー、伝記などの関連概念、派生概念をもう少し深く検討してみることにしよう。図5-1で示したのは、生活史の布置連関（configuration）を表したものである。この図からライフヒストリーの宇宙について考えてみたい。生活史（life history）を中心にして、四方に社会史（social history）、個人誌（伝記：biography）、民族誌（ethnography）、生活物語（life story）を配置している。

まず第一に、社会史と生活史との関連であるが、社会史的な把握の根底には、単にある個人の生活史が、その生きた時代の社会史を基底としているという意味だけではなくて、歴史の支配的な構造様式から排除される民衆の歴史、人間関係の深層的な歴史こそが重要であると考えられている。佐藤健二は、「社会分析の方法としての『新しい歴史』」（一九八四年）の中で、「社会史は『いま・ここ』に生き残った人間のみの『社会』を、生活を作り上げている有形・無形のモノとの関係という自然史的な回路にひらくことによって、精神分析が対象としたような人間関係をさらに深い『人と人との関係の絆が結ばれる』場へと措定しなおす。そう押さえてくるとき、社会史を近代社会の『集合無意識』という理論的対象を持ち、社会現象の連関が帯びる『意味表現』の二重性を解読する試みという形で把握することが出来るのではないだろうか[6]」と述べている。このように、社会史における「隠された関係」あるいは「隠された構造」の解明という課題は、口述史（oral history）、生活史、そして生活物語の手法を介して説き明かされることもある。

生活物語（ライフ・ストーリー）とは、本人の口述にしろ、自伝にしろ、あるいは調査者がインタビューしたものにしろ、対象者の人生の一部が、ある種のまとまりを持ったストーリーとして展開されている作品をさしている。したがって基本的には、「人生上の出来事」（life event）に対して、ある一定の時間的経過の後に、本人の意味付けが加わり、記憶の取捨選択が行われたものである。その中には、事実と相違した虚構や創作も入り得る余地があるが、その可能性も含めて対象者の主観的世界、内面的世界を明らかにしていこうという観点から、「自伝的真実」の「物語性」を強調する立場も存在している。つまり、個人の主観的現実やアイデンティティ論から「語り」の物語性とともに、「人生の物語」としてのストーリーに重要性を置く立場である。

次に図5-1の中の生活史を中心とした横の布置連関を見ておくことにしよう。生活史研究は、従来からの先行研究の流れの中では、歴史上の有名人やエリートの生涯を、後世の著述家が客観的資料をもとに再構成した伝記（biography）や、著者と話者が同一である自伝（autobiography）と関係づけられてきた。しかし、生活史との関連で見ていくならば、むしろ、「民族誌（ethnography）」との関連で、biographyを「個人誌」と訳した方が適切ではないかと思われる。エスノグラフィについては、民族学、文化（社会）人類学の分野では、相当の蓄積があり、その方法論についての議論も盛んである。しかし、個人誌については、生活史、あるいは個人的ドキュメント（personal document）との関連で言及される程度であり、少なくとも日本においては、歴史上の有名人やエリートを対象としている「伝記」の領域とは、あまり交流が図られてはいない。今後、ルポルタージュ、ノン・フィクションなどのジャーナリズムの領域からも、個人誌、生活史などの社会的・文化的領域への関心が広がるものと期待されている。

また、図5-1を全体としてのサイクルとして眺めてみると、左側の社会史―個人誌―生活物語の関連は、主に「個人・心理」の側面を考察しており、それに対して、右側の社会史―民族誌―生活物語のラインは、「社会・文化」の側面を中心に置いている。このような「個人対社会」の図式は、個人的側面と類型的側面が分かち難く結び付いている現実場面での生活史研究においては、あまり意味を持たないかもしれない。一言で言うならば、ライフヒストリーの宇宙とは、バイオグラフィとエスノグラフィの間、そしてストーリーとヒストリーとの間に布置しているということになろう。

それでは次に、生活史資料と分析の方法についても、社会学的な配置を考えておこう。図5-2に示したのは、生活史資料と分析の布置連関である。この図においては、生活史における、個人的側面をより強調する個人史（個人生活史）と事例的側面を中心とする事例史（ケース・ヒストリー）とを対極に位置付け、さらに、生活史の資料として、日記・手紙・自伝などの個人的記録と、事例としての客観的資料として、公文書、履歴、経歴、家族史などを含むケース記録とを分類したものである。そして、それぞれは、個人史と個人的記録、事例史とケース記

図 5-2　生活史資料と分析の布置連関

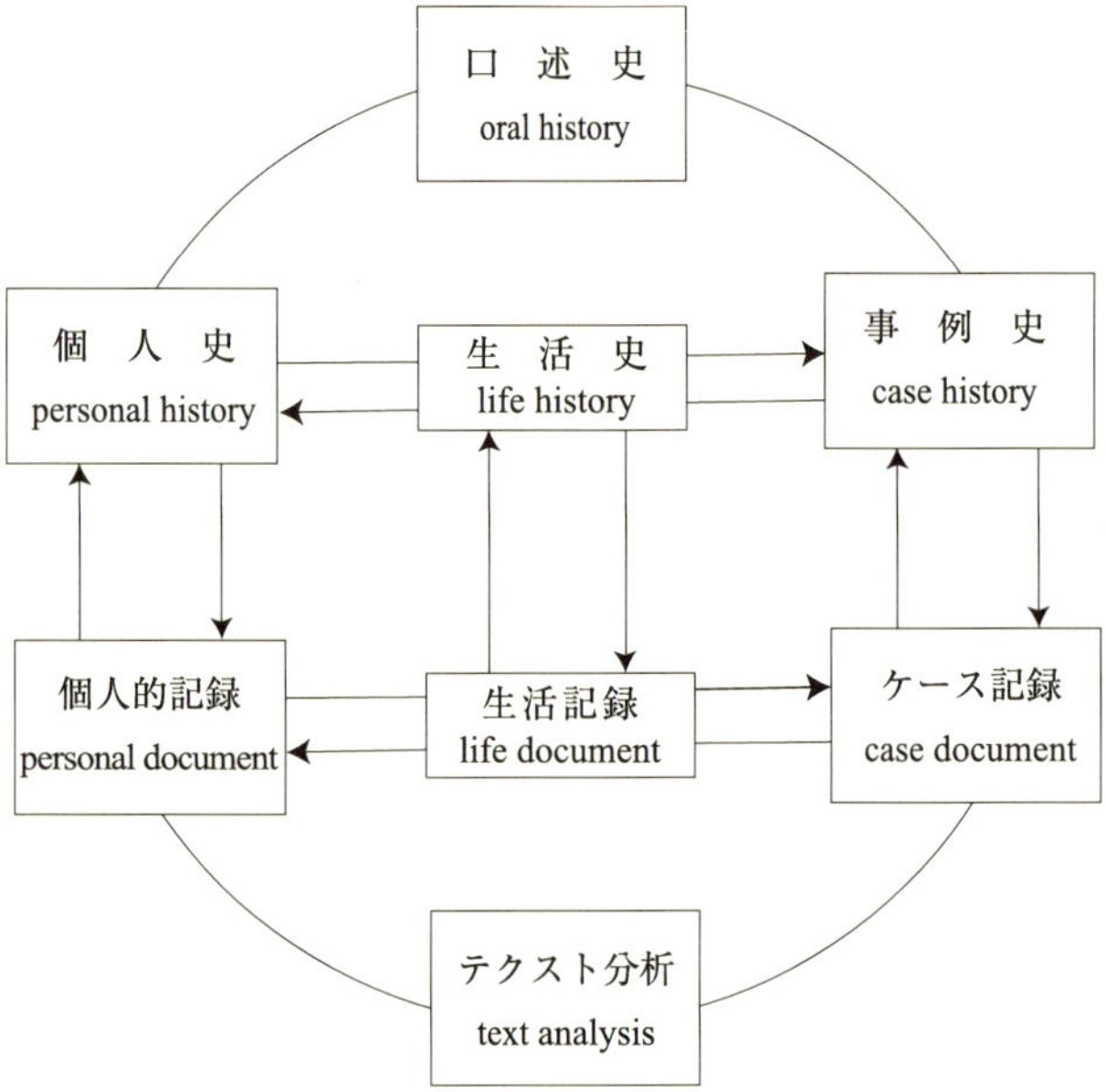

出所：筆者作成。

録もまた、相互に補完的な関係にあり、それらを調査する技法の代表的なものとして、生活史においては、口述史（オーラル・ヒストリー）ないしは、聞き書きの方法が用いられており、また、日記・自伝・調査記録などの記述された資料をもとに分析していく方法としては、テクスト分析が代表的なものと言えよう。もちろん、口述史を中心としたライフ・ストーリーにおいても、会話分析やテクスト分析の試みも可能であるし、日記・手紙・自伝・写真のアルバムなどのドキュメントを使用した聞き取りや口述の生活史研究も行われている。したがって、これらは相互補完的な関係にあるものである。

生活史研究は、その資料論においても、分析・解釈の上でも、未だに発展途上の段階にあり、ここでは、語の意味を確定していく「定義」には、程遠いラフ・スケッチになってしまったが、多様な概念や豊富な分析用具に関連しているわけである。そこで、次に、社会学の学説史と生活史研究を結び付けてみたい。

第三節 生活史研究と社会学説

「生活史の社会学」というテーマを考えていく場合、前節で検討してきたように、まず「生活史」とは何か、という社会学的定義の問題がある。そして、次に、生活史研究をどのように社会学に位置付け、関連させるのかという課題が出てくるわけである。

「社会学」（Sociologie, Sociology, Soziologie, Gesellschaftlehre）という用語は、一九世紀半ば、フランスのA・コント（Auguste Conte）によって、ラテン語の **Socius**（仲間、同僚、人々）とギリシア語の **logos**（知識、論理、学問）を合成して造られた言葉である。つまり、近代ヨーロッパから発生した社会思想を背景として、広義には、経済、法律、政治等々の諸領域を全体的、総合的に研究することを主張して、コント、H・スペンサー（Herber Spencer）などによって展開された。しかし、その後、一九世紀末から二〇世紀はじめにかけて、E・デュルケム（Emile Durkheim）、G・ジンメル（Georg Simmel）、M・ヴェーバーなどのいわゆる「近代社会学」（modern sociology）が登場するに及んで、人と人との関係や人々の集団を対象とした狭義の社会の研究が台頭してきた。

そして、二〇世紀後半には、アメリカ合衆国を中心とした戦後社会学の展開の中から、「現代社会学」（contemporary sociology）が、近代社会学と交錯しつつ、展開されてきている。これらの、(1)社会学思想の起源（一八世紀）、(2)古典的社会学（一九世紀半ば）、(3)近代社会学（二〇世紀前半）、(4)現代社会学（二〇世紀後半）のそれぞれの学派や学者たちの系譜を示したのが、図5-3である。これを見るとわかるように、社会学説の系譜にも、さまざまな継承関係や同時併存関係、対立関係などが見られる。つまり、社会学の諸パラダイムの形成においては、パラダ

図 5-3　社会学の系譜

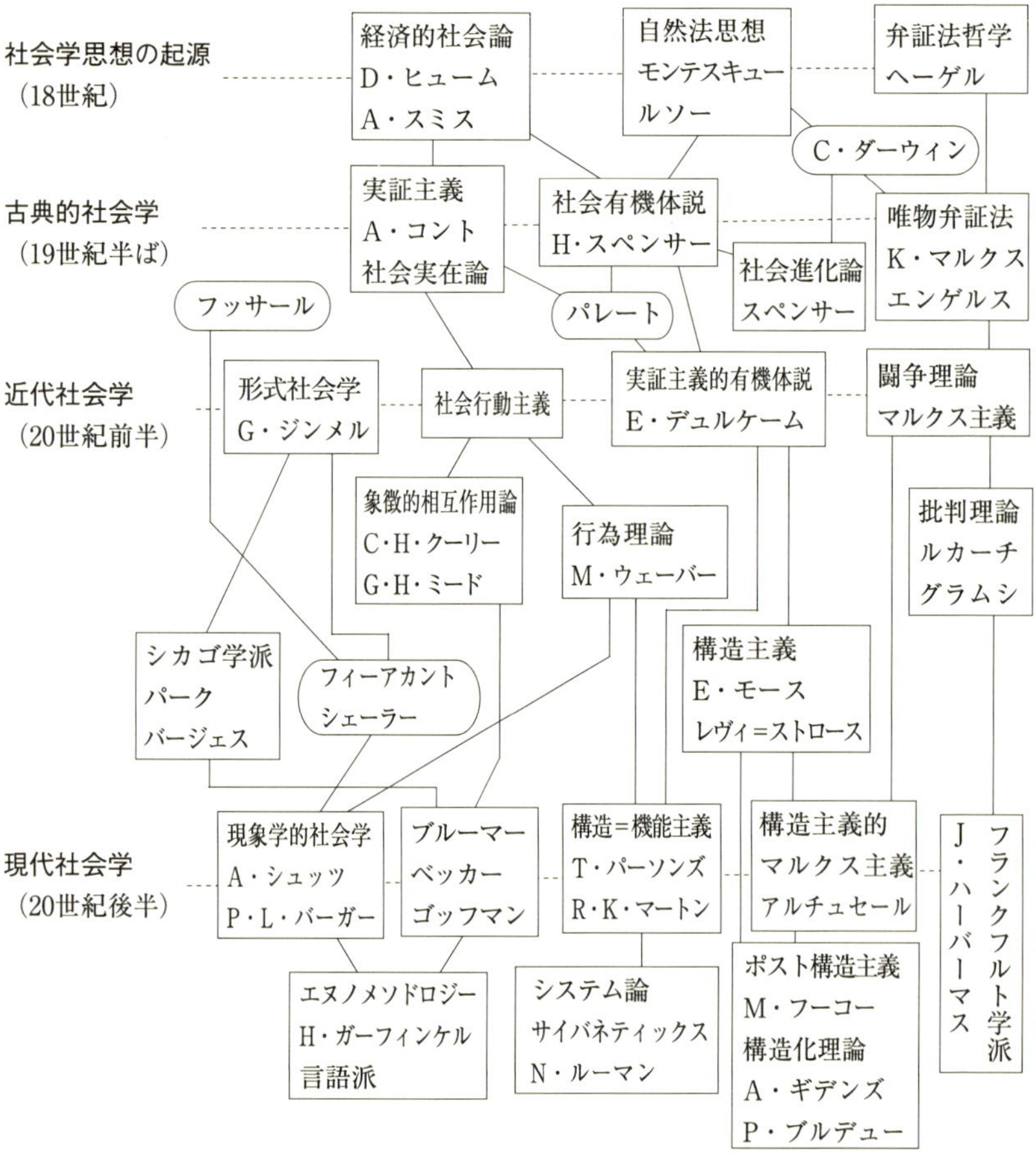
社会学思想の起源
（18世紀）
経済的社会論
D・ヒューム
A・スミス
自然法思想
モンテスキュー
ルソー
弁証法哲学
ヘーゲル
C・ダーウィン
古典的社会学
（19世紀半ば）
実証主義
A・コント
社会実在論
社会有機体説
H・スペンサー
社会進化論
スペンサー
唯物弁証法
K・マルクス
エンゲルス
フッサール
パレート
近代社会学
（20世紀前半）
形式社会学
G・ジンメル
社会行動主義
実証主義的有機体説
E・デュルケーム
闘争理論
マルクス主義
象徴的相互作用論
C・H・クーリー
G・H・ミード
行為理論
M・ウェーバー
批判理論
ルカーチ
グラムシ
構造主義
E・モース
レヴィ＝ストロース
シカゴ学派
パーク
バージェス
フィーアカント
シェーラー
現代社会学
（20世紀後半）
現象学的社会学
A・シュッツ
P・L・バーガー
ブルーマー
ベッカー
ゴッフマン
構造＝機能主義
T・パーソンズ
R・K・マートン
構造主義的
マルクス主義
アルチュセール
フランクフルト学派
J・ハーバーマス
エヌノメソドロジー
H・ガーフィンケル
言語派
システム論
サイバネティックス
N・ルーマン
ポスト構造主義
M・フーコー
構造化理論
A・ギデンズ
P・ブルデュー

出所：有末賢・霜野壽亮・関根政美編『社会学入門』弘文堂、1996年、10頁。

イムの収斂よりも、パラダイムの相対化が特徴的であり、「個人と社会」をめぐるさまざまな争点（issue）に対して、パースペクティヴ（視角）の複合化、総合化が課題となっていると言えよう。その意味で、生活史研究の視点は、社会学だけに限定されない広範な視点を取り入れていこうとしている。それでは、次に社会学説との関連をもとに、生活史研究の歴史的概観を追ってみよう。

生活史の手法そのものは、社会学に限らずさまざまな分野で比較的古くから活用されてきたが、研究方法として意識的に導入されだしたのは、一九二〇年代からと考えられる。社会学および社会心理学などの領域で、そのような意味で研究法の画期をなしたとされるのは、W・I・トーマスとF・ズナニエツキの『ヨーロッパとアメリカにおけるポーランド農民』（一九一八〜二〇年、第二版一九二七年）の出現であった。この『ポーランド農民』に使われた個人の生活記録は、五〇組の家族の手紙と、一人のポーランド人移民（ウラディック）に書かせた自伝である。そして、内容的には、方法論ノート、ポーランド農民社会と移民のアメリカでの社会的解体・再組織化を扱ったモノグラフの部分、そして自伝の資料編などに分かれているが、必ずしも生活史資料と方法論とが整合的に整理されているわけではなかった。

しかし、このトーマスとズナニエツキの研究に刺激されて、一九二〇年代から三〇年代にかけて、R・E・パークおよびE・W・バージェスに先導されたシカゴ学派（Chicago School）[7]の人々が、社会調査法としての生活史法を積極的に取り入れるようになったのである。人間生態学（Human Ecology）の旗の下で、社会踏査法や参与観察法とともに生活史法をも活用しながら、都市のスラムやゲットー、ギャング集団、非行や犯罪の研究、社会病理の研究などを展開していった。例えば、C・ショウの代表的な研究『ジャック・ローラー』（一九三〇年）においては、非行少年スタンレー自身の話や彼によって書かれた生活記録に対して、詳細な注記や犯罪学的なコメントが付されているのである。

このような一九二〇年代から始まった生活史研究の第一期は、文化人類学においても、有名なP・ラディンの『雷鳴』（一九二六年）などのように、方法論的発展とは別に資料の蓄積がなされた時期として位置付けることができる。そして、一九四五年までに、生活史研究の位置付けと評価がさまざまな分野でなされた。アメリカ社会学における生活史研究の概観は、社会科学調査評議会（Social Science Research Council）の委託を受けた一連のレポートから、うかがうことができる。社会心理学の分野では、G・W・オールポートの『心理科学における個人的記録の利用法』（一九四二年）、トーマスとズナニエツキの『ポーランド農民』に対しては、H・ブルーマーの『社会科学における調査の批判』（一九三八年）、また歴史学、人類学、社会学の分野では、L・ゴットシャーク、C・クラックホーン、R・エンジェルの『歴史学・人類学・社会学における個人的記録の使用』（一九四五年）などが出され、またバージェスも「社会学研究法」の中で、生活史法を生物学における顕微鏡の役割になぞらえて、「個人を中心にしたコミュニケーションの記録」の重要性を指摘している。

つまり、図5-3で示した社会学の系譜で見ると、二〇世紀前半、形式社会学や社会行動主義から影響を受けたシカゴ学派の研究者たちによって、生活史研究が社会学の中に取り入れられていったわけである。二〇世紀前半の、特にアメリカ社会では、多くの移民や都市化、コミュニティの解体、社会病理現象などさまざまな問題が多発していた。そうした中で、人間の「生き方」そのものに焦点を当てる生活史研究が社会学、社会心理学、文化人類学などで始まってくるのも、それなりの理由があったのである。しかし、こうした初期生活史研究の勃興も、結局、第二次世界大戦後、一九六〇年代までは、社会学の科学化、計量化の流れの中で衰退していくことになる。戦後の社会科学、特にアメリカ社会学の流れでは、行動科学（Behavioral Science）、構造＝機能主義（Structural=Functionalism）の隆盛に伴って計量的、大量調査の手法が圧倒的になり、個人的生活記録の事例を収集する質的調査法はあまり省みられなかった。社会調査法としてだけではなく、理論や学説の上でも、戦後の社会科学の中で重要な位置を占めてきた構造主義、機能主義、マルクス主義、批判理論、システム論などにおいては、いわば「誇大理論」(Grand Theory) が中心となっており、個人の相互作用や小集団研究などのミクロの分野においても、行動主義の心理学や認知論、測定論などの行動科学が主流であった。

社会調査法と社会学理論の動きの相互関連を考察しようとしたG・イーストホープは『社会調査方法史』(一九七四年)の中で、この衰退の理由として、「第一に、生活史は独特な資料であったが、社会生活の規則性を探し出すことはできなかった」点と「第二には、生活史法によって得られる資料を、他のより簡単な方法によって引き出し得ることが示されたから」という二重の要因を挙げている。(8) いずれにしても、文化人類学におけるO・ルイスの『貧困の文化』(一九五九年)や『サンチェスの子供たち』(一九六一年)などの独自な著作を除いては、一九四五年から一九六〇年代までの第二期は、生活史研究の衰退期として位置付けられるように思われる。

そして、一九七〇年代から現在に至るまでが、いわば第三期として、生活史研究の再興期に入っているように考えられる。この意味で、ヨーロッパを中心とした、世界社会学会(ISA)の中の「伝記と社会」研究委員会の活動は、一九七〇年代以降のライフヒストリー・アプローチの隆盛に大いに貢献している。この時期には、生活史の事例の収集だけにとどまらず、質的調査法や調査行為、調査の倫理的問題にかかわる研究方法論、あるいは個人の「アイデンティティ」や「日常意識」などにかかわる精神分析学や現象学との接点、さらには社会変動の担い手としての個人の役割などさまざまな方向が模索されてきている。

このように、生活史研究と現代社会学を結び付けていく理論としては、現象学的社会学、シンボリック相互作用論、エスノメソドロジーなどの、いわゆる「主観性の社会学」だけにとどまらず、解釈学、記号論、精神分析、フェミニズム理論、文化的マルクス主義、文学批評、ポスト構造主義(ディコンストラクションおよびディスコース論)など多種多様な理論や思想が存在しているのである。その意味では、「人間の生」そのものを、現代社会においてどのように作品化していくのかという課題が、生活史研究を通して、現代社会学の学説自身にも問い直されてきていると言えるかもしれない。個別、具体的なライフヒストリーやバイオグラフィを通して、「社会」を位置付け直すという課題がそこにあるわけである。

第四節　「意味の社会学」と生活史研究

前述したような、一九二〇年代から始まったシカゴ学派を中心とした生活史研究の古典的モノグラフに対して、現代社会学の「意味学派」が扱ってきた生活史のモノグラフは、かなり異なった視角を持ったものになっている。例えば、H・S・ベッカー（Howard S. Becker）の『アウトサイダーズ』[9]（一九六三年）の中で扱われている、ミュージシャンやマリファナ使用者の例を見ても、ラベリング論や逸脱の社会学へ向けての理論志向性がはっきりうかがえる。また、H・ガーフィンケル（Harold Garfinkel）の「アグネス、彼女はいかにして女になり続けたか―ある両性的人間の女性としての通過作業（passing）とその社会的地位の操作的達成―」[10]（一九六七年）など一連のエスノメソドロジーによる調査過程と分析は、生活史の個性的な側面を際立たせていると言えよう。さらに、これは「意味学派」に含めて良いかどうかわからないが、見田宗介「まなざしの地獄―現代社会の実存構造―」[11]（一九七三年）においては、N・Nの生活史記録を軸として、現代日本の都市社会関係の中での、自我―他者の意味について考察されている。

これらの、いわゆる「意味の社会学」からの生活史研究への着目は、古典的な社会調査の一種としての生活史法とは明らかに異質なものとなっている。第一の相違点は、〈理論〉への関心という点である。もちろん、トーマスとズナニエツキにしても、欲求や態度についてのある種の理論や、パーソナリティ類型論としての「フィリステイン」「ボヘミアン」「創造的人間」という概念を使って整理しているわけであるが、「意味学派」に見られるような、トータルな理論としての位置付けは欠いている。第二に気づくことは、例えば、C・ショウのように、犯罪、非行などの逸脱過程を追っていく場合でも、ラベリング論に見られるような社会構造への逆照射の視点は現れていない。つまり、犯罪者の更生や予防の観点から捉えられているということができる。同じように、逸脱者や異端者ないしは秘密結社などの、マイノリティを内面から見ていこうとする場合でも「ラベリング論」などの〈理論〉を持つかどうかで、研究者の視点が異なってくるわけである。さらに、第三点としては、「意味学派」からする生活史の採取と利用は、当事者の生の歴史を、かなり思い切ってデフォルメしており、トータルな人間像に実はありがちな曖昧性、複雑性、重層性がともすると切り落とされていく可能性もあるという点が指摘できる。これは、第一の点、第二の点にも関係していることではあるが、「意味の社会学」にとっては、理論枠組や方法概念の重視が相当強いために、生身の生活史資料の部分より、そこから引き出される「生の意味」の創出過程ないしは喪失過程こそが、重要となってくるのではないだろうか。しかし、生活史研究の側から考えていくと、生活史資料、ひいては質的データの性格について一定の考察を行ったうえで、それをどのように解釈・分析していくのかという課題が設定されるのである。そこで、最後に生活史研究の社会学的可能性について考察していきたい。

第五節　生活史研究の社会学的可能性

既に見てきたとおり、生活史は、個人および個別性に重点を置いて見ていく場合と、社会・文化の側に視点を置いて、一つの事例として見ていく場合と、両者が重なりながら展開していく場合とがある。水野節夫の「生活史研究とその多様な展開」（一九八六年）においても、〈方法としての生活史〉と〈主題としての生活史〉との岐路があり、そして〈主題としての生活史〉の中で、事例史的な読まれ方（類型的側面）と個人生活史的な読まれ方（個人的側面）へと分かれていく[12]、と考えられている。しかし、このような岐路だけではなく、現在の生活史研究には、いくつかのジレンマが内包されているように思われる。

ここでは、その中心的なジレンマとして、「代表性と個別性」の問題を取り上げてみよう。この問題は、トーマスとズナニエツキの『ヨーロッパとアメリカにおけるポーランド農民』以来、ブルーマーの批判、オールポートの批判など今までにも数多くの議論がなされてきた。ブルーマーは個人的記録が科学的利用に耐え得る基準として、資料の代表性、適合性、信頼性、解釈の妥当性の四つの基準を提出して、『ポーランド農民』の中で使われている個人的記録は、この基準を満たすための情報を欠いていることを指摘した。彼自身は、この四つの基準のうち、解釈の妥当性を除く代表性、適合性、信頼性の基準は、個人的記録の数量を十分揃えれば満たされる、とその解決策を提示している[13]。また、心理学者のオールポートは、『心理科学における個人的記録の利用法』の中で、日記・手紙・自伝といった個人的記録を心理科学のデータとして使用することに対する一四種類もの批判を列挙し、それらを一つ一つ検討し、反論を加えている[14]。

その中で、生活史に代表される個人的記録分析の方法論的問題の第一は、サンプルの代表性の問題である。要するに、事例研究においてはサンプルの代表性が保証されておらず、したがって事例研究から得られた知見は、その事例については妥当するかもしれないが、それを一般化することはできない、という批判である。このサンプルの代表性の問題は、統計的調査における無作為抽出（random sampling）の技法を、事例的調査においても応用しようとする考え方である。しかし、事例的調査においては、サンプルの特性値が母集団（population）の特性値を代表するということの意味が問題となってくる。まず、統計的調査と事例調査を組み合わせていく場合には、統計的調査によって、母集団の持っている特性値を全体として把握することが可能である。そして、その後に、母集団の中に見出されたいくつかのサブ・グループ（下位集団）ごとに、より集中的な事例調査に入っていくことになる。この場合には、そのサンプルの代表性は、サブ・グループごとに、事例がそれらの特性値を代表させる「典型」であることが必要となってくる。

しかし、前章で述べたとおり、生活史調査のように、母集団の特性が、あまりに広範で、一人一人異なっているような「人生の軌跡」を見ていく場合、そこでの「代表性」の議論は、統計的調査の場合と同一の土俵で論じることはできないのではないだろうか。つまり、研究者が、一人の対象者の「生活史」を、「何の」事例として扱おうとするのか、そして、その対象者自身が、自分を「何者」だと考えているのか、というレヴェルにかかわってくる問題である。生活史のような質的データにおいては、データに対する意味付与の仕方によって、データの性格は本質的に変わり得る。したがって、サンプルの代表性と個別性とは、連続線上にあって、そのデータをどのように扱うのかによって、代表性の程度も変わってくるわけである。例えば、家族社会学などで論じられている「ライフ・コース論」においては、出生から、学齢期、就職、結婚、出産、育児、退職、死亡に至るまでの「人生上の出来事」（life event）をコーホート（同時出生集団）ごとに分析していくというやり方で、代表性を考えようとしている[15]。また、社会福祉学や臨床心理学における事例（ケース）研究においては、対象者の問題を追っていく中で、本人の生活史や家族関係において、何が原因となって問題が生じたのかという観点から事例史（ケース・ヒストリー）の方法がとられている。つまり、社会学的な研究における生活史調査の応用面では「個別性と代表性」の問題は、研究者の観点と密接不離の関係にありながら、社会科学的な工夫が施されているのである。

「代表性と個別性」とのジレンマについて、もう一点だけ指摘しておくと、そこには、量的方法における「結果析出」の優位と質的方法における「過程把握」の重視、という岐路もまた含まれていると言える。世界社会学会の研究委員会「伝記と社会」を中心的に組織化しているフランスの社会学者D・ベルトーは、代表性が明確でない標本をベースにした「生活史」などの質的方法には、今までほとんど関心が払われてこなかった点を批判している[16]。彼は、その理由として、「仮説を生み出す過程」と「それを検証する過程」の二つのプロセスのうち、今までの社会学研究は、量的方法を主に採用して、後者の過程のみを強調してきたからではないかと述べている[17]。そして、生活史調査の持つ特色は、「仮説を生み出す過程」そのものをより詳細に、より深く、より新たな可能性を含めて再検討していく方向に活用できる、と主張している。その点からも、量的方法における「検証重視」「結果析出」の優位が挙げられるのに対して、質的方法における「過程把握」、「仮説構成」の重視がうかがえるわけである。

生活史研究はその多様な展開の中で、個別学問領域（discipline）を大きく超えていく傾向を持っている。それは、「人間の全体性」の回復や人間の個性中心的アプローチを採用していく以上、当然の結果であり、現代科学の再編過程からも注目される領域の一つである。例えば、生活史資料や生活史研究に対しては、家族社会学や職業社会学のライフ・コース論およびキャリア発達論からの関心も高まっているし、一方で、社会史や「生活学」あるいは生活研究の系譜からも、興味を持たれている。また、伝記や文学的真理の題材としても、あるいは単なる読者の側の「人生教訓」を含んだ「読み物」としても楽しまれている。

したがって、「生活史の社会学」と銘打っても、生活史の領域に対して、社会学的アプローチそのものが、変化を余儀なくされていることもまた重要な事実である。それは、現代社会のさまざまな変化に対して、社会学的アプローチが、常に背負わなければならない課題だとも言えよう。この点については、「ジェンダーの社会学」や「エスニシティの社会学」も、ちょうど同じ問題を抱えているのである。そういった中で、生活史研究の社会学的可能性を追ってみると、次のようなものが挙げられよう。

第一には、家族社会学では、既に相当の蓄積を有している「ライフ・コース論[18]」である。ライフ・コース研究とは、「個人の発達（年齢）、集団の変化（例えば家族の発達段階）、社会の変動（時代）という三種類の時間概念によって構成される複合的時間軸を設定し、この複合的時間軸に沿って人間の一生という現象が展開していくプロセスを分析しようとする試み[19]」である。このライフ・コース研究と生活史研究について、大久保孝治は、次のように述べている。

「ライフコース研究というものについて説明しようとするときに必ず問題になるのが『ライフコース研究は生活史研究とどこが違うのか』ということである。なるほど人間の一生という現象を対象とするという点では両者の間に違いはない。しかし研究の目的と方法において両者の間には大きな違いがあると筆者は考える。生活史研究の目的はある特定の個人の一生を社会的文脈の中で理解し、そうすることによってその個人の一生に影響を及ぼした諸要因を明らかにすることにある。ここでは、人間の一生は一回性の現象として認識されており、研究は必然的に事例研究法によって行われる。これに対してライフコース研究の目的は人間の一生という現象のメカニズムを分析して、この現象を支配している法則性ないし傾向性を探求することにある。ここでは人間の一生は反復して観察することの可能な社会現象として認識されており、したがって事例研究法だけでなく統計的方法が積極的に採用されることになる。[20]」

確かに、生活史研究における「一回性の現象」とライフ・コース研究における「反復して観察することの可能な社会現象」という対比は当を得たものではあるが、一方で生活史は「偉人」や「有名人」の伝記、自伝とは区別される「名もない庶民」の歴史でもある。その意味では、柳田國男が政治史、経済史中心の歴史学に対して、「一回性のない歴史[21]」として位置付けた民俗学もまた、生活史研究の考え方の中に流れ込んでいる。そういう意味では、生活史研究においても、事例研究法だけではなく、統計的方法も含めたライフ・コース研究の視角も必要となってくるかもしれない。その際、社会史や民俗的時間の流れを取り入れた研究が、重要となってくるのではないだろうか。

生活史研究の社会学的可能性として第二に挙げられるのは、広い意味での「社会移動」研究の流れに組み込まれていく方向である。広義の「社会移動」の中には、垂直的移動と水平的移動が含まれるが、個別社会学においては、社会階層・社会成層研究において、主に職業・地位・収入などを指標とした社会移動研究が主流であった。しかし、日本社会の階層構造をマクロに捉えていくばかりではなく、移動経歴や移動効果についても、ミクロな分析が必要となってきている。これは、職業社会学における「キャリア発達論」などでも重視されており、特に一九八〇年代以降の女性の職場進出に伴って、ジェンダー論やフェミニズムの立場からも、注目されてきている。また、さらに社会移動を「地域社会移動」にまで広げて考えてみると、居住歴や住み替え、住民意識の問題にも広がっている。

このような研究領域の中で、生活史を自覚的に取り入れたものは、篭山京編『大都市における人間構造』（一九八一年）や布施鉄治編著『地域産業変動と階級・階層』（一九八二年）など、「生活構造論」を土台としたものがあるが、未だ数多くは見られない。現代社会にあっては、転職やヘッド・ハンティングも日常的になっており、また国際化に伴って、海外転勤、移民、外国人労働者との接触、帰国子女など多くの「社会移動」が起こっている。国際間移動や異文化間移動においては、アイデンティティの問題なども視野に入ってくるために、生活史研究が組み入れられることも多いものと思われる。しかし、社会学的アプローチの射程距離としては、ミクロには、結婚や転職などの人生上の出来事から、移民のアイデンティティの変容に至るまで範囲に入れておくべきであろう。「ボーダーレス社会（borderless society）」と呼ばれる現代社会において、人々が社会的カテゴリー間をどのように移動しているのか、非常に興味深い点である。

第三に、生活史研究は、今まで社会学の中では自覚的に取り上げられてはこなかった新しい課題をも提起している。それは、人間の「経験」とか「身体」、「記憶」そして「語り」や「言語」の問題である。一九九〇年代以降の社会学理論の中に、社会史やポスト構造主義、記号論などの理論が入ってきて、生活史研究の可能性は、この方面にも開かれていると言えよう。生活史の土台は、「経験」であり、「体験事実」である。江原由美子は、社会的世界をどのように意識しているのかという多元的リアリティの構成において、身体性、象徴性、日常生活、論理的認識の四つの層構造があることを指摘しているが、(22)そういう意味では、「経験」における「身体」の重要性、「感覚」や「感情」の働きも見逃すことはできない。

さらに、生活史調査、特に口述の生活史などにおいては、話者が、自らの「体験事実」から一定の時間を置いてから話されるために、「記憶」のメカニズムについても考慮しておかなければならない。そして、「記憶」というフィルターをかけられた後に、さらに「語り得ること」に変化することもあろうし、またその逆もあり得る。もちろん、未発見に終わってしまう対象者の内面世界も存在している。そこのところは、決して「職人芸」ではないが、しかし、関係性の場としての生活史調査の力量が問われてくるところでもある。

話者の意味世界だけにとどまらず、調査者と被調査者との関係性の場においても、シンボリック相互作用論などの〈意味の社会学〉の視点は、生活史研究にとっても重要な論点を提起していると言えよう。

（1）　Schütz, Alfred, *Collected Papers II, Studies in Social Theory*, edited and introduced by Broderson, Arvid（The Hague: Martinus Nijhoff, 1964）（桜井厚訳『現象学的社会学の応用』御茶の水書房、一九八〇年）、および、同訳書所収の桜井厚「A・シュッツの基本概念と生活史」参照。

（2）Berger, Peter L., *Invitation to Sociology: A Humanistic Perspective*（Doubleday Anchor Books, 1963）（水野節夫・村山研一訳『社会学への招待』思索社、一九七九年）。

（3）有末賢「生活史　life history」森岡清美・塩原勉・本間康平編『新社会学辞典』有斐閣、一九九三年、所収の項目。

（4）本書、第一章参照。有末賢「生活史研究の視角」『慶應義塾創立一二五年記念論文集法学部政治学関係』慶應義塾大学法学部、一九八三年、三四五〜三六六頁。

（5）水野節夫「生活史研究とその多様な展開」宮島喬編『社会学の歴史的展開』サイエンス社、一九八六年、一四七〜二〇八頁。

（6）佐藤健二「社会分析の方法としての『新しい歴史』」『社会科学紀要』第三三集、東京大学教養学部、一九八四年三月、二一一頁。

（7）一八九二年に、アメリカ合衆国シカゴ市に設立されたシカゴ大学社会学科を中心としたアメリカ社会学の中心的学派で、W・I・トーマス、R・E・パーク、E・W・バージェス、L・ワース、H・ブルーマーなど二〇世紀前半の実証的社会学の伝統を築いた。特に人種と移民、人間生態学と都市社会学の領域では、当時のシカゴ市を「社会的実験室」として観察や調査が進められた。秋元律郎『都市社会学の源流―シカゴ・ソシオロジーの復権―』有斐閣、一九八九年、参照。

（8）Easthope, Gary, *History of Social Research Methods*（London: Longman, 1974）（川合隆男・霜野壽亮監訳『社会調査方法史』慶應通信、一九八二年）、邦訳一〇九頁。

（9）Becker, Howard S., *Outsiders: Studies in the Sociology of Deviance*（New York: The Free Press, 1963）（村上直之訳『アウトサイダーズ―ラベリング理論とはなにか―』新泉社、一九七八年）。

（10）Garfinkel, Harold, "Passing and the managed achievement of sex status in an 'intersexed' person part 1 an abridged version" in Garfinkel, H., *Studies in Ethnomethodology*（Prentice Hall, 1967）pp.116-185,（山田富秋・好井裕明・山崎敬一編訳『エスノメソドロジー――社会学的思考の解体―』せりか書房、一九八七年）、邦訳二一五〜二九五頁。

（11）見田宗介『現代社会の社会意識』所収、弘文堂、一九七九年、一〜五七頁。

（12）水野、前掲論文、一八八頁。

（13）Blumer, Herbert, *Critiques of Research in the Social Science: I*（Social Science Research Council, 1939）（桜井厚（抄訳）『生活史の社会学』御茶の水書房、一九八三年）、邦訳一三七頁。

（14）Allport, G. W., *The Use of Personal Documents in Psychological Science*（Social Science Research Council, 1942）（大場安則訳『心

理科学における個人的記録の利用法』培風館、一九七〇年)、邦訳二二〇頁。
(15) 大久保孝治「生活史分析の方法論的基礎」『社会科学討究』第三四巻第一号、一九八八年、一六八頁。
(16) Bertaux, Daniel, "Oral History Approaches to an International Social Movement" in Oyen, Else (ed.), *Comparative Methodology: Theory and Practice in International Social Research*, SAGE Studies in International Sociology 40 (London: Sage, 1990), p.167.
(17) *Ibid.*, p.167.
(18) グレン・エルダーは「ライフコースとは年齢によって区別された誕生から死亡までを貫く軌跡であり、出来事の時機・継続期間・間隔・順序における社会的パターンである」と述べている。この定義からは、従来、家族社会学で使われてきた、ライフ・サイクル(家族周期)と本質的には変わらないものとして理解されうる。しかし、近年のライフ・コース研究では、加齢効果、時代効果、コーホート効果などの生涯発達論(life-span development)の影響が見られ、生活史研究とも関連が深くなっている。
(19) 大久保孝治「ライフコース研究におけるデータ収集の方法」『社会学年誌』(早稲田大学社会学会)第二六号、一九八五年、三五頁。
(20) 同右、三六頁。
(21) 中井信彦『歴史学的方法の基準』塙書房、一九七三年、所収の「柳田国男の歴史学――一回性のない歴史への挑戦――」参照。
(22) 江原由美子『生活世界の社会学』勁草書房、一九八五年、四一頁。

第六章　生活史における記憶と時間

第一節　生活史研究の現在

本章では、生活史における記憶と時間の問題について主題化してみたい。生活史の調査場面においても、日記・手紙などのライフ・ドキュメントと対比される自伝や伝記などの回想の作品化においても、時間の持つ意味は多様であり、詳細に検討する価値があるものと思われる。また一九九三年、日本においても話題になったクロード・ランズマン監督の映画『ショアー』におけるホロコースト体験の「証言」をめぐる問題や従軍慰安婦問題などの記憶と「語り得ないもの」についての問題も、ライフヒストリーにおける時間論と関連している。インタヴューを通してのライフヒストリーの中の時間については、小林多寿子が、①クロノロジカルな時間、②ライフサイクル的な時間、③歴史的な時間、④〈現在〉という時間、⑤個人的な時間という区別を提起している。それについても、ライフヒストリーの構成と作品化の観点から再考察してみたい。つまり、時間と意味の重層性から分厚い記述[1]としての個人のアイデンティティの問題へと展望していきたいと考えている。しかし、時間論に入っていく前に、前述したが生活史研究の現在を関連概念の説明からざっと見ておくことにしたい。

1 〝ライフ〟と「生活」のはざまで

生活史という用語は、日本の学問領域の中でもなかなか定着しているとは言えない。『新社会学辞典』（一九九三年）の中で、筆者は次のように「生活史」を定義してみた。「基本的には、個人の生涯を社会的文脈において詳細に記録したものをさす。しかし、日本語で『生活史』という場合、歴史学・民俗学の分野などから、集団や地域全体の『生活の歴史』と言う意味で用いられることも有る。英語におけるライフ・ヒストリーは、個人の一生（人生）を個性記述的アプローチによって描いて行くことをさしている。したがって、生活史という概念は、ライフ・ヒストリー、個人史・事例史、個人的ドキュメント、ライフ・ストーリーなどの関連概念や派生概念を含む包括的な概念である。[2]」

社会学や文化人類学の領域では、一九七〇年代くらいからライフヒストリー研究が再び注目されてきている。これは、人間の総体性、全体性を見つめ直そうとする人文主義的な傾向の現れであるのかもしれない。したがって、社会科学としての構造主義、機能主義の枠から一歩飛び出して伝記研究や文学批評、あるいはフェミニズムなどの動きと呼応してくるライフヒストリー研究も出始めている。しかし、ひるがえって日本ではライフヒストリーが「生活史」と訳されるために、しばしば「生活の歴史」ないしは「生活状態（生活水準）の歴史」として理解されることも多い。

日本語で「生活」という場合、まず第一に思い浮かぶのは「衣・食・住」という三領域での「人の暮らし」ということであろう。こうした領域が近代においては、市場経済、資本主義経済の中に直接投げ込まれるために、現代のわれわれにおいては、「生活力」とか「生活が難しい」とか言う場合、すなわち「生活＝働いて稼ぐお金」という理解がなされているのである。もちろん、ライフの意味は、人間の生涯の全体性を示しているのであるから、その中の重要な要素として、労働や生計や経済生活も含まれているのであるが、「人はパンのみにて生きるにあらず」という格言のとおり、ライフヒストリーは当然のごとくその人の「生活水準の歴史」ではない。

しかし、近年の「生活の質」（quality of life）への注目、「豊かな社会」の中での人生の生きがいの追求などに見られるように、日本においても伝記や「自分史」が流行になりつつある。[3] このように、「生活」から〝ライフ〟への用語の変化は、視角（パースペクティヴ）の変化をも示しているのかもしれない。

2　ライフヒストリーの宇宙（cosmos）

そこで、生活史の社会学的定義について、個人史、事例史、ライフ・ストーリー、伝記などの関連概念、派生概念をもう少し深く検討してみよう。第五章の図5-1で示したように、生活史の布置連関（configuration）は、生活史（life history）を中心にして、四方に社会史（social history）、個人誌（伝記：biography）、民族誌（ethnography）、生活物語（life story）を配置している。

まず第一に、社会史と生活史との関連であるが、単にある個人の生活史が、その生きた時代の社会史を基底としているという意味だけではなく、社会史的な把握の根底には、歴史の支配的な構造様式から排除される民衆の歴史、人間関係の深層的な歴史こそが重要であると考えられている。佐藤健二はこの点について、「社会史は『いま・ここ』に生き残った人間のみの『社会』を、生活を作り上げている有形・無形のモノとの関係という自然史的な回路にひらくことによって、精神分析が対象としたような人間関係をさらに深い『人と人との関係の絆が結ばれる』場へと措定しなおす。そう押さえてくるとき、社会史を近代社会の『集合無意識』という理論的対象を持ち、社会現象の連関が帯びる『意味表現』の二重性を解読する試みという形で把握することが出来るのではないだろうか。」[4]と述べる。このように、社会史における「隠された関係」あるいは「隠された構造」の解明という課題は、口述史（oral history）、生活史、そして生活物語の手法を介して説き明かされることもある。

生活物語（ライフ・ストーリー）とは、本人の口述にしろ、自伝にしろ、あるいは調査者がインタヴューしたものにしろ、対象者の人生の一部が、ある種のまとまりを持ったストーリーとして展開されている作品をさしている。したがって基本的には、「人生上の出来事」（life event）に対して、ある一定の時間的経過の後に、本人の意味付けが加わり、記憶の取捨選択が行われたものである。その中には、事実と相違した虚構や創作も入り得る余地があるが、その可能性も含めて対象者の主観的世界、内面的世界を明らかにしていこうという観点から、「自伝的真実」の「物語性」を強調する立場も存在している。[5]つまり、個人の主観的現実やアイデンティティ論から「語り」の物語性とともに、「人生の物語」としてのストーリーに重要性を置く立場である。

次に生活史を中心とした横の布置連関を見ておくことにしよう。生活史研究は、従来からの先行研究の流れの中では、歴史上の有名人やエリートの生涯を、後世の著述家が客観的資料をもとに再構成した伝記（biography）や、著者と話者が同一である自伝（autobiography）と関係づけられてきた。しかし、生活史との関連で見ていくならば、むしろ、「民族誌」との関連で、biography を「個人誌」と訳した方が適切ではないかと思われる。エスノグラフィについては、民族学、文化（社会）人類学の分野では、相当の蓄積があり、その方法論についての議論も盛んである。[6]しかし、個人誌については、生活史、あるいは個人的ドキュメント（personal document）との関連で言及される程度であり、少なくとも日本においては、歴史上の有名人やエリートを対象としている「伝記」の領域とは、あまり交流が図られてはいない。今後、ルポルタージュ、ノン・フィクションなどのジャーナリズムの領域からも、個人誌、生活史などの社会的・文化的領域への関心が広がるものと期待されている。

また、全体としてのサイクルとして眺めてみると、（図5-1の）左側の社会史―個人誌―生活物語の関連は、主に「個人・心理」の側面を考察しており、それに対して、右側の社会史―民族誌―生活物語のラインは、「社会・文化」の側面を中心においている。このような「個人対社会」の図式は、個人的側面と類型的側面が分かち難く結び付いている現実場面での生活史研究においては、あまり意味を持たないかもしれない。一言で言うならば、ライフヒストリーの宇宙とは、バイオグラフィとエスノグラフィの間、そして物語と史実との間に布置しているということになろう。そこで次に、生活史調査における時間と記憶の問題に移っていこう。

第二節　生活史調査における時間と記憶

1　語りによる「記憶の生成」

口述の生活史を構成するインタヴューにおいて、語りと記憶との関係は重要かつ微妙な問題である。まず、話者を設定する際に何歳ぐらいの対象者を選ぶのかということも語りと記憶の関係に影響してくる。当然、ある人の生涯にわたる生活史を聞きたいという場合には、高齢者が対象となることが多いが、現在から遠くの過去の場合には、記憶はしばしば曖昧になることが多い。しかし、誰にでも記憶の鮮明な部分というものがあって、繰り返し語られる場合も多い。それに対して、比較的若い人を対象とした場合には、記憶は鮮明かつ詳細にわたることもあるが、その意味付けが将来変わってしまうことも予想されるのである。

しかし、記憶と忘却との相互関係は、認知心理学がモデル化するような「記憶の量は時間経過に反比例する」というような単純なものとは言えない。岩井洋は「想起すること」と「語り」を通してライフヒストリーにおける記憶の問題にアプローチしている。彼は「『想起』が『現在』という場を通して生成し、そこでは過去が現在の状況と未来への予期に条件付けられて『制作』され、今度は『制作』された過去が未来を方向づける創造的行為であることを、社会的あるいは集合的な想起を中心に見てきた。想起が過去を『制作』したり未来を方向づける、などという考えはひどく奇異なことのように聞こえるかもしれないが、今までわれわれは、あまりにも記憶の『オリジナル』にとらわれすぎてきたのではないだろうか。つまり、記憶は『貯蔵』されていて、取り出せばまた同じものが出てくると。しかし現実には、人間の遺伝子に刻まれた記憶の痕跡を読み取る装置でも発明されない限り、現時点では記憶の『オリジナル』など措定できないのではないだろうか。過去の出来事Aは、想起されるときにはXにもαにもなりうるのである。想起という行為が歴史の再構築をも可能にする創造性をもつように、記憶を『貯蔵庫』の中に凍結してしまうのではなく、個人的なものに限らず社会的条件との関連で、想起のたびに『生成』されるものとして、今後とらえ直していく必要があるだろう。(7)」と述べている。

このような記憶の「貯蔵」モデルから「生成」モデルへの変換は、生活史調査においては、「語り」による記憶の生成という調査者―被調査者の相互関係による「共同制作」という次の問題へとつながっているのである。確かに、岩井がいうとおり、「共同想起（collective remembering）」という「語り」の場面においては、記憶の「貯蔵庫」モデルではなくて、記憶の「生成」モデルが適切である。しかし、個人が「何を思い出して何を忘れていくのか」という点は、現在時点の影響や聞き手との「共同制作」という側面も存在しているが、それでも「経験」や「体験」の質に関係している。つまり、個人にとっての出来事の「意味」が、忘れられない性質のものにしているわけである。ある意味では生活史調査における「語り」という表面上の「事象の流れ」においては、確かに記憶は生成されている。しかし、個人的体験の記憶すべてが語られているわけではない。「語られない記憶」は忘れ去られているわけではなくて、ある「貯蔵庫」に一時的に蓄えられているとも言える。記憶が「語られるための時間」もまた必要になってくるのである。確かにある種の記憶は時間の経過とともに忘れられていくため、早くインタヴューしておかなければならないこともあるが、逆にある記憶はインタヴューを受け入れるためには、かなり長期の時間的経過を必要としているものもある。前者の例としては、事件の『目撃証言』のような客観的事実、個人が第三者としてかかわっているようなケースが考えられるが、後者の場合には、逆に事件の渦中の人物の場合（戦争体験、アウシュヴィッツ体験、被害体験、「従軍慰安婦」体験、突発死による遺族など）には、その体験の直後には、ジャーナリストと言えどもロング・インタヴューは行えない場合が多い。それでは、生活史調査が行える時点、すなわち「現在」を共有しているという時間について次に考えてみたい。

2　現在による過去の「意味付け」

「現在」という時間は、常に動いていて、「未来」という時間を「過去」という時間に変えていく変動力を伴った時間である。したがって、現在は過去からも未来からも相当な圧力を受けている。過去からの圧力が強ければ、現在はノスタルジーや自己正当化やあるいは悔恨やトラウマ（心的外傷体験）に支配されることになるし、逆に未来からの圧力が強すぎれば、夢想癖や楽天家、刹那主義、不安過多などの傾向を持つかもしれない。しかしそれにもかかわらず、現在による過去への意味付与過程も絶えず行われているのである。この場合の現在という時間は、〈いま、ここ〉と言い換えてもよいが、話者が置かれている現在の社会的・文化的位置や状況のことである。質問紙調査の場合には、フェイス・シートにおいても、さまざまな質問項目においても、このような個人の家族・親族関係、社会関係、集団加入や参加、地域移動や社会移動などについて聞かれることが多いが、生活史調査においては、意外と面接の初期段階で聞かれていないとそのまま聞き忘れていることもある。ライフヒストリー研究者は、個人を取り巻く社会関係やネットワークの観点からも現在時点の話者の客観的状況を知っておく必要がある。

そしてまた、現在という〈いま、ここ〉は、現象学的な意味でも重要な時間論の一つである。現象学的に言うならば、「現在」は事象の存在を知覚できる唯一の時間意識である。当たり前のことだが、「過去」は「存在した」という過去形でしか語れないし、「未来」は「存在するだろう」という推定の形でしか語れない。だとするならば、過去の自己を語っていても結局は「現在」の自己を語っていることなのであり、現在の自己こそが存在を主張できる唯一の時間形式となる。生活史調査においては、調査時点の被調査者の年齢や調査期間、調査者と被調査者の出会いのきっかけや調査者の調査動機、親密度、あるいは調査者自身の年齢や個人的状況までもが重要な情報になるのは、現象学的な意味での「現在という時間の共有」が意味を持っているからなのである。

3　聞き手による「時間の共有」

生活史調査における時間と記憶についての第三の問題は、聞き手（調査者）による「共同想起」という点である。口述の生活史は、自伝とは異なって、話者が自発的に話すとはいっても聞き手による「問いかけ」を挟む場合が多いし、問いかけがほとんど無い「問わず語り」の場合も、聞き手の存在が意識されていることは疑い得ない。確かに、中野卓の場合は、「私は初めの挨拶と初めの問いかけ以外、いつも、ほとんど発言の必要がありませんでした。話は、問わず語りに展開し、私はほとんど問を重ねる必要もないほどでした。[8]」とか「調査の趣旨、目的、方法などは、すぐにわかって下さり、後は、『幼いころのお話しから』、と言うだけでよかったのですから、腕ききの搗き手が幾臼も休みなく搗く餅の、私は臼取りする役目でしかないような調査者でした。[9]」と述べているように基本的には、調査者＝「黒子」志向が強調されている。[10]それに対して、前山隆の『ハワイの辛抱人』に登場する渋谷正六と前山との関係は、かなり違ったものである。前山は、「われわれの間に交わされた対話は、単なる面接でも聞き書きでもないし、口述でも口伝でもないと私は了解している。[11]」と述べている。つまり、語り手の渋谷と聞き手の前山という関係だけではなかったということである。前山が質問して渋谷が答える、渋谷の主観的解釈の口述を前山が機械的に記録し、テープ起こしをし、文字化し、編集したというものではなかった。主題は渋谷のライフヒストリーであり、彼の生きざまであり、それについての彼自身の解釈であるのだが、前山によると、「まず始めに私が語りかけ、どんな話をしたいのかを念入りに説明し、私のブラジルでの体験やハワイにおける他の日系人との対話の具体例を話すことをとおして、渋谷の自己史解釈への触発剤を浴びせかけ、語りへの意欲をけしかけ、そそのかした[12]」というわけである。

ここで注意しておきたいのは、「自己史解釈への触発剤」という点である。前山自身が語る移民の「自己史」は、もちろん渋谷のものとは一致していないはずである。しかし、あえて調査者が自分の観点を明示化することによって、相手の「自己史解釈」を展開させようとする意図が込められている。これは言うまでもなく、「両刃の剣」になり得る。つまり、前山自身が述べているように、「聞き手である私の視点によって語り手の視点をおおいかくし、それをねじ曲げるようなことは最大限にこれを避けるよう努力した[13]」というわけであるが、「触発剤」となるということは、他の化学変化を引き起こす可能性も孕んでおり、「これを避ける努力」は文字通り「保証のない努力」にかかっているのである。このように中野卓と前山隆のライフヒストリー調査の仕方は、それぞれの個性を反映してかなりスタンスの異なったものになっている。しかし、共通して言えることは、聞き手が話し手と「時間を共有している」という構図である。これが、ある時は「頷くだけのカウンセラー」にもなり、ある時は「けしかける挑発者」にもなり、またある時は「意見を言う対話者」にもなるというわけである。

4　語り手による記憶と時間の秩序

この点は、「回想・想起とストーリー構成」の問題と関係しているが、語り手が記憶している時間の秩序と語りにおける時間の秩序の相違という点が第一に表面化してくる。小林多寿子は「インタビューからライフヒストリーへ」において、「結局、ライフヒストリーは、五つの時間が設定されたものである。まず、インタビューの場であり、過去の経験が想起された④〈現在〉の時間において、『人生』が語られている。その『人生』を構成したライフヒストリーは、〈現在〉を準拠点としている。ライフヒストリーを構成する際、①〈クロノロジカルな時間〉、②〈ライフサイクル的な時間〉、③〈歴史的な時間〉という三つの時間は、語られた人生を解釈するのに欠かすことのできない時間である。つまりライフヒストリーの『構成』や『編集』は、これらの時間を指標としたからこそ可能になっている。しかしこれらの時間をもとに作成された『出来事のクロノロジー』だけがライフヒストリーではない。語られた『人生』に流れる⑤〈個人的な時間〉がどのようなものであるかが表現されてこそライフヒストリーとなる。ライフヒストリーを構成することは、〈個人的な時間〉をとらえ、底を貫くさまざまな『意義』を解釈しようとする行為であるということができる。ライフヒストリーは、語り手に固有の〈個人的な時間〉が理解可能になるように構成されたものなのである。[14]」と述べている。小林はインタヴューから出発する時間順序に従って、④〈現在〉という時間をまず最初に挙げているが、インタヴュー・テクストのなかの時間として、西暦や元号年、年齢などの編年体で表現できる①〈クロノロジカルな時間〉、誕生や結婚など人間のライフサイクル上の通過する出来事としての②〈ライフサイクル的な時間〉、そして戦争や不景気などの社会史的出来事が時間経過の中で言及される場合の③〈歴史的な時間〉の三つがひとかたまりになる。これらを小林は「a．語り手と聞き手が他者とともに共有できる時間」としている。それに対して、④〈現在〉という時間は、「b．語り手と聞き手の二者だけがもつ時間」とされており、さらに⑤〈個人的な時間〉とは、「c．語り手だけがもつ固有の時間」とされている。

確かにインタヴューからライフヒストリーへの変換に際して、小林が述べているような「時間の流れ」が存在している。彼女は「唯一の媒介者である聞き手は、本来、〈個人的な時間〉であるものを、ライフヒストリーという他者にも理解可能なものに組み替えて、秩序づけていこうとする。インタビューからライフヒストリーへという語り手と聞き手のあいだですすむプロセスは、『人生』をひろく他者にも理解可能にするための変換の作業なのである。」[15]と述べているが、これは生活史調査一般において正当な時間関係である。しかし、あえてその先の話に触れてみたい。つまり、話し手の時間秩序や聞き手の時間意識などのいわゆる〈個性〉の部分がどのようにかかわってくるかという点である。例えば、第一に「語り手の『時間の基準点』は何か」という問題を提起してみよう。前述した岩井洋が言及している、記憶の「回帰点」とも関連しているが[16]、語り手が自らの生きた過去を語るときに、重要な柱になっている時点、あるいは何の話をしていても「その話」に戻っていく時点、あるいは時間が逆流するように、そこまでの話が強調され、それ以後の話が茫漠とかすんでしまうような時点というものがある。それ自体はクロノロジカルな時間でも語れるし、ライフ・リイクル的な時間でも語ることができる。あるいは多くの場合には、歴史的な時間とも何らかの関連を持っているということもあるだろう。しかし重要な点は、その「基準点」なり「回帰点」なりは、紛れもなく「主観的な時間」＝「生きられた時間」に属しているという点である。ライフストーリーの眼目が、主体的に生きたストーリーの採取にあるとするならば、語り手固有の「記憶の回帰点」＝「時間の基準点」を捜し出すことを第一の主題とするという考え方もある。もちろん、これに付随する問題として、語り手と聞き手が共有する時間である〈現在〉という時間が言わば「前提としての時間の基準点」になっている、という点がある。したがって、ライフヒストリー研究においては、語り手が自らの「生きられた時間」にすぐに没入していくとしても、聞き手はそれを語っている〈今、ここ〉という時間を考慮に入れなければならないし、読者も聞き手（＝調査者）の存在と現在という時間の枠組を考慮に入れておかなければならない。

第二に、ライフヒストリー構成者は時間秩序をどのように考えるのかという課題も存在している。つまり、インタヴューからライフヒストリーへの構成段階において、語り手と聞き手（ライフヒストリー構成者）との合成において、作品が制作されるわけである。一般的にライフヒストリー調査は、①語り手との出会い、②インタヴューの順序、③「薄い記述」から「分厚い記述」へのライフヒストリー、④「伝記」的な時間への整理というように展開していく。しかし小林も述べているように、ライフヒストリー構成者は「他者と共有できる時間」、すなわち読者に対していかに理解可能な形でテキスト化していくのかという課題を担っているのである。そこで、インタヴューにおいて駆使したクロノロジカルな時間に従って、編年体で記述した方が理解しやすいか、また、ライフ・サイクル的な時間を主要な時間軸として「伝記」として記述すべきか、あるいは、社会史や時代への「証言」として「歴史的な時間」を中心に記述するのかという作品化の形態とも関連してくるのである。[17] ライフヒストリーの宇宙が、エスノグラフィ（民族誌）とバイオグラフィ（個人誌）の中間に、そしてヒストリー（事実）とストーリー（物語）の中間に位置している、と述べたのはこのようにライフヒストリーの構成自体が相対的に位置付けられる布置連関の中に存在しているからなのである。そこで、生活史調査の場面とは多少異なるが、自伝における時間と記述の問題を次に考察してみたい。これは、広義の意味でのライフヒストリー研究にも含まれるし、自伝執筆とライフヒストリー構成を重ね合わせながら、生活史調査では表面に現れない問題へと目を向けていきたいからである。

第三節　自伝における時間と記述

1　自伝執筆の動機

自伝と伝記は、生活史研究の上では本人自らが書いたものか、他者による記述かという単純な区別に基づいているが、作家や作品を論じる文学批評の世界では、「自伝と小説の違いは、したがってテクストの外部にある。この違いを証明するためには、作品の外部にある要素を知らなければならない。自伝の場合、作者と語り手と主人公は同一人物と考えられている。つまり作品のなかの『わたし』は作者のことなのだ。しかし、テクストの内部にはそれを証明するようなものは何もなく、自伝というのは読者の信頼にもとづくジャンル、いわば『信託的』なジャンルなのである。その結果、自伝作家は作品の冒頭部で一種の『自伝契約』を結ぼうとする。つまり、弁明、解説、前置き、意図の表明など、読者と直接的なコミュニケーションを確立するための儀式をすべて演じるのである。[18]」ということになる。このように、P・ルジュンヌ（Philippe Lejeune）はジャン＝ジャック・ルソーやスタンダール、ロマン・ロランなどフランス内外の自伝作品を「自伝契約」という概念で分析している。つまり、自伝執筆の意図の中には、読者に向けてのある種の「信託」が含まれている、というのである。

『フランスの自伝』を翻訳した小倉孝誠は、「なぜひとは自伝を書くのか」について、ルジュンヌが編んだ「アンソロジー」やフランス内外の主な自伝作品を読んでみると、自伝執筆の契機と意図には共通している点が多いと指摘している。つまり、第一に『自己探求や自己認識への欲求は、自分の生や存在に意味や一貫性があるという意識を前提とする。自分の生が無意味だったと思う人間は自伝を書かないだろう。[19]』。そして、「自己認識への志向とともに、自伝行為を生み出す主観的契機の第二番目は、回想すること自体がもたらす快楽である。自分の生涯の細部を思い出し、それを書き綴るという営みは、自分の生涯をあらたに生きなおすことであり、過ぎ去った時間をエクリチュールによって固定し、永遠化する試みにほかならない。自伝作家はその快楽にしばしば好んで身をゆだねるだろう。[20]」と書かれている。

しかし、果たしてそうであろうか。このような自伝執筆の契機や意図とは掛け離れたかのような自伝も実際には存在している。例えば、G・ペレック（Georges Perec）の『W（ドゥブルヴェ）あるいは子供の頃の思い出』（以下『W』と略記）においては、「戦時中の子供の生活の断片的な物語、快挙にも思い出にも事欠く、バラバラの断片、欠如、忘却、疑問、仮説、乏しい逸話からなる」と前置きをして自伝を紡いでいく。彼は、「ぼくには子供の頃の思い出がない。[21]」、「ぼくを子供の頃に繋ぎとめている糸がいったいどこで断ち切れてしまったのかはわからない。」と何度も書いている。これは、「自分の生や存在に意味や一貫性があるという意識」ではなく、むしろ、それが摑めないからこそ、自ら謎解きを試み、人生の「中断符」を見出す必要に迫られたのではないだろうか。自伝執筆は、自らの生の断絶と「これ以上一歩も進むことができない」という切羽詰まった意識から書き始められることもある。

「訳者あとがき」によると、ペレックはこの『W』の連載中に「二度にわたる挫折」や「甚大な苦痛」を経験し、「『W』を書かずに済むものなら何時間でもトランプの独り占いをしたままでおれるだろう」と作者は草稿に書きつけるほどである。[22]そこには「回想すること自体がもたらす快楽」など微塵もなく、逆に「回想すること自体の苦痛」が「語り得ないもの」を語ろうとする苦悩となってペレックに襲いかかっているのである。

「回想する苦痛」に増して「記述する苦痛」という問題も存在している。「記述する」ということは、どこかにアイデンティティを固定化する試みである。自らのアイデンティティをどこに求めるべきか、それを「書くこと」において摑みたい、その必死な思いがまた、苦痛を伴うのである。回想することにおいても、時間と記憶の問題が関連してくるが、記述することにおいても同様に時間と記憶の問題が存在している。つまり、今からどのくらい前のことまで思い出せるのか、いつの時点から記憶がはっきりしないのか、何を覚えていて何を忘れているのかなど、回想には時間と記憶が絡まり合っているが、回想の場合は思い出してもそれ自体は流れていく時間の一齣でしかない。しかし、記述するためには、どこかで自らのアイデンティティを固定化しなければならないがゆえに、時間を切断しようとする意図が存在している。「なぜ」という数々の問いに、現在の私が圧倒される場合もあろう。その予期せざる効果に「今の私」が激しく動揺することは、成り行きとしてあり得る。つまり、自伝執筆においては何らかの自己変容が迫られる可能性が強いのである。

何らかの自己変容を経て初めて、「回想の苦痛」を「記述の苦痛」へと変換していけるのではないだろうか。その過程にも時間が必要である。極論すると、自伝の完成という結果ではなく、自伝の記述に至る全経験が「私」において重要なプロセスなのではないか。『W』の「訳者あとがき」においても、「自伝執筆を中断したペレックが『W』に再着手するまでの数年間『人生、すなわちすさまじいエネルギー』と述懐するような目まぐるしい活動を行ったこと、四年の沈黙に繋がる精神分析の何度ものセッションを通して、語の類推の周辺で練り上げられたこのテキストの本質的な側面、幻想と思い出の解読作業がなされたであろうこと[23]」に触れている。次には「時間と記憶」をめぐる主体との重層的な関係について考察してみたい。

2　他者との共有と喪失

P・ルジュンヌは『フランスの自伝』や『自伝契約』の中で、「作者と語り手と主要人物の同一性」を自伝成立の条件の一つに挙げている。しかし、「記述する自分」（＝作者）と「回想する自分」（＝語り手）、そして「登場する自分と他者」（＝主要人物）は、それぞれが主観的に異なっていて、客観的同一性を確保することは困難ではないだろうか。それを具体的に再びペレックの『W』を題材として考察してみたい。彼は、Ⅷ章で「ぼくは父の

写真一枚と母の写真五枚をもっている。[24]」と書き始め、その写真を見ながら、またさまざま思い出や挿話を回想しながら、まず、一五年以上も前に書いたテキストを全く手直しせずに書き写している。そしてその後で、「今日付け加えるべき訂正と注釈」を註で示している。

例えば、「ぼくにはかなり限られた関心しかない、まるで統計のようなこのような消息が、ぼくが母の幼少年期について手にしている唯一のものだ。他の消息は、それらが実際にぼくに語られたものであり、また信頼できる筋からのものだとときに思われることがあるにもかかわらず、ぼくが母方の人たちと短期間一緒に暮らしたある時期に定期的にもったかなり異常な想像上の関係にどうやら属するものであるらしい。[25]」と自身が一五年以上も前に書いた部分について、『W』を書いている今のペレックは、「もちろんいまのぼくはこんなもの言いはしないだろう。[26]」と注釈している。また、それに続く「母の子供の頃の推測に基づく様子」に対しても「このような作り話の出所を精確に明らかにすることはぼくにはできない。その一つはきっとアンデルセンの『マッチ売りの少女』に違いない。もう一つはたぶん、テナルディエ家のコゼットの挿話だろう。だが全体がほとんどそのまま何かの筋書き（シナリオ）通りであることも大いにありうる。[27]」と述べている。つまり、「一五年前に記述する私」とそれを読んだうえで「今、記述する私」も違っており、「父の思い出」、「母の思い出」という一見過去の固定した「事実」についての回想のように思われる部分でさえ、このような相違・ズレが存在しているのである。「回想する私」と「記述する私」とは、どうしても一致していない。一貫した「私」と「他者」などというものはあり得ないのではないだろうか。時間の経過は、単に記憶を忘却の彼方に置き去るだけではない。記憶そのものが全体を通して何らかのシナリオ・仮説の上に乗っている可能性も考えられるのである。特に歴史的事実と自分の人生の重大事が深く関係していると思われる場合、本人にとってその時期を想起する試みは、えてして他者にとって記述された「歴史」によって「自己の物語」を見失ってしまうことにもなりかねない。言葉は言葉であるがゆえに、記憶を裏切り、言葉が歪めた像の方を信ずることにもなりかねない。私が死ねば、私の記憶の中の私および他者の像もやはり死んでしまうだろう。そこで、「私」は私の言葉で語ろうと試みる。自己回復を求めての模索、（再生の）物語の起源は「私」の有限性が「私」に課すこの不可能な義務のうちにある。歴史の大きな物語のうねりの中で、「私」があえなく飲み込まれ、流されてしまうことへの抵抗は、個人が己の主体性を取り戻そうとする、必死な試みのようにも考えられる。

3　「喪の作業」と記述の意味

主としてフランス文学の領域から、ロラン・バルト（Roland Barthes）の『明るい部屋』やパトリック・モディアノ（Patrick Modiano）の一連の（自伝的）小説を検討している石川美子は、「自己探求よりも、愛する人の死のほうが重く影を落としている自伝作品が少なくない。愛情の対象――配偶者や恋人だけでなく、親や兄弟や友人などの場合もある――を失うことによって、自分自身の生きる意味までをも失ってしまうかのようである。愛する人の死は、深い苦悩をもたらすだけでなく、来るべき自分の死をも予感させる。現在の自分の生が、ふたつの死のはざまに過ぎない空虚な時間のように思えてくる。亡き人と自分との生活を物語る自伝作品を書くことによって、そのように空虚な現在をなお生き続ける意味を見出そうとする。不毛な苦悩の時間を何とか生き延びようとする。そのようにして書かれる自伝とは、自己探求の試みというよりはむしろ、愛する人の喪の作業なのである。」(28)と述べている。「喪の作業」（モーニング・ワーク）とは、精神分析学のG・フロイトによってエディプス・コンプレックスとともに提起された、いわゆる「対象喪失」の一つである。身近な人の「死」というショック、否認、怒り、抑うつ、受容、そして回復、再生へと向かう一連の作業（仕事）と悲哀感情の時間経過を指している。

この「喪の作業」は、野田正彰の『喪の途上にて』（一九九二年）や阪神・淡路大震災や地下鉄サリン事件などによって、ＰＴＳＤ（Post-Traumatic Stress Disorder：トラウマ後のストレス障害）の問題としても話題になっている。すなわち、心的外傷体験後のストレスや精神病理の問題であるが、そのことと自伝執筆や記述の問題とも関連があるというわけである。五二〇人の犠牲者を出した一九八五年八月の日航機墜落事故の遺族たちの「喪の作業」を報告する中で、野田は「だが、私は多様な提起を望む。遺骨や遺品確認の問題に取り組む人もいれば、行旅死亡人取扱法を改正したいと思う人もいる。精神的に不安定になった遺族を世話する人もいれば、遺児の奨学資金問題を提起する人もいる。墜落の原因追及に使命を感じる人もいれば、川北さんのように生存率向上を追求する人もいる。補償の手続き、弁護士や保険会社の係わり方を批判する人もいれば、御巣鷹への山道を美しくしたいと思う人もいる。それぞれが事故を通して、社会関係を再構築していけばいいのであり、ある遺族は他の遺族の再社会化の過程を理解するように努めるべきである。…（中略）…私は川北さんのように、それぞれの遺族が家族の死を社会的発言に変えていってくれることを望む。それは喪を抜け出して、次の生（たとえばウィリアムズさんや川北さんを支援した多くの人々）に出会う道である。私たちは、五二〇人の死にもかかわらず、こんなにすばらしい遺族に出会えたことを感謝したい。[29]」と述べている。この中には触れられていないが、「喪の作業」の回復・再生のプロセスの中には、伝記や遺稿集、さらには自分史や自伝の執筆も含まれてくる。その意味でも、「書くこと」（記述）は「再生のための自伝」へとつながっているのである。そこで、次に記憶と「語り得ぬもの」との関係について、口述の生活史と自伝とを対比しながら考察していきたい。

第四節　記憶と「語り得ぬもの」

1　「重要な意味」と「重要な意味喪失」

今まで生活史調査における時間と記憶の関係について見てきたが、ここで、自伝における時間と記述の観点とのある種の対比が見出されてくる。すなわち、口述の生活史などのインタビューを中心としたライフヒストリーの構成においては、基本的に語り手の「語り」に信頼を置いている。したがって、記憶と語りは、ある一定の相互関係のもとで流れている川のように位置付けられる。回想や想起は、語り手と聞き手との共同作業として言わば「同じ方向」を向いて進められる。その際には、何が「重要な意味」であるのか、語り手が強調している点、何度でも話がそこへ戻っていく「記憶の回帰点」や、「記憶の基準点」などが解読される。例えば、「重要な他者(significant others)」の登場や重要な他者との関係性、現在の意味解釈枠組による重要件の認識などいずれもが「重要な意味」にかかわっている。

それに対して、自伝における時間の問題は、自伝執筆の意図や記述を始める時間とも関連しており、『信頼の欠如』ないしは「重要な他者の喪失」という「重要な意味喪失」につながっている場合もある。インタヴューによる口述の生活史調査の場合には、このような「重要な意味喪失」という局面をすくい出すことにはかなりの困難が伴う。当然、最初の反応は「沈黙」であり、「語りたがらない」『はぐらかす」などの反応も予想される。インタヴューの鉄則としては、「無理には聞かない」「感情を害させない」ということであるから、最終的にライフヒストリーからは「欠落」してしまうケースもあろう。自伝の場合は、自らが記述する意志をはっきり持っており、ある場合には「重要な意味喪失」を埋め合わせたいという欲求から書き始められる場合もある。

2　記憶の欠落と語りの欠落

通常の生活史調査の中では、「記憶」の欠落は、すなわち「忘却」であり、語り手が思い出さない限りは、なかなか事実を埋めていくことが難しい部分である。もちろん、新聞、雑誌、文献などの文字資料や関係者からの証言など客観的資料に頼れるところは、生活史調査と言えども怠ることはできない。しかし、それでもなお、話者自身のその当時の状態や感情は語り手の記憶の中にしまわれているだけとも言える。したがって、記憶の欠落は生活史調査の場合には「致命的」とも言える。

しかし、記憶の欠落が意味するものが単なる「忘却」ではなく、ある種のトラウマや重要な意味喪失と関連している場合には、異なった問題が生じてくる。その場合には、本人自身が記憶の欠落を意識しており、そのことに「苦痛」すら感じている。したがって、「思い出そうとしても思い出せない」あるいは「思い出すこと自体が苦痛である」という感覚・感情を伴う場合もある。児童虐待や恐怖体験、性的虐待などの心的外傷の症例を多く扱っている精神家医のL・テア（Lenore Terr）は、『記憶を消す子供たち』において、「診察室で長年にわたり、トラウマを負った子供たち四〇〇人ほどの話を聞き、慎重に記録していくうちに、なかには本当にトラウマとなった恐ろしい体験を『忘れる』子供がいるのに気づいた。子供時代の記憶、特に長年抑圧されていた記憶が成人後、大きく変形せずによみがえるかどうかについては、現在大きな論争になっている。問題は、長年埋もれていてよみがえった記憶はどこまでが正確かということだ。最近、過去に放置されたり攻撃されたりした記憶、さらには殺人事件の記憶までがよみがえったと主張する人が多数、あらわれている。よみがえった記憶が正しいかどうか、精神医学や心理学の専門家の意見は驚くほど分裂している。[30]」と述べている。このように、記憶の欠落が意味するものは、単なる「忘却」とは異なった「抑圧による喪失」の場合もあるわけである。

さらに「重要な意味喪失」におけるもう一つの問題は、「語り」の欠落という問題である。記憶がかすかに蘇ったとしても、どのように語ったらよいのか、言葉にできることと言葉にならない思いが錯綜しているわけである。クロード・ランズマン監督の映画『ショアー』では、トレブリンカ、ヘウム、アウシュヴィッツなどのヨーロッパにおけるホロコースト（大量殺戮）の「生き残り証言」が上映時間九時間半というロング・インタヴューから構成されているが、しかし、高橋哲哉も指摘しているとおり、ランズマンは〈絶滅〉の歴史について、実は「証言の二重の不可能性」から出発している。つまり、絶滅収容所でのホロコーストそのものの「痕跡の消失」であるばかりでなく、「生還者白身の側」での「物語ることの不可能性」でもあった[31]。映像では、しばしば「それを物語ることはできない」「だれもここで起こったことを想像することはできない」「そんなことは不可能だ」「だれもそのことを理解できない」「わたし自身、いまでも……」等々の言葉が聞かれるし、言葉に詰まり、感情だけが溢れてしまって、インタヴューが中断される場面も多い。そして、「ランズマンが、それでもなお〈不可能な〉証言を証人たちに要求していくとき、証人たちが断片的に発するいくつかの言葉が、物語＝叙述としては挫折するまさにそのことを通じて、語りえぬものをかろうじて示唆しているように思われることである[32]」。

すなわち、「語りの欠落」自身が「語り得ないながら語ることの重要性」を表現しているというわけである。このことは、自伝においても前述したように、「喪の作業」を通しての記述として十分にあり得ることである。しばしば、口述の生活史の場合には「語りに信を置く」立場とされ、逆に実証史学の場合には「重要なことは絶対に語られない」という立場に立つという、相反する立場がイデオロギーのごとくに双方を分断してきた。しかし、「語りに信を置く」場合にも、「語られないこと」の存在が〈地〉と〈図〉の関係にあるし、また「重要なこと」が語られないからと言って、断片的な「語り」を無視してよいわけではない。ライフヒストリーにおける記憶と時間の問題に引き付けて言うならば、「語り」そのものの時間や「語り得ぬもの」が断片的にでも語られるようになるまでの時間も大切である[33]。

3　アイデンティティの喪失と再生

記憶と「語り得ぬもの」との関係においては、一方では、高橋哲哉も強調しているように、戦争・歴史・政治などの「証言の重要性」が存在している。それに対して、記憶と語りと記述の微妙な関係は、他方ではアイデンティティの問題ともつながっている。ここでは詳述できないが、筆者がライフヒストリー調査を続行中の稲垣尚友氏という人物においても、彼の二〇代後半から三〇代前半のトカラ列島・平島での生活と体験は、その後二〇年近くたっても、まだある種の「こだわり」となって、彼のアイデンティティの「彷徨」とつながっている。[34]

すなわち、ライフヒストリーを語ること、あるいは自分史を書くことは単なる記憶や回想の「記録」だけにはとどまらない場合もあり得る。自分にとって「自分」とは何であったのか、あの時自分がそのように行為したのはなぜなのか、他者はどのように自分のことを考えていたのか、といった数々の疑問や記憶・回想が渦を巻いてきて、「語り」に対しても「記述」に対しても影響を与える。ある時は、痛恨の思いや悔恨によって語り得ない状態に陥ることもあろうし、まるで他者の行為を眺めるように自分の過去の行為や感情を客観的に回想する場合もある。そして、記憶や回想のレヴェルだけではなくて、聞き手に対して「語り得ない」、あるいは「書き残すことはできない」という場合も多い。このように、ライフヒストリーのパースペクティヴは聞き手＝研究者に対してだけではなく、当事者に対しても「反省的（reflexive）自己意識」を覚醒させるのである。それは、話者や自伝の書き手のアイデンティティに対する何らかの「呼びかけ」でもある。前述した『ショアー』の例でもわかるように、「語られていること」だけが重要なのではない。「語られないこと」への「呼びかけ」が聞こえるからこそ、重要なのである。[35] 反省的自己意識から出発したアイデンティティの喪失と再生は、苦痛を伴う一種の「ドラマ」であるが、ライフヒストリーにおける「物語」はこの点に深く関係しているのである。

第五節　時間と意味の重層性

ライフヒストリーにおける記憶と時間の問題について、生活史調査の場面、自伝における時間と記述、そして記憶と「語り得ぬもの」との関係性などを取り上げてきたが、要するに、「反省的自己意識」の再構成という時間と意味の重層性が問われているのである。ライフヒストリー研究は一方で「人生の意味」の探求でもある。人は伝記や自伝を読む際に、そこに自分とは異なる「人生」を発見しながら、自分と共通する「人生の意味」をも発見する。しかし、ライフヒストリーの再構成にあたっては、「語り」は〈現在〉という時間、〈歴史〉という時間、〈ライフサイクル的な時間〉など重層的な時間構造を伴っているし、また記憶と「語られないもの」という制約の上にも乗っている。聞き手と語り手の重層的時間、語り手の記憶と回想の重層性、そして物語の構成におけるアイデンティティの重層性など、「私」という自己意識が幾重にも反省的に再構成されていくわけである。

私は、もう一つの専攻領域である都市社会学の研究をまとめて、『現代大都市の重層的構造』（一九九九年）というタイトルで公刊したが、この本の中でも時間的重層性、空間的重層性、人間的重層性などの重層性や複合性をキーワードとして、現代大都市の構造を描き出そうとした。しかし、「意味の関係性」と「意味の重層性」については充分な説明ができなかったようである。[36] 私が、時間、空間、人間の三重図式や人間の階層、エスニシティ、ジェンダーなどの社会的属性によって「意味の重層性」を分類しながら見ていこうとしたのは、都市に生きる人間像の多様な意味の関係性を明らかにしたかったからでもある。例えば、G・ジンメルやL・ワース（Louis Wirth）以来、都市における「匿名性」の特徴は多くの都市社会学者たちが指摘してきた。しかし、「匿名性」と関係づけられてきた「意味」の問題は、歴史的にはコミュニティの共同性や規制力の弱体化と関係づけて語られてきたことが多かった。しかし、ある意味ではもちろん「匿名性」は自由や創造性を育む原動力ともなっている。

そうであるならば、一体、誰にとって「匿名性」は規制力の弱体化を意味し、誰にとっては自由や創造性を意味するのか、という疑問が投げかけられる。特に実証的な調査研究を行う場合には、対象となる集団や個人から見てどのような意味を持つのか、という課題が決定的に重要となる。佃・月島の祭礼集団や祭りの担い手たちから見ると、特に佃一丁目の場合には、インナーシティ問題や都市内部での高齢化、ドーナツ化などの変動が、コミュニティの共同性や規制力の弱体化に影響を与えている、という結論を導き出している。しかし考えてみると、私が佃・月島の祭礼を調査できたのも、実は都市の「匿名性」のお陰かもしれないのである。もしも、完璧に「内に閉じた」集団の中での儀礼や祭礼であるならば、調査そのものへの「違和感」が生じるものである。しかし、都市の「匿名性」ゆえの自由や創造性によって、逆に、都市祭礼は開かれたものとして他者を受け入れていく方向性を持っているのである。

したがって、祭祀組織や住吉講の立場からは、内部構造と外部構造、包摂と排除の原理など意味の重層性を強調したが、これ自体も意味の関係性の視点からすると相対的なものであると言うこともできる。つまり、祭りや下町の情緒など自分には「関係がない」「関心もない」という佃一丁目の住民にとっては、意味の重層性どころか、無意味で傍観者的な位置も取り得るということである。後の質問にも関係しているが、私が「都市民俗学」への研究の視点としたのが、伝統的な祭りの事例であったために、私自身が、民俗学の価値意識をそのまま都市社会学に持ち込んでしまっているように誤解されがちであるが、必ずしもそういうわけではない。リバーシティ21の住民にとっての「佃祭り」は、自らの「伝統」ではないし、なぜ厳格な年齢階梯による身分制などの原理を未だに守っているのか理解できないと思うかもしれない。そうした、意味の葛藤やコンフリクトの面を調査し、分析できなかった点は、拙著の不十分な点である。拙著において取り上げた「意味の重層性」とは、研究者が対象者や対象社会との間である意味の関係性を取り結んだ結果、見出されてきた「意味の重層性」であると言い換えることができる。そういう意味では、「意味の関係性」の文脈の方がより包括的なものとなり得る。しかし、この問題は住民運動やコミュニティ活動を事例としたり、自治体行政の政策や施策を事例とする場合にも、すべてかかわってくる問題で、対象としている事例の「意味の関係性」は誰によって、どの範囲までかかわっているのかが問われていると言うこともできよう。

そして、ライフヒストリーこそがこの「意味の関係性」と「意味の重層性」を交錯させながら解明していく糸口になるのではないかと思われる。そもそも「人生」そのものが「語り得ない」という「不可能性」の前提の上に、ライフヒストリーがあると逆説的に言った方がよいかもしれない。しかしそうであるならば、ある個人の「人生の意味」は、当事者しか理解できないものなのだろうか。必ずしもそうとは言えない。当事者にもわからない人生の意味も存在しているし、結局は生きているものにはわからない「死」の意味も厳然と存在している。ライフヒストリーが「死」を語ることは非常に難しいが、それゆえに「人生の意味」とちょうど〈図〉と〈地〉の関係にある「死の意味」の問題へも「呼びかけ」られているのである。

（1）　アメリカの人類学者C・ギアツは、イギリスの哲学者G・ライルの表現を借りて、「薄い記述」と「分厚い記述」の対比を示しながら、民族誌の記述の目的をこれらの中間に見出そうとしている。Geertz, Clifford, *The Interpretation of Cultures* (New York: Basic Books, 1973)（吉田禎吾・柳川啓一・中牧弘允・板橋作美訳『文化の解釈学』Ⅰ・Ⅱ、岩波書店、一九八七年）参照。

（2）　有末賢「生活史」森岡清美・塩原勉・本間康平（編集代表）『新社会学辞典』有斐閣、一九九三年、八三二頁。

（3）　「自分史」という言葉は、色川大吉『ある昭和史―自分史の試み―』（中央公論社、一九七五年）あたりが発祥とされている。自分史の現場や現状については吉澤輝夫編集『現代のエスプリ三三八　自分史』（至文堂、一九九五年九月）が詳しい。他には、小林多寿子「自分史と物語産業の誕生―一九八〇年代の動向から―」『日本女子大学人間社会学部紀要』5、一九九五年、八九～一〇八頁、色川大吉『自分史―その理念と試み―』講談社学術文庫、一九九二年なども参考になる。それに対して自伝研究の方は、日本では佐伯彰一『日本人の自伝』（講談社、一九七四年）以外には、あまり多くなかった。フランス文学を中心とした外国文学研究にまで目を広げれば、Lejeune, Philippe, *L'autobiographie en France*（Paris: Armand Colin, 1971）（小倉孝誠訳『フランスの自伝―自伝文学の主題と構造―』法政大学出版局、一九九五年）、Spengemann, W. C., *The Forms of Autobiography*（New Haven: Yale University, 1980）（船倉正憲訳『自伝のかたち―一文学ジャンル史における出来事―』法政大学出版局、一九九一年）、中川久定『自伝の文学―ルソーとスタンダール―』岩波新書、一九七九年、石川美子「自伝・自己描写・小説―『わたし』をめぐって―」東京大学仏語仏文学研究会『仏語仏文学研究』3、一九八九年、一〇三～一一七頁、などが参考になる。

（4）佐藤健二「社会分析の方法としての『新しい歴史』」『社会科学紀要』第三三集、東京大学教養学部、一九八四年三月、一八九～二一七頁：二一一頁。

（5）人類学者、ヴィンセント・クラパンザーノは、精霊と結婚したモロッコ人男性のかわら職人トゥハーミのライフヒストリーを著す中で、語り手トゥハーミの「個人史的現実」と「自伝的真実」は区別されると述べている。「個人史のリアリティ」とは語り手が実際に経験したと思われることについての語りであり、外的に観察しうる一連の行動と対応している。これに対し、「自伝的真実」とは、おそらく実際には決して起こり得ないことだけれども、なお語りとしては真実であると見られるものである。Crapanzano, Vincent, *Tuhami*（Chicago: University of Chicago Press, 1980）（大塚和夫・渡部重行訳『精霊と結婚した男―モロッコ人トゥハーミの肖像―』紀伊國屋書店、一九九一年）。

（6）文化人類学を中心とした「個人中心的」（person-centered）民族誌の研究動向と「伝記と人生の構造」などライフヒストリー研究については、Langness, L. L. and Frank, Gelya, *Lives: An Anthropological Approach to Biography*（Novato, California: Chandler & Sharp Publishers, 1981）（米山俊直・小林多寿子訳『ライフヒストリー研究入門―伝記への人類学的アプローチ―』ミネルヴァ書房、一九九三年）、参照。また、佐藤郁哉『暴走族のエスノグラフィー―モードの叛乱と文化の呪縛―』新曜社、一九八四年、同『フィールドワーク―書を持って街へ出よう―』新曜社、一九九二年、西澤晃彦『隠蔽された外部―都市下層のエスノグラフィー―』彩流社、一九九五年なども参照。

（7）岩井洋「想起することと歴史をつくること」佐々木正人編集『現代のエスプリ二九八　エコロジカル・マインド』至文堂、一九九二年五月、二〇一頁。

（8）中野卓編著『口述の生活史―或る女の愛と呪いの日本近代―』御茶の水書房、一九七七年、二頁。

（9）中野卓編著『日系女性立川サエの生活史―ハワイの私・日本での私 一八八九～一九八二―』御茶の水書房、一九八三年、ii頁。

（10）中野卓の『口述の生活史』のもとになったインタヴュー調査を録音したテープを聞き直し、これを文字化し、作品化のプロセスを分析した大出春江は「このまえがきによって、『口述の生活史』全体が問わず語りによって進行したと誤解される可能性もあるが、必ずしもそうではない。」（大出春江「『口述の生活史』作品化のプロセス」中野卓・桜井厚編『ライフヒストリーの社会学』弘文堂、一九九五年、八八頁）として、語りの型を①〈問わず語り型〉、②〈問いかけ語り型〉、③〈中間型〉の三つに分類したうえで、「語りの流れ本位の表一でみると、〈問わず語り型〉が七八、〈問いかけ語り型〉が二四、〈中間型〉が二五となっているので、〈問わず語り型〉は全体の六一％を占め、問わず語りだけで作品が本当にできあがっているわけではないことを示している。」（同九五頁）と述べている。

(11) 前山隆編著『ハワイの辛抱人―明治福島移民の個人史―』御茶の水書房、一九八六年、二八六頁。

(12) 同右、二八七頁。

(13) 同右。

(14) 小林多寿子「インタビューからライフヒストリーへ」中野卓・桜井厚編『ライフヒストリーの社会学』弘文堂、一九九五年、六六～六七頁。

(15) 同右、六八～六九頁。

(16) 岩井洋の「想起と〈語り〉―ライフヒストリーにおける記憶をめぐって―」（第六六回日本社会学会大会テーマ部会「ライフヒストリー研究の理論的諸問題」：一九九三年一〇月一〇日東洋大学）のレジュメによる。なお例えば、最近翻訳されたエリ・ヴィーゼルの自伝『そしてすべての川は海へ』（Wiesel, Elie, *Tous les fleuves vont à la mer* (Paris: Georges Borchardt, 1994)（村上光彦訳『そしてすべての川は海へ―20世紀ユダヤ人の肖像―（上）（下）』朝日新聞社、一九九五年））のように、ヴィーゼル自身の「記憶の回帰点」がアウシュヴィッツ体験であるのは言うまでもないが、そこに「二〇世紀ユダヤ人の肖像」という〈典型〉が刻印される点も、共同想起の特色である。

(17) 作品化の形態のヴァリエーションの一つとして、伝記や評伝においては、著者が時間軸を自由自在に設定してさまざまな工夫をこらすことができる。例えば、升本喜年は『女優岡田嘉子』（文藝春秋、一九九三年）において、序章で岡田嘉子が一九九二年二月に、モスクワ市で亡くなるシーンから書き始められ、第一章では、杉本良吉との「樺太越境」を入念に追い、そして第二章で「女優の坂道」として、生い立ちから記述されている。また、猪瀬直樹の『ペルソナ―三島由紀夫伝―』（文藝春秋、一九九五年）においては、三島由紀夫を日本の官僚システムとの関係において理解していくために、樺太庁長官だった祖父の平岡定太郎からの系譜や官僚の父・梓との関係性を軸にして、三代前からの時間軸において三島を捉えている。このように、「分厚い記述」としてのライフヒストリーの作品化においては、必ずしも対象者の時間の流れに沿った記述がなされるとは限らないし、また、そのような著者の意図をも含む時間の重層性が表現されてくるわけである。

(18) Lejeune, *op. cit.*, 邦訳二一頁。
(19) *Ibid.*, 邦訳二七七頁。
(20) *Ibid.*, 邦訳二七七～二七八頁。
(21) Perec, G., *W ou le souvenir d'enfance* (Paris: Denoel, 1975)（酒詰治男訳『W（ドゥブルヴェ）あるいは子供の頃の思い出』人文書院、一九九五年）、邦訳一一頁。
(22) *Ibid.*, 邦訳二二九頁。
(23) *Ibid.*, 邦訳二三三頁。
(24) *Ibid.*, 邦訳四一頁。
(25) *Ibid.*, 邦訳四六頁。
(26) *Ibid.*, 邦訳五七頁。
(27) *Ibid.*, 邦訳五七頁。
(28) 石川美子「自伝における愛の喪」『平成七年度専修大学公開講座講義要項「美と愛と死の思想」』一九九五年、一五頁。
(29) 野田正彰『喪の途上にて―大事故遺族の悲哀の研究―』岩波書店、一九九二年、二五九～二六三頁。
(30) Terr, Lenore, *Unchained Memories* (New York: Basic Books, 1994)（吉田利子訳『記憶を消す子供たち』草思社、一九九五年）、邦訳二一一～二二二頁。
(31) 高橋哲哉『記憶のエチカ―戦争・哲学・アウシュヴィッツ―』岩波書店、一九九五年、二三三頁。
(32) 同右、二九頁。
(33) 『ショアー』は、一九七四年より一一年をかけて製作され、一九八五年に公開された、上映時間九時間半の映画である（鵜飼哲・高橋哲哉編『『ショアー』の衝撃』未來社、一九九五年）。また、江原由美子は「従軍慰安婦問題」が当事者によって語られるまでの「なぜ四六年もかかったか」について、「記憶の政治学」という観点から説き明かしている（江原由美子『装置としての性支配』勁草書房、一九九五年、二〇七～二二二頁）。
(34) 詳しくは有末賢「彷徨するアイデンティティ」中野卓・桜井厚編『ライフヒストリーの社会学』弘文堂、一九九五年、本書第十一章を参照。また、稲垣尚友氏自身が『青春彷徨』（福音館書店、一九九一年）、『十七年目のトカラ・平島』（梟社、一九九五年）などで島への「こだわり」を語っている。

(35)　高橋哲哉は、「ランズマンの言うように『『ショアー』はその存在において、その本質において、生還者たちについての映画ではなく死者たちについての映画である』とすれば、また『ショアー』の課題が、『いかにして死を映画にするか』ということであったとすれば、死者たちの『生』や『言葉』を生還者たちの『生』や『言葉』をもって贖うことはけっしてできないはずなのである。」（高橋、前掲書、三六頁）と述べている。

(36)　有末賢『現代大都市の重層的構造—都市化社会における伝統と変容—』ミネルヴァ書房、一九九九年。「意味の関係性」の指摘については、園部雅久「書評論文：有末賢『現代大都市の重層的構造』」および有末賢「書評リプライ：意味の重層性と現代都市文化」『日本都市社会学会年報』第一八号、二〇〇〇年七月、参照。

第七章　生活史調査の意味論

第一節　事実の探求と意味の探求

ライフヒストリー研究には、事実の側面と意味の側面が重なり合って存在しているように思われる。歴史的事実の記述を中心とした政治史、外交史、経済史、社会史などに比べると、生活史では人間主体の「生きる意味の探求」という意味の側面が重要視されている。しかし、人間の内面や「生きる意味」自体に主題を置いた小説、文学や哲学に比較すると、生活史は、個々人の「生きた経験」に根差しているという意味で、決してフィクションではなく「事実」を根拠にしている。したがって、これから問題にする生活史調査（life-history research）の場面においても、「事実の探求」と「意味の探求」が重なり合いながら進行していく、と考えられる。(1)

生活史調査を考えていく場合に、調査方法論と相互作用論もしくは意味論は密接に結び付いている。ライフヒストリーの調査が、インタヴューという形式をとろうと、日記・自伝などを読み解釈するという方法であろうと、生活史調査の主要な部分は、質的なデータの生成、質的な調査行為、質的なデータ解釈にかかわっている。インタヴューや自由面接調査などの調査者が直接、被調査者と「会話」をしながら、生活史調査を進めていく場合には、調査者と被調査者との対面的な相互作用が行われるわけだし、日記や手紙、自伝や伝記などの「書かれたデータ」をもとにして、生活史を調査していく場合にも、対象者との対面的な相互作用ではないが、言語・文字というメディアを介しての相互作用が行われている。「読む」という解釈行為も、それ自体が相互作用であり、意味の領域と分かち難く結び付いているのである。

したがって、認識論的、理論的立場としての、現象学的社会学やシンボリック相互作用論、エスノメソドロジーなどの「構成主義」「構築主義」とは、共通の基盤を共有していると言うこともできよう。なぜならば、実証的な社会学がフィールドとしている都市、農村、地域社会、政治、経済、文化、産業、環境、教育などの「実態」を伴った「現場」（フィールド）においては、客観的な「数字」で示されるようなデータも数多いが、生活史調査が主要な「現場」と考えている「個人」の場合には、量的に把握できる「数字」よりも、圧倒的に「個人」の言語や会話を媒介とした「意味解釈」を伴ったデータで埋めつくされている、と考えられるからである。「フィールドとしての個人[2]」を考えると、個人の生きてきた「歴史」（生活史）や個人の「生活」にかかわる事柄、仕事や家族、友人などの「人間関係」、趣味や価値観などの「意識」「感情」などが、対象領域として浮かび上がってくる。これらのフィールドにおける「調査項目」は、いずれも個人の「言葉」や「行動」などの質的で、観察可能なデータを媒介として調査されることになる。つまり、言語や行動を媒介としたデータ構築、データ構成が必要不可欠なものである。

この意味で、生活史調査における構築主義の前提が確認されるわけである。しかし、だからといってエスノメソドロジーの会話分析や、メディア研究や社会問題研究などにおいて最近頻繁に応用されている「言説分析」などの方法と、ライフヒストリー調査の構築主義、構成主義とは必ずしも一致はしていない。エスノメソドロジーや「言説分析」に見られる特徴は、会話のデータなり、言説なりを一定の「文脈」を考慮に入れるとしても、基本的には「抽出」して、「収集」することから始めている。そういう意味では、調査方法論の上では、データの量的「抽出」と「収集」の技法を類比的に応用していると言える。統計的調査法において、母集団から標本（sample）を抽出する際に、基本的に無作為抽出法が採用され、そして質問紙配票―回収によってデータの「収集」が行われるのと、同様の流れに沿って、会話や言説の「抽出」と「収集」が行われている。しかし、ライフヒストリー調査においては、調査項目が「個人」の人生上の「文脈」に配置されていないと、データの「抽出」も「収集」も意味をなさないのである。したがって、調査の意図や目的に沿った調査項目の配置に従った「回答」の収集では、データの性質そのものからして不十分なのである。

本章においては生活史調査全体を意味論の観点から解釈し直してみたいと考えている。まず、さしあたって「調査方法論」と「意味論」の関係性や考察の射程について考えていくことから始めよう。

第二節　社会調査方法論と意味論

石川淳志・佐藤健二・山田一成編『見えないものを見る力―社会調査という認識―』（一九九八年）には、社会調査という「認識」がどのような「意味論」の上に成り立っているのかという視点が、全編に徹底した形で提起されている。特に佐藤健二が執筆した第Ⅲ部「方法」から見た調査においては、「問うということ―問題の組織化」から始まって、「対象を設定する―単位と全体の構成」「データの収集―新しいテクストづくり」「データの処理―データ・ベースの構築」「データの分析―比較から説明へ」と続いて、最後に「書くということ―分析の組織化」で締めくくられている。ここで、佐藤が展開した社会調査方法の認識のすべてについて見ていくことはできないが、例えば「データの処理」の中の「分類のダイナミックス」という項で、佐藤は次のように記している。

「分類とは、いわば対象を別な角度から整理し、一覧することのできる視座を構築することである。分類を一回かぎりのコード付けというか、整理箱にデータを分けることであると考えてしまうと、もうひとつの重要な側面が見落とされる。分類には『分ける』だけでない、『関係づける』という側面があって、一見異なったものをつなげるという作用こそが、もうひとつの重要な有効性だからだ。何度もまた幾重にも分類が立ち上がりうることと、分けるだけでなく関連づけるという作用を有することとの二つは、大変重要である。その意味において分類は、一方における網羅や枚挙という、全体を想像するために役立つ、認識論的な作業をも用意するのである(3)。」

このように、「問うこと」「読むこと」「見ること」「分けること」「数えること」「書くこと」など、社会調査の中の「行為」を意味論の観点から吟味するという調査の方法意識が展開されている。

ここで、社会調査のみならず社会的行為におけるデータと理論との関係性を整理してみると表7-1のようになる。これは、社会調査の行為を大きく、第一段階としての「問うこと」「読むこと」の段階と第二段階としての「見ること」「聞くこと」「話すこと」などに分けている。この第二の段階の中には、社会調査としての「分けること」「数えること」なども含まれている。しかし、現場（フィールド）における調査行為としては、「見ること」「聞くこと」「話すこと」が大きな要素である。そして、最終的に調査行為を完結させるのはやはり「書くこと」である。量的な調査においては、「数えたり」「分類したり」「分析したり」も結局「書く」ことに結び付い

表 7-1　社会調査の行為と理論との関係性

行　為	データとの関連	理論との関連
「問うこと」 「読むこと」	テクスト	構造主義 （ポスト構造主義）
「見ること」 「聞くこと」 「話すこと」	意　味	相互作用主義
「書くこと」	記　述	構築主義（構成主義） ［自己反省、再帰性］

出所：筆者作成。

ていたと思われる。しかし、データの生成場面において「分けること」「数えること」も重要な調査行為であり、私はその意味で、第二段階は現場でのほとんどすべての行為を含むものと考えている。そして、現場から帰ってきて、最終的に「作品」に作り上げる段階が第三段階の「書く」行為である。このようにしてみると、データとの関連で言えば、「問うこと」とはテクストを確定する行為であり、「読むこと」は文字通りテクストを読む行為である。社会理論から見ればこれは構造主義ないしはポスト構造主義の理論がかかわっている。しかし、現場や実態の調査（フィールド・ワーク）を志すならばテクストの解釈だけに終わることはない。したがって、「見る」「聞く」「話す」行為は、データとの関係では「意味」の生成であり、社会理論的には「相互作用主義」の立場に立つことになる。そして、「書く」行為は、データの記述であり、社会理論から見ると構築主義ないしは構成主義を背後に背負っていると考えられる。なぜならば、データの記述は「現実」を再構成し、リアリティを構築し、そして書き手に対しても読み手に対しても、自己反省を促し、再帰的な行為として、第一段階の「問うこと」「読むこと」に確実につながっていくからなのである(4)。

社会調査と社会的行為との関連、調査とデータそのものとの関連、そして調査と理論との関連は、このように循環した関係の中にあるように思われる。しかも、従来考えられてきたように、実証的な社会調査や標準化された「質問紙」配票調査が、社会理論としては機能主義や構造＝機能主義に依拠しており、参与観察や生活史法を用いたフィールド・ワークや質的調査は、理論的にはシンボリック相互作用論や現象学的社会学を応用したものである、と単純に当てはめることはできないのである。単一の調査過程と思われてきた「調査行為」には、実は複雑な「調査行為」が多数絡んでおり、データとの関係性や社会理論との関係性もそのつど複雑に関係しているのである。

また、データにおけるテクスト、意味、記述のそれぞれの次元も現実には重層的に錯綜していると言える。例えば、生活史のデータを自伝なり日記なり、ある種の固定したテクストとして解釈するという「読む」行為が社会調査として行われることもある。あるいは、インタヴューをした話者のライフヒストリー（ライフ・ストーリー）をある時点で、「テクスト」として設定する場合もある。さらに、論文なり著作なりで「記述」していくことは、対象者の生活史を研究者がある種の「テクスト」に作り替えていくことを意味している。また、逆に「読者」の側から見直すと、作品は「読まれる」ことから出発し、話者との相互作用の記述を通して意味が共有されることから、テクストが意味を発生するとも言えるのである。このように、三者はどこから出発してもどこかに帰着するという「循環」の中で、調査と理論を往復しているのである。

第三節　質的調査法とインタヴュー

社会調査の方法と意味論との関連の次に、質的調査法としての生活史調査におけるインタヴューの意味論を考えてみたい。まず第一に、インタヴューの原型としての「対話」の意味について、考察する必要がある。われわれは、日常的な言語生活において数え切れないほどの「会話」の中で生活している。家族との「挨拶」に始まる会話、仕事上の「用件のみ」の会話、電話、伝言、メッセージ、報告、会議での発言などなど、そして同僚、友人、家族などとの感情を伴った会話、怒り、愚痴、反省などなど、われわれの日常生活は確かに「会話」に溢れていると言える。この場合の「会話」とは、一応コミュニケーションとしての「発話行為」と相手のメッセージを聞き取る「聴取行為」が概して往復される、相互行為を意味している。しかし、多くの日常的な言語生活において経験している「会話」は、⑴「挨拶」などの慣習的行為か、⑵自分自身の言いたいことに重点が置かれる発話行為のみの意志伝達行為か、あるいは⑶通常二〜三回から多くて四〜五回の往復で済んでしまう簡単な会話行為に分類される部分がほとんどである。さらに、相手の発言や感情の表現などを聞く「聴取」行為を含む⑶の簡単な会話行為の場合でも、日常生活においては一対一の「対話」よりも、三人以上の「会話」場面や会議、あるいは状況がオープンになっている「喫茶」「飲食」場面などが多いとも言える。

それに対して、最低でも一時間、通常は二〜三時間はかかるインタヴューという「対話」状況は、それだけでも日常的な言語生活にはめったにない状況である。しかも、相手がじっくり聞く姿勢を持っており、発話行為はさまざまな条件によってより促進される傾向が強い。もちろん、対話の基礎になるお互いの存在の認識や関係性も重要な要因として働いている。インタヴュアー（調査者）とインタヴュイー（被調査者）との関係性については、調査者―被調査者関係において詳しく検討していく予定であるが、「対話」の基礎になる関係性は、単にじっくり「聴く」という態度だけにあるのではない。「対話」である限りにおいては、相手の「話」に対して、こちらも「話」を展開していかなければならない。ストーリーは、相手に対して理解され、受け入れられることを前提としている。しかしある場面では、相手に対する不同意や疑問、積極的な否定さえも必要になってくる。と言うのは、「対話」の継続には基本的には、自己肯定や受容感が必要であるが、しかしそればかりが続いては、かえって相手は発話の意志継続を弱化させてしまうこともあるからである。もちろん、そうした相手に対する否定も「対話」が継続される潜在性を前提としており、「対話」が断絶してしまう程度の拒否ではない。

このような「対話」の意味の前提の上に、生活史調査というインタヴューの意味論を重ねて考察していきたい。ライフヒストリーをインタヴューによって「聴取」する場合に、対象者が自らのライフヒストリーを語り始めるところから、「対話」が始まっていると考えるのは、ほとんどの場合「誤り」である。と言うのは、前述したようにライフヒストリーを語るという発話行為は、日常生活における会話や対話のレヴェルにおいては、ほとんど例外的なことであり、人は多くは、日常的にはライフヒストリーを語るというコンテクストを持っていないのである。その意味で、生活史調査のインタヴューにおいてライフヒストリーを語り出す前に、必ず何らかの「対話」を通して、ライフヒストリーが「準備」されていると言うことができる。これは、インタヴュアーとインタヴュイー双方の「準備」とも言える。例えば、調査者の側では、対象者（相手）のライフヒストリーの何に興味を抱いているのか、対象者は「今、現在」の相手ただ一人なのか、それとも複数いる対象者たちの一人なのか、あるいは、相手と自分との年齢差、性差、人種・民族、言語、宗教、職業、階層などあらゆる経済的・社会的・文化的背景がかかわりながらインタヴューという接点を共有しているわけである。調査者が相手に対して、ライフヒストリーを聞きたいという了解をどのように確保したのか、またどの程度の資源（時間的ないしは金銭的）を提供もしくは割愛することに同意したのかなどインタヴューという「対話」に入る前の段階の交渉も「対話の準備」の中には含まれている。そして、調査者が相手に対してどのような「問いかけ」を発することからインタヴューが始まるのか、という点までが調査者の側の準備に入るであろう。そして今度は逆に、インタヴュイー（被調査者）の側でも、さまざまな条件が働いている。例えば一番大きな条件は、被調査者の側でのライフヒストリーを「語りたい」という動機づけの部分である。これが他の多くの標準化された「質問紙配票調査」と大きく異なる点であるが、被調査者が、自分自身の知識、行動、経験、意識、価値観などのごく一部だけを聞かれるのではなく、自分自身の生活史を「語ろう」という意志を程度の差はあれ持っていて初めて、生活史調査は成り立ち得る。したがって、「対話」が成立する根拠は、被調査者の側での「語ろう」という意志であり、調査者側が「聞いてくれる」という前提でもある(5)。

しかし、逆に言うとここにも生活史調査における「落とし穴」が存在している。つまり、ライフヒストリーの「語り」が、対象者の「語りたい」という意志と調査者の「聴き取りたい」という意志とが、ちょうどジグソー・パズルのようにピッタリはまってくるために、かえってライフ・ストーリーが安易に合成される可能性が潜んでいるとも言えるのである。歴史家によって「死者」の「生きた軌跡」を後付けしていこうとする行為は、対象者がもはや「語ることのない」存在であるだけに、残された資料、書き残した文書などを批判的に吟味しながら考察していく。また、ジャーナリストやノンフィクション作家が現存している「有名人」のライフヒストリーを伝記や評伝の形で書き上げる際にも、「口述」や「聞き書き」を資料の一部として使用することはあるが、しかし本人が隠していたり、言わなかった事実を言わば「暴く」ことに、重きを置いた作品は多い。社会学や文化人類学などの生活史調査においては、基本的には本人の「語り」に第一義的な信頼を置いている。この点は、生活史調査の意味論において、史学の方法論とも、ジャーナリズムの方法論とも、また文学の方法論とも異なった特徴であるわけだが、その前提となっている「対話」の成立根拠について決して無自覚であってはいりないと思われるのである。

第四節　調査者―被調査者の関係性と意味の生成

生活史調査がインタヴューを通してなされる場合、インタヴュアーとインタヴュイーの関係性は、ライフヒストリーの「生成」にとって最も重大な鍵となるものである。従来、この種のライフヒストリー調査においては、「口述」の生活史や「聞き書き」「伝承」などさまざまな名称が冠されてきたが、私は「インタヴュー」というややジャーナリズムの世界で多用されている用語をここでは使用したいと思う。と言うのは、「口述」にしろナラティヴにしろ、対象者（話者）の側の「語り」だけを中心にしており、「聞き書き」という方法にしても、「耳で聴いたことをそのまま書き写す」というニュアンスが強いような気がする。「伝承」や「口承伝承」に至っては、民俗学が扱っているような古老によって伝えられた「固有の文化」の意味合いを強く持っている。

もちろん、調査者が聞き出したいのは、話者のナラティヴ・ライフ・ストーリーであり、口述の生活史である。しかし、調査者が「黒子」となり、対象者の「語り」の「聞き手役」に徹しているように見られる場合でも、調査者のインタヴュアーとしての態度、関係性、発話行為、性格などすべての要素がライフヒストリーの生成にかかわっているのである。しかしだからと言って、私は何もインタヴュアーとしての「心構え」とか「精神的注意」を喚起しているわけではない。むしろ、私の言いたいのは「対話の論理」であり「対話の関係性」である。「対話」は原則として「互恵的関係性」ないし「互酬性」を基本としている。つまり調査者と被調査者との間にも、暗黙の「互酬性」が働いており、被調査者（対象者）の「語り」が延々と続き、調査者の方では、インタヴューにおいて時々の相槌と多少の質問くらいしか投げかけないように思われる。表面上は「互恵的」と言うよりも「一方的」とも思われるが、しかし、インタヴュアーとインタヴュイーの関係性は、見えないところで「互恵的」となっているように思われる。つまり、ライフヒストリーを語ることにおいて「聞き手」が眼前にいるということは、自らの人生の「意味付け」を共有してくれると考えられるからである。

この点は、自伝の執筆動機とは大きく異なっている。つまり、自らの人生の「欠如性」に気づいたときに「自伝」が書かれ始めるのと対照的に、ライフヒストリーを語るときには、「聞き手」がある種の「充填感」や「自己肯定感」を提供する役目が担われているように思われる。臨床心理学や精神分析でナラティヴ・セラピーやライフ・ストーリーの手法が応用されるケースも、このような「自己充実感」や「自己解放感」にある種の効果があると考えられるからではないだろうか。[6] もちろん、すべての人が「癒し」を求めてライフ・ストーリーを語るわけではない。淡々と自らの歩んできた道を振り返ることもあれば、「悔恨」や「反省」「自己否定感」さえも付き纏うことも珍しくはないだろう。しかし、ともかく眼前に聞き手としてのインタヴュアーがいて、「聴いていてくれる」というのは、話し続けようという意志を持続させるものである。もちろん、それが活字や本という形となって現れることをおそらく「期待」している部分もあるであろう。

それでは次にライフヒストリーのインタヴューにおいて、調査者と被調査者との間の相互作用による「意味の生成」について考察してみたい。社会学的あるいは文化人類学的な生活史調査の本質は、「調査する者の眼」と「調査される者の眼」との「視線」の交錯と自覚から、新たな第三の『視角（パースペクティヴ）』を獲得していく独特の過程にあるように思われる。つまり、調査者の眼と被調査者の眼とは、もちろん同じものを見ているわけではない。むしろ、被調査者の「生の軌跡」を振り返ってライフヒストリーを聞く場合、ほとんどは対象者自らしか知らない事実を、調査者はインタヴューの現場において初めて知ることになるのである。そうであるならば、被調査者自身による「意味付け」がまず初めに存在している。しかし、ライフヒストリーの「意味付け」については、調査者が被調査者に対して初めから明らかにしているかどうかは別にして、調査者の側でもそれなりの価値付与が行われているのが普通である。例えば、どのような対象者のライフヒストリーを聞こうとしているのか、つまり被調査者を固有の名前ではなく、「〜としての」ライフヒストリーの「語り手」と考えているのか、という点にも如実に現れている。松本通晴らの関西の社会学研究者を中心とした庶民生活史研究会による『同時代人の生活史』（一九八九年）というインタヴューに基づいた生活史調査の本がある。この中には、開拓農民、野鍛治、鉱山労働者、海女、失対日雇労働者、地方政治家などの「職業」という社会的属性に注目して「〜としての」ライフヒストリーを尋ねているケースがある。また、「甑島出身者」（離島出身者）や「木賃住宅に住まう人々」など出身地や居住地などの属性から生活史が採取されているケースもある。[7] このように、被調査者は固有の名前を持った一人の人間であるが、調査者にとっては、「〜としての」生活史の一つの「事例」として意味付けられる場合も多い。

職業や出身地、居住地、ジェンダー、エスニシティなど社会的属性が顕在的なものであれば、調査者側と被調査者の側では、ライフヒストリーの「意味の生成」において齟齬が生じることもあまりないであろう。もちろん、重点の置き所、アイデンティティの中心性などにおいて調査者と被調査者の間で違いが存在することもある。しかし、インタヴューを通しての相互作用の中で、そのような齟齬も発見できることが多いものと考えられる。例えば同性愛やセクシュアリティに関するライフ・ストーリーやエイズや遺伝病、難病、精神病などのライフ・ストーリー、あるいはさまざまな「被差別体験」などのライフ・ストーリーでは、ライフヒストリーを語ること自体がいわゆる「カミングアウト」に相当するケースも多い。[8] このような場合には、調査者と被調査者との間での「意味の生成」は、まさに共同作業であり、共同責任において公表されることになるのである。カミングアウトの意味の生成は、ライフヒストリーがナラティヴ・セラピーの役割を持ち一種の「癒し」の機能を果たすこともあるが、逆に公表することによってさまざまな軋轢や緊張関係を生み、「傷ついた経験」に至ってしまうリスクも伴っている。その意味でも、調査者と被調査者との間での「意味の共有」は非常に重要であると言える。

第五節　モノグラフ法と記述から作品化へ

ライフヒストリーの記述に関する部分も、生活史調査と密接に関連していると思われる。P・ルジュンヌは自伝を執筆する際に、作者は「自伝契約」を結ぶというユニークな解釈を示しているが、「自伝契約」と同様に、ライフヒストリーの記述に関しても、それが黙示的であれ明示的であれ、一種の「契約」が結ばれている、とも解釈できる。ルジュンヌは、自伝の定義を「誰かが自分自身の生涯を散文で回顧的に語った物語で、その物語が個人の生活、とりわけ人格の歴史を主として強調する場合、われわれはこれを自伝と呼ぶ。」としている。前章でも引用したが、彼は、自伝と小説との違いを説明する中で、次のように述べている。

「自伝と小説との違いは、したがってテクストの外部にある。この違いを証明するためには、作品の外部にある要素を知らなければならない。自伝の場合、作者と語り手と主人公は同一人物と考えられている。つまり作品のなかの『わたし』は作者のことなのだ。しかし、テクストの内部にはそれを証明するようなものは何もなく、自伝というのは読者の信頼にもとづくジャンル、いわば『信託的』なジャンルなのである。その結果、自伝作家は作品の冒頭部で一種の『自伝契約』を結ぼうとする。つまり、弁明、解説、前置き、意図の表明など、読者と直接的なコミュニケーションを確立するための儀式をすべて演じるのである。(9)」

このような解釈に倣って、ライフヒストリーの記述に関する部分も調査者と被調査者との間には一種の「契約」が結ばれている、と解釈することもできる。と言うのは、前述したように生活史調査では、インタヴューによるライフヒストリーの「意味の生成過程」が見出されるからである。しかし、調査過程を通じた意味の生成は、未だ「固定したテクスト」を獲得しているわけではない。もちろん、調査者と被調査者との間では、「意味の共有」がなされ、それらが録音テープやビデオ・カメラやあるいは調査者のフィールド・ノートなどに「記録」されている状態ではある。しかし、これらのライフ・ストーリー、ライフヒストリーの諸資料などをどのように整理し、配列し、記述し、解説していくのかという「記述から作品化へ」の「意味の創出」過程では、第三の「読者」という相手を想定しなければならなくなるのである。そこで、読者へ向けての「契約」が必要になってくる。この第二の場面では、第一のインタヴューの場面で言わば「主役」であった被調査者（対象者）に替わって、調査者（研究者＝書き手）が「主役」に躍り出てくる。どのような、記述の仕方を採るのが良いのか、インタヴューの再現は必要か、時間軸をどのように切り取るか、注や解説はどの程度必要か、対象者は単数が良いか、複数を併記するのか、ライフヒストリーの内容分析や解釈はどの程度必要か、などなど非常に多くの「作品化」へのハードルを越えて行かなければならない[10]。

社会調査や文化人類学などでモノグラフ、エスノグラフィ、生活誌（ライフ・グラフィ）などの用語法がさまざまに使用されているが、ここでライフヒストリーやライフ・ストーリーの作品化との関連でこのような調査法との関連を示してみたい。「生活誌」という言葉は、英語に訳すことは難しいが、ここではとりあえず“life-graphy”（ライフ・グラフィ）という造語を使用してみたい。さらに生活誌の「研究の系譜」を辿ることは、尚のこと困難であるが、私としては柳田國男、宮本常一、今和次郎、奥井復太郎、有賀喜左衛門などの民俗学、生活学、都市研究、社会学など広範な領域にまたがる系譜がイメージされている[11]。「生活誌」という言葉は、私の理解では、通常は「伝記」と訳されているbiography（「個人誌」と訳し変えてもよい）と民族学・文化人類学の領域でなじみ深い「民族誌」（ethnography）を強く意識しているものと思われる。つまり、個人の「生活」（life）は、本来なかなか外部からは「見えにくい」ものである。ライフヒストリーの場合には、誕生から死に至るまでのその人の「生涯」

「一生」という時間軸を大きな基準として整理され、他者に可視化され、理解（了解）可能な形で提供されているものを指している。**biography**（伝記）の場合も基本的には同じであるが、「伝記」が残されるということは、多くの場合「有名人」であったり、一般的な他者から関心を持たれている人であることが前提となる。また、**ethnography** の場合には、研究の系譜からも未開民族や「異文化」を記述することから出発しており、記述している主体と記述されている被写体（対象者）とは、異なる文化に属していることが多かった。したがって、ここで使用する「生活誌」は、記述している主体と対象とは同一の文化内にあって、それゆえに対象記述に際して、主体の「経験」や「主観」が容易に入り込みながら、他者に理解可能な形で可視化される作品（モノグラフ）である、と便宜的に定義づけることができる。その際、生活史（ライフヒストリー）のように、個人の「一生」という時間軸を基本に置く必要はない。したがって、都市生活誌、農村生活誌、あるいは家族生活誌、労働生活誌、大学生活誌などが派生的に可能となるわけである。

生活誌の記述と作品化が、調査者の側の主体的選択で決まっていくのに対して、生活史（ライフヒストリー）の記述と作品化は、被調査者（対象者）の側の主体的表現を採り入れ、それらを生かす必要がある。つまり、自伝や日記や手紙、あるいは語りとインタヴュー、あるいは小説や随筆、詩歌、作品、自画像や写真に至るまであらゆる題材が、対象者のライフ・ストーリーを表現している。そして、生活史の記述と作品化は、たとえ対象者が亡くなっていたとしても、一応は、調査者―被調査者相互の共同作成であり、意味の共同化であり、そして共同のテクスト化でもある。もちろん、著作の形式をとった場合の「著作権」は、基本的には調査者（研究者）の側に存しているであろう。生活史調査の過程をインタヴューや聞き取りの場面と作品化の場面に分けることができるのは、その意味でも「共同作業」とは言っても、前者では対象者側に意味生成の主軸が置かれ、後者の過程では研究者側に意味生成の主軸が移行してくる、ということを意味しているのである。つまり、作品化のヴァリエーションは、研究者の多様な記述の仕方や資料の読み込み方にも起因しており、対象者に応じた記述の多様化も考えにいれておかなければならないのである。

第六節　調査のバイアスとジレンマ

今まで、質的調査法の中で、生活史法のインタヴューを中心として調査過程における意味の問題を論じてきたが、調査者と被調査者の間で共同の意味が生成するばかりではなくて、調査過程におけるバイアスやジレンマなどマイナスの要因の方も指摘しておかなければならない[12]。調査のバイアスとして微妙な問題を投げかけているのは、多くは、調査者と被調査者との間にある「差別感」や「差別性」をめぐる問題である。ライフヒストリーの被調査者（対象者）が、さまざまな意味で、マイノリティであり、被差別体験が「語り」の中心に位置している場合には、調査者が細心の注意を払って、その「被差別体験」を聞き出そうとしても、また、それゆえにかもしれないが、調査のバイアスがかかわってくるのである。

例えば、同性愛者へのインタヴューにおいて、インタヴュアー（調査者）が「異性愛者」だった場合に、「同性愛」に対して、全く偏見や差別意識が払拭されているかどうか、その点は調査のバイアスとして依然として残っている。また、ある種の被害体験や被差別体験は、対象者にとってのトラウマ＝心の傷になっていることもある。実際に「経験していない者にはわからない」という「思い」は、ライフヒストリーの「語り」の中に、必ず忍び込んでくる被調査者の側のバイアスでもある。もともと、経験をともにしていない調査者―被調査者の間で、「語る―聴く」の関係を通して、どこまで理解が共有されるのであろうか。この問題は、異文化理解を前提としている文化人類学や民族学では既に議論が尽くされている問題であるかもしれないが、生活史調査においても同様のジレンマを抱えていると言える。しかし、「経験」を共有しているからと言って必ずしも「語り手」―「聞き手」の役割が充分担えるというものでもない。むしろ、このケースでは多くの場合、「語り手」―「語り手」の関係になってしまって、必ずしもライフヒストリーが聞けるとは限らない。逆に言うと、「経験」を共有していないからこそ、一方が語り、もう一方が聴くという相補的な関係が保たれるのである。

また、調査のバイアスは一種の「過同調」の場合にも起こり得る。特に対象者の被差別体験や被害体験などが苛酷であり、ある種のＰＴＳＤなどに悩んでいるような状態であったり、あるいは反差別などの運動に強い同調を示しているような場合、調査者の側でも「同調」「共振」の状態が、ある程度は必要不可欠であろう。精神科医とそこへ訪れる患者との関係において用いられる「転移」と「逆転移」の関係が連想されるが、ライフヒストリーを語ることがナラティヴ・セラピーの役目を果たすことがあるように、生活史調査も比喩的に言えば、この「転移」関係を必要条件としている。しかし、医師やカウンセラー（臨床心理士）としての専門家ではない調査者（社会学あるいは文化人類学研究者）の立場では、「転移」を起こさせたり、「逆転移」の状態に陥ったりすることは、往々にして、ライフヒストリー調査が「過同調」を起こしたバイアスを伴ってしまうことが多いのである。例えば、エスニック・マイノリティへの支援、反政府活動への肩入れ、フェミニズム、マルクス主義、ナショナリズムなどのイデオロギーへの同調、犯罪者や精神異常などの逸脱行動への過剰な「思い入れ」など、ライフヒストリーが他者とは異なる、特異なドキュメントであればあるほど、この種の「過剰同調」がバイアスを生む可能性も大きくなると言えよう。

そこで、このような生活史調査のバイアスやジレンマに対して、私はここで、調査論的な「心構え」ではなく、実際的な提案をいくつかしてみたいと思う。つまり、生活史調査におけるより具体的な実践（プラクシス）の提案である。その第一は、「対話」と「確認」の原則である。被調査者との「対話」は、何度も繰り返し行い、事実関係に対する執拗な「確認」を怠ってはいけない。われわれの「対話」は、一度行われた時と、また時間や場所を異にして行われた再度、あるいは何度かの「対話」では、事実だけではなく、受け取る「印象」さえも異なることがある。調査者は、その度に自己反省を繰り返しながら次の「対話」に臨むわけである。このような、「対話」と「意味」の積み重ねこそが、調査上のバイアスを防ぐ一つの有効な手段となり得る。そして第二に、「相違」を前提としたコミュニケーションを基礎としなければならない。例えば、基本的な調査者と被調査者との間のジェンダーの相違を例にとって考えてみたい。女性史が女性のインタヴュアーから始まり、女性の自伝や作家に対するフェミニズム的視角からの批評が存在しているのはよく理解できる。しかし、エスニック・マイノリティや移民研究から始まったライフヒストリーの採取は、言語やエスニシティの同質性を最初の発端としてはいたが、次第に、個人の「相違」を基本的な視点として、異文化、他者としてのインタヴュアーへと広がりを見せている。ジェンダーやセクシュアリティの観点も、エイジ、ジェネレーションの観点も、現在では、「相違」を前提として「対話」を積み重ねていくという段階に来ているのではないだろうか。

第三に、生活史調査の調査者相互間のコミュニケーションの重要性である。つまり、ライフヒストリーのインタヴューそのものは単独で行うとしても、調査上、抱えている問題点などを常に他の研究者と連絡を取り合いながら、調査に伴うバイアスやジレンマを除去していこうとする自主的な研究会のような存在である。もちろん、さまざまなライフヒストリーの資料の蓄積や公開などライブラリー的な意味も含まれている。欧米では、オーラル・ヒストリー・ライブラリーなども充実してきて、さまざまな資料の蓄積がなされているようである。(13)しかし、現在の日本での生活史研究の現状では、歴史学（社会史）、社会学、心理学、文化人類学、民俗学など各分野でライフヒストリーに対する関心は高まっているように思われるが、領域を越えた横断的な研究会組織は未だに少ない状態である。また、歴史学・民俗学などを中心とした公文書館、図書館、博物館などにおいて口述資料（録音テープ）や自伝、伝記、自分史、ライフヒストリーなどの資料分類と保存が果たしてなされているのだろうか。依然として文字資料中心の分類・収蔵体制が中心的なものとなっているように考えられる。したがって、今後は生活史研究会などで、ライフヒストリーの資料としての重要性をさまざまな分野に呼びかけていく必要があるものと思われる。

本章では、生活史調査の意味論というテーマで社会調査の方法論と意味論、質的調査法としての生活史調査の過程、インタヴューと回想法の意味について、また、調査者―被調査者の関係性と意味の生成、生活史の記述と作品化の意味、そして最後に調査のバイアスとジレンマについても検討してきた。生活史調査の意味論という課題は、第一に、社会学理論や学説の中に位置付けた際のいわゆる〈意味学派〉と呼ばれる現象学的社会学やシンボリック相互作用論、エスノメソドロジーなどと「生活史研究」との関係性の課題である。そして第二に、社会学研究法や社会調査論に位置付けた際の「質的社会学」としての生活史研究の可能性の問題がある。そして第三に、個人の記憶や時間意識の問題とも関連する、ライフヒストリーの「時間と記憶」論などと並列する一群の問題関心の上に立っているのである(14)。すなわち、生活史研究ではもちろん、対象者・個人の記憶や時間意識は基本的なベースになっているのであるが、調査者と被調査者の相互作用に応じた意味の生成も重要な特徴である。

またある意味では生活史調査の特徴は、調査者―被調査者の継続的な関係性にある。インタヴューを通した「意味の生成」は、その場だけでは終わらずに、多くの場合にはかなりの長期間に及ぶことも多い。つまり、対象者とともに、調査者＝研究者自身も「年を経ていく」ことになるのである。ライフヒストリー調査のダイナミック（動態的）な性格はこの点にもかかわっているように思われる。例えば調査者が二〇代後半から三〇代の前半くらいの「若い研究者」で、生活史を語る対象者が七〇代、八〇代の老人であったとき、そこにはさまざまな年齢の差、経験の差、価値観の差などが予想される。もちろん、「異文化」であるからこそ「話す―聞く」という関係性が新鮮で、そこに思わぬ「共通の理解」が生まれることもあるであろう。しかし、調査者自身が年を取って五〇代、六〇代となっていったときに、若いときにインタヴューをした内容でその当時には理解できなかったことが、「実はこういうことだったのか」と理解できることもあるかもしれない。もちろん、時間が三〇年、四〇年と経ってしまえば、当の対象者自身は既に亡くなっていることだろう。しかし、ライフヒストリー調査における「意味の生成」は調査者の側において、実はその時点まで形成され続けていたのかもしれない。また、対象者が調査者と年代が近かった場合には、この「継続の関係性」は相互作用において三〇年、四〇年という長期にわたることも可能である。このような場合には、通常仮定している「社会調査」における調査者—被調査者関係の時間の幅を大幅に超えた、質的にも異なった「関係性」と呼ぶべきであるのかもしれない。それは「友人」「親友」あるいは、D・プラース（David Plath）が「コンボイ」（同行者）[15]と呼んだ関係性になるのかもしれない。そして、生活史調査の場合の個人の相互作用の意味は、年齢、ジェンダー、エスニシティなど個人のアイデンティティの変容などに深く根差した意味の過程（プロセス）を紡ぎ出していく最良の方法の一つであると言えよう。

（1）　デンツィンとリンカーンらは、質的調査研究の総合的なハンドブックを編纂し、それらをペーパーバック版としては①質的調査の風景—理論と問題点—、②質的研究の戦略、③質的資料の収集と解釈の三巻本に編集している。Denzin, Norman K. & Lincoln, Yvonna S.（eds.）, *The Landscape of Qualitative Research: Theories and Issues*（California: Sage, 1998）、Denzin, Norman K. & Lincoln, Yvonna S.（eds.）, *Strategies of Qualitative Inquiry*（California: Sage, 1998）、Denzin, Norman K. & Lincoln, Yvonna S.（eds.）, *Collecting and Interpreting Qualitative Materials*（California: Sage, 1998）参照。他に、社会調査における「事実とフィクション」の問題については、Banks, Anna & Banks, Stephen P.（eds.）, *Fiction and Social Research: By Ice or Fire*（London: Altamira Press, A Division of Sage Publications, Inc., 1998）等を参照。

（2）　佐藤健二「ライフヒストリー研究の位相」中野卓・桜井厚編『ライフヒストリーの社会学』所収、弘文堂、一九九五年、一三〜四一頁。中で、佐藤は「フィールドとしての個人」という表現を用いている。

（3）佐藤健二「データの処理―データ・ベースの構築―」石川淳志・佐藤健二・山田一成編『見えないものを見る力―社会調査という認識―』所収、八千代出版、一九九八年、三〇九頁。

（4）これらの第一段階、第二段階、第三段階の分け方自体も、相対的なものであり、例えば資料を読みながら数えたり分類したり、話を聞きながらメモを取ったり、インタヴューの録音テープを起こして文字資料に書き換えたり、というように、調査行為そのものは絶えず「行き来」しており、ミクロな場面においては、第一段階の中に既に第二段階や第三段階が入り込み、また第二段階にも第三段階にも同様の事が起こっているのである。質的調査やフィールド・ワーク、エスノグラフィの具体的な諸方法については、Rossman, G. B. & Rallis, S. F., *Learning in the Field: An Introduction to Qualitative Research* (Thousand Oaks, California: Sage, 1998)、Emerson, R. M., Fretz, R. I. & Shaw, L. L., *Writing Ethnographic Fieldnotes* (Chicago: The University of Chicago, 1995)（佐藤郁哉・好井裕明・山田富秋訳『方法としてのフィールドノート―現地取材から物語作成まで―』新曜社、一九九八年）、Maanen, John Van., *Tales from the Fields: On Writing Ethnography* (Chicago: The University of Chicago, 1988)（森川渉訳『フィールドワークの物語―エスノグラフィーの文章作法―』現代書館、一九九九年）、Schatzman, L. and Strauss, A. L., *Field Research: Strategies for a Natural Sociology* (Englewood Cliffs, N.J.: Prentice Hall, 1973)（川合隆男監訳『フィールド・リサーチ―現地調査の方法と調査者の戦略―』慶應義塾大学出版会、一九九九年）、箕浦康子編著『フィールドワークの技法と実際―マイクロ・エスノグラフィー入門―』ミネルヴァ書房、一九九九年、などを参照。

（5）インタヴューの過程において「対話」の意味を中断したり、再確認したりするケースとして、いわゆる「オフレコ」の注文があり得る。「この部分は、レコード（録音）をオフにしてください」という注文は、被調査者が他者のプライヴァシーに抵触したり、自分自身の側の何らかの理由で、インタヴュアー（調査者）にだけ伝えておきたいと思ったときに、この言葉が発せられることがある。ジャーナリズムなどの取材における「それは書かないでください」という注文と同様の条件である。この「オフレコ」のサインが、本当に沈黙しなければならない「秘密」ならば、たとえインタヴュアーに対してでも初めから決して語られることはない、という命題が正しいならば、「対話」において明かされた一つの「真実」として、他者に対しては配慮しながら、いずれは公になっていく種類のものと解することもできる。事実、インタヴュイー（対象者）が有名人であったり、インタヴューにかなり慣れた人間の場合には、「オフレコ」の部分を意図的に相手に情報を与える一種の「情報操作」や「印象操作」として利用している場合さえないとは言えない。しかし、生活史調査の場合では、インタヴュアーとインタヴュイーとは、「対話」の中で不断の相互作用を行っており、概して「これはオフレコだよ」というセリフは、調査者と被調査者間の「親密性」を再確認する「約束事」のニュアンスを示していると言うこともできる。つまり、調査者がこの「約束」を守らないならば「これ以上は言えない」という暗黙の「リトマス試験紙」であるのかもしれないのである。

(6)　精神科医の江口重幸は、「ナラティヴ・セラピーは、通常の治療面接で前提とされるクライアントと治療者の非対称的関係、つまり前者が語る内容を後者の知識が解釈するという図式を意識的に括弧に入れ、社会構成主義的、平等主義的な視点から、クライアントの経験に根ざした『声』を社会的な文脈へと引き出そうとするものであろう。それは従来の、既成の解釈枠をもってクライアントの語るストーリーを型にはめ込む傾向への有力な批判となっている。」（四八頁）と言っている。江口重幸「病いの経験を聴く——医療人類学の系譜とナラティヴ・アプローチ——」小森康永・野口裕二・野村直樹編著『ナラティヴ・セラピーの世界』所収、日本評論社、一九九九年、三三〜五四頁。ナラティヴ・セラピーについては、他にMcNamee, S. and Gergen, K. J. (eds.), *Therapy as Social Construction* (London: Sage, 1992)（野口裕二・野村直樹抄訳『ナラティヴ・セラピー——社会構成主義の実践——』金剛出版、一九九七年）、White, M. and Epston, D., *Narrative Means to Therapeutic Ends* (New York: W. W. Norton & Company, 1990)（小森康永訳『物語としての家族』金剛出版、一九九二年）、野口裕二『アルコホリズムの社会学——アディクションと近代——』日本評論社、一九九六年などを参照。また、ナラティヴ（語り）を通してのアイデンティティの問題などについては、Antaki, Charles & Widdicombe, Sue (eds.), *Identities in Talk* (London: Sage, 1998)、Linde, Charlotte, *Life Stories: The Creation of Coherence* (New York: Oxford University Press, 1993)、などを参照。

(7)　庶民生活史研究会編『同時代人の生活史』未來社、一九八九年。この研究会の名称と編纂された本の書名も象徴的でさえある。松本通晴らは、明治、大正、昭和といった同時代を生きてきた日本人「庶民」の生活史に興味があるのだという点を強調しているのである。

(8)　K・プラマーは、『セクシュアル・ストーリーの時代』の中で、「しかし、いまや個人的なセクシュアル・ストーリーを語る時代がまさにやってきたのである——すくなくともグループによっては。本書では、これは何なのか、つまり、ストーリーとはどのようなものか、なぜ人はそれを語るのか、それらはどこへ向かおうとしているのか、をじっくり考えてみたい。私は、人びとが自らのもっとも『親密な』生活のある局面を詳しく述べる、その個人的でセクシュアルな語りに注目したい。どのようにそれらが語られるようになるのか、現代生活でそれらが果たしている役割、そして世紀末にそれらがどこへ向かおうとしているのかを見てみたい。本書では、『ストーリーの社会学』の一般的分析からはじまって、『レイプの犠牲者』、『カミングアウト』したレズビアンやゲイ、『回復者』たちの、特定の『性的な被害を受けそれを切りぬけた体験者の話』の検討に移る。そしてさらに、そうしたストーリーの政治的な役割の分析とそれらが新しいかたちの親密性の市民権（intimate citizenship）——「親密な関係」が主な焦点となるかたち——を生み出す将来的な可能性にまで進みたい。全体をとおしての焦点は、世紀末に語られる個人的なセクシュアル・ストーリーの特定の事実にあるけれども、この研究の究極の目的はもっと広く、さらに一般的でフォーマルなストーリーの社会学を構築する一助となることにある。」(邦訳一〇頁)と述べている。Plummer, Ken, *Telling Sexual Stories: Power, Change, Social Worlds* (London: Routledge, 1995)(桜井厚・好井裕明・小林多寿子訳『セクシュアル・ストーリーの時代―語りのポリティクス―』新曜社、一九九八年)。

(9) Lejeune, Philippe, *L'autobiographie en France* (Paris: Armand Colin, 1971)(小倉孝誠訳『フランスの自伝―自伝文学の主題と構造―』法政大学出版局、一九九五年)、邦訳二一頁。

(10) これらの諸点については、Rubin, Herbert J. & Rubin, Irene S., *Qualitative Interviewing: The Art of Hearing Data* (Thousand Oaks: Sage, 1995)、Coffey, Amanda & Atkinson, Paul, *Making Sense of Qualitative Data: Complementary Research Strategies* (Thousand Oaks: Sage, 1996)、Silverman, David, *Interpreting Qualitative Data: Methods for Analysing Talk, Text and Interaction* (London: Sage, 1993)、Silverman, David (ed.), *Qualitative Research: Theory, Method and Practice* (London: Sage, 1997)、Atkinson, Robert, *The Life Story Interview* (Qualitative Research Methods Series 44) (London: Sage, 1998)、などを参照。

(11) 有末賢「生活誌研究と奥井復太郎」川合隆男・藤田弘夫編著『都市論と生活論の祖型―奥井復太郎研究―』所収、慶應義塾大学出版会、一九九九年、一三七～一五八頁、参照。

(12) 調査方法論においてジェンダーなどの「調査のバイアス」の問題を扱ったものは数少ないが、大山七穂「ジェンダーと調査のバイアス」栗田宣義編『メソッド/社会学―現代社会を測定する―』所収、川島書店、一九九六年、一四九～一六四頁が参考になる。また、フェミニストの観点から、公的知識と私的生活との間の「ジレンマ」について考察しているRibbens, Jane and Edwards, Rosalind, *Feminist Dilemmas in Qualitative Research: Public Knowledge and Private Lives* (London: Sage, 1998) も参照。

(13) イギリスの場合には、エセックス大学の質的データ収集センター(QUALIDATA; ESRC Qualitative Data Archival Resource Centre)が質的データの資料のコレクションを公開しており、また大英図書館(British Library)でもレコードなどの音の収集(National Sound Archive)と公開が行われている。イギリスの場合の趣旨は、社会史に重点を置いた口述史で、労働者階級(working class)や庶民の生活にかかわる資料に重点が置かれている。また、オーストラリアの場合には、オーストラリア国立図書館(National Library of Australia)の中に、口述史コレクション(Oral History Collection)があり、ここでは、移民史、社会史、民俗学(Folklore)などの資料として、写真やカセットテープの保存なども行っているようである。詳しくはhttp://www.esds.ac.uk および、http://www.essex.ac.uk/depts/ukda.aspx で利用できる。

(14) 有末賢「質的社会学としての生活史研究」『法学研究』第六五巻第一号、一九九二年一月、二五九～二八五頁、同「〈意味

の社会学〉と生活史研究」『社会学年誌』（早稲田社会学会）三四号、一九九三年三月、六一～七四頁、同「ライフヒストリーにおける記憶と時間」『三田社会学』（三田社会学会）創刊号、一九九六年七月、六七～八二頁、を参照。

（15）　Plath, David W., *Long Engagement: Maturity in Modern Japan*（Stanford, California: Stanford University Press, 1980）（井上俊・杉野目康子訳『日本人の生き方―現代における成熟のドラマ―』岩波書店、一九八五年）。なお、コンボイ（convoy）を邦訳では「同行集団」と訳している。

第Ⅲ部　生活史の応用と解釈

第八章　移民研究と生活史研究

第一節　生活史のモデルとしての移民研究

第Ⅲ部においては、「生活史の応用と解釈」に焦点を当てるが、本章の目的は、生活史の移民研究への応用と解釈を考えることである。従来から社会学・文化人類学の分野では、移民研究や都市研究において、生活史法（life history method）が用いられることが多かった。前述のように、例えば、生活史研究のうえからも、研究の画期をなしたとされるW・I・トーマスとF・ズナニエツキによる『ヨーロッパとアメリカにおけるポーランド農民』においては、ヨーロッパとアメリカ大陸とのあいだで交換された五〇組の家族の手紙や一人のポーランド人移民（ウラデック）に書かせた自伝などを使用しており、生活史法が用いられている。また、都市社会学の源流として位置付けられているシカゴ学派の「シカゴ・モノグラフ・シリーズ」の中にも、C・ショウの『ジャック・ローラー』（一九三〇年）や、生活史法とは言いがたいが参与観察法（participant observation）の代表的研究となっているW・F・ホワイトの『ストリート・コーナー・ソサイエティ』（一九四三年）も広い意味では「移民研究と生活史研究」との関連性を示しているとも言える。

また日系人研究の系譜においても、日系カナダ人を扱った鶴見和子（一九六二年）、日系ブラジル人・中尾熊喜のライフヒストリーを中心とした前山隆（一九八一年）、「口述の生活史」（oral life history）を共通の方法として日系ハワイ移民一世たちの生活史を共同調査した中野卓（一九八三年）、前山隆（一九八六年）、鳥越皓之（一九八八年）らの成果があげられている。[1]社会学や文化人類学、あるいは雑誌『思想の科学』とも結び付いた生活記録運動[2]などの中から生まれた「聞き書き」「生活史」の方法ではあるが、移民研究へもはやくから適用されている。

このような両者の関係は、はたして偶然の一致であろうか。それとも、「移民研究と生活史研究」とのあいだには、ある種の必然的な関係が存在しているのであろうか。さらに、「移民の都市への移動」という現象は普遍的に見られるようであるが、そうであれば都市社会学のテーマとして「異質性としての都市」を考察していく際に、移民コミュニティへの参与観察やメンバーの生活史を採取していく方向が考えられる。したがって「都市化と移民生活史研究」との関連についても、方法論的課題として考えていかなければならないのである。

そこでまず、「移民」概念の再検討からはじめてみよう。

第二節　「移民」概念の再検討

1　出稼ぎ移民・外国人労働者・国際的労働力移動の観点

「移民」とは通常、外国への移住者を意味している。そして、国家のイニシアティヴのもとで進められた「植民」や「強制移民」、「奴隷貿易」などとは区別されている。したがって、「労働移民」ないしは「移民労働力」

という考え方は、「近代国民国家」の成立と関連しているものと考えられる。つまり、近代的な世界経済の成立と発展に即した国際労働力移動の諸段階と関連しており、発展途上国から先進諸国への労働力の国際移動という枠組それ自体が近代的な現象であるといえる。世界経済や世界労働市場の存立は、近代国民国家のマクロ経済を前提としている。「近代国民国家」の成立は、政治的には「市民」を、経済的には「経済人」を、そして社会的には自由・平等をたてまえとした「人権」（権利を有する人）を用意していた。したがって、国民国家（nation state）は、一方において、人為的な国境線を引き、原則として民族にもとづいた領土を保持していたが、原理的には、経済活動においても、政治的活動においても、社会活動においてさえ、「移動の自由」を保障していたわけである。このように、近代における「移動の自由」は、アメリカ合衆国、カナダ、オーストラリアなどいわゆる「新大陸」への移民を考えあわせても、おそらく一九世紀以後のこととしてよいであろう。そして、今日の「外国人労働者」と呼ばれる大量の国際労働力の現象が顕在化し、さらに歴史的にもある格別の意味を持つようになったのは、やはり戦後のことであろう。

また、日本語で「移民」というと、移民として出国する人も、また入国する人もさす。英語では、“emigrant”（出移民）と“immigrant”（入移民）のように二つの言葉がある。この観点も、われわれの移民研究にとっては見落しがちな点である。すなわち、移民の送り出し国と移民の受け入れ国との関係、移民とホスト社会との関係、さらには日系移民の「出稼ぎ」による「還流」現象など、移民研究が総合的に見ていかなければならない諸点を提起しているものと考えられる。つまり、移民は「移動する民」という語の原義に戻って考えてみると、出移民と入移民は「近代史の表裏」の関係にあり、移動は一時的なものもあるし、永続的なものもある。また、「出稼ぎ」という経済的な理由からも、結婚、家族の呼び寄せなど家族的な理由からも起こり得る。また、移民の母国とホスト社会との関係自体も、複数にわたり、何度も出国、帰国を繰り返すこともある。そして、移動はつねに「社会的移動」として存在している。つまり、空間的、地理的移動が社会階層の上昇や下降を伴うということである。近代的国民国家の形成は、公教育制度の普及などを通して国民に身分、出身、血統などの枠を超えて上昇移動するチャンスを提供したが、それらの制度の徹底化や完全な機会の平等を保障するまでには相当程度の時間がかかったし、むしろ近代初期には地域間の不均等は拡大していった。そこから、海外への「移民」は社会階層の上昇移動への期待が込められていたわけである。

以上のように、「移民」について世界経済的な観点や労働力の国際移動という観点から見れば、いわゆる「日系移民」の問題も、「送り出し国」「受け入れ国」双方の経済レヴェルや、労働力の需給関係を考慮に入れて見ていかなければならない。マクロ的な意味での「移民」概念は、労働力移動、階層移動、そして経済発展や国力の反映とも関係しているのである。

2　エスニック・マイノリティと適応―同化の観点

「移民」概念のもう一つの側面は、移民はホスト社会の中では常に「少数民族」（エスニック・マイノリティ）として位置付けられるということである。移民国家としてのアメリカ合衆国においても、「人種のるつぼ」（melting pot）とか「多元主義国家」（pluralism）とか言われながら、なおかつＷＡＳＰ（アングロサクソン系白人でプロテスタント）の優位性は揺らいではいない。ヨーロッパにおける「外国人労働者」の位置も同様である。これらの問題は「移民」にまつわる一般的な不平等の問題、差別の問題として考えられている。しかし移民や少数民族の不平等および差別の問題は、位相の異なる三つくらいの問題を内包しているように思われる。

まず第一に、エスニック・マイノリティの名が示すとおり、少数―多数における数量的不平等が存在している。この構造は、少数者が多数に転じれば逆差別が生じやすい構造を内包している。また、この時のエスニシティは、必ずしも移民自身のエスニック・アイデンティティとは一致していなくてもよい。つまり、数としての少数者に甘んじるよりは、ある一定の権利を獲得するためには、「日系人」としてよりも「アジア系」移民として集団化した方が得策である場合には、そのように行動することもある。したがって、エスニシティのカテゴリーは相対的なものであり、次に述べる構造的不平等、状況的不平等に応じて、例えば「白人対非白人」、「先進国対後進国」、「オールドカマーズ対ニューカマーズ」というような区分が量的不平等に付け加えられることが多い。

移民がホスト社会の中で抱える第二の不平等、差別の問題は、人種問題を代表とする構造的不平等の問題である。言うまでもなく、欧米諸国の中にある白人優位の思想であるが、これは単純に「皮膚の色」からくる差別の問題だけではなく、経済的・階層的な格差の固定化にもつながっている。ある社会において、経済的不況が最初にダメージを与えるのは、最下層の人々に対してである。階級社会においては、労働者階級のその下にさらに「移民労働者」を位置付けている。したがって、構造的不平等はどういう状況下にあっても再生産される可能性がある。移民問題とは直接関係はないが、女性差別の構造もまた人種差別、階級差別（資本制社会）の構造と絡まりながら、しかし独立した不平等の構造を形成している。したがって、女性移民や移民社会における女性問題という問題も重要な学問的視点を提供しているのである(3)。

第三の不平等は、状況的不平等とも言える問題で、移民に限らず「他所者」（ストレンジャー）一般にあてはまる概念である。現象学的社会学者のA・シュッツは、「他所者とは、私たちの生きるこの時代、この文明に属する成人となった個人を意味し、彼が接近する集団に永久的に加入しようとするか、少なくともその集団に許容されようとする立場にいる人を指す(4)」と述べている。シュッツは、「よそ者」の格好な例として「移民」の場合を挙げているが、これだけに限定されずに、例えば、閉鎖的クラブへの加入者、結婚相手の女性の家族に受け入れられたいと考えている花婿候補者、大学に入学する農家の息子などが挙げられている。つまり、加入しようとしている集団に対して適応―同化の圧力が加わってくるということである。これは、不平等ないしは差別の問題とはレヴェルが異なるかもしれない。よそ者にとって、もしも適応―同化の圧力が嫌ならば、加入しようとすることとそれ自体をやめればよいからである。しかし、移民の場合には、ことはそう簡単ではない。移民は移民自身の好き勝手だけで成立しているのではなく、移民を受け入れるホスト社会の存在を前提としているからである。ホスト社会への適応―同化にまつわる不平等は、その意味で状況的不平等であると言える。

したがって米国における日系移民を例にとって考えてみてもわかるとおり、「移民」はエスニック・マイノリティとして存在し、しかもホスト社会における社会的地位はほとんどが低いところから出発している。ここに、「移民」は当該ホスト社会に対して、適応―同化の過程を強いられていかなければならないというある種の「規範」が生まれてくる。アメリカ合衆国が移民国家であり、人種・民族のモザイク国家をなしているがゆえに、この「適応―同化」のプロセスに「成功」していく者が、すなわちアメリカ社会での「成功」を意味していたとも言えよう。[5] そして、移民研究や「移民」概念の成立においては、移民国家＝アメリカ合衆国の影響力は極めて大きかった。したがって、もともと「移民」はホスト社会の「中枢的文化」に同化するものであり、それが「移民」にとって最終的な目標でもあるという信念が前提としてあった。しかし最近では、むしろこうした「同化」志向を前提としない「移民」の適応類型が注目されだしている。

特に米国における「コリアン・コミュニティ」（韓国系移民集団）を調査研究しているK・C・キム（Kwang Chung Kim）らは、以上のような「適応はするが必ずしも同化はしない」形態の「適応」類型を、「適応の非ゼロ―サム・モデル（non zero-sum model of assimilation）」と名付けている。[6] つまり、「適応」のタイプが、「完全」な適応か「不適応」かに二分されるのではなく、「適応」それ自体の多様な展開を認めていこうというわけである。キムらは、「適応の非ゼロ―サム・モデル」の類型として、①同調的多元主義（accommodative pluralism）、②抑制的文化変容（controlled acculturation）、③同化なき文化変容（acculturation without assimilation）、④多元的統合（pluralistic integration）などを挙げている。

キムらの指摘の重要な点は、このようなさまざまな「適応類型」分析が、その「文化的適応」の側面と「社会的適応」の側面を区別しているということにある。キムらによれば、「文化変容」は「社会的同化」の必要条件ではあっても十分条件ではない。特にそれは、最近の「非—白人系移民」に特徴的でさえあり、コリア系「移民」の場合は特にその専門職としての地位や英語会話能力、そしてプロテスタント教会への加入などの社会経済的行動や地位の高さが必ずしも「社会的同化」には結び付かない、と指摘している。

キムらの指摘のもう一つの重要な点は、「適応の非ゼロ—サム・モデル」におけるさまざまな特徴を民族的な特性に帰因させるのではなく、ホスト社会の諸条件との「引き合い」において決定されると捉えている点である。しかもここでは、単純に「社会経済的な地位」が問題になるのではない。すなわち、ホスト社会の諸条件としては、政治的・法律的諸制度の問題も重要であるが、とりわけ生活者個人の心理的・意識的な問題も重要になるのである。彼ら諸個人の「異質性認識」と、ホスト社会における「異質性認識」との「引き合い」において、「適応形態」や「アイデンティティの再組織化」が決定されるのである。

3　多元化とボーダーレス化社会における「移民」概念

このように、「移民」概念を近代資本主義の世界経済システムのもとで再考察したり、従来の「適応—同化」のプロセスにはあてはまらない最近の動向を考え合わせてみると、「移民」概念そのものの再検討が迫られていることがわかる。そこで、本章では仮説的ではあるが、多元化し、ボーダーレス化している現代社会における「移民」概念そのものの拡大と変史について考察してみたい(7)。

図 8-1 「移民」概念の四類型

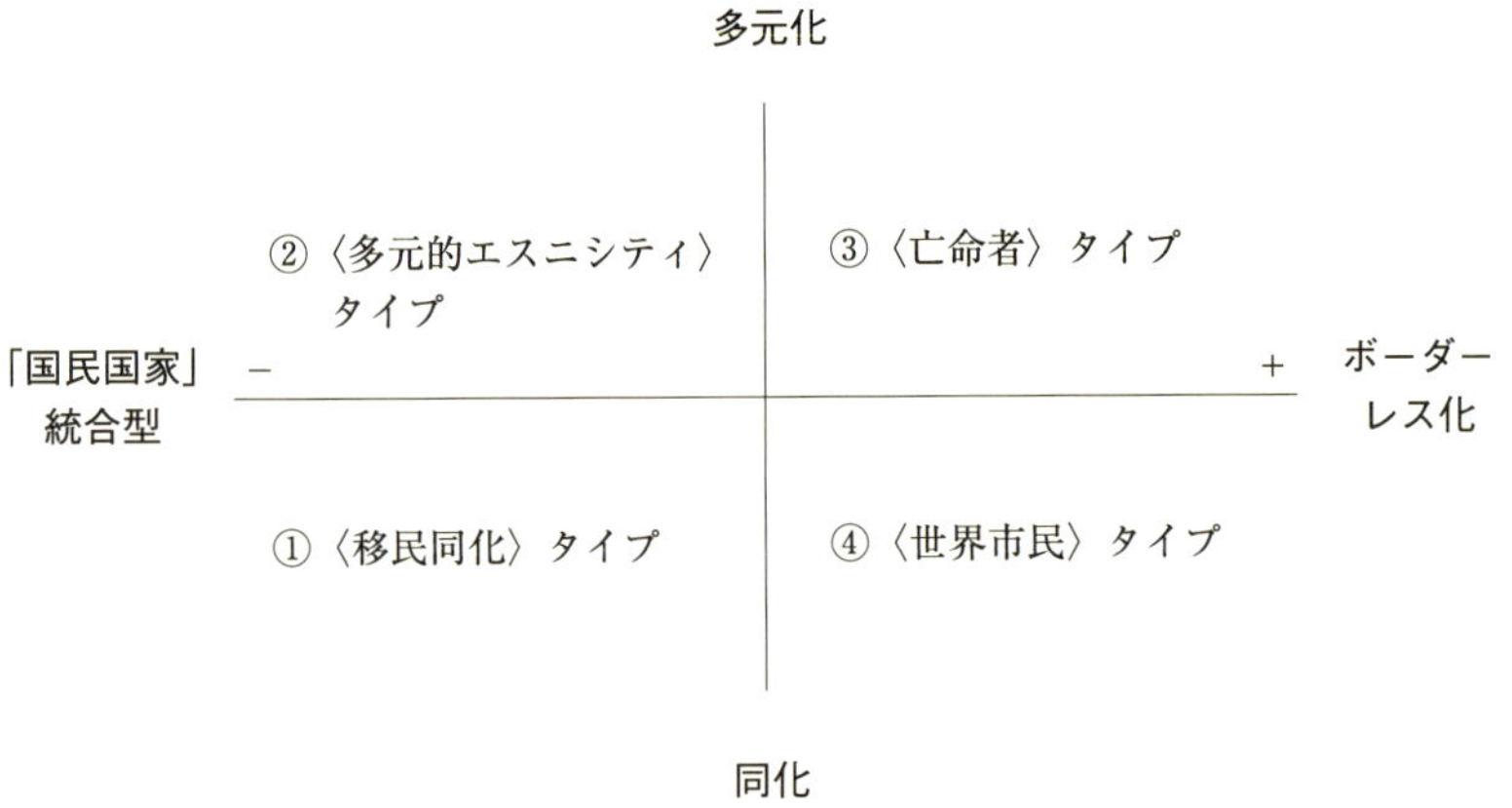

出所：筆者作成。

図8-1に示したのは、「移民」概念の変貌について図式的に類型化してみたものである。横軸で表しているのは、左にいくほど「国民国家」統合型になり、右にシフトするほど「国境喪失」状態、すなわちボーダーレス化していくことになる。そして、縦軸で表しているのは、「移民」に対するホスト社会の対応、ないしは「移民」自身の受け取り方の差異である。これらを二元的に表すこと自体、無理があるが、ここではあえて「同化」と「多元化」の二つの方向性で示した。そうすると、横軸と縦軸を交差させることによって、「移民」概念そのものが四つのタイプを包含することになる。

まず、「国民国家」統合型と「同化」によって類型化される第一のタイプは、〈移民同化〉タイプと名付けられている。これは、前述したようなアメリカ合衆国への従来までの移民のように、「適応―同化」のプロセスがあてはめられるタイプである。これに対して、「同化」を強制しない「国民国家」統合型としては、第二の〈多元的エスニシティ〉タイプが考えられる。これは、「適応の非ゼロ―サム・モデル」やカナダ、オーストラリアなどが志向している「多元主義国家」や「多文化主義」があてはまる[8]。つまり、「国民国家」統合へ向けての適応はしていくが、「同化」はしないというタイプである。言い換えれば、「異質性」を認識しながら「多元的エスニシティ」の共生をめざす「移民」概念である。

このような「国境線」を前提にした「移民」概念に対して、ボーダーレス化のインパクトは否応なしに「移民」を流動的・浮動的なものにしていく。そこで多元化したままの状態でのボーダーレス化によっては、第三の〈亡命者〉タイプが考えられる。これは、「国民国家」への統合に対して離反しながら「世界」を浮遊するというイメージが浮かんでくる。(9) 確かに、近代「国民国家」への統合の中での「移民」像においては、「植民」や強制的移住、奴隷貿易などとは区別される意味で「移民」概念が使われているのと同様に、また「一時的出稼ぎ」や「経済難民」、政治的、宗教的理由による「亡命者」なども「移民」は区別されている。しかし、現代のボーダーレス化の状況では、「エスニシティの多元化」は必ず「国民国家」内部での闘争、葛藤、そして分離―独立を内包している。その意味で、新たな「移民」概念の一つとして〈亡命者〉タイプを措定してみたい。第四のタイプは、ボーダーレス化と「同化」によって構成されるもので、一応〈世界市民〉タイプと名付けておく。これは、エスニシティの多元化やボーダーレス化がますます進行していくなかで、それでも「移民」のアイデンティティを確保していくならば、やはり「世界性」や「市民性（シティズンシップ）」といった「普遍的価値」への「同化」が志向されるのではないかと考えられる。それは、「国民国家」に対しての「同化」とは、レヴェルを異にした高次元での同化であり、「メタ同化」と言ってもよいだろう。〈世界市民〉という名称が妥当であるかどうかは一応おくとして、「移民」の獲得していく「意味の地平」について考察していかなければならないものと思われる。以上のような「移民」概念の再検討を経ながら、「移民の生活史」研究について次に見ていくことにしよう。

第三節　「移民の生活史」研究の方法論的課題

1　「生活史」の資料・方法・テクスト

はじめに述べたように、日系人移民の生活史（ライフヒストリー）だけでも、既に多くの著作が刊行されている。日本語で「生活史」と言う場合には、歴史学や民俗学で使用されている意味での「生活の歴史」、ないしは「事件史」に対照される「社会史・生活史」という「一回的ではない歴史」、「繰り返す歴史」、「文字資料に残らない歴史」という意味が含まれる。確かに、「移民」という社会的カテゴリーで呼ばれる人々にとっても、歴史的・社会的・文化的な「一般化」はなされ得る。その意味では、C・クラックホーンとH・A・マレーが、「どのような人間もある点で(a)他のすべての人々のようである、(b)他のある人々のようである、(c)他の誰のようでもない」[10]と述べているが、つまりは「一般化」のレヴェルの問題である。(a)は人類全体に妥当する普遍的な一般化のレヴェル、(b)は性、民族、社会階級、文化、時代、職業、あるいはそれらの組み合わせからなる集団に妥当する一般化のレヴェル、(c)は特定の個人に妥当する一般化のレヴェルであって、それぞれは相互に、しかし完全にではなく、独立して人間に関する知識の構造をなしている。人は常に他の人と類似な側面を持つと同時に、独特な側面を有しているのである。したがって、「移民の生活史」が「移民史」、「移住史」あるいは「日系人史」、ひいては「近代日本史」につながっていく要素は持ちながらも、しかしあくまでも「個人生活史」（personal life history）として位置付けておくことも重要である。英語のライフヒストリー（life history）には、生命・生活史として人間一個人の人生、一生という意味が込められている。したがって、「個人」（personal）を省いてライフヒストリーだけで「個人の生活史」を意味してきたのである。もちろん、生活史にも加工を全く施していない「原資料」から作品としての「生活史」研究にいたるまで、さまざまな多様性が存在している。

資料としての「生活史」は、まず第一に「自伝（autobiography）」「手紙」「日記」「作品」などの主体（ここでは「移民」自身）によって残されている文字資料が挙げられる。これらの資料も、公刊されていて誰にでも入手可能なものから、調査者によって「発見」され、「解読」されるデータまで含まれる。第二に、調査者と対象者（主体）の間でのインタヴューに基づく「口述史（oral history）」が挙げられる。この「口述史」の位置付け方も、「生活史」調査を目的とした話者のライフヒストリーの場合は、それだけで「作品」としての生活史研究になるものから、「移民史」「移住史」研究の一部として「口述史」を利用していく場合もある。社会史の史料論としての「口述史」は、文字史料が得られない場合の「補助的史料」という意味もあるが、しかし、口述でなければ得られない「個人」の内面的感情や、「何気ない会話」から得られる主体の意味付与についても見逃すことはできない。「口述史」もインタヴューがテープに録音され、「テープ起こし」がなされると「文字資料」として記録される。ただし、もちろん「生活史」の場合は、過去のことについてのインタヴューが中心となるため、現在時点（対象者が何歳で、どのような家族、職業、生活状態のなかで、調査者であるインタヴュアーとどのような社会関係のもとで、話されたのか）でのバイアスがかかってくる。したがって、第一に掲げた『資料』としての自伝、手紙、日記などの個人生活史上の時間軸とはまったくの「同列」ではあり得ない。「生活史」研究の観点からの資料分類でいえば、前述した第一の分類は、「ライフ・ドキュメント（生の記録）」ということになり、第二の分類は、「ライフ・ストーリー（生活の物語）」ということになる。[11]そして、資料としての「生活史」の第三のタイプは、非文字的な資料としての物、風景、写真などの広い意味でのメディア（個人の心象と生活を媒介するモノ）である。このような第三のタイプの資料の多くは、インタヴューの場面で話者が回想、想起するのに役立つが、まれには対象者が意識していないものまで調査者によって分析され得る「資料」になることもある。

次に「方法論」としての生活史を見ていくことにしよう。[12]生活史調査は、通常、「質的調査法（qualitative research method)」の一種として分類されている。質的調査法の中には、生活史法だけではなく、参与観察法、自由面接法(non-directive interview)、実験的方法(experimental method)などが挙げられる。もちろん、調査票法(質問紙法、questionnaire method)の場合でも、量的データだけではなく、質的データを得ることも可能であるが、自由面接法や生活史法、参与観察法などに比べると、「質」よりも「量」に重点が置かれやすいと言える。また観察法の中には、非参与観察もあるし、広い意味での自由面接法の中には、集中的面接(intensive interview)や、臨床心理学およびカウンセリングなどで使用されている深層面接(depth interview)、さらには気軽に使われている聞き取り(hearing)や聞き書きなども含まれている。

「移民の生活史」調査における方法論上の問題点について、次に考えてみたい。まず第一に、「出移民(emigrant)」として見ていくのか、「入移民(immigrant)」として見ていくのか、それとも一人の「移民」を通してその両面を見ていくのか、という課題がある。「移民」を送り出す側の家族、村落、地域に関心を向ける場合は、「個人」を対象にした調査だけではなく、家族構造、村落構造、人口構造などのいわゆる「社会構造」研究は欠かせない。また、「移民」を受け入れる側のホスト社会の研究においても、エスニック・コミュニティ、都市社会の「異質性」認識、都市生態学的な分離(segregation)、経済的要因、労働市場の問題など広範な領域に対しての目配りが必要である。しかし、それにも増して重要なことは、「移民」自身の生活史は、これらの双方を行き来しており、彼/彼女の中で「主観的」な経験として認識されているという点である。

第二点は、異なる文化、複数の文化へとわたった「経験」、あるいは行き来した(ないしはしている)「経験」の重要性をどのように把握していくのか、という課題である。これは、そもそも研究者の側の「言語能力」や研究者の「適応力」さえ試されているとも言える。日系人研究であっても、一世から、二世、三世と移り、ホスト社会がそれぞれ異なると英語、ポルトガル語、スペイン語とそれぞれ言語が異なってくるし、日本語そのものの保持も難しくなってくる。したがって、ある意味では前節で述べた「エスニシティの多元化」やボーダーレス化を研究者もまた、くぐり抜けていかなければならないのである。

方法論としての「移民の生活史」研究の第三の課題は、対象者の「物語性」の強調という問題である。これは、通常のライフヒストリー研究においても、話者の思い込み、記憶違いと研究者側による「実証」や「傍証」の提示の問題として考えておかなければならないが、「移民の生活史」の場合には、「成功物語」あるいは「失敗物語」という「話の筋」が立てられることが多い。これは、私の考えによれば、前節で詳しく述べたように「移民」概念の「適応―同化」プロセスと重なってくるものと考えられる。つまり、「日系移民」の場合でも、北米大陸での「国民国家」統合の過程に沿って生活史が描かれている。ほとんどの北米日系人一世が苛酷な「農園」労働や契約移民後の都市への移住、そして定着と「移民」排斥、さらには日米開戦と「収容所」生活など筆舌に尽くしがたい辛酸を経験してきている。それゆえに、『一二〇％の忠誠』[13]（ビル・ホソカワ）と言われるような「過剰同化」の反応まで見られたのである。しかし、現在、日系ブラジル人や日系ペルー人などの二世、三世などの「日本への」出稼ぎ移民において見られるタイプは、「成功」でも「失敗」でもなく、「適応―同化」モデルとは異なった「移民像」をわれわれに提示しているのではないだろうか。

そこで最後に、「作品」としての「生活史」研究の方法論的課題についても触れておこう。水野節夫は「生活史研究とその多様な展開」という論文において、「生活史（資料）コンテクストづけの仕方は、大きく二つのタイプを区別することができる。一つは、解釈・分析志向とでも呼べるもので、調査者もしくは研究者が明示的な形で生活史資料もしくは〈作品としての生活史〉の解釈・分析にのりだしていくタイプである。…（中略）…もう一つは編集志向であって、こちらの場合、調査者もしくは研究者は、可能な限り被調査者本人の言葉や言いまわしを生かしながら本人自身の一生を浮きぼりにするために、編集という形で生活史資料の再構成に関与する」[14]と述べている。そしてまた、「ここで注意しておきたいことは、解釈・分析志向と編集志向とは論理的にはなんら矛盾しないということ、にもかかわらず経験的には両立しがたいものらしい、ということである[15]」とも述べている。この点については、「移民の生活史」の作品化においてもそのような傾向が見られる。「移民」研究における解釈・分析の困難さが、往々にして「安易な」編集志向へと向かわせているのかもしれない。「移民の生活史」を通したアイデンティティ論や「態度変更（alternation）」についての理論的分析が必要とされるわけである。

2　日系人移民の生活史研究のタイプ

本書においては、私自身の「ライフヒストリー研究」を提示することができないので、目についた限りでの「日系人移民の生活史」研究を整理してみたい。この作業自体は、単なる「文献紹介」に終わってしまうかもしれないが、移民研究と生活史研究を意識的につないでいこうとする本章の趣旨からは、「なぜ、移民の生活史は語られるのか」あるいは「なぜ、移民の生活史が興味を持たれるのか」という疑問に対して、回答を試みてみたいと考えている。

「日系人移民の生活史研究」のタイポロジーとして、四つの類型が可能であるように思われる。それらは、

①「口述の生活史」タイプ――一人の人間のライフヒストリー
②「移民群像」タイプ――複数の人間たちのライフヒストリー
③「移民史と生の現実」タイプ――特定テーマとライフ・ストーリー
④「フィクションあるいは小説」タイプ――感動ストーリー

というように分けられる。以下、それぞれの作品やテキストを紹介してみよう。

①「口述の生活史」タイプ――一人の人間のライフヒストリー

一人、ないしは一家族を徹底的に追っていく形で「移民の生活史」を浮き彫りにしていくタイプの研究である。典型としては、中野卓や前山隆が挙げられる[16]。これらの作品の特徴は、移民個人の名前が出てきており、その人の語り口が生かされる形で編集されている、という点である。前者の中野卓と立川サエとの場合は、前述したように、「調査の趣旨、目的、方法などは、すぐにわかって下さり、あとは、『幼いころのお話しから』、というだけでよかったのですから、腕ききの搗き手が幾臼も休みなく搗く餅の、私は臼取りする役目でしかないような調査者でした[17]」と述べられている。これに対して、前山隆と渋谷正六の場合は、少々違っていたかもしれない。前山は、「われわれの間に交わされた対話は、単なる面接でも聞き書きでもないし、口述でも口伝でもないと私は了解している[18]」と述べている。つまり、語り手の渋谷と聞き手の前山という関係だけではなかったということである。前山が質問して渋谷が答える、渋谷の主観的解釈の口述を前山が機械的に記録し、テープ起こしをし、文字化し、編集したというものではなかった。主題は渋谷のライフヒストリーであり、彼の生きざまであり、それについての彼自身の解釈であるのだが、前山によると、「まず初めに私が語りかけ、どんな話をしたいのかを念入りに説明し、私のブラジルでの体験やハワイにおける他の日系人との対話の具体例を話すことをとおして、渋谷の自己史解釈への触発剤を浴びせかけ、語りへの意欲をけしかけ、そそのかした[19]」というわけである。

ここで注意しておきたいのは、「自己史解釈への触発剤」という点である。前山自身が語る移民の「自己史」は、もちろん渋谷のものとは一致していないはずである。しかし、あえて調査者が自分の観点を明示化することによって、相手の「自己的解釈」を展開させようとする意図が込められている。これは言うまでもなく、「両刃の剣」になり得る。つまり、前山自身が述べているように、「聞き手である私の視点によって語り手の視点をおいかくし、それをねじ曲げるようなことは最大限にこれを避けるように努力した[20]」というわけであるが、「触発剤」となるということは、他の化学変化を引き起こす可能性も孕んでおり、「これを避ける努力」は文字通り

「保証のない努力」にかかっているのである。

このように中野卓と前山隆のライフヒストリー調査の仕方は、それぞれの個性を反映してかなりスタンスの異なったものになっている。しかし、「作品」としての「移民の生活史」には共通したものが見られる。前山の言葉では、「われわれの推進しているライフ・ヒストリー研究は、従来の社会学的・人類学的研究、ことに構造、機能中心、集団中心の研究への不信と批判に動機づけられ、社会と文化の研究における個人の復権、新しいデータの提出をとおして、人間研究における、従来とは異質な視角、方法、理論を求めているのだ」[21]となる。また、中野は一九八〇年の第五三回日本社会学会大会における「会長講演」において、「個人は例外なく個性あり自立した存在である。そのような個人を経験科学的に取り上げることを、これまでの社会学は避けてきた。各個人は社会的に形成されて来た結果であると共に、どの時点の現在でも社会により規定されつつ、逆に主体的に社会を規定し返している存在である。このような個人についての研究は、彼らの現状にパーソナル・ライフ・ヒストリーを合せ考えるならば、社会学でも可能であり、社会学にとって不可欠でもある」[22]と述べている。この点は、明らかに前山と同様の問題関心が共有されていると言えるのである。以上のような「口述の生活史」タイプに近いものとしては、我妻令子・菊村アケミ（一九八六年）を挙げることができる。[23]また、先駆的な研究でもある前山隆（一九八一年）[24]は、基本的には中尾熊喜のライフヒストリーによって構成されているが、「非相続者の倫理」やアイデンティティ・民族的ユートピアなどライフヒストリーの解釈・分析を加えた研究書であり、ここでは、③「移民史と生の現実」タイプに分類されるように思われる。

②「移民群像」タイプ——複数の人間たちのライフヒストリー

このタイプの「移民の生活史」研究は、一人の人間に凝縮していくのではなく、複数、場合によってはかなり多数の人たちに対してインタヴューを繰り返し、その人の全生涯ではなくとも、少なくとも「移民」にかかわる部分について詳しく調査されているものをさしている。例えば、鳥越皓之（一九八八年）[25]は、七人の老人から「移民群像」が構成されている。また、辻信一（一九九〇年）は、リドレス（redress）というキー・ワードを軸にして、一世、二世の日系カナダ人一一人への聞き書きを中心としている。リドレスとは、普通、過去に差別・迫害を受けた種々の少数民族が、社会に対して、過ちを過ちとして認め、自らを批判し、物質的、金銭的に補償をし、さらに将来同じような過ちが繰り返さぬよう措置を講じることを要求する、そのような運動の全体をさす言葉となっている。辻は、この「リドレス」という概念から日系人自らの言葉で過去を語らせようとする行為へと展開している。つまり、今までの日系人の歴史はほとんどが「受け身で語られる歴史」であった。特に、戦中期を中心とする迫害の歴史の中では、日系人は文字通り「迫害されるもの」として記録されている。しかし、すべての日系人がアメリカ合衆国政府やカナダ政府によって、収容所に送られ、客体として受け身で存在していただけではない。日系人自身が何を感じ、思い、何をしようとし、したのか、また自分の思考や行為にどんな意味を見出していたのか、このことが大事なことである。強制移動の苦い体験を自分の子供にすら語らないことが多いと言われている「静かなる日系人」のこの「沈黙」をこそリドレスしなければならない、と辻は考えている。「日系人が自らの過去の沈黙をもう一度思いだし、生き直し、再吟味し、音声にすべきところはする。それがこれまでの受け身の歴史、負の歴史の語り直し、書き直しを意味するかもしれません」[26]。このように、「語られること」と「語られないこと」との相互関係の中から、「日系カナダ人の移民群像」へ焦点を合わせているのである。

こうした研究者の側での「選択」を通したライフヒストリーに対して、半田知雄（一九七〇年）や伊藤一男（一九九〇年）などには[27]、多数の日系人の生き方が紹介されている。また、戦前の炭鉱労働者の離職後のブラジル移住を扱った上野英信（一九七七年）[28]は、送り出し側の「群像」から引き続いて追求されているルポルタージュである。

③「移民史と生の現実」タイプ――特定テーマとライフ・ストーリー

このタイプに分類されるものは、数としては一番多い。つまり、著者あるいは研究者の側で移民史、移住史との関連において「生の現実」を示していると思われるライフヒストリー、ないしはライフ・ストーリーをちりばめていくというタイプである。したがって、話者あるいは移民自身の「語り口」はほとんどテクストの中には現れない。むしろ、著者の問題関心の中で咀嚼され、歴史的事実として例示されることが多い。このような「作品」の書き手の多くは、ルポライター、ノン・フィクション作家、ジャーナリストなどである。代表的なものとして、山崎朋子（一九七八年）、工藤美代子（一九八三年）、真壁知子（一九八三年）、石田甚太郎（一九八六年）、三好耕三（一九八二年）、芳賀武（一九九〇年）などが挙げられる[29]。

この第三のタイプには、本格的な「移民史」研究も関連してくるが、概して研究書においては、自覚的な形ではライフ・ストーリーもライフヒストリーも使用されてはいない。これは、ライフヒストリー研究が科学的研究方法としてはあまり認識されていないという点にかかわってくるものと考えられる。

唯一、著者が社会学者であることと関係するのかもしれないが、新保満（一九七五年、一九八六年）では[30]、移民のライフヒストリーが使われており、「移民史と生の現実」との関連が示されている。

④「フィクションあるいは小説」タイプ――感動ストーリー

このタイプについては、文学の領域で見ていくならば、石川達三『蒼氓』（改造社、一九三五年）、山崎豊子『二つの祖国』（新潮社、一九八三年）、井上靖『わだつみ』（岩波書店、一九七七〜九一年）など、日系移民を主人公にした数々の作品が含まれる。しかし、そこにはどんなに綿密な調査を踏まえたうえでも、作家によるフィクションが上乗せされている。また、そうでなければ、その作家の「作品」としての価値が問われることにもなる。したがって、「感動ストーリー」としての「感動」が日系移民自身の「事実としてのライフヒストリー」によるものなのか、あるいは作家の想像力によるものなのか、そこは判然としない。ある意味では、日系移民のライフヒストリーから離れて、登場人物の夢、憧れ、苦悩、挫折の中に「人間の真実」が描かれている場合もあるだろう。

そういう意味では、「感動ストーリー」すべてを「日系人移民の生活史」研究の中に含むことはできないが、醍醐麻沙夫（一九八一年）[31]は、第一回移民船の通訳としてブラジルに渡った、平野運平の「原始林の開拓」という壮絶な闘いと夢を事実に基づきながら描いており、「作品」として結実したものは、③「移民史と生の現実」タイプとほとんど変わらない小説となっている。

以上、日系人移民の生活史研究を四つのタイプに分けて、概観してきた。前節で見てきたように、「移民」概念の再検討や拡大・再構成が必要になっている今日、「移民の生活史」もあまり型にはまったタイプの研究だけでは、「移民研究」の課題に対して応えきれないように思われる。①から④まで通覧してみても、「移民一世」のライフヒストリーが圧倒的に多いことがわかる。ほとんどが「語りきれない」ほどの苦労、辛酸、挫折を「語っている」ところに特徴があるのだろうが、どうもそのときの調査者―話者の前提として、「日本人」の延長線上に描いているような気がする。「移民」は必ずしも「母国」の延長線上にはいない。特に、二世、三世となっていけば当然、ホスト社会の中で生きていくことが「当たり前」になってくる。そういう意味では、『仮面のアメリカ人』（一九七〇年）を書いた日系二世のダニエル・I・沖本や、ジーン・オオイシ（一九八九年）などの日系二世自身の著作[32]の方が、生身のライフヒストリーとなっている。いわゆる「移民文学」においても、「在日」韓国・朝鮮の人たちが次々に作品を発表している今日であるから、これからの世代はネイティヴに交じって生活史を作っていくことになるだろう[33]。ところで、移民の生活史を考えていくうえでも、生活の舞台となった都市生活についての実態は非常に重要なものとなってくる。そこで、「移民と都市」をめぐる問題について、若干触れておくことにしよう。

第四節　「移民と都市」をめぐる問題

1　近代の都市化とエスニック・コミュニティ

これまでに、「移民研究と生活史研究の方法論的課題」を、「移民」概念の再検討や「日系人移民の生活史研究」の類型化をよりどころとして検討してきた。この課題自体が、「なぜ、移民研究と生活史研究が独特な形で結び付くのか」という本章で提起した疑問に対して十全には答えきれていないが、ここでさらにもうひとつ新しい課題を立ててみたい。と言うのは、本書で展開されてきた日系人をめぐるモノグラフ的研究や移民研究へのさまざまなアプローチにおいても、「都市化と移民」の問題は、その根底に底流のように流れていたものと思われるからである。私自身は、都市社会学の立場から、いわば「都市社会学の源流(34)」とも言えるアメリカのシカゴ学派の研究との関係で論じてみたい。

移民が都市化において果たす役割は、決してシカゴ学派のE・W・バージェスが都市の発達の同心円地帯理論で示した、推移地帯や労働者住宅地帯に、ユダヤ人コミュニティとしての「ゲットー」やイタリア人街としてのリトル・シシリー、そして中国人街としてのチャイナタウン、「黒人地帯」というような移民による「凝離」（分離：segregation）が見られるという点だけではない。もちろん、都市における「異質性」の認識や社会病理現象（スラム、少年非行、犯罪、麻薬、自殺、家庭崩壊など）との関連についても移民研究と結び付いてきた傾向があるが、私はここで生活史研究の視点を通して「都市化と移民」について再考察してみたい。

まず、移民はなぜ都市、しかも大都市へと集住してくる傾向があるのだろうか。第一に考えられる要因は、「職業の機会が多い」ということである。R・ウィルソン、B・ホソカワの『ジャパニーズ・アメリカン』（一九八〇年）によると、一九〇五年頃サンフランシスコにおいて日本人が就いていた職種だけでも三五種類にのぼっている。[35] これらから大人の職業についてだけ見ると、召使いが二九二〇人（二九・九%）、旅館、下宿屋および下宿人が一四七八人（一五・二%）、雑業が一一二三人（一一・五%）でこれらを合計すると五六・六%で過半数を占めている。その他に多い職種では、白人の店の従業員（九・八%）、スクール・ボーイ（六・七%）、家屋掃除業（五・八%）、工員および従業員、団体役員、教員、病院医師および従業員、歯科医院医師および従業員なども見られるが、おおむね職業上の地位は低かったと言ってもよいのである。

そして大都市における職業機会の増大とともに、移民にとっての職業が同国人の口利きや斡旋によって拡大していく傾向があることも見逃せない要因である。上に挙げた一九〇五年頃のサンフランシスコにおける日本人の職業構成においても、ほとんどがサーヴィス業に属する職種であり、言語や慣習の上でハンディキャップのある新参者にとっては、先に住み着いている同国人を頼りにして職に就くしか方法がなかったものと思われる。

逆に都市化の発展段階においても、産業化の初期においては、都市内部地域に工場地帯、商業地帯が集積している。したがって、移民の都市内部地域への進出は、必然的に「集住」ないしは「凝離」という形態になってくる。移民一世たちにおいては、ほとんどの場合「集積のデメリット」より「集積のメリット」の方が上回っていた。しかし、当然のように移民がホスト社会の中で徐々に適応し、上昇志向を持ってくるようになると、移民の間での階層移動や世代間格差も生じてくるわけである。さらに、都市化の発展段階においても、違った局面を迎えることになる。

2　郊外化と移民の社会的移動

都市化のプロセスについては、以前から多くの議論がなされてきている。バージェスの都市発展の同心円地帯理論も、競争―凝離―侵入―継起という一連の全過程が都市化のプロセスとして説明されているが、[36] L・ワースはそれ以上に「生活様式としてのアーバニズム」（Urbanism as a way of life）を唱えている。これは、通常「都市」を独立変数とする都市効果論として理解されている。すなわち、「都市」とは、「相対的に規模が大きく、密度が高く、住民の社会的異質性の高い永続的な居住地である」と定義される。そして、「規模が大きければ大きいほど、また密度が高ければ高いほど、そして異質性が高ければ高いほど、それだけアーバニズムの特徴が促進される」というわけである。(37)

しかし、ワースのアーバニズムの概念は、一方で「都市における下位文化（subculture）」の存在を保証したが、他方ではアーバニズムが非空間的概念であることから「都市」を一義的に規定することへの批判も生み出すことになった。例えば、H・J・ガンズ（Herbert J. Gans）の「サバーバニズム」の提起は、既にアメリカ合衆国では一九六〇年代に新たな都市化の段階として、サバーバニゼーション（郊外化）が注目されてきたことの現れであった。(38) つまり、郊外化の段階に入ると都心部での人口減少や、外延的に広がる郊外地域など同一の大都市においても異なった生活様式が生じてくる。ガンズは、ワースが「アーバニズム」と呼んだ生活様式は、現在ではむしろ郊外地域に見られるもので「サバーバニズム」と呼んだ方が適切であると考えたのである。

このように、都市化の発展段階を追っていくと産業化、都市化の初期段階に見られた移民の集住現象（凝離現象）は、次第に拡散して移民の二世、三世たちでは郊外化が主流になっていく傾向が見られる。これは、その大都市の都市化のプロセスと年代においても、範域においても、方向性においてもほとんど一致する場合が多い。しかし、この段階でも、エスニック・コミュニティが消滅してしまうケースはほとんど見られない。旧市街地や都心部、都心周辺部などの商業地域には、依然としてチャイナタウン、コリアンタウン、リトル・シシリー、リトル・トウキョウなどの街が存続し続けている。

このことは、エスニック・コミュニティの存在が初期の「職業機会の紹介」や「呼び寄せ」、「継承」などの実際的な役目から、文化的・象徴的意味へと変化してきたことを示しているのではないだろうか。もちろん、そこには移民の社会移動の実態が内包されている。社会的階層の上昇や下降、移民排斥に対する忍従と抵抗（特に日系人移民にとっては「収容所」体験も含まれる）、都市の郊外化とステータスの獲得などさまざまな要因によって、移民一人一人のエスニック・コミュニティへの思いが異なってくるわけである。そこにこそ、生活史研究の視点が必要になってくるものと思われる。

3　移民と都市と生活史

今まで見てきたように、「移民研究」と「生活史研究」、それに「都市研究」は、相互に何らかの関連を持って見ていくことができる。それらは、当然主題に即した関係性がある。「移民の都市への移動」というテーマは、最初に問題提起した「労働力移動」の観点からは、国内における「労働力の移動」が、産業化、近代化に伴って都市化、大都市化に向かっていったことと同時的である。したがって、その意味では「移民」と言えども、世界資本主義の経済構造に拘束されている。しかし、「移民研究」がこのような経済決定論的な結論で収まってしまうわけではない。「移民」一人一人の個別性において、移民と送り出す側の関係、移民とホスト社会との関係、そして移民の主観的な意味付与までもがあらわにされる必要がある。

さらに、「移民研究」と「生活史研究」、および「都市社会学」とが、その方法論的課題においても、共通な「地平」を発見することができた。「移民」概念そのものを、現代の多元化、ボーダーレス化した「ポスト・モダン」[39]な社会状況に合わせて変更していかなければならないという課題も提起された。また、「移民の生活史」が一世を中心としたある種の定型化した「物語り」にはまってしまうのも、異文化を相対化しきれていない「特殊」近代の「国民国家」統合の視点がそれほどに強固であるからかもしれない。「都市化」の波もまた、産業化、近代化と同時進行的である。シカゴ学派の都市社会学が「都市内部」の人口変数だけに目を奪われて、「都市外」の変動や「都市」そのものを成り立たせている国家、権力、資本、階級などの要因に無関心になってきた傾向に対しては、一九七〇年代に入ってヨーロッパから出てきた「新都市社会学（new urban sociology）」が痛烈な批判を展開してきたのである。そのような中から、もう一度具体的な「都市と生の現実」を見つめていこうとする動きも現れている。「適応」や「同化」にこだわらない、新しいタイプの「移民」研究は、研究者の側でも「世代交替」を余儀なくされているのかもしれない。

（1）鶴見和子『ステブストン物語―世界のなかの日本人―』中央公論社、一九六二年。前山隆『非相続者の精神史―或る日系ブラジル人の遍歴―』御茶の水書房、一九八一年。中野卓編著『日系女性立川サエの生活史―ハワイの私・日本での私、一八八九～一九八二―』御茶の水書房、一九八三年。前山隆編著『ハワイの辛抱人―明治福島移民の個人史―』御茶の水書房、一九八六年。鳥越皓之『沖縄ハワイ移民一世の記録』中公新書、一九八八年。上田喜三郎「ハワイ日系人の生活史」（一）～（一八）『太平洋学会誌』一一巻三号、一九八八年～一六巻四号、一九九四年。

（2）鶴見和子『生活記録運動のなかで』未來社、一九六三年。「特集　方法としての聞き書き」『思想の科学』一一一号、一九七九年一〇月臨時号。

（3）「移民と女性」については、日本移民学会第三回年次大会（一九九三年一二月一一～一二日、津田塾大学）におけるシンポジウム『移民と女性』（コーディネーター：島田法子、パネリスト：柳田利夫、河原崎やす子、末永静子、檜原美恵）が実験的試みを行った。

（4）Schütz, Alfred, *Collected Papers II, Studies in Social Theory*, edited and introduced by Arvid Broderson（The Hague: M. Nijhoff, 1964）（桜井厚訳『現象学的社会学の応用』御茶の水書房、一九八〇年）、邦訳三頁。

（5）本多千恵「日系アメリカ人の適応に関する一考察―『成功物語』再考―」『慶應義塾大学大学院社会学研究科紀要』三一号、一九九一年、九～一九頁を参照。

（6）Kim, K. C., and Hurh, W. M., “Adhesive Sociocultural Adaptation of Korean Immigrants in the U.S.: An Alternative Strategy of

Minority Adaptation", *International Migration Review*, vol.18, 1984. また、広田康生「エスニック・コミュニティ（移民コミュニティ）研究の視点と方法—『都市と異質性』のテーマ再考を目指して—」『専修大学社会科学研究所月報』三五九号、一九九三年、を参照。

（7）奥山眞知・田巻松雄編著『二〇世紀末の諸相—資本・国家・民族と「国際化」—』八千代出版、一九九三年、を参照。

（8）関根政美『マルチカルチュラル・オーストラリア—多文化社会オーストラリアの社会変動—』成文堂、一九八九年。および加藤普章『多元国家カナダの実験—連邦主義・先住民・憲法改正—』未來社、一九九〇年、参照。

（9）鄭暎恵「定住外国人と近代国家の誤算」『現代思想』二一巻九号（「特集　浮遊する国家—外国人問題の視点から—」）、一九九三年九月、二二七～二三六頁。

（10）Kluckhohn, C. & Murray, H. A., "A personality formation" in C. Kluckhohn, H. Murray, & D. Schneider (eds.), *Personality in Nature, Society and Culture* (New York: Knopf, 1953), p.53.

（11）本書、第十一章および有末賢「生活史と『生の記録』研究—ライフ・ヒストリーの解釈をめぐって—」『法学研究』第六一巻第一号、一九八八年一月、二三三～二六二頁を参照。

（12）本書、第四章および有末賢「質的社会学としての生活史研究」『法学研究』第六五巻第一号、一九九二年一月、一五九～二八五頁、および同「生活史の社会学」松平誠・中嶌邦編著『講座生活学3　生活史』所収、光生館、一九九三年、六一～八七頁、参照。

（13）ビル・ホソカワ（猿谷要監修：飯野正子・今井輝子・篠田左多江訳）『一二〇％の忠誠—日系二世・この勇気ある人びとの記録—』有斐閣選書R、一九八四年。

（14）水野節夫「生活史研究とその多様な展開」宮島喬編『社会学の歴史的展開』所収、サイエンス社、一九八六年、一七〇頁。

（15）同右、一七〇頁。また、最近の水野の研究関心は、中野卓編著『中学生のみた昭和十年代』（新曜社、一九八九年）の解釈・分析に向かっている。水野節夫「『中学生のみた昭和十年代』と個人生活史研究—三段階の分析の試み—」『社会労働研究』（法政大学社会学部学会）三八巻二・四号、三九巻二・三号、四号、四〇巻一・二号、一九九二年を参照。なお、水野は一連の研究を『事例分析への挑戦—〝個人〟現象への事例媒介的アプローチの試み—』東信堂、二〇〇〇年、にまとめた。

（16）中野編著、前掲『日系女性立川サエの生活史』、および前山編著、前掲書。

（17）中野編著、前掲『日系女性立川サエの生活史』、はじめに（ⅱ頁）。

（18）前山編著、前掲書、二八六頁。

(19)　同右、二八七頁。
(20)　同右、二八七頁。
(21)　同右、二八五頁。
(22)　中野卓「個人の社会学的調査研究について」『社会学評論』三二巻一号、一九八一年六月、二頁。
(23)　我妻洋監修、我妻令子・菊村アケミ共著『千枝さんのアメリカ―一日系移民の生活史―』弘文堂、一九八六年。
(24)　前山編著、前掲書。
(25)　鳥越、前掲書。
(26)　辻信一『日系カナダ人』晶文社、一九九〇年、一八～二〇頁。
(27)　半田知雄『移民の生活の歴史―ブラジル日系人の歩んだ道―』サンパウロ人文科学研究所、一九七〇年。伊藤一男『桑港日本人列伝』ＰＭＣ出版、一九九〇年。
(28)　上野英信『出ニッポン記』潮出版社、一九七七年。
(29)　山崎朋子『あめゆきさんの歌―山田わかの数奇なる生涯―』文藝春秋、一九七八年。工藤美代子『カナダ遊妓楼に降る雪は』晶文社、一九八三年。真壁知子『写真婚の妻たち―カナダ移民の女性史―』未來社、一九八三年。石田甚太郎『ボリビア移民聞書―アンデスの彼方の沖縄と日本―』現代企画室、一九八六年。三好耕三『ブラジル成功物語―ブラジルの大地に夢を賭けた男―』長崎出版、一九八二年。芳賀武『蒼氓の移民宿―大正六年ハワイを目ざした17歳少年のヨコハマ物語―』創英社、一九九〇年。
(30)　新保満『石をもて追わるるごとく―日系カナダ人社会史―』トロント：大陸時報社、一九七五年。同『カナダ日本人移民物語』築地書館、一九八六年。
(31)　醍醐麻沙夫『森の夢―ブラジル日本人移民の記録―』冬樹社、一九八一年。
(32)　ダニエル・Ｉ・沖本（山岡清二訳）『日系二世に生まれて―仮面のアメリカ人―』サイマル出版会、一九八四年。ジーン・オオイシ（染矢清一郎訳）『引き裂かれたアイデンティティ―ある日系ジャーナリストの半生―』岩波書店、一九八九年。
(33)　対談・今福龍太、沼野充義「クレオール主義と文学」『週刊読書人』一九八七号、一九九三年六月一四日を参照。また、今福竜太『クレオール主義』青土社、一九九一年も参照。
(34)　秋元律郎『都市社会学の源流―シカゴ・ソシオロジーの復権―』有斐閣、一九八九年。
(35)　Ｒ・ウィルソン、Ｂ・ホソカワ（猿谷要監訳）『ジャパニーズ・アメリカン―日系米人・苦難の歴史―』有斐閣選書Ｒ、一九八二年、五四頁。

(36) Bernard, Jessie, *The Sociology of Community* (Illinois: Scott, Foresman and Company, 1973)(正岡寛司監訳『コミュニティ論批判』早稲田大学出版部、一九七八年)、邦訳四九〜五〇頁を参照。

(37) L・ワース(高橋勇悦訳)「生活様式としてのアーバニズム」鈴木広編『都市化の社会学〔増補〕』所収、誠信書房、一九七八年。なお、松本康「都市は何を生み出すか—アーバニズム理論の革新—」森岡清志・松本康編『都市社会学のフロンティア2　生活・関係・文化』所収、日本評論社、一九九二年、三三〜六八頁も参照。

(38) Gans, Herbert J., "Urbanism and Suburbanism as Ways of Life: A Reevaluation of Definitions" in Rose, Arnold M. (ed.), *Human Behavior and Social Processes: An Interactionist Approach* (Boston: Houghton Mifflin, 1962) および藤田弘夫「アーバニズム理論とサバービア」同『日本都市の社会学的特質』所収、時潮社、一九八四年、参照。

(39) 有末賢「現代日本社会と『ポスト・モダン』状況」『日本学研究二』(北京日本学研究中心編集)北京：科学技術文献出版社、一九九二年、二二九〜二五一頁、同「戦後日本社会の価値意識の変化—余暇と自己実現を中心に—」『法学研究』第六七巻第一二号、一九九四年一二月、五五〜八八頁、および同「再帰性と自己決定権—ポストモダンと日本社会—」田中宏・大石裕編『政治・社会理論のフロンティア〔慶應義塾大学法学部政治学科開設百年記念論文集〕』所収、慶應義塾大学出版会、一九九八年、二五一〜二八三頁、を参照。

第九章　日系ペルー人のエスニシティ変容

第一節　日本への「出稼ぎ」現象と「移民」概念の再検討

本章では、前章（第八章）に引き続いて、日系人移民の生活史を研究の題材とする。私自身が一九九六年に行った「出稼ぎ日系ペルー人」に対しての生活史調査を紹介していきたい。ペルー日系人についての一九九五年調査においても、後述するようにかなり多くの日本への「出稼ぎ」が見られる。このきっかけとなったのは、一九九〇年の改正出入国管理及び難民認定法（以後、改正入管法とする）の施行であり、その前後からブラジル・ペルーなどの南米系日系人が正規に外国人として日本に出稼ぎに入ってきたわけである。表9-1でも明らかなように、一九八八年までの外国人登録者数はブラジルからでも四〇〇〇人台で、ペルー、アルゼンチン、ボリビアなどからは一〇〇〇人に満たない数であったのが、一九八九年以降、急速に増加して現在約三五万人のブラジル人、約五万八〇〇〇人のペルー人が日本で生活しているわけである。

表 9-1　四カ国の外国人登録者数と対前年比

	1987	1988	1989	1990	1991	1992	1993	1994	1995
ブラジル									
登録者数	2,250	4,158	14,528	56,429	119,333	147,803	154,650	159,619	176,440
対前年比	5.4%	84.8%	249.3%	288.4%	111.5%	23.9%	4.6%	3.2%	10.5%
ペルー									
登録者数	615	864	4,121	10,279	26,281	31,051	33,169	35,382	36,269
対前年比	11.2%	40.5%	377.0%	149.4%	155.7%	18.1%	6.8%	6.7%	2.5%
アルゼンチン									
登録者数	361	627	1,704	2,656	3,366	3,289	2,934	2,796	2,910
対前年比	0.6%	73.7%	171.8%	55.9%	26.7%	-2.3%	-10.8%	-4.7%	4.1%
ボリビア									
登録者数	127	150	238	496	1,766	2,387	2,932	2,917	2,765
対前年比	0.8%	18.1%	58.7%	108.4%	256.0%	35.2%	22.8%	-0.5%	-5.2%

出所：法務大臣官房司法法制調査部『出入国管理統計年報』1997年大蔵省印刷局より作成。

現在、日系ペルー人や日系ブラジル人が神奈川県の横浜、川崎、相模原、厚木、群馬県の伊勢崎、太田、大泉、栃木県の足利、静岡県の浜松、愛知県の豊田など多くの日本の都市に「出稼ぎ」として訪れている。ブラジルの場合も、ペルーの場合も「出稼ぎ」は斡旋する会社を通しての集団的な「移民」に近い形式をとっている。企業において比較的安価な大量の単純労働力を必要としている工場に「配属」されるケースが多い。確かに、少し働いてからより条件のよい職場に移っていく場合も見られるが、現在までは、多くの日系人は企業都市を中心とした首都圏に集住している。現在の「在日の」日系人を考えてみると、もちろん他のニューカマーズ（例えば中国、韓国、フィリピン、バングラディシュなどのいわゆるアジア系外国人労働者）と同様に「外国人労働者」としての位置付けもあるが、第二には彼らの祖父母や父母たちがペルーやブラジルで経験した「移民としての経験」を彼ら自身が逆に日本で経験しているという図式も存在している。沖縄出身の日系人が「頼母子講」を利用して食品店やレストラン、ディスコなどのエスニック・ビジネスを展開しているのも「移民としての経験」の蓄積と言える。また、第三には日本社会そのものが国際化していく中で住居や職業や家族の絆などもますますボーダーレス化していく現象が日系人には典型的に現れている。[1] このように、一九九〇年代の日系南米人の「日本への出稼ぎ」現象は、多くの意味で、日系人のエスニック・アイデンティティの変容にかかわっているように思われる。

本章では、出稼ぎ日系人のエスニシティ変容を見ていくうえで、まず、グローバル化しボーダーレス化していく社会における「移民」概念の再検討から始めて、「出稼ぎ」現象が単なる労働力の国際移動としてだけ把握されるばかりではなく、ナショナリティを超えていくエスニシティのダイナミックな変容過程にも結び付いているものと考える。エスニシティが国家を超えていく場合には、通常、次の三通りが考えられる。[2] 第一には、エスニック・アイデンティティが二つ以上のナショナリティに共属したり、あるいは逆に「どちらのナショナリティにも属さない」という「根無し草」的なエスニシティのあり方がある。第二には、黒人やユダヤ人や沖縄系（ウチナーンチュー）などのように、汎エスニック・アイデンティティというカテゴリーがナショナリティを相対化し、超えていくケースがある。そして第三には、地域を統合化したアイデンティティとして、アジア系とかヨーロッパ系とかラテン系などのエスニシティが存在している場合である。「出稼ぎ日系人」の場合には、ペルーでも日本でもない（あるいは、どちらにも属する）第一のケースもあるし、沖縄系という第二の場合も存在している。また日系ブラジル人、日系アルゼンチン人などとの日本での関係からラテン系（南米系）外国人という可能性も内包しているのである。それでは次に、「移民」概念の再検討と「出稼ぎ」現象についての考察を行いたい。

私は前章において、多元化とボーダーレス化社会における「移民」概念を再検討する必要性を説いた。そこでは、図8-1のような、「移民」概念の四類型を設定した。[3]

前述のように、横軸では、左にシフトするほど「国民国家」統合型になり、右にシフトするほど「国境喪失」状態、すなわちボーダーレス化していくことになる。また、縦軸で表されているのは、「移民」に対するホスト社会の対応、ないしは「移民」自身の受け取り方の差異である。これらを二元的に表すこと自体、無理があるが、ここではあえて「同化」と「多元化」の二つの方向性で示した。そうすると、横軸と縦軸を交差させることによって、「移民」の概念そのものが四つのタイプを包含することになる。まず第一に、「国民国家」統合型と「同化」によって類型化される第一のタイプは、〈移民同化〉タイプと名付けられる。これに対して、「同化」を強制しない「国民国家」統合型としては、第二の〈多元的エスニシティ〉タイプが考えられる。

このような「国境線」を前提にした「移民」概念に対して、ボーダーレス化のインパクトは否応なしに「移民」を流動的・浮動的なものにしてゆく。そこで多元化したままの状態でのボーダーレス化によっては、第三の〈亡命者〉タイプが考えられる。これは、「国民国家」への統合に対して離反しながら「世界」を浮遊するというイメージが浮かんでくる。第四のタイプは、ボーダーレス化と「同化」によって構成されるもので、一応〈世界市民〉タイプと名付けておく。これは、エスニシティの多元化やボーダーレス化がますます進行していく中で、それでも「移民」のアイデンティティを確保してゆくならば、やはり「世界性」や「市民性（シティズンシップ）」といった「普遍的価値」への「同化」が志向されるのではないかと考えられる。

今回は、日本への出稼ぎという現象を通して、日系ペルー人のエスニシティ変容について考察してみたい。代表的な移民研究においては、ホスト社会への適応―同化を通して、エスニシティの変容を考察する場合が多かった。世代を経ての二世、三世の研究においても、一部「日本への回帰」という現象を含みながら現地化していくエスニック・アイデンティティが強調されてきた。しかし、一九九〇年代の「日本への出稼ぎ」は、もう少し複雑なグローバル化、ボーダーレス化の中で起こっている。確かに、日本への出稼ぎは単純な「経済的目的」という面も強い。したがって、何年か日本で稼いで、ペルーに帰国してマイ・ホームを所有したり、商売を始めたりというケースも多いだろう。しかし、「出稼ぎ」自体がかなり長期化し、家族の呼び寄せ、妊娠―出産、子供の教育、子供たちの独立など、通常のライフ・サイクル的な出来事（イベント）がすべて、日本で展開していく場合もある。また、そうした過程の中で、留守家族との関係不和、新しい恋人の出現、不倫、離婚などのケースも見られる。このような、主に家族と移動の要因によって、エスニック・アイデンティティもさまざまに変化していく。「移民の人間類型」という壮大な課題に対して、ここでは、出稼ぎ日系ペルー人のライフ・ストーリーを通して、見ていくことにしよう。

第二節　リマ日系社会調査と日本への「出稼ぎ」

出稼ぎ日系ペルー人の家族やライフ・ストーリーに入る前に、リマ日系社会調査のアンケート調査の部分から「出稼ぎ」と「日本滞在」の経験等について見ておこう。(4) 表9-2によると、アンケート調査回答者一二七名のうち、日本への滞在経験を聞いた質問では、滞在経験があるという回答は、五二名（四〇・九％）に上っている。また、日本への「出稼ぎ経験」があると回答した者は一七名（一三・四％）で、男性一二名に対して女性五名と女性の方が少なくなっている。これは、四〇歳以上六〇歳未満という調査対象者の年齢構成も影響しているものと思われる。さらに、家族のうちに出稼ぎ者がいるという回答は、八四名（六六・一％）で過半数に達している。将来、「日本への出稼ぎを予定している」という回答も二〇名（一五・七％）とある程度は存在している。こちらの質問では、女性の方が一三名と多くなっており、今後は徐々に男女比は平行関係に向かっていくかもしれない。この二〇名については、七名が既に出稼ぎを経験している。つまり、「再渡航」を予定しているということである。また、残りの一三名のうち出稼ぎ経験の有無に回答のなかった三名を除く一〇名は、少なくともこれまで出稼ぎの経験はないが、九名は既に家族が日本に出稼ぎ中であると答えている。

表 9-2　リマ日系社会総合調査における「出稼ぎ」（設問12 - 16）

12／日本滞在経験

	全体（%）	男性（%）	女性（%）
経験がある	52(40.9)	25(47.2)	27(36.5)
ない	65(51.2)	25(47.2)	40(54.1)
無　回　答	10(7.9)	3(5.7)	7(9.5)
合計	127	53	74

13／日本出稼ぎ経験

	全体（%）	男性（%）	女性（%）
経験がある	17(13.4)	12(22.6)	5(6.8)
ない	86(67.7)	33(62.3)	53(71.6)
無　回　答	24(18.9)	8(15.1)	16(21.6)
合計	127	53	74

14／家族中の出稼ぎ者

	全体（%）	男性（%）	女性（%）
経験がある	84(66.1)	32(60.4)	52(70.2)
ない	29(22.8)	15(28.3)	14(18.9)
無　回　答	14(11.0)	6(11.3)	8(10.8)
合計	127	53	74

15／日本への出稼ぎを予定している

	全体（%）	男性（%）	女性（%）
予定している	20(15.7)	7(13.2)	13(17.6)
していない	89(70.1)	38(71.7)	51(68.9)
無　回　答	18(14.2)	8(15.1)	10(13.5)
合計	127	53	74

16／日本以外の外国での就労経験

	全体（%）	男性（%）	女性（%）
経験がある	8(6.3)	5(9.4)	3(4.1)
ない	97(76.4)	38(71.7)	59(79.7)
無　回　答	22(17.3)	10(18.9)	12(16.2)
合計	127	53	74

参考①　1989年日系社会調査　日本への渡航者

年	勉強	労働	その他	合計
1985	11	27	13	51
1986	10	28	15	53
1987	14	23	11	48
1988	38	270	22	330
1989	13	199*	9	221
合計	86	547	70	703

＊は1989年１月31日現在

参考②　1995年調査時の日本の出稼ぎ者

年齢	男性	女性	合計（%）
40-44	5	2	7(11.7)
45-49	2	4	6(13.3)
50-54	5	6	11(20.8)
55-59	8	6	14(24.1)
合計	20	18	38(17.6)

参考③　1995年所在不明者

年齢	男性	女性	合計（%）
40-44	2	3	5(8.3)
45-49	3	2	5(11.1)
50-54	1	0	1(1.9)
55-59	2	1	3(5.2)
合計	8	6	14(6.5)

出所：「リマ日系社会総合調査報告書」PJECA 研究会、1996年。

この他に、サンプリングした調査対象者で、日本出稼ぎ中の三八名を加えると、調査対象者二一四名中、出稼ぎの経験者は五五名となる。一九九五年調査時の日本出稼ぎ者の性別、年齢別構成では、五〇代が四五％と意外と中年が多いことに気づく。また、現地での聞き取り調査を通じて現在までに二名の出稼ぎが確認されているので、日本への出稼ぎ者および経験者は、最低でも五七名となり、これは調査対象者全体の二六・六％に当たる。また、表の中の一九九五年調査時の所在不明者一四名の中にも、日本への出稼ぎ者が含まれているものと思われる。日本以外の外国での就労経験については、「経験がある」が八名（六・三％）とあるように、「日本への出稼ぎ」以前には、日系人にとって外国への出稼ぎは決して一般的なことではなかったといってよいだろう。表9-2で参考①として示した、一九八九年の日系社会調査における、「労働」目的の日本への渡航者は、一九八八年から急増していることがわかる。

このように、一九八〇年代後半からの「日本への出稼ぎ」現象は、リマの日系社会に対して大きな変化を与えているように考えられる。一九九五年春のリマでの日系人聞き取り調査においては、確かに日系人協会などの役職者などは、「出稼ぎ」とは無縁な位置におり、現地日系社会への影響もそう大きいものではないと述べていたが、むしろ、日系人協会などとは無縁な多くのペルー社会に溶け込んでいる日系人にとっては、出稼ぎによる経済的なメリットは計り知れないほど大きく感じられたのではないだろうか。彼らにとって、普段はあまり意識することも少なくなってきた「日本」というエスニシティが、リアリティをもって目前に現れて来たということもできる。

今回の調査対象者である四〇歳以上六〇歳未満という年齢と、「出稼ぎ」との関連についても考慮しておく必要がある。若い人たちの「出稼ぎ」ならば、学校を卒業して初めての仕事だったり、独身で一時的なものだったり、「家を買う」という目的がはっきりしている場合も多い。しかし、中高年にとっての「出稼ぎ」は、多様な目的があり、一人一人個人的な背景が違っている場合もある。大半の人が、ペルーでの職業経験があり、しかも日本での工場の「単純労働」とは違った、それなりのホワイトカラー、専門職、管理職などの経験がある人もいる。また、家族を持っての「出稼ぎ」が大半で、最初は単身の場合もあるが、家族の「呼び寄せ」のケースも多い。女性の場合には、「呼び寄せ」による渡航も多く、配偶者が日系人ではなく、純粋ペルー人である場合にも、広義には「出稼ぎ日系人」のカテゴリーに入ってくる。また、子供たちの教育、独立、結婚などに関連した問題も抱えている。つまり、多くは二世か三世であるが、中高年にとっての「出稼ぎ」は、今までペルーにいた時のエスニシティ（エスニック・アイデンティティ）に対して、それとは異なった要素を持ち込むことになるわけである。

そこで、次に地方都市に住む、出稼ぎ日系人の日本での経験について、インタヴューを通した追跡を述べていきたい。伊勢崎市や松戸市は日系ペルー人の集住地区というほどエスニック・コミュニティを形成しているわけではない。むしろ、群馬県の太田、大泉や神奈川県の横浜市鶴見区などに比べるとずっと少ないだろう。しかし、それでも個人や家族のエスニック・ネットワークはそれなりに存在しているのである。

第三節　女性と家族のライフ・ストーリー

1　子育て・孫育てと「出稼ぎ」——Rさんの場合

最初に紹介するRさんは、七一歳（調査当時）で群馬県伊勢崎市の子供たちの家に住んでいる。[5] 日本に来たのは一九九〇年で、既に六年が過ぎている。この間、伊勢崎市内にある子供たちや孫たちの家を三回移り住みながら、小さい子供たち（孫）の世話や家事を行っている。したがって、もちろんRさん自身は、「出稼ぎ」目的ではない。しかし、子供たちの家族の「出稼ぎ」目的を遂行するためにわざわざペルーから呼び寄せられた日系二世の「おばあちゃん」である。

Rさんのライフヒストリーは、なかなか複雑な過程を経ている。生まれは一九二五年（大正一四年）で、両親は一世であった。しかし、Rさんが二歳のときに父親が亡くなり、母親は長男S兄さんと次女であるRさんだけをペルーに残して、長女と次男を連れて身重の体で日本へ帰ることになった。したがって、三歳半くらいでRさんは母親の兄弟で伯父のTさんのところ、そして長男（S兄さん）はもう一人の伯父さんのMさんのところに預けられて、養父母の下で育てられたのである。Rさんの記憶では、かすかに実の母親の記憶は残っており、小さかったRさんは、日本に帰ることに泣いて反抗し、ついに伯父さんのTさんのところに預けられることになったらしい。Tさんはワッチョに住んでおり、Rさんもそこで幼少期を過ごした。生き別れとなった実の母親の消息は、その後、広島の原爆で長女とともに死亡したとのことである。次男だけが広島の原爆を逃れて、戦後も生きていたらしいが、音信はなく、Rさんが日本にやって来た一九九〇年の時点でも消息は全くわからないとのことだった。

伯父さんのTさんのところには、妻とRさんの義兄弟にあたるH兄さんともう一人の姉さんがいたが、この姉さんは、Rさんが一四歳の時に亡くなっているし、また養母であるT伯父さんの妻もRさんが一七歳のころ亡くなっている。後にH兄さんは日系人の女性と結婚して、二人の子供ができた。一方、長男（S兄さん）が預けられたM伯父さんの方は、男の子が二人、女の子が三人の、五人の子供がいて割合に裕福であったらしい。Rさんは学校を終えて一四歳の時、リマにあるM伯父さんの味噌、醬油などを作る工場に奉公に行くが、そこで戦争が始まり、アメリカ政府に加担したペルー政府は、日系人の中でも指導的立場にあるような男性を逮捕して、アメリカ合衆国の強制収容所に送ったのである。Rさんの養父であるT伯父さんも、M伯父さんもテキサスに連れて行かれてしまった。そして、TさんとH兄さんとその妻子三人もその後テキサスへ行き、戦後はペルーに戻ることなく、日本へ帰国したということである。特に悲惨なのは、養父であるTさんは終戦直後の食糧不足でどうやら餓死したということであった。つまり、Rさんは、実の父親、母親に続いて、養父母とも若い時に死別しているのである。表9‐3ではRさんの定位家族（生まれ育った家族）の親族関係を示したが、日系ペルー人の戦中と戦後の歴史が象徴的に現れているとも言えよう。

ペルーに残ったRさんは、M伯父さんが養子に入ったT家に奉公し、味噌や醬油などの工場でも働いていた。そこで、夫となるK氏（熊本生まれの日系一世）と出会い、一九歳で結婚した。夫のK氏は三四歳だった。それからも波乱の人生が続くのである。夫であるK氏は漬物屋や味噌・醬油工場などさまざまな仕事をやるが、どれも余りうまく行かず、結婚してからも博打、女遊びなどに明け暮れていたという話である。Rさんは、結婚一年後から次々出産、育児を抱えながら、養鶏業など夫の仕事も手伝っていた。Rさんの子供たちと孫たちの現在の様子は、表9‐4で示したが、長女が一九四六年生まれ、五男が一九五五年生まれというように、ほとんどが年子

表 9-3　Rさんの定位家族

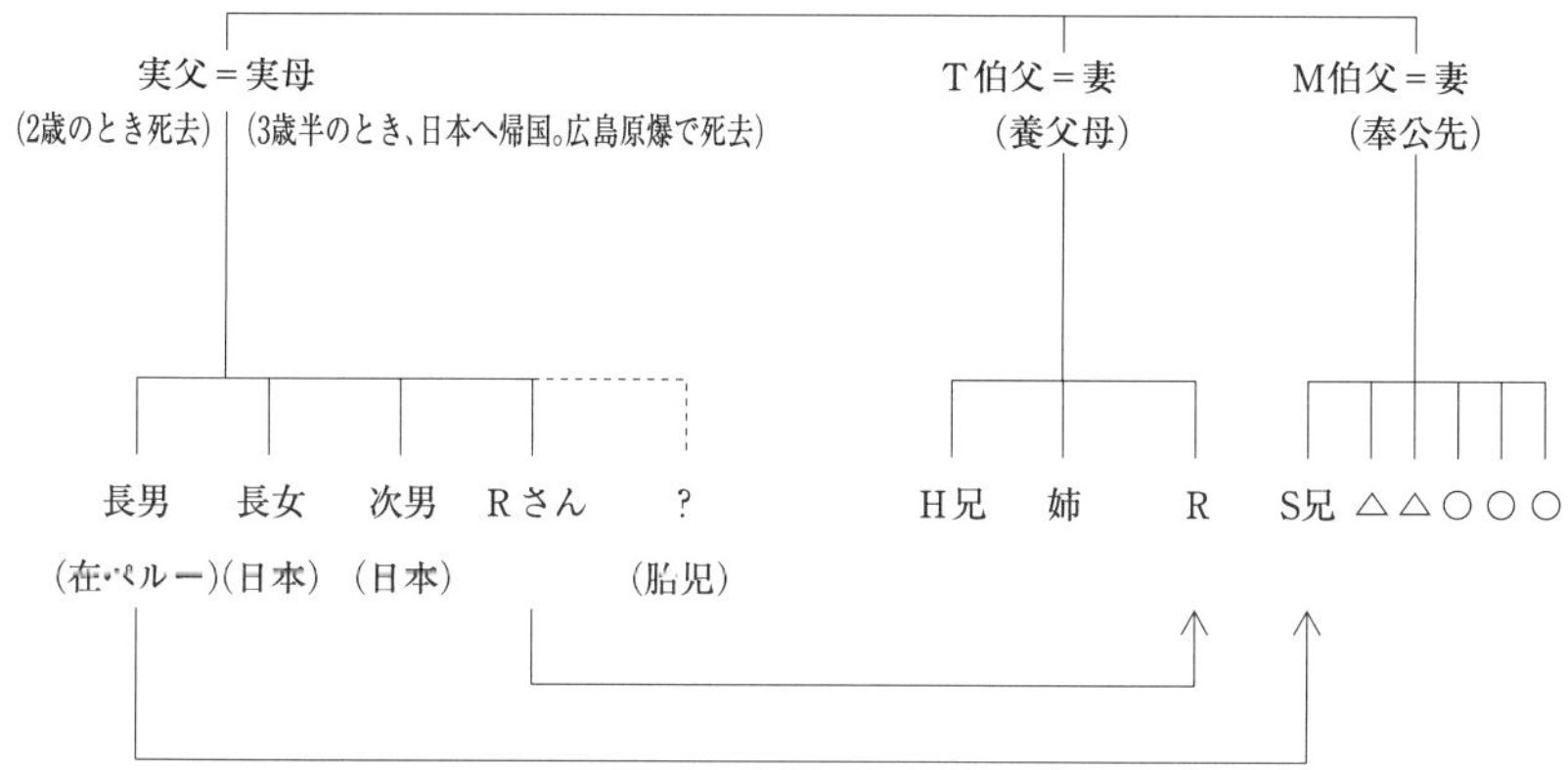

出所：筆者作成。

表 9-4　Rさんの生殖家族のライフ・ストーリー

Rさんの子供	Rさんの孫
長女　1995年に短期で来日	(日本：[曾孫])、(1995年12月帰国、日本に5～6年滞在)
次女　〃	子供なし
三女　〃	(日本)、(ペルー)、(ペルー)、(日本)
四女　ニューヨークに在住？	、、、、(すべてペルー)
長男　リマ在住	(高校生)、、、、(すべてペルー)
次男　2回来日し、3年間の就労経験あり	、(日本に4年位滞在)
三男　伊勢崎市在住	(日本)、(現在ペルー、1997年春来日)
四男　〃	、、(すべて日本、次女は日本生まれ)
五男　〃	、(2人とも日本生まれ)

＊Rさんの子供で日系人と結婚しているのは、長男、次男、五男の3人

＊《来日した順番》

①四男、五男　②三男－妻、次男　③三女（短期）　④長女、次女（短期）

＊Rさんの孫で日本で生まれたのは、ケン、ジュン、ミユキの3人

出所：筆者作成。

で上が下の面倒を見るという関係だったらしいが、それでも大変な子育てであったことは想像される。

Rさんの生殖家族の方に注目してみると、表9-4にあるように、四女と長男を除いて後の七人は、日本での滞在経験を持っている。来日した順番は、四男、五男が一番早く、それから三男と彼の妻、そして次男、後は短期で三女が来日し、その後、長女、次女も短期で日本にやって来ている。さらに、長女や三女自身は夫の仕事などのこともあって、現在はリマに暮らしているが、その子供たち（Rさんの孫たち）は、日本に出稼ぎに来ている。そして、長女の息子の場合には、妻がペルーで出産した後、二歳から五歳までは、曾孫が日本で暮らしていた。また、三女の長女と長男も日本で働いており、その長女の場合も今度結婚のため一時ペルーに帰国する予定である。四男、五男の子供たちの中では、日本生まれがすでに三人もいて、さきほどの曾孫・カオリちゃんの場合と同じように、ケン、ジュン、ミユキなどすでに日本的な名前がつけられているのである。しかし、Rさんから見て三世に当たる子供たちのうち、日系人と結婚しているのは、長男、次男、五男の三人だけで、あとは純粋ペルー人と結婚しているのである。したがって、日系人の三世、四世たちの世界は、およそ日本語とは無縁でスペイン語だけの世界であったのが、「日本への出稼ぎ」という経験の中で、四世に日本的な名前がつけられたとも言える。

また表9-5に示したように、Rさんの日本滞在の主な目的は、家事、育児である。最初に呼ばれた伊勢崎市S町の五男の家では、妻の出産を控えた事情の中で、約一年半家事と乳幼児の世話をこなしている。また次の約一年間は、三女の子供二人、次男の息子という従兄弟同士の家で、若い人たちの食事の世話などに明け暮れた。さらに、三男の家に呼ばれて、二人の中学生の食事の世話というように、「共働き家族」の「姑」のような位置で滞在していた。また、曾孫・カオリちゃんの保育園の送り迎えのため長女の息子の家にいるというわけである。

このように、日本に来てからのRさんは、自分自身が「出稼ぎ目的」ではないが、《家族のために働いている》

表 9-5　Rさんの日本滞在

⑴　伊勢崎市Ｓ町の五男の家	五男の妻が妊娠中で、出産後に備えて一緒に暮らした。	約１年半
⑵　三女の子供２人、次男の息子の家	若い者ばっかりで、家事の手伝いで一緒に住んだ。	約１年間
⑶　三男の家	２人の中学生の食事の世話などをした。	約１年間
⑷　長女の息子、妻、曾孫カオリの家	親が仕事に行くために、曾孫の世話と保育園への送り迎え。	1995年１月～現在

出所：筆者作成。

ことには変わりはないのである。

このことに関連して、Rさんのライフヒストリーの中で興味深いことがある。Rさんは、子供たちも大きくなり、夫の病気も落ち着いている状態だった一九八一年に、最初は「気晴らし」というつもりで友達に誘われてニューヨークに遊びに行ったことがあった。そして、そこで「働き口」を見つけて何とビザが切れたまま四年間も、ベビーシッターの仕事をしていたのである。それも、友達からの紹介で、アメリカ人と結婚した日本人女性が縫製工場の仕事が忙しく、生まれて間もない赤ちゃんをRさんが「乳母」のような形で育てていたということである。そして、ベビーシッターの仕事を始めて六カ月が経った頃、日曜日の夜、ニューヨークの電車の駅で黒人に首を絞められて財布や家の鍵などを強奪され、そのうえ、電車が走ってくる直前を線路に落とされもう少しで死ぬところだったという恐ろしい体験までしている。その時には、さすがにペルーに一旦は帰るが、その四カ月後には、「どうしてもRさんでなければ子供がなつかない」と泣いて頼まれて、再度アメリカに渡って、それから三年以上もベビーシッターをしたのである。

この話からも、Rさんが「伝統的な女役割」に忠実な、生涯を家事、育児に傾注してきたような印象を受ける。幼少期の父母との死別などから、「家族を大事にする」という考え方が自然と身に染み込んできたのかもしれない。しかし、Rさんは夫のことを、よく冗談口調で「ウチの馬鹿おやじ」と言ったりする。その夫T氏が亡くなったのは、一九八九年であり、日本に来る前の年ということになる。実の兄も、Rさんがニューヨークに行っている時に亡くなっており、そういう意味では「先行世代が亡くなった後は、子供や孫たちに囲まれて暮らす」という日本人の伝統的な家族観を実践しているだけなのかもしれない。そのことがグローバルな移動や「出稼ぎ」と結び付いたのは、Rさんの側の要因ではなくて、単なる偶然であったのだろう。「意図せざる結果」としての長期的な滞在という現象はRさんの事例ばかりではなくて、Rさんの子供たち、孫たちの方にも言える。自分だけの「一時的な出稼ぎ」のつもりが、フィアンセや家族を呼び寄せ、子供が生まれ、保育園、幼稚園、小学校と地域の施設や学校に行くようになると、最初は意図しなかった「定住志向」が次第に大きくなってくるというわけである。

Rさんの発言は、それまでは何回となく聞いた「いずれはペルーに帰ることになるだろう」という言葉から、「ずっと日本にいるかもしれない」というように変わってきている。その理由は「ペルーの方がいろいろな人が遊びに来たり、うるさくて仕方がない。こっちの方が気楽で呑気で良い」ということらしい。「外国人の気楽さ」というのは、案外、高齢者にも当てはまるのだろうか。しかしRさんは、長女を一番頼りに思っていて、彼女が「帰って来て。ちゃんと部屋一つ作って待っているから」と言うと、やはり「息子よりは娘（が良い）」と思うところもあって、「こっちに一人でも娘がいればね」とも言っていた。

Rさんのライフ・ストーリーから、日系ペルー人のエスニシティ変容について、さまざまなことが考えられる。彼女自身が日本で斡旋業者を通した工場などの下請け、単純労働に従事したわけではない。しかし、家族や伝統的性役割としての《仕事》を通して、Rさん自身もペルーと日本との二重のエスニシティの狭間を行きつ戻りつしているとも言えよう。彼女にとって一番重要なのは、《家族の関係性》である。彼女自身が日系人として、ペルーか日本かという問いかけよりも、《家族の絆》を維持しやすいエスニシティを選ぶような気がする。もちろん、彼女自身に主体性がないと言っているわけではない。Rさん自身は、自分自身のライフヒストリーの大半を過ごしたペルーのエスニシティ（エスニック・アイデンティティ）をより強く感じている。しかし、今現在、日系ペルー人にしろ、日系ブラジル人にしろ、ほとんどすべての日系人は人生の大半をまだ、ペルーやブラジルで過ごしてきたわけである。日本で生まれた子供たちは、まだ自覚的な年齢にまでは至っていない。そうであるならば、ライフヒストリーからの選択では、圧倒的にペルーにかたよる。しかし、実際にはRさんのように、七一歳であっても、《関係性》によって、エスニシティは変容し得るものなのである。何も「日本語が話せるようになったから」とか「日本の習慣に慣れてきたから」というような理由ばかりで、人はエスニシティを変えていくのではない。多くの日系ペルー人は、家庭内ではスペイン語だけである。伊勢崎市という、それほどエスニック・コミュニティの色彩が強くはない場所でも、Rさんの家族のように近辺に日系人の親族・友人が集まるようになれば、ほとんど必要な情報も、日本語がわからなくても手に入れることができるようになる。このようにして、《関係性》こそが次第に《定住か、帰国か》の選択を決める重要な要素の一つとなってくるのである。このような多元的なエスニシティ変容の事例をもう一つ見てみよう。

2　第二の人生としての「出稼ぎ」——Bさんの場合

Bさんのケースは、前述のリマ日系社会調査の調査対象者の家族の一人であり、日本に出稼ぎに行っているという情報が入った人であった。(6) Bさんは、一九四八年生まれの当時四八歳の日系ペルー女性である。千葉県松戸市に住んで、P工場に勤務している。Bさんとその子供たち（I家）の日本滞在については、表9-6に示したとおりである。

表 9-6　Bさんと子供たちの日本滞在

Ｂさん	1990年、夫と別れて子供４人を連れて来日、以来、千葉県松戸市に住んで、Ｐ工場に勤務している。
長男	最初一緒に来て、その後、妻（日系人）を連れて再度来日。当時福生市に子供と一緒に住む。
次男	最初は松戸市に住んでいたが、藤沢市に住んでいる。独身。
長女	１年間だけ来日した。リマ市に夫と子供と暮らしている。
次女	14歳の時、来日。中学卒業後、定時制高校に入学したが、１年で退学。働きながら、日系ブラジル人のＥさんと知り合う。結婚して、子供が１人。Ｅさんの母親が一時ブラジルから来日した。Ｅさんは、Ｂさんと同じＰ工場に勤務している。

出所：筆者作成。

Ｂさんのライフヒストリーについて概略を述べると、両親は日系二世で、リマ市生まれの日系三世である。Ｂさんは長女で、兄弟は弟のＬさんがリマ市で、花屋を営んでいる。その下にもう一人弟がいたが、一九七五年リマ市の海で二二歳で事故死してしまった。したがって、現在は二人兄弟で弟の家にも二人の女の子がいる。父親は、花の栽培やパン屋など三回くらい仕事を変え、そのたびに家が移った。二〇歳で夫Ｊさんと結婚して、リマ市のセントロ（中心部）に住んでいた。夫は、商業イラストレーターとして仕事をしていた。アルゼンチンに一年間、ペルーでも六カ月間美術学校に通って絵の技術を覚え、広告やコマーシャル関係の絵を描いたりしていたが、麻薬中毒になってしまい、Ｂさんとの結婚も破綻してしまったというわけである。それ以後、Ｂさんはリマ市で会社の事務員など仕事を探し、生活してきたが、一九九〇年に、子供たちを連れて日本に出稼ぎにやって来たというわけである。その後、長女だけは現在、リマに戻って暮らしているが、長男、次男、次女はそれぞれ日本で家族を持って独立して暮らしている。次女のＪさんは、日本に一四歳のときに来て、日本で知り合った日系ブラジル人のＥさんと結婚し、最近、子供が生まれており、Ｂさんと同居している。この家族内では、スペイン語、ポルトガル語、日本語が混在した形でコミュニケーションが進行しているのである。

Bさんの場合の「出稼ぎ」は、確かに経済的な理由も大きいが、それ以上に「第二の人生」を日本で暮らすことから出発しようとペルーを出国している。したがって、不況によって多くの日系ペルー人、日系ブラジル人が仕事も辞めて帰国しているが、I家の場合は、日本に定着しているケースである。Bさんは、松戸市というそれほど日系人のコミュニティを形成しているわけではない地域にもう既に六年間も住み続けている。Bさんの場合も、最初に斡旋業者（ブローカー）によって紹介された工場は、冬休みに会社の事情で働けなくなって、その後Nという会社で、早朝から深夜まで休憩も短くさせられて、かなりきつい仕事をやらされた。最初はブローカーに行きの飛行機の代金を支払わなくてはならなかったので、我慢して働いたが、四カ月後にN会社を辞めた。そして、現在のP工場に「直接雇用」で雇われている。現在の待遇は、時給七八〇円で、それ以外に一カ月皆勤したら、三万円が加算されている。これは、斡旋業者を通した場合には、時給がもっとよくて、直接雇用になった場合には、低くなってしまうところを、仕事に慣れてきているので、会社から「辞めないでほしい」という意味で三万円の加算金が支払われているらしい。Bさんの家の家賃は六万五〇〇〇円ということで、駅からも近く、割合きれいで、広めの家である。もちろん「裕福な暮らし」とは言えないが、何とか家族で暮らしていける程度と言える。

Bさんの P工場に対する不満は、賃金における男女格差で、男性の場合、例えば娘のJさんの夫・Eさんの場合には、六カ月間のアルバイト期間は、時給一二〇〇円で現在は一二一〇円というように、少しずつでも昇給がある。もともと、ダンボール箱を運んだりするという仕事に違いはないうえに、男女の間で二倍近い差があり、さらに女性には昇給がないからますます差が開いていくと言っていた。しかし、だんだんに子供たちも独立し、彼女自身も「第二の人生」を日本でやっていこうと考えだしているようである。初めのうちは、ペルーに帰ることも考えていたが、最近では「永住ビザがほしい」と思っている。三年ごとのビザ延長を申請しているが、「永住ビザ」というところまで進んでいるらしい。

Bさんの場合には、家族の年齢も、末の娘が既に成人に達するところで、学齢期の問題も現在はないし、何よりもペルーよりも平和で安全でお金があれば何でも手に入るという環境に一応は満足している。娘のJさんも日系ブラジル人の夫Eさんと日本で出会い、結婚しているわけだから、当分は日本で暮らしていくのだろうと思われる。ペルーにいれば、上級学校に進学していたかもしれないが、彼女が日本に来たころは、通学していた日本の中学校には日系人は彼女一人だけだったらしい。学齢で言えば、中学三年生に編入することになるが、日本語がわからないので、中学一年生に入って、三年間通って立派に卒業した。そして、中学の先生が定時制の高校を推薦してくれて、入学したことは入学したのだが、高校はさすがに難しくて、途中で辞めたというわけである。しかし、日本人の友達もできたし、日系人が一人だけだったことも、かえって言葉を覚える意味でも良かったと言っている。Jさんも、子供が成長してくれれば、また働き始められるだろう。このように、I家の「出稼ぎ」は次第に、日本での生活が定着化していると言える。もちろん、ペルーでの生活やスペイン語での会話、ペルー人としてのエスニック・アイデンティティなども依然保持していることは事実である。しかし、日系ブラジル人との結婚・同居生活など「在日」日系人としてのエスニシティも芽生え始めていると言えよう。

第四節　日系人のエスニシティ変容

今まで、RさんとBさんという女性のライフ・ストーリーから、「出稼ぎ」現象を通したエスニシティの変容について見てきた。ここでは、これら二人に限らず、今までインタヴューを試みた何人かの日系ペルー人のケースから、エスニシティ変容について考察してみたい。エスニシティ変容に関するさまざまな変数のうち、ここでは、「出稼ぎ」のプロセスと空間的移動、家族の要因、年齢・世代・ジェンダーなどについて検討してみたい。

まず第一に、「出稼ぎ」のプロセスを通してのエスニシティ変容という過程が進行している。一九九〇年前後から日本にやって来たほとんどすべての日系人は、ペルーにいるときから、斡旋業者を通じて就職、住居の提供、航空運賃の世話、荷物の送出など「出稼ぎ」のプログラムが組まれている。それは、言わば「日系人の証明」さえあれば、合法的に日本での就労が確保されているという、ある意味では、ペルー人がいきなり日本人になったような錯覚さえ与えかねない状況を作り出していた。そういう意味では、「出稼ぎ」の準備過程や来日直後では、日系人＝日本人意識が割合高いように感じられる。しかし、一旦入国審査を受けて、日本に入った後は、そういうわけにはいかない。斡旋業者による管理は、時給の安さ、単純労働の単調さ、日本人従業員との格差（ある場合には日系ブラジル人雇用者とも格差が生じている）など生活のあらゆる面にわたっている。もちろん、日本語も話せない状況ではある程度は我慢しなければならないかもしれないが、ペルーではそれなりに学歴、経験年数、専門性などに応じて一応の職歴を持っている人が多い。そうなると、「日系人」であるがゆえに日本人とは差別されているという意識が芽生え始める。したがって第二段階として、日系人＝ペルー人意識が登場してくる。この段階において、「出稼ぎ」を一時的な経済的目的に限定して帰国を考える日系人も多い。しかし、日本国内においてのさまざまな消費文化の誘惑、エスニック・ネットワークの存在など、次第に定着を志向していくと、斡旋業者を通さない「自由契約」を望むようになり、労働移動もおきてくる。もちろん、依然として工場などの「単純機械労働」に限定されてはいるが、より時給の高い工場に移っていったり、副業や自営業を起こす人たちも出てきている。この第三段階になってくると、移民の大都市への集中や他の家族・親族的要因なども影響して、日系人＝「在日」日系人意識が出始めている。つまり、ペルーに残っている日系人とは、もちろんつながってはいるのだが、日本で暮らすリアリティの方が次第に優位になってくるというわけである。特に、日本での男女の出会いや交際、結婚、妊娠・出産、子供の成長、育児、学校入学、進学など多くの家族的出来事を通して、次第に日本の地域社会への定着化が図られている。このことは、日本人の都市定着過程と本質的に変わるところはない。

第二に空間移動やローカルな要因について考えてみたい。例えば、沖縄系日系人の沖縄への回帰や、本土についても、沖縄系移民の交流などはグローバルな時代におけるローカリズムの勃興として注目しておきたい。現在までのところ、日系人の就労機会が大規模な工場や下請け企業に限定される傾向があるため、大都市への移動やインナーシティ・エリアでのエスニック・コミュニティの形成など、欧米の各都市で起こっているような凝離（segregation）は見られないが、空間的な移動は今後ともますます多くなるものと思われる。したがって、国境を越えた所での、ローカルな要素の結び付きなどにも注目していく必要がある。

第三には、家族や性・年齢・ジェンダーの要因とエスニシティ変容についてである。従来、これらの点についてはあまり考慮されてきたとは言えない。エスニック・アイデンティティの変容については、労働やビジネスの現場、あるいは階級・階層や学歴などマスとしての社会的要因には今までも注意深く考慮されてきたが、Rさんのような女性の子育て、孫育てや家事・雑用などのいわゆる「シャドウ・ワーク」(7)（賃金不払いのジェンダー差別）の部分について、エスニシティがかかわっているかどうかさえ、今まで問われてこなかったと言える。性別役割分業という現象は、近代的世界においてかなり普遍的に見られる社会的事実であるが、それでももちろん社会・文化的土壌によって変わってくる。今回の聞き取りでわかったことは、七〇歳代のRさんと四〇歳代のBさんとでは、同じ日系女性でもジェンダー要因が多少異なっているということである。男性の場合の出稼ぎと比べた場合には、Bさんの時給においても、かなりの格差が存在している。さらに、Rさんのような「出稼ぎ」を陰で支えているシャドウ・ワークについては、もちろん賃金が支払われない。エスニシティ変容を家族との関係性や年齢やジェンダーとの関係性で見ていく必要性は、ライフヒストリー研究を通して、従来あまり考慮されてこなかった女性／男性のエスニシティや子供、若者、老人のエスニシティなど多様な位相を発見できるものと思われる。

このように、日系人のエスニシティ変容の諸側面はさまざまな要因によって複雑な様相を示し得るが、しかし、一方で滞在が長期化する中で、「在日」日系人のエスニック・ネットワークも盛んに展開している。例えば、日系ペルー人の送金業を営んでいるCグループでは、ペルーの日本人学校U校と提携しながら、政府公認の通信教育課程を新設して、出稼ぎ日系人の子弟たちにスペイン語での教育を確保し、ペルーに帰国した時には、進級した学年で教育が受けられるようにするなどの措置も図られている。また、同様に送金業から出発したYグループも、「日系ペルー労働者に対する支援事業」として①送金代理業、②貿易・通信販売業、③労働相談、通訳、日本語支援、月刊誌の発行、④日本に出稼ぎに行っている留守家族（多くは母子家庭）への支援事業など多角的に展開している。このように、「在日」日系人たちがさまざまなネットワークを利用しながら、単にホスト社会に適応─同化していくというプロセスだけではなくて、日系人が"Nikkei"とか"Los Nikkei"としてペルー社会においても存在が認知され、「出稼ぎ」も"Dekassegui"として定着していく可能性が存在している。(8) それは、エスニシティの変容という意味でも、日本かペルーかという選択ではなくて、第三の道があり得ることを示唆している。

確かに、出稼ぎ日系人のエスニック・アイデンティティについては、個人個人において異なっているし、ある一面から見れば、「日本」への同帰ないしは先祖の経験の「逆経験」（ホスト社会がペルーから日本へ変化した）とも見えるが、また他の一面から見れば、ペルー・エスニシティが日本を含むグローバルな場で、ダイナミックに展開しているという風に見ることも可能である。このように、エスニシティの変容は、往々にして戦略的でかつ可変的でもある。出稼ぎ日系ペルー人の場合も、日本滞在が長期化していくと、ペルー社会での日系人エスニシティとは異なった「在日」日系ペルー人というカテゴリーが生まれてくるものと思われる。

これまで「出稼ぎ日系人のエスニシティ変容」について、「移民」概念の再検討から出発して、リマ日系社会における「出稼ぎ」の意味、そして出稼ぎ日系人の家族と移動を二人の女性のライフ・ストーリーから抽出してみた。さらに、日系人のエスニシティ変容について、これらのケースを踏まえて、「出稼ぎ」のプロセスから、空間的移動を通してのエスニシティの変容、ジェンダーや年齢とエスニシティの問題についても若干考察した。

そこで、始めに戻って「移民」概念の再検討とエスニシティ変容について最後に考えてみたい。システムとしての「国民国家」統合型と移民の意識としての同化タイプから抽出される〈移民同化〉タイプは、確かに「出稼ぎ」においては少数者のタイプである。もちろん、滞在が長期化していくと日系人自身も日本への適応—同化が進み、Bさんのように、永住ビザを望む人たちも増えてくるものと思われる。しかし、「出稼ぎ」目的そのものが多様化する中で、〈多元的エスニシティ〉タイプは、より一般化してきていると言えよう。多文化主義〈Multiculturalism〉という言葉も日本社会の文脈の中に少しずつ定着化しつつあるとも言える。しかし、多文化主義がエスニシティ変容にとって持つ意義は、単純にさまざまなナショナリティが交錯し、「多文化」を構成するというだけではなくて、エスニシティそのものが個人個人の「生き方」の中に入ってきて、国民国家を相対化していくというプロセスではないだろうか。(9) 例えば、Bさんの末娘JさんとBさんと日系ブラジル人Eさんとの間に生まれた子供にとってのエスニシティを考えていくと、まさに〈多元的エスニシティ〉の典型の一つではないかと思う。

さらに、「出稼ぎ」移動をボーダーレス現象として捉えると、〈亡命者〉タイプや〈世界市民〉タイプも今後日系人の中に、出現していく可能性も存在している。エスニック・ビジネスやエスニック・メディアを起業していくある種の人たちにとっては、日系人のネットワークは、華僑やユダヤ人のそれと同質なものとして理解されている。このようにして、「移民」という人間像を考察していく場合には、従来からある「外国人」とホスト社会との関係や、二世、三世、四世と続く「継承と適応—同化」との視点ばかりではない。例えば、移動（離散）を通して形成されるユダヤ人の「ディアスポラ（diaspora）」や植民地行政官と現地との交流から生まれた「クレオール」など、今までは「日系人」という移民の人間像とは無縁であった概念も、今後のボーダーレス化やグローバル化においては、決して無縁ではなくなってくるものと思われる。「出稼ぎ」というそれ自体は経済的な労働力移動を意味するだけの現象でも、移民のエスニシティ変容をもたらすきっかけにもなり得る。そして、ライフヒストリーやインタヴューによるライフ・ストーリーの記述などの質的調査の方法から、このような人間像を模索していくことも重要な視点である。「出稼ぎ」という経験自体は短期間のものであっても、エスニシティ変容というテーマに即した場合には、個人の生い立ちからの聞き取りが必要になってくる。Rさんの場合にも、彼女の複雑な家族史を踏まえて初めて、伊勢崎市での家事・育児のライフ・ストーリーが理解されるのである。

（1）　広田康生「エスニック・ネットワークの展開と回路としての都市―越境する人々と日常的実践―」奥田道大編『コミュニティとエスニシティ〔二一世紀の都市社会学第二巻〕』所収、勁草書房、一九九五年、一九一～二六〇頁によると、広田は日系人たちを「越境する人々」として捉え、「繋留点」や「共振」、「迂回」などの独特な視点から、彼らの日常的な生き方を追跡している。

（2）　一九九六年一二月七日の関東社会学会研究例会テーマ部会「広域と局域」での著者の研究報告「日系ペルー人のエスニシティ変容―移動と家族の視点から―」に対しての竹中歩氏（コロンビア大学大学院博士課程（当時））のコメントから示唆を受けた。

（3）　有末賢「移民研究と生活史研究―日系人・日系社会研究の方法論的課題―」柳田利夫編著『アメリカの日系人―都市・社会・生活―』所収、同文舘、一九九五年、二二九～二五六頁、参照。

（4）　「一九九五年リマ日系社会調査」の全体については、柳田利夫編著『リマの日系人―ペルーにおける日系社会の多角的分析―』明石書店、一九九七年、序論および付録のアンケート集計表を参照のこと。

（5）　Rさんのインタヴューについては、河邊智彦氏の協力によって実現した。彼の卒業論文指導から私がRさんと出会うきっかけになった。河邊智彦「南米系日本人の生活と子弟教育問題―群馬県伊勢崎市における事例報告―」慶應義塾大学文学部通

信教育課程卒業論文［指導：有末賢］参照。

（6）Bさんのインタヴューについては、河邊智彦氏と共に新島典子氏にもお世話になった。

（7）Illich, Ivan, *Shadow Work* (Boston, London: Marion Boyars, 1981)（玉野井芳郎・栗原彬訳『シャドウ・ワーク―生活のあり方を問う―』岩波書店、一九八二年）によると、「産業化の進展とともに、生活を享受すべき人間の諸活動は、単なる無払い労働としての〈シャドウ・ワーク〉に変質してしまった。」という。

（8）柳田利夫「日系人から los nikkei へ―新たなエスニシティの形成―」柳田利夫編著『リマの日系人―ペルーにおける日系社会の多角的分析―』所収、明石書店、一九九七年、二七三～三一九頁、参照。

（9）酒井直樹によると、「民族や人種の同一性に固執する特殊主義的な多文化主義推進派と国民一般の統一を強調する普遍主義的な反多文化主義推進派は『文化主義』という点で共犯関係にある」（二一頁）という。つまり、単一文化主義も多文化主義も「文化主義」というコインの裏表にすぎず、国民文化の創造と神話化の過程で一種のイデオロギーとなってしまったと批判しているのである。酒井直樹「序論　ナショナリティと母（国）語の政治」酒井直樹、ブレット・ド・バリー、伊豫谷登士翁編『ナショナリティの脱構築』柏書房、一九九六年、一二～四〇頁、参照。

第十章　個人生活史の解釈

第一節　生活史研究の多様な展開

ライフヒストリー研究は、現在、多様な展開の中で、さまざまな高まりと広がりを見せている。本章において「個人生活史の解釈」に焦点を絞って、現段階の研究の主要な動向を押さえながら解説しておくことにする。結論をやや先取りして言うならば、これだけ広範かつ多様な展開を見せている生活史研究、あるいは伝記研究において、「一体、何が中心的問題であるのか」という点を筆者なりに限定しておかなければならないからである。「伝記と社会」研究、あるいは生活史研究の広がりと多方面への連繋性は著しいものがある。例えば、生活史研究、伝記分析の理論的側面では、従来からの質的調査法、フィールド・サーヴェイの方法論に加えて、解釈学、記号論、現象学、精神分析や文化的マルクス主義などとの関連性にまで及んできているのである。もちろん、それらの取り扱われ方が肝心な問題なのであって、単に広がりを見せているだけでは「焦点のない拡散」に陥ってしまうかもしれないが、そこに生活史研究の「暗中模索」の現段階があるようである。ここでは現在の生活史研究の主要な傾向と言うか、研究範囲の外延的な広がりについて概観しておこう。

まず第一に、研究方法や質的調査との関係性である。調査方法上の議論においては、生活史法の難点や欠陥についての問題がかつては目立っていたが、最近では、その理論的補強や具体的調査場面、調査行為などをむしろ積極的に生かしていく方向で議論が展開されていくことも多くなっている。生活史法と一概に言っても、自伝が書かれていた場合と「援助を受けた自伝」(assisted autobiography)[1]では方法も異なってくるし、口述史(oral history)や聞き書き(interview)の場合の調査行為、調査者─被調査者関係も採取されたデータの記述の仕方も、それぞれに方法上の問題が含まれているわけである。つまり、研究方法上も質的調査法の一つとしても、生活史法を一義的に論じるわけにはいかなくなってきたということである。量的研究や標準化された調査とは異なったレヴェルにおいて、生活史法のそれぞれの特色を生かした理論化が試みられているとも言えよう[2]。

第二に、ライフ・コース論や家族社会学との接近が指摘できる。G・エルダーなどは、D・ベルトー編『伝記と社会』[3](一九八一年)の中にも寄稿しており、当初からライフヒストリー研究との関連性を保っていたわけであるが、タマラ・K・ハレーブン(Tamara K. Hareven)やディモス(J. Demos)などの歴史的ライフ・コース分析や世代、年齢効果などにおいても生活史研究との相互関連が浮かび上がってきた。また、D・プラースの『日本人の生き方』[4](一九八〇年)のように、「人生行路」(pathway)や「同行集団」(convoy)、「共同執筆する伝記」(cobiography)などの概念を用いながら、ライフ・コースとライフヒストリーを連続して分析していくという方向も模索されている。いずれにしても、ライフ・ストーリー、あるいはライフ・コース論の側からは、より具体的、歴史資料的なライフヒストリーとの「つき合わせ」が必要になってくるし、逆に個人生活史研究の側でも、家族の歴史や世代、年齢の問題、あるいは文化人類学や社会心理学の概念である「行路」(pathway)や「通過」(passage)などの新たな分析概念を使ってみないと研究が行き詰まってくることも考えられるわけである。

第三に、社会史との関連においては、狙いは、やはり集合的な体験の歴史に置かれており、たとえ個人の口述生活史を聞き取る場合でも、そこには、ある家族集団、地域集団、労働者集団などが背後に存在していて、そうした家族文化、民族文化、労働者階級文化などを探ることが目標とされていることも多かった。確かに、水野節夫が指摘したように、個人生活史研究に即して言うと、「階級間の対話」的発想との訣別[5]という側面も見出し得るかもしれないが、個人を理解しようとしながらも、ともすると個人に「はりついた属性」や背後にある集団、階級、文化の方に視点が移動しやすいという傾向が見られるのである。

第四に、心理学と生活史との関連では、従来の精神分析的研究に加えて、「心理的伝記」（psychobiography）研究[6]や「自己継承性」（generativity）[7]、「口述の心理学」（narrative psychology）[8]などの議論が盛んになってきている。一つ一つについて詳細に検討していくことはここではできない。今まで心理学的視点から生活史や伝記を扱った場合、個人の発達過程や幼児期体験などに限定して心理療法やカウンセリングに応用されてきたことが多かったが、最近では、その枠に囚われない自由な発想も出てきている。そういった意味で、この分野の研究では、自我論、シンボリック相互作用論、エスノメソドロジー、「重要な他者」論、リアリティの多元的構成論、言語論や発話行為論などとの接近が見られる。このように、心理学や精神分析からライフヒストリーに入っていっても、社会学、人類学、哲学、言語学などとも不可避的に連動していくことになるのである。

以上のように、生活史研究の外延的広がりはますます複雑化しているように思われる。これ以外にも、文化人類学やエスノグラフィと生活史、社会移動と生活史、移民研究と生活史、スラムや社会病理と生活史、フェミニズムやジェンダー論と生活史など、いくつも多様な展開を見せている。このような多様な展開、外延的広がりは、確かに、ライフヒストリーの持っている応用可能性であり、どのような立場の研究者、方法論者、調査者、あるいは理論家にも開かれているという魅力を持っているように思う。

しかし、その反面、「何のための生活史研究なのか」「何が中心的問題であるのか」といった課題を棚上げしてしまう恐れもある。以下では、この点を中心的に取り上げて、生活史研究の持っている「ライフ・ストーリー」的側面と「ライフ・ドキュメント」的側面を比較検討しながら、個人の主観的世界の解釈に入っていくことにしよう。

第二節　ライフ・ストーリーとライフ・ドキュメント

生活史を取り上げる場合、生活史の調査、資料源、研究方法、記述と作品など、それぞれを独立した過程として考察しなければならない場合もある。水野が、先の論文の「生活史（資料）のコンテクストづけ＝解釈・分析志向と編集志向」[9]において、詳細に検討しているごとく、生活史（資料）の作品化には、いくつかのヴァリエーションが見られる。この観点から生活史研究の再構成を試みることも、もちろん可能であるが、ここでは、あえて生活史の調査・資料・研究・作品などを一貫して、個人のライフヒストリーをその個人の主観的世界に可能な限り接近して抽出していく作業として捉えてみたい。つまり、作品化のヴァリエーションに至る過程を研究者の側の解釈・分析志向と編集志向という側面だけではなく、個人のライフヒストリーにおける「主観的リアリティの構成の相違」という観点から光を当ててみたいということなのである。

生活史というのは、本来の定義からして、個人の一生に近い、ある一定の時間軸上の幅を持っている。中野卓や前山隆らの一連の「口述の生活史」研究においても、対象者（話者）たちは、七〇歳、八〇歳以上の老人が、過去を振り返って自分の人生を語っているわけである。あるいは、依頼して自伝を書いてもらう場合でも、また功成り名を遂げた人々が自ら自伝を書く場合でも、ある程度の年齢に達して過去を振り返っているものが多い。そうした何十年か、場合によっては半世紀から一世紀の時間を経由して再現される生活史を、ここではライフ・ストーリー的側面と呼ぶことにしよう。その場合、何十年かにわたって、その間のライフヒストリーがすべて明らかにされなければならないというわけではない。その中で経験した何年かのことが、あるいは何カ月のことだけが鮮明に記憶され、それに基づいて人生が「物語られる」点が重要なのである。

しかし、これとは全く異なった側面として、個人個人が日々生活している時間軸上で絶えず起こっている「生の反省」と「生の記録」という面がある。われわれは、毎日の生活で絶えず主観的リアリティを移動させ、生活世界を構成し、そして記憶に焼き付けられたり、文字に書き留められたり、写真に撮られたり、テープに吹き込まれたり、映像に残されたりして「記録」される。それらは、その個人にとって、少なくともその時点においては「意味のある記録」として位置付けられている。このような側面を、生活史におけるライフ・ドキュメント的側面と呼ぶことにする。ここには、「生の反省」が日々記録される日記、人間関係のその時点での記録となる手紙（私信）、人々の表情やしぐさが記録される写真や映像、またある事件、ある主題に対するインタヴューや手記なども含まれる。通常、生活史のライフ・ストーリー的側面とライフ・ドキュメント的側面は相互補完的であることが多い。ライフ・ストーリーを聞き出すには、ライフ・ドキュメントが素材になったり、きっかけになったりすることも多いし、ライフ・ドキュメントを手掛かりにしてライフ・ストーリーが展開されることもある。しかし、ある場合には、ライフ・ストーリーから除かれるライフ・ドキュメントもたくさんある。無意識的に、単にその時だけ重要に思われただけで後には忘れ去られることも数多いが、逆に意識的に、自分の人生のライフ・ストーリーの中には「組み込みたくない」ライフ・ドキュメントの場合もあるだろう。

そこで、次にライフ・ストーリー的主観性とライフ・ドキュメント的主観性とをいくつかのポイントに分けて、比較してみよう。と言うのは、桜井厚は「主観的リアリティとしてのライフ・ヒストリー」という論文において、中野卓編著『口述の生活史』の語り手、松代おばあさんの主観的リアリティの世界を例として解釈、分析しているが、それをライフ・ストーリー的主観性の典型として考え、次に筆者が、ある「生活記録」「出版された日記」を事例としてライフ・ドキュメント的主観性の解釈を示してみたいと考えているからである。

まず第一に主観的リアリティの再構成の仕方について見てみよう。ライフ・ストーリー的主観性から再構成される時は、過去において獲得した「意味体系」から秩序づけられることになる。桜井は、「ライフ・ヒストリーの構成にあっては『理由』動機（"because of" motives）が支配的である。すなわち、現在の日常生活の意味関連は、将来の生活設計というよりも、現在に至った過去の出来事から説明される構造をもつ。したがって伝承や伝統とは無縁ではありえない。[10]」と述べている。しかし、ライフ・ドキュメント的主観性にあっては、過去よりはむしろ現在と将来の生活設計にかかわる事柄から再構成される傾向がある。何よりも、現在をワン・ショットで切り取った時の主観性であり、リアリティの構成であるから、今、一番何が言いたいか、何を感じているかということが問題とされるのである。そして、日々繰り返される出来事（イベント）の中に、意味を見出し、また新しいライフ・イベントが積まれていくというわけである。

第二にリアリティの再構成に際しての「正当化の装置」について考えてみよう。桜井は、語り手の意識のあり方から語り手自身のライフヒストリーの組織化までの一連のプロセスを現象学や心理学の「認知過程」を援用しながら跡づけている。彼によると、「〝決定的〟経験とか重要時期を刻印する経験とは、生活史の諸経験を秩序づけ、意味づける『意味体系』を獲得した経験のことである。自伝を書く動機は、おそらくここに胚胎する。転機というのはこうした経験の過程のことである。その徹底した形態が転向や宗教上の回心といわれるものであるが、それは、自己の全生活史がその内部に位置づけられるような普遍的な意味体系への転換のことである。[11]」とされる。しかし、この「正当化の装置」は必ずしもライフ・ドキュメント的主観性には貫徹されてはいない。むしろ、ライフ・ストーリーで言うところの「決定的経験」や「転機」を未だくぐり抜けていない場合もあるし、その真っ只中にいることもある。とかく個人の日記がある時期だけに集約されていたり（ほぼ全生涯にわたって日記を書き続けている場合でも、信条告白や感情吐露の時期と身辺雑記の時期に分かれることもある）、ある人々との往復書簡だけが、主観的リアリティを浮き彫りにしていることもある。その際には、正当化しえない葛藤や矛盾が滲み出ている場合もあるわけである。また、そこにこそドキュメントとしての意義もあると言えるだろう。

第三に、「重要な他者」にかかわる問題がある。桜井は、内海松代（仮名）の世界を、転機に影響した『重要な他者』を中心に捉え、さらに、「さほど重要でない他者」である人々も、A・シュッツやD・プラースの概念を用いながら示している。つまり、「身近な関係者の世界」（world of consociates, Unwelt）、「同時代者の世界」（world of contemporaries, Mitwelt）、「先行者の世界（祖先の世界）」（world of predecessors, Vorwelt）、「後継者の世界（子孫の世界）」（world of successors, Folgewelt）であり、通常は同時代者の中に入っているが、時折やってきて接触する人々を「接触者の世界」（world of associates）として、区別している。そして、彼は、これらの重層的な関係について、次のように述べている。「こうして、松代の社会的世界は決して調和的な世界ではない。『重要な他者』に対しても、また『身近な関係者の世界』『接触者の世界』『同時代者の世界』のなかでもさまざまな葛藤が存在した。そして、彼女のライフ・ヒストリーの社会的世界の重層的な成立は、『身近な関係者の世界』を中心とする広がりが圧倒的に『先行者の世界』におおわれていることを示している。それは彼女の前半、二一歳までの語りにどれほど多数の人びとが登場したかを見ることによって見当がつくだろう。(12)」つまり、ライフ・ストーリー的主観性においては、「重要な他者」の登場と関係性について、比較的「選択できる可能性」があるとも言える。もちろん、思うがままに暮らしてきた人生ではない以上、その時点、その時点においては「重要な他者」であるのか「さほど重要ではない他者」であるのか、わからない場合もあるから、「選択できる」と言っても、解釈や意味付けの部分において限定されるものである。

しかし、ライフ・ドキュメント的場面では、その当事者のライフ・ストーリー全体に対してどう意味付けられるのかは未だわからないが、ともかく現時点での「自己と他者」との抜き差しならない関係性が露呈されるわけである。そういう意味では、桜井が、ヴェーバーの行為論でいう目的合理的行為を卓越的なモデルとしてきた近代社会（合理化）モデルに対して、伝統的行為、伝承の重要性を松代のライフヒストリーから強調しているが、この文脈では、ライフ・ストーリー的側面はより伝統的行為を導きやすいのに対して、ライフ・ドキュメント的側面は、感情的行為（自己と他者との生の感情的交流）や価値的行為（自己の信条の直接的発露）を抽出しやすいと言えるかもしれない。

最後に、主観性が「文字」を媒介とするかどうかの相違について考えてみたい。つまり、ライフ・ストーリーにおいても、ライフ・ドキュメントにおいても、ライフヒストリーの主体（当事者）が「書く」、「記録する」という行為を経由する場合とそうでない場合がある。ライフ・ストーリーの資料において、当事者が書いたものは自伝であり、そして調査者、研究者によって示唆された「援助を受けた自伝」を媒介として、文字によらない「口述の生活史」へと連なっている。また、ライフ・ドキュメントにおいては、日記・手紙・手記などは前者に入り、インタヴューや親密な調査関係によって得られた聞き取りなどは後者に属するものと考えられる。

江原由美子は、生活世界の意識のあり方を、身体性、象徴性、日常生活、論理的認識の四つの世界から認識している。(13) 桜井も指摘している通り、これらの多元的リアリティとしての四世界の層構造は、生活史資料の分類にも適用し得る。そこで、私が特に強調したいのは、「書くこと」「自ら書きしるすこと」の意味である。もちろん、人間が生きているうえでの身体性、象徴性、日常生活の世界も「書き表された世界」の中に登場してくるだろうが、おそらく「書く」ことの意味は、論理的認識の中に最も典型的な形で表されるのであろう。つまり、「書く」ことは論理を見つけだすことであり、論理による正当化を得ることでもあり、また論理に至らない感情を反省することでもある。そのような意味で、「口述の生活史」が象徴性の次元を中心としながら、身体性や日常生活の次元と主にかかわっているのに対して、「自伝」や「日記」などが論理的認識と象徴性や日常生活とのズレや異質性を表面に出していることが多いわけである。そこで、次節では、「出版された日記」を事例としてライフ・ドキュメント的主観性の解釈へと進むことにしよう。

第三節　自己と他者の関係性——反省としての「日記」

一つのライフ・ドキュメント的資料として、あるいはライフヒストリーの一断面の解釈として、ここに、稲垣尚友『悲しきトカラ—平島生活記録—』[14]（一九八〇年）をテクストとして扱ってみたい。本書は「ニュー・フォークロア双書」として坪井洋文、宮田登、高桑守史らの民俗学者の著作とシリーズになっているが、必ずしも民俗学の研究書というわけではない。もちろん、書名からもわかる通り、東シナ海の真ん中にあるトカラ諸島の中ほどの平島（たいらじま）においての生活記録であり、島の民俗や伝統についても記述されているわけだが、内容は昭和五一年（一九七六年）一二月四日から翌昭和五二年（一九七七年）一月二二日までと同年八月七日から三一日まで（断続的に計六日間）の「引揚げ」と題されている著者の日記から構成されている。著者・稲垣尚友については、本書からだけでは略歴等はほとんどわからないが、本文中に「初めて島に渡ったのが二二歳の時、昭和三九年夏であるから、一三年前である。[15]」とあり、当時三五歳の青年であったと思われる。

稲垣尚友『悲しきトカラ』は、ある意味でとても興味深いライフ・ドキュメントの資料となっている。もちろん、このテクストから人間・稲垣尚友のライフヒストリーに切迫していくには、いくつかの限界がある。まず第一に、この資料がたとえ「日記」とは言っても、「出版された日記」「公刊された日記」であり、あるいは、もしかしたら「出版されることを予め意図した、ないしは予想した日記」であるかもしれない。しかし、逆に言うと「公開されたくない日記」をここで初めて「公開する」ということは、かなり困難なことである以上、「公開された日記」をテクストとして扱うことも意味を持つことである。第二に、「日記」とは言っても、記述された期間は二カ月にも満たない短期間であって、前後の事実関係にも不鮮明なところもある。しかし、その内容の中にある種の「でき事」と「信条や感情の吐露」が含まれていれば、たとえ短期間にしろ、著者の論説や記録よりは、個人のライフ・ドキュメントとしての意味がよりはっきりとあるように思う。

この『悲しきトカラ』は、はじめに「絶海の島をぬけて―序に代えて―」から始まり、主要部分は昭和五一年一二月四日から翌昭和五二年一月二二日までの日記であり、そして「引揚げ」と題されている昭和五二年八月七日から三一日までのうちの数日間の日記と、最後に短い「あとがき」から成っている。書かれている内容は、冒頭から「島から逃げてきた」という意識と密接に結び付いている。少し引用してみよう。

「私にとって島は自分が何であるのかを逆照射してくれる。また、島を離れた現在、四年の歳月を投入したにもかかわらず、島から逃げてきたという意識から抜けられないでいる自分はいったい何なのか。」

「島にいながら発するコトバには安心感があった。」

「その島にあって、私は可能な限り、都会への攻撃材料を集めて回った。」

「把えた事象、目撃した事象を自分の肉声を介して外に吐き出していればよかった。そうした作業を繰り返していれば安心が得られたのである。この安心は月日と共に深まっていった。が、ここには大きな矛盾があった。肉声はたえず都会に向けて発せられた。〈村〉の中でコトバを共有することに絶望していた私には、都会以外には吐き出す先は見当らなかった。島を語っていられる安心は、たえず、島にいなければならないという不安との二律背反の関係にあった。(16)」

このようなトーンは「あとがき」に至るまで一貫している。短い「あとがき」なので全文を引用してみよう。

「なぜ、これほど〝逃亡者〟意識を持たなければならないのだろう。ひとりの先生が鹿児島転任を目前にして、『何か悪いことをしているみたい』といっていたのが親しい響きをもって私に迫ってくる。それほど島は厳しく、また、迫力のある世界なのであろう。欲深い私は、いまその〝逃亡者〟意識を追い求めている。そうすることで、島とかかわってきた自分を見据えることができるのではないかと思っているからである。私にとって島はあこがれでも、なつかしさでもない。いまだ不鮮明な反射鏡なのである。この先、鮮明になっていくという保証もないのだが、向き合わずにはいられない鏡である。(17)」

それでは、彼が島にいた間に何が一体起こったのだろうか、何がきっかけで彼は島からぬけたのだろうか。本当は、「公開されている日記」の中からのみ、それを捜し出すことは難しいのかもしれない。なぜなら、冒頭で昭和五一年の夏にトカラ列島を襲った記録的な台風により、彼の住んでいた隣の島では、都会から来ていた彼の友人も山崩れで亡くなったのだが、その死に対して島民のひとりは、「ヒッピーが余計なことしに島に来っからよ」と言い切った(18)、と書かれている。そして、「私はこの友人の死を誰にも語ることはできなかった。〈テコ入れ〉したところで島民のいうヒッピーというコトバが、風俗用語の域から抜け出さないであろうことは想像がつくからである。こうした日常のつみ重ねが私をますます呼吸困難に陥し入れた。そして、自らの心身の健康を考えて島を離れた。まだ永生きしたいのである。しかも心安らかな思いで。[19]」と述べられているように、本書の日記以前から、彼と島＝村との間の緊張関係、葛藤や矛盾が存在していたことがわかる。また、『悲しきトカラ』より三年後に出版された稲垣尚友『棄民列島―吐火羅人国記―』（一九八三年）の「脱島者」という章でも、「昭和五一年春、ひとりの青年がわが家に血相を変えて飛び込んできた。話の内容は、私の書いた一文が偶然手に入り、その記述は島民への配慮に欠けるというのだった。語気を強めて、〝刺し殺す〟とまでいった。」「三日間にわたる〝つき上げ〟の結果、私は部落の中に顔を出すのがおそろしくなった。[20]」と書かれている。こうした記述からもわかるように、「日記」部分以外にもさまざまな事件やきっかけがあったものと考えられる。

しかし、ここではさしあたって本文の日記の中で追いかけてみることにしよう。昭和五一年一二月四日から始まっており、淡々とした生活記録から年が明けて一月八日～一〇日には、島から離れる「一つのきっかけ」となっているものと考えられる。彼は、夕方、一月一九日頃から最後の二二日までは、鹿児島市内に滞在している。一月一九日頃から最後の二二日までは、

小川先生の教員住宅を訪ねて、「このあいだAさんのとこに行ったら、ナオさんのことをクソミソにいうてたですがね、ちょうど、何かの祝いの前の日やったですけど、何人か集まっとっていうとったですよ、ああ、自分でなくてよかった。自分だったら、どうしようと思ったですよ。ナオさんが、いちばんつらいでしょうね[21]」と詳しく内容を聞かされた。彼の日記から引用してみよう。「自分で播いた種なのだから、処理しなければならない。何がことの発端かというと、私が一年前に出した本のことである。写真が五、六葉と、文章が四〇〇字詰め原稿用紙にして、四〇〇枚ほど入った本である。その本がけしからん、ということを発刊直後に島のひとにいわれた。内容もだが、写真を無断で載せたことも許せない、とのことだった。私は私なりに釈明し、また写真の無断掲載に関しては謝まった。通りすがりの人が出す本であれば、こうも問題が広がらなかったろうが、書いた本人が同じ島にいるのだから、不平不満があればいくらでも叩きつけられる。そういう点では、島にいてよかった。と、

私は思っている。内容に関するこだわりはいまも続いている。その時点で、私が筆を絶てばあとは時間が、いやしてくれたであろうが、モノを書きたいという気持はいまだに続いている。[22]」このような「事件」から、彼は何をどのように考えていったのだろうか。

「抗議のあとは、私の自己規制はたいへんなもので、このコトバを使っていいものか、悪いものか、ひとつひとつが気になる。…（中略）…だから、その後の私の表現は以前ほどの直截さがなくなった。代って、とりとめのない自分自身をいじくることに精を出すことになった。島民のものの考え、行動は、私自身のことである。もっと、風呂敷を広げれば、人間そのもののはずである。そうした普遍性に私はライトを当てたかった。が、その私の表現方法は島民にとって、満足なものではなかったようである。私のありのままを書くことは許されても、島のありのままは許されない。本当は、私のありのままは、あなたのありのままなのだ、といいたいのだが、そこが私の力量不足故に相手に通じなかった。

人間のありのままが、どんなに人をひきつけるものであるかは、人間が一番よく知っている、と私は思ってきた。が、それは、一般的なものいいではないようだ。れっきとした〝共同体〟を自覚して生きている人間にとって〝ありのまま〟はさして、生きる目的とはならない。むしろ、〝ありのまま〟に自分の思い込みをプラスした〝建前〟こそ重要なのである。〝島づくり〟というコトバも、そうした響きがある。…（中略）…私は、これまで〝ありのまま〟と〝建前〟との内的ギャップに苦しんできた。それがひとつのものになることを夢見ていたからである。…（中略）…要するに、〝共同体〟が生きている限り、〝ありのまま〟ではいけないのである。〝建前〟に生きなければならない。〝建前〟を心得ていない人間は、当然、はじき出される。もしかしたら、これは戦争なのかもしれない。[23]」

このような信条告白、感情吐露こそが実は読む者を引きつける「魅力」となっているのである。翌日の日記にも「夕べの続きである。〝逃亡者〟は語らずにはいられない。すでに、負けいくさを自覚しているのである。[24]」とあるし、二二日にも「具体的に何をしたかはおぼえていないが、何をしようとしていたかは、はっきりおぼえている。〝証拠いん滅作戦〟を展開したのである。〝逃亡者〟は追手からのがれるために、あの手この手で、自分の足跡を消そうとする。それである。[25]」と記されている。しかし、もちろん、このような矛盾、不安、葛藤、そして挫折意識や逃亡意識は、一月一九日以後突如として芽生えてきたというわけではない。それ以前の日記を読み直してみると、例えば、一二月八日に、マイクによる「電話の呼び出し」があって、彼が東京の出版社の人から「島の独立性」についての談話を求められる場面がある。その中で、彼は「電話口ではできない。電話は一個人と一個人との自由な会話が都会では基本であるが、ここでは違う。それで、私は『島』を問題にすることすらためらうのである。島内でいくら『島』を語ってもいいが、島外者と語る場合、それは場所を選ばなければならない。…（中略）…島にあっては『島』を口にするゆとりはない。[26]」と書いている。

また、一二月三一日の日記には、このような心情吐露もなされている。

「私も、自分の歌をうたって、時には酔い痴れたい。その歌が見つからない。この先、見つかるかというとその期待はほぼまったくないのではないかと思う。もう、酔えないのではないかとすら思う。島に来たことすら、すでに酔えない自分を作りに来たようなものである。たしかに、初めのうちは、〝土方こそすべて〟と思っていた。土方仕事で固められている島の生活が真珠の輝きにも似ていた。が、それは、あくまでも夢であった。体が求めたものではなく、頭が求めた世界であった。自らの認識のベースキャンプを求めていたのだ、とはっきり自覚したときから、夢を見られなくなった。惘れむべきなのか。[27]」

しかし、彼は一方的に島を批判したり、事実を無視したりしているわけではない。島での「専業・分業のない生活」「島の労働界（?）でのマグミのしくみ」や「ハシケ作業」や付き合い、近隣、親族などの関係についても豊富に語られている。例えば、「島で生活する以上、〝上昇志向〟の固まりとなる。ランプは風情があっていい、などという気はさらさらない。…（中略）…二四時間、電気が使えるところなら考えられないことだが、ここでは電気に人間が使われているのである。[28]」あるいは、

「都会は一方仕事やし、楽は楽やな」

これは、夏に稲刈りのために一時帰省した勝治アニである。島には専門職がないが、都会に出ればひとつのことをやっていればいいから気が楽だ、という意味である。つまり、島の生活は何もかもやらなければならない。「魚取りから、米作り、野菜を作り、家を造るのである。[29]」というように、島での生活に、ある意味での「自信」と「充実感」をも感じているようにも思える。だからこそ、一月八日に彼の妻がお産のために東京の実家に帰るのを送りに鹿児島に行き、そこで、「島の中にいるときは島との違和感がふくれあがっていくばかりなのに、ひとたび外気に触れると、かたくなに島へ回帰しようとする。[30]」と告白しているわけである。

このことは、一体何を意味しているのだろうか。「人間の〝ありのまま〟を追い求め」、「近代が追放してしまった『専業・分業のない生活』という〝原初〟＝人間的な生活」を志して、島へやって来た著者が、島の中にいる自分に、その「反射鏡」としての自己を見出し、安心感を持っていたことは事実である。しかし、彼は、その〝ありのまま〟を「生活記録」あるいは「島から都会へ向けてのメッセージ」として書き送られると、そこに「島のありのまま」という問題が起こってくる。彼が日記で本心をのぞかせているように、「本当は、私のありのままは、あなたのありのままなのだ、といいたいのだが……」「私のありのままを書くことは許されても、島のありのままを書くことは許されない」のである。ここに至って、彼の理念、理想は、現実の〝建前〟や〝島づ

くり〟の前に、行き場を失くしてしまうわけである。そして、〝島ばなれ〟の願望から、島を出る決心、そして「逃亡意識」へとつながっていくのである。つまり、彼の理念、理想、あるいは「記録する」という論理的認識が強ければ強いほど、それだけ「逃亡者意識」も尾を引くことになるのではないだろうか。

第四節　記録することと論理的認識

今まで見てきたように、稲垣尚友『悲しきトカラ』を題材として、ライフ・ドキュメントとしての主観的リアリティの解釈について検討してきたわけであるが、ここでは、第二節で見た身体性、象徴性、日常生活、論理的認識の四つの生活世界の層構造とかかわらせながら、ライフヒストリーの解釈、分析へと進めていきたい。筆者自身、本書第二章図2-2で示したような「生活の歴史的研究の布置連関」を試みに提示してみたことがある。[31]この図では、「生活学」ないしは「生活研究」の方法を意識した形でまとめられているが、「生活研究」と書かれたところは、広い意味でのライフヒストリー研究、また「方法論」のところは主観的リアリティの次元に置き代えてもよいと思う。

つまり、生活史の次元分類を示したもので、生活の歴史的研究として、社会史、個人史、精神史を区別し、多元的リアリティとして存在性の軸、日常性の軸、超越性の軸を設定してみたものである。一般的な生活の歴史的研究を念頭に置いているので、ライフヒストリーの主観的リアリティの解釈にあたっては、そのまま適用することはできないが、生活史の次元分類として修正・応用することは可能なように思われる。『悲しきトカラ』をテクストとした時の「ライフ・ドキュメントのリアリティ構成」を図に示したものが図10-1である。今、ライフ・ドキュメントとしての『悲しきトカラ』の日記をテクストとしており、「生活の歴史」と言うには、二カ月

図 10-1　ライフ・ドキュメントのリアリティ構成

生活史の諸相／リアリティの層	平島生活記録	個　人　史	精　神　史
論理的認識	学校の先生 都会のヒッピー 出　版　社	書くこと 〝逃亡者〟は語らずにいられない	産業・分業の中に生きる生活＝近代
日常生活	付き合い まつり 青年団	人付き合いの煩わしさ 溶け込めない意識	島づくり ⇩ 〝建　前〟
象徴性	マグミ セキニン ユーブニン制度		〝ありのまま〟 ⇩ 人間的
身体性	泳ぎ、エビ突き ハシケ作業	体力、食物 自信と不安	専業・分業のない生活＝原初

出所：筆者作成。

足らずという余りに短いものではあるが、その日記の中には、「平島生活記録」という、いわゆる「村の歴史」も描かれている。そして、日記の中を流れる最も中心的な時間軸は、著者・稲垣尚友の個人史の流れである。さらに、もちろん著者のフィルターを通してではあるが、自己と他者＝島＝共同体との普遍的、歴史的関係性を見据えている「精神史」という時間軸も垣間見えているのである。方法論と言うか、社会的世界をどのように意識しているのかという多元的リアリティの構成においては、身体性、象徴性、日常生活、論理的認識の四つの層構造をあてはめてみようと思う。確かに、存在性の軸によってイメージされていたものは、衣・食・住というような実際に手で触れられる肉体性、感覚性、非言語的コミュニケーションなどが含まれており、ほぼ身体性の次元に相当する。しかし、日常性の軸と超越性の軸に関しては、象徴性と日常生活の次元が逆に位置付けられているようにも思える。しかし、日常生活を成り立たせている象徴的な（時には非合理的な）主観的解釈を象徴性と日常生活という二つの次元に区別してみるならば、むしろ日常性の軸と超越性の軸は、相互に絡み合いながら措定され、一部分、超越性の軸の中に含み込んでいた世界の普遍的認識＝近代西欧を典型とする論理的認識の次元を別個に区別することが望ましいと考えてみた。

図10-1においては、横の軸には「生活世界のリアリティの層」を四つの層から位置付け、縦軸には、「生活史の諸相」を地域社会史、あるいは集団史としての「平島生活記録」と個人史、精神史から措定してみた。そして、各軸の交錯するボックスには、本文の日記や手記から「キーワード」なるものをあてはめてみた。すべてについて解説を加えることはできないが、概略を順番に見ていくことにしよう。まず平島生活記録の欄では、いわゆる「島の記録」が取り上げられているが、身体性にかかわるレヴェルでは、「泳ぎ」（これは島のコトバで、泳いだり、潜ったりして漁をする、という生活用語らしい[32]）やエビ突き、そしてハシケ作業や道路工事などの土方仕事も含まれている。そして、島の伝統的な習俗、慣習にあたるマグミ（島内の仕事、例えば魚突きや建設工事などの際にチームや相棒を作ることをマグムと言って、互いに競争相手でもあるマグミ相手が長年の間にほぼすべての島民の間にできることになる[33]）やセキニン（責任者のことで〝島づくり〟の第一線に立つ総代、青年団長、婦人会長など[34]）、さらにユーブニン制度（数え年の一五歳から六〇歳までが、ユーブニン（おそらく用夫人の訛りで、この年齢にあるものは、部落の業務を負わされる制度[35]））などが象徴性の世界に属している。日常生活では、青年団や婦人会の付き合いや「忘年会」などが出てくるが、平島での生活の中でも、論理的認識の世界との接触が出てくるのは、例えば出版社からの呼び出し電話や鹿児島から赴任してきている学校の先生との会話や台風の被害によって彼の友人が亡くなった時の「ヒッピーが余計なことしに島に来っからよ」などの言葉にも現れている。

次に個人史を見ていくと、身体性の次元では、体力、食物、技術としての電気などに対して彼の抱いている

「自信と不安」という両極が併存している。これに対して、彼の個人史における論理的認識は言うまでもなく、「書くこと」「記録すること」であり、一月二〇日の日記に記されている「〝逃亡者〟は語らずにはいられない。」に象徴的に現れているように、彼の認識の骨格を形作っていると言ってもよいだろう。個人史の象徴性、日常生活の次元は互いに錯綜していて、青年団に加わり、ユーブニン制度にも従って参加しているが、そこには常に「人付き合いの煩わしさ」や「皆に溶け込めない意識」を持っているのである。

最後に、これらの関係を著者を含めた同時代の人間たちの精神史という観点から見直してみると、身体性に基盤を置いた「専業・分業のない生活＝原初」と西欧的・論理的認識に基盤を置いた「専業・分業の中に生きる生活＝近代」との対峙・対立の構図がはっきりと読みとれるのである。その中で、彼自身の精神史を「島の象徴性」と「彼自身の日常生活」から見ていっても、「島づくり」という〝建前〟を前面に押し出す認識と〝ありのまま〟を人間的と考える認識とがやはり対立の構図を見せているわけである。このように、「書くこと」そして「書かれた日記・記録」からは論理的認識が導き出されるだけではなく、日常生活における論理と身体性、自己と他者の関係性の矛盾・葛藤なども浮き彫りにされるものである。

第五節　「生の記録」の解釈

生活史と「生の記録」研究について、ここでは、ライフ・ドキュメント的主観性の解釈という側面から追ってきた。確かに、はじめに見てきたように、生活史研究の広がりと深まりは現在、多様な展開を現出させている。本章では、生活史研究の多様な展開の中で、個人生活史研究を違ったパースペクティヴから光を当ててみた。それが、ライフ・ストーリー的主観性とライフ・ドキュメント的主観性の区別である。そして、桜井厚の「主観的リアリティとしてのライフ・ヒストリー」の解釈的アプローチを評価しつつ、「口述の生活史」における主観的リアリティを一方でライフ・ストーリー的主観性として限定的に位置付けてみた。そして、後半においては、稲垣尚友氏の『悲しきトカラ』という、ごく短い「出版された日記」をテクストとして、ライフ・ストーリー的主観性とは区別されるライフ・ドキュメント的主観性の解釈へと進めていった。

ここで一つのケースとして言及してきた稲垣尚友氏の場合、彼のライフヒストリー全体から考慮すると、この平島での体験が、必ずしも全生涯にわたって大きな意味を持つかどうかは未確定の問題である。しかし、『悲しきトカラ』から三年後に出版された『棄民列島』においても、「感傷にひたろうと思えばきりがない。一語でいえば、わたしの住んでいた島は〝いい島〟だった。が、そのこととは別に、島のことを書くとき、いつも身が引きしまるのである。この『棄民列島』に関しても、あれこれとりざたされていることと思う。『イナガキが今度来たら袋だたきにしてやる』と思っている島民もいることと思う。もし、わたしが再訪したら、『よく来た』といって一緒に酒をくみかわす人であるのはわかりきってはいるのだが、私の足は重い。島民にとっては、余計なことをしてくれる人間であり、その思いが私にはよくわかるからである。[36]」と記されている。このことからも、彼自身の生き方に深くかかわる体験であったことは頷けよう。

しかし、島に対する「こだわり」はこだわりとして、島のことを客観化し、総括するという、ある意味での「正当化の装置」も次第に生まれてくるはずである。彼は『棄民列島』の最後のところで、「九〇人いたら九〇本の根がある。それらの根はよじれ、からまって、島の太い根になっていく。それが島外から見ている私には、たくましく個性豊かなものに映った。が、内側からは別の形容詞もつけ加える必要を感じる。千年の風雪にきたえられたが故か、一本一本は、同じコトバを持ち、同じ生きる方法を育て上げてきた。そこには確固とした世論があり、体制がある。…（中略）…累々と積み重ねられた個性の墓場が島をとり巻いている。個性にこだわるのなら島を出ていくに限る。それは、体制にとっては、島外追放劇なのである。そうすることが島を生かす道であった。こうしてきたえられ、かつ淘汰された根のひとつひとつは同じコトバを発し、同じ一日を営む。反体制にはなりえない。体制そのものなのである。そのことは同時に、棄民はいつでも選民になりえる、ということである。棄民の持つ強靱さはこの画一性に裏打ちされている。こうした思いは、島を離れて六年になるいまも、私から離れることがないのである。一九八三年七月、笠間にて[37]」と記している。ここでの島に対する見方は、もちろん日記執筆中にも垣間見えるものかもしれないが、「逃亡者意識」を媒介としながら、冷静に、客観的に獲得してきたという感じがする。そうした意味でも、ライフ・ドキュメント的主観性が「記録されること」は、ライフヒストリーの解釈にとって重要な要素を持っているように思われる。

桜井が解釈・分析した「語り手（松代おばあさん）の口述からその世界を解釈する」という試みは、確かに、「伝統から近代へという一次元尺度をもった、かなり以前からさまざまな批判を受けながらなお根強い、近代社会（合理化）モデルに対して、ライフヒストリー研究が有効な批判モデルを提供できるのではないかという思い[38]」から「内海松代の社会的世界」をくっきりと浮かび上がらせている。

しかし、圧倒的に「先行者の世界」に影響された老人からの伝統的な社会的世界の抽出からだけでは、「有効な批判モデル」とまでは言えないかもしれない。その意味でも、ライフ・ドキュメント的主観性の多元的リアリティの解釈を通して、合理化されない個人と合理化されていく社会（あるいは、その逆のパターン）との矛盾、葛藤をも露にしていくことが必要であると思う。

（1）　De Waele, J.-P. and Harre, R., "Autobiography as a psychological research", Ginsburg, G. P. (ed.), *Emerging Strategies in Social Psychological Research* (New York: John Wiley & Sons, 1979), pp.177–224. これについて、水野による要約を引用すると「これは

ブリュッセル・プロジェクトともよばれるもので、殺人を犯した囚人を対象にして、プロジェクトへの参加を呼びかけ専門家集団との協力のもとに持続的な話し合いを通じて自伝の再構成を行う、というものである。まず囚人自身に自由に自伝を書いてもらうのが第一段階で、これは『素朴な自伝』(naive autobiography)とよばれている。この自伝は次の第二段階では『主題志向的方法』によって『援助を受けた自伝』へと変換されていく。」(水野節夫「生活史研究とその多様な展開」宮島喬編『社会学の歴史的展開』サイエンス社、一九八六年、一五七頁)。

(2) Plummer, Ken, *Documents of Life: An Introduction to the Problems and Literature of a Humanistic Method*, Contemporary Social Research: 7 (London: George Allen & Unwin, 1983)、Burgess, R. G., *In the Field: An Introduction to Field Research* (London, Boston: George Allen & Unwin, 1984)、Straus, A. L., *Qualitative Analysis for Social Scientists* (New York: Cambridge University Press, 1987)など参照。また、水野論文でも紹介されている西ドイツでの最近の生活史研究の動向について、「伝記と社会」研究委員会の発行するニュースレター第八号によると、「伝記的データの資料センター」プロジェクト(Project: "Dokumentationsstelle Biographisches Naterial")が一九八六年五月からスタートして、そこで一一二人の伝記的データを使用する研究者たちに、「どのような関心から伝記的研究を志向するのか」というアンケート調査を行った結果、①ライフ・コースの社会—歴史的、社会構造的制度化(二八%)、②下位のライフ・サイクル、フェーズ、継続性、生活上の出来事、年齢集団(三四%)、③方法論(一九%)、④自伝と文化的背景(四%)、⑤伝記的調査における方法(五%)、という記述がある(Biography & Society, Newsletter #8-July 1987, pp.37-112)。

(3) Elder, Glen, "History and the Life Course", Bertaux, Daniel (ed.), *Biography and Society: The Life History Approach in the Social Sciences*, Studies in International Sociology 23 (Sage, 1981).

(4) Plath, David W., *Long Engagements: Maturity in Modern Japan* (Stanford, California: Stanford University Press, 1980)(井上俊・杉野目康子訳『日本人の生き方—現代における成熟のドラマ—』岩波書店、一九八五年)。なお、プラースだけでなく、ハレーブン、エルダーなど家族社会学とライフ・コース論、ライフヒストリー論をミックスさせて論じている好著として森岡清美・青井和夫編『ライフ・コースと世代—現代家族論再考—』垣内出版、一九八五年、が参考になる。

(5) 水野、前掲論文、一八五～一八七頁。水野によると、「階級間の対話」的発想とは、異質な社会的世界間の理解に貢献するという「生活史研究のシカゴ学派的伝統」といえるものである。「しかし、個性をもった個人の解明を志向する個人生活史研究が、H・ベッカー的意味での『階級間の対話』的発想とは異質であることだけは確実である。」(同一八七頁)。

(6) Runyan, William Mckinley, *Life Histories and Psychobiography: Explorations in Theory and Method* (New York: Oxford University

Press, 1982). ランヤンはこの中で〝ヴァン・ゴッホはなぜ、自分の耳を切ったのか?〟という説明から、心理的伝記の「もう一つの説明」の問題を検討している。

（7） Kotre, John, *Outliving the Self: Generativity and Interpretation of Lives* (Johns Hopkins University Press, 1984). コトレは、E・H・エリクソンの「生殖性」（generativity）という概念を批判的に検討する中から、生物学的、親子関係的、技術的、文化的という四種類の generativity「自己継承性」を分節化し、その後、男女八人の対象者の「生活物語り」（Life-Storytelling）の後に必ず「解釈」という形で分析している。

（8） Cohler, Bertram J., "Personal Narrative and Life Course", Baltes, Paul B. and Brim, Orville G., Jr. (eds.), *Life-Span Development and Behavior*, Volume 4 (New York: Academic Press, 1982), pp.206-241. コーラーによると、個人的な口述の中に、記憶装置や歴史的解釈、ライフ・コース的観点や発達段階的なパースペクティヴまで含み込む形で、「口述の心理学」を発見していくことを試みている。

（9） 水野、前掲論文、一七〇頁。彼は、「ここで注意しておきたいことは、解釈・分析志向と編集志向とは論理的には何ら矛盾しないということ、にもかかわらず経験的には両立しがたいものらしい、ということである。」と述べている。

（10） 桜井厚「主観的リアリティとしてのライフ・ヒストリー」『中京大学社会学部紀要』第一巻第一号、一九八六年、七九頁。

（11） 同右、八八頁。

（12） 同右、一〇三頁。

（13） 江原由美子『生活世界の社会学』勁草書房、一九八五年、二五～五五頁。また、江原は、多元的なリアリティ成立の根拠を次の三つに求めている。「（一）人間は、さまざまな意識のあり方をもつ（意識の諸水準に伴うリアリティの多元性）。（二）人間は、世界を秩序づけるために、経験を統一化された意味に秩序づけるために、世界を対比的、対立的に分節する（解釈枠組としてのリアリティの多元性）。（三）人間は、分業によって、異なる「知識」を分有する異なる生活世界を、制度的に生み出す（制度や集団に基づいたリアリティの多元性）。」（一一二頁）。

（14） 稲垣尚友『悲しきトカラ—平島生活記録—』未來社、一九八〇年。なお、鳥越皓之『トカラ列島社会の研究—年齢階梯制と土地制度—』御茶の水書房、一九八二年、には、『トカラの伝承』（稲垣尚友編・発行、私家版、一九七一年九月）のことが言及されているが、筆者は未見である。本論で触れたもの以外の稲垣尚友氏の著作としては、『山羊と芋酎—ナオトモのトカラ—』未來社、一九七八年、がある。

（15） 同右、一五三頁。

(16) 同右、四～五頁。
(17) 同右、一八五頁。
(18) 同右、五～六頁。
(19) 同右、七頁。
(20) 稲垣尚友『棄民列島―吐火羅人国記―』未來社、一九八三年、一九五頁。
(21) 稲垣、前掲『悲しきトカラ』、一四三頁。
(22) 同右、一四四頁。
(23) 同右、一四四～一四五頁。
(24) 同右、一四六頁。
(25) 同右、一五一頁。
(26) 同右、三〇頁。
(27) 同右、九九頁。
(28) 同右、三五頁。
(29) 同右、九二頁。
(30) 同右、一二五頁。
(31) 本書、第二章参照。有末賢「生活研究とライフ・ヒストリー―生活史研究から―」川添登編『生活学へのアプローチ』所収、ドメス出版、一九八四年、四九～六七頁。
(32) 稲垣、前掲『悲しきトカラ』、四三頁。
(33) 同右、四七頁。
(34) 同右、六〇頁。
(35) 同右、八四頁。
(36) 稲垣、前掲『棄民列島』、一九六～一九七頁。
(37) 同右、一九九～二〇〇頁。
(38) 桜井、前掲論文、一〇四頁。

第十一章　彷徨するアイデンティティ

第一節　生活史とライフ・ドキュメント

ライフヒストリー研究にとって、対象者へのインタヴューと記録として残されている日記、手紙、手記、作品などは双方ともに重要な資料である。もちろん、対象者が既に故人となっている場合には、本人へのインタヴューは不可能であり、文字資料がますます重要になってくる。筆者はかつて、「生活史と『生の記録』研究」という論文においてライフ・ストーリーとライフ・ドキュメントを個人のライフヒストリーにおける「主観的リアリティの構成の相違」という観点から区別して論じたことがある(1)。ライフ・ストーリー的側面とは、個人の一生に近い、ある一定の時間軸上の幅をもった生活史が、インタヴューの時点において主観的に語られるストーリーのことを指している。これに対して、これとは全く異なった側面として、個人個人が日々生活している時間軸上で絶えず起こっている「生の反省」と「生の記録」という面がある。われわれは、毎日の生活で絶えず主観的リアリティを移動させ、生活世界を構成し、そして記憶に焼き付けたり、文字に書き留めたり、写真に撮ったり、テープに吹き込んだり、映像に残したりして「記録」する。それらは、個人にとって、少なくともその時点においては「意味のある記録」として位置付けられている。このような側面を、生活史におけるライフ・ドキュメント的側面と呼び、「生の反省」が日々記録される日記、人間関係のその時点での記録となる手紙（私信）、人々の表情やしぐさが記録される写真や映像、またある事件や主題に対するインタヴューや手記などが資料の例として挙げられる。

そして、一つのライフ・ドキュメント的資料として稲垣尚友『悲しきトカラ』（未來社、一九八〇年）という「公刊された日記」をテクストとして扱ってみた。そのさい、このテクストから、人間・稲垣尚友のライフヒストリーに切迫していくにはいくつかの限界があり、その限界の一つとして、筆者は著者・稲垣氏と一面識もなく、その意味では親密な調査関係や交友関係は全くない、という点を挙げた。しかし、その後筆者は稲垣氏へのインタヴューを実施することができた。本章では、これを基に稲垣尚友氏のライフヒストリーとライフ・ドキュメントを大幅に拡大してみようと考えている。主題となっているのは、アイデンティティをめぐる議論であるが、今回はインタヴュー自体も一つのライフ・ドキュメントであり、対象者その人が自ら語り、書いている作品自体もライフヒストリーの構成要素となっていることを示していきたい。生きていくことは、自己反省と自己確認、自己肯定と自己否定との連続である。調査者によるインタヴューでさえ、対象者に対して自己確認や自己反省を迫る機会ともなる。まして、日記を書くこと、手紙を書くこと、作品（論文、随筆、小説など）を著すことはその時点での自己をさらけ出すことにもなっている。ライフヒストリー研究にとって、「自己とは何か」「自分は誰であるのか」というアイデンティティ論は、決して自明の前提ではない。対象者は、「農民」や「離島出身者」や「女」であるかもしれないが、そのように規定することを拒否するかもしれないのである。まして、アイデンティティ形成は、家族や学校集団などの社会化によって決められているわけではなく、自らが捜し求めるものである。ライフヒストリー研究の相互性は、絶えず一般化と個別化を繰り返しながら、アイデンティティの模索を試みているとも言えよう。

第二節　ライフ・ドキュメントとインタヴュー

1「生の記録」とライフヒストリー

稲垣尚友氏のライフヒストリーについて解説していく前に、ライフ・ドキュメントの性格やアイデンティティ論の骨格について検討しておきたい。大山信義によると、「ライフ・ストーリーや反省的生活史はストーリーであるとともに、口述／記述されたドキュメントでもあるから、日記や書簡や写真のような生活史の索引のみを『ドキュメント』というのは不適切である。[2]」ということになるので、大山に倣えば、〈反省的生活史〉(reflexive life history）と〈索引的生活史〉(indexical life history）という二つの様式の区別ということになる。このこと自体は、問題はないのだが、大山が述べている「日記も書簡も写真も、日常実践的・反省的な脈絡を欠いているが、その人の生活史を構成する場合の索引（index）としての意味をもつために、〈索引的生活史〉と名付けられる。」という点では、記録の性格にかかわる問題であるように思われる。

手紙の場合には、他者に宛てた文章であり、基本的に相手に読まれることを前提としている（まれに、投函されなかった手紙や相手に届かなかった手紙もある）。日記の場合は、他者に対してではなくて、主我と客我の相互作用という自己の内面に向かっている。そして、新聞・雑誌・書籍などの活字メディアを通したいわゆる「作品」の場合には、読者は未知の人々、すなわち第三者に向けて書かれるわけである。必ずしも、マス・メディアに限らずガリ版刷りから情報化時代の今日、ワープロ、コピーによるミニ・コミ誌に至るまで、意外とこのような第三者に向けられる記録類も多くなっている。文体から比べてみると、日記の場合、ほとんどの主語は「私」であるから、当然省かれることも多く、基本的なスタイルは、一人称で統一される。手紙の場合にも、一人称スタイルは継承されるが、相手に対する呼びかけや気遣い、メッセージなども含まれる。そして、作品になると、客観的な三人称スタイルが要求されるし、たとえ「私」のことを述べる場合でも、日記に書くのとは異なった記述が必要となる。

これらを〈日常実践的〉と〈反省的〉との連続線上に並べてみると、手紙の場合が一番日常実践的であり、日記が日常実践的と反省的の中間にあり、そして、作品が一番反省的な位置にあるものと考えられる。一応文字資料に限った場合でも、これだけのヴァリエーションが見られるし、複数の人々に回覧される目的で出される手紙や日記文学に見られる作品性や「私」の独白的な「作品」など、例外や中間形態なども多く存在しているだろう。したがって、〈索引的〉という性格はライフヒストリーの研究者にとっては意味があるかもしれないが、当事者にとっては、「生の記録」の断片も十分に反省的であり、自己の存在証明にかかわっていることでもある。(3)

2　揺れるアイデンティティと「記録すること」

人は、意図しないで「生の記録」を残していくこともある。故人の生活史を追求する場合には、関係者へのインタヴューとともに、日記、書簡、手記、アルバムなどは重要な資料となる。しかし、生前に何を意図してそれらの「生の記録」が残されたのかについて想像してみなければならない場合もある。例えば、有名な『マリノフスキー日記』(一九六六年)の場合には、ニューギニアのトロブリアンド諸島での一九一四年九月〜一五年八月と一九一七年一〇月〜一八年七月の合計約一九カ月という短い期間の日記であり、しかも私的な記録としてポーランド語で書かれ、決して公刊を意図して書かれたものではなかった。死後、夫人であるヴァレッタ・マリノフスカによって公刊されたのであるが、R・ファース（Raymond Firth）がその序文で書いているように、「マリノフスキーの日記は、純粋に人類学的観点から眺めた場合には、学説史の脚注を彩るほどの価値しかもたぬであろう。だが他方で、現代社会科学の形成に大きな影響を与えた人物の、魅力的で複雑なパーソナリティを明らかにするという点で、重要なものである。思うに、この日記はマリノフスキーの学問上の進展や意図を明らかにしたり、あるいはフィールドにおける調査研究上の諸事件を記録するために書かれたのではなく、むしろ彼の知情両面での個人生活の流れを、明確に意識し秩序だてるために記されたものである[4]」。この中には、現地での生活への不満や原住民への懐疑、イギリスでの文明生活への憧憬や過去の追憶、小説への耽溺、E・R・Mという後に結婚する女性への思慕、性的妄想や健康への危惧など赤裸々な、時には常軌を逸すると思われるほどの激しい感情の起伏を示す一人の人間の姿があらわにされている。

一八八四年生まれのマリノフスキーが日記を書いているころは、三〇歳代前半であり、そういう意味では、まだ、アイデンティティの模索状態にあったのかもしれない。後に検討する稲垣尚友の『悲しきトカラ』の場合も、日記に登場する稲垣氏は、三五歳である。つまり、断片的な日記の魅力の一つには、この「揺れるアイデンティティ」という側面が認められる。そして、読み手によって解釈される以上に、書き手こそがこの「アイデンティティの確立」に悩んでいるのである。『マリノフスキー日記』の場合も、最初のうちは、生活を秩序だて、そのより深い意味を把握する手助けとして、定期的に日々の考えや感情を記すことが、彼の意図だったようだが、後半部分において彼は、日記を書くことに、単なる事実の整理という目的以上の、ある種の手段としての役割を与えているのである。「すなわち、自らのパーソナリティを導き矯正するための手段として、日記をとらえている。日々の修業（ディシプリン）としての日記に特別の重要性を与えるようになった理由のひとつが、のちに妻となる女性との交際を始めたことであるのは明らかである。」(5)。つまり、マリノフスキーにおいても、日記に書くという行為は、何かを確認し、何かにその位置を与えるということにつながっている。「記録をする」ということの意味は、まるで採集した標本をピンで留めるように、心の地図の中に位置を与えることでもある。

さらに、日記の特徴の一つは、ほとんどの場合、最初の読者は書き手自身であり、何回も繰り返し読まれることも多いという点である。修正も可能であるが、日記という形式ならば、また次の日に書き足していけばよいわけで、積み重なっていく形式が一般的である。したがって、自己反省とともに自己確認がなされ、それ自体は一つの修業のごとく続けられていく。もちろん、逆にアイデンティティが拡散されていく方向も内包されている。悩み、不安、懐疑、追憶、思慕、妄想などが自己懐疑や自己否定へと結び付いていく傾向も数々見られるのである。

3　インタヴューそのもののドキュメント性

それでは、次に今回のライフ・ドキュメント研究で取り入れたインタヴューの場合について考えてみたい。インタヴューないしは聞き取り（hearing）においては、調査者の側である種の枠を設定する場合が多い。質問項目を決めておかないいわゆる「自由面接法」（non-directive interview）の場合でも、インタヴューのイニシアティヴ（主導権）は、調査者が握ることを原則としている。しかし、調査者と被調査者の相互関係の中で、記録する者と記録される者との関係はあくまで相対的なものでもある。つまり、ライフヒストリーの調査を受けている現時点でも、被調査者のライフヒストリーの一部に組み込まれるということである。質問を受ければ、研究者は〈私〉のこういう点に関心を持っているのかということが理解される。そして、〈私〉自身を再度反省的に考え直してみる機会が与えられる。また、同時にインタヴューは、関係性の表明でもあるから、お互いの違和感、親密感、距離感などが直接反映される。したがって、失敗したインタヴューというものも、記録として残される可能性がある。あるいは、一つのインタヴューが次のインタヴューへとつながり、雪ダルマ式手法[6]や羅生門式手法[7]などの調査技法を生み出してもいる。

このように考えていくと、インタヴューそのものの過程は、ライフ・ドキュメントとして記録される必要がある。今回の稲垣氏へのインタヴューの場合も、彼の今後の生き方に対して、ある程度の介入が行われた。それは、倫理的に許されるのかどうか議論の別れるところでもある。しかし、ライフヒストリー研究の場合、合意に基づく調査関係が基本であるから、相互作用は必然的でもある。したがって、生き続ける限り、対象者が年をとっていくのと同様に、調査者も年をとっていく。ライフヒストリー研究の醍醐味の一つは、研究者自身もアイデンティティの揺らぎとアイデンティティの模索を共有していくという点でもある。それでは、次に稲垣尚友氏を例にして、「彷徨するアイデンティティ」を描いてみよう。

第三節　稲垣尚友氏の生活史とライフ・ドキュメント

1　出発点としての二二歳の旅立ち

稲垣氏のライフヒストリーの特徴的な点は、大学を中退して放浪の旅に出る二二歳以前は、自分でありながら、自分ではなかったと語っていることでもわかるとおり、二二歳の旅立ちを何よりも起点としていることである。表11-1の略年譜からもわかるとおり、一九四二（昭和一七）年、東京・目黒に生まれた彼は、二歳半で父親を亡くしている。家族的には、母親が働き、姉とともに祖母や伯母たちと暮らすことになった。高校を卒業後、二年遅れて、大学に入学し、大学では「国際関係論コース」に籍を置いて、外公官試験の準備をしていたが、「空しさ」を感じはじめて、旅に出る。初めの頃の旅は、当てのない、行き当たりの旅であり、無賃乗車や路銀稼ぎが続くことになる。その頃の彼の頭の中には「私は腰蓑一丁に矢尻を構えて獲物を追う自らの姿を願望していたのだ。私は野男となって野娘を追いかける。そして、洞穴の中にこそ人間の〝原型〟があるのだ、と決めつけた。[8]」というわけである。彼の島との出会いは偶然的なものであった。大学を中退した年の夏に、友人から沖永良部島に渡らないかと誘いを受け、〝島〟という言葉の心安らかな響き、島＝孤絶した世界であり動き回らなくてよいという考えから出掛けるのだが、まさに異〝人種〟（言葉や緑の黒髪など）に魅せられてしまうのであった。

2　南島への憧れと「地名」採集

しかし、南島への旅は、一回で「これだ」という感覚を摑んでいるわけではない。もちろん、お金の問題もあるが、略年譜からもわかるとおり、何度も何度も戻っては出掛け、戻っては出掛けている。奄美大島ですでに「透き通るようなサンゴの海、芭蕉の葉で葺いた屋根、一語も解せない島口、人なつっこい人たち、私は島で目にするもの耳にするものすべてに胸さわぎした。そして、思いはさらに嵩じて、ここにこそ人間の〝原型〟があるのではないかと思い始めた。[9]」とあるのに、一九六六年四月には、伊豆山中に小屋を建てて定着しようと試みたりもしている。しかし、その後大阪の友人下宿の近くの本屋で、何げなくのぞいた『言語生活』という月刊誌の「特集＝地名」の中に、「ひとかけらの岩でも名前がある」という座談会の中での戸塚文子氏の発言や「地名の意味を解くのに、小字名までも拾った地名辞典が欲しいですね」という言葉に触発されて、「私はここで単純な行為を思いついた。小字名を採集してあるこう、その大義を持って南の島々に渡ってみよう、そうすればきっと島への取っ掛かりができるのではないか。[10]」と思ったのである。そこからの島行は、いわば目的を持ったものになり、早速「地名研究家・稲垣尚友」という名刺まで作って、加計呂麻島、与路島、請島と回って行った。こ

表 11-1　稲垣尚友氏の略年譜（前半）

年	月	年　齢	事　項
1942		0	東京に生まれる。
44		2	外交官の父死去。
62	4	20	国際基督教大学入学。
64	3	22	大学中退。その後、尾瀬でカルピス売り、新潟、大阪、鹿児島など転々とし、８月に沖永良部島へ。
65	1〜3	23	東京の雑誌社でアルバイト。
	4		52ドルをもって沖縄へ。沖縄祖国復帰要求行進団に加わる。
66	4	24	伊豆山中に小屋を建てようと40本の柱を運び込むが、中断。
	5〜7		大阪の友人下宿に居候再開。地名採集を思い立つ。
	7〜9		２回目の奄美行。加計呂麻島内の部落をくまなく歩く。
	10		初めての著書『加計呂麻島、与路島、及び請島の地名』を完成。
67	1〜3	25	安住の地をさがし始める。初めてトカラへ。口之島、中之島、諏訪之瀬島、平島、臥蛇島と渡りながら、地名採集。腕を故障し帰京。
	4		入院。腕を17針縫う。学園闘争にもぐりこむ。
	9〜10		後に結婚するＳ子と会い、一層トカラにあおられる。
68	5	26	武蔵野美術大学の宮本常一氏に会う。
	8〜11		２回目のトカラ。悪石島に寄って臥蛇島に渡る。
	12		Ｓ子の家の近く（大田区）にアパートを借りる。
69	11	27	３回目のトカラ。「死に体」（伊勢熊ジイの死とＹアニの離島）の臥蛇島へ。中之島、臥蛇島で土方。大阪のＹアニを訪ねた後、帰京。
70	2〜3		Ｓジイの死を聞き、急遽臥蛇島へ。（４回目のトカラ行。）
	3〜6	28	帰京し、洋装店を手伝う。大阪で旧総代を訪ね、臥蛇島の無人島化決定を知る。
	7〜8		臥蛇島に急ぎ渡る。（５回目のトカラ）７月28日までの離島ドラマを見つめるＳ子も来島。
71	2〜4		Ｓ子との仲に絶望し、本拠を島に近い鹿児島に移す。臥蛇島の遺産出版を己に課す。
	4	29	第６回目のトカラ。悪石島に１週間遊ぶ。帰鹿。
	8		第７回トカラ行。平島にちょっと渡ってみる。
72	2	30	雑誌『日本の底流』に「臥蛇島覚え書」を掲載。「もの書き」の快感を知る。
	8		９度目のトカラ行。（平島）Ｓ子との関係復活。
73	8〜9	31	10回目のトカラ行。Ｓ子と島に住もうと、平島に一軒家を借りる。
	10		Ｓ子に結婚を申し込む。受理される。もの書き業多忙。月収２〜３万。

稲垣尚友氏の略年譜（後半）

年	月	年　齢	事　項
1974	4～5	32	上京し、S子と結婚し、二人とも平島に住民登録。12回目で住民となる。盛大な見知り祝い（村入り）兼結婚式を行う。
	11		長女、誕生。
76	3	34	平島のことを書いたガリ版本の「筆禍事件」により、M男から３日間にわたる“突き上げ”を受ける。
	8		トカラ列島を記録的な台風が襲い、諏訪之瀬島で山が崩れ、友人を失う。
	12		後に『悲しきトカラ』の原稿となる日記を書き始める。妻、翌年１月第２子出産のため上京。
77	3	35	長男、誕生。
	4～7		熊本県人吉市郊外の竹細工師Ｔさんの下で、竹籠作りを修業する。生まれて初めての「専業志願」とともに、島を離れることを決意する。
	8		平島を引き揚げる。以後、小旅行以外では、トカラには行っていない。
	9		茨城県笠間市に住み、竹細工をなりわいとする。
78	1	36	「籠作り入門記」雑誌『あるくみるきく』掲載。
	4		最初の著書『山羊と芋酎』（未來社）出版。
			この頃から、原因不明の血行不良に悩まされ、医者にかかる（神経の故障からくるストレス性のものだったらしい）。
79	12	37	次男、誕生
80	11	38	『悲しきトカラ』（未來社）出版。
83	5	41	『棄民列島―吐火羅人国記―』（未來社）出版。
			この頃から、単なる竹籠細工だけではなく、民家の廃材などを利用したアートとしての竹大工（椅子や家具、照明など）も始める。
85	6	43	千葉県安房鴨川市に転居。民家を借りて、竹大工工房を営む。
			この頃から、毎年「稲垣尚友竹大工展」を各地で催す。
89	5	47	数時間だけの平島寄港。M男は見事に無視し続けた。
91	7	49	妻、ガンで死去。
			初めての自伝的な著作『青春彷徨』（福音館書店）出版。
93	12	51	再婚。
94	2	52	26年振りに友人の家造りの手伝いでトカラ列島の宝島を訪れる。
			帰路、平島の港でM男の微笑が心に残る。
	3		「26年目の宝島」を毎日新聞に寄稿。
	4		筆者のインタヴューを受けながら、秋に久しぶりに平島に行くことを決意する。

出所：筆者作成。

れが表11-2にあるように、一九六六年にガリ版本の彼の最初の著書となっている。これを五三冊作って、四〇冊を島で世話になった人たちに送った。それに対するお礼の葉書から、逆に自分が望んでいたのはこれだったのかと気づくことになる。

つまり、「私は島民と文字を共有したいと願っていたのだった。私は今すぐ腰を落ち着けて島で暮らすことはできそうにないが、これから先、島のことをガリ版本なり、手書き本なりにして、それを共有することを心掛けて行けば、いつかは島の中にもぐり込めるかもしれない、と夢見た。[11]」というわけである。そして、「どうせなら、北から順に地名採集をして南へ向かおう」ということで、大島郡内の北端、十島村、すなわちトカラ列島から始めることになるのだが、順番に平均的に接することにはならなかったのである。

3　島への定着と離脱

稲垣氏の島での話者との出会いもまた、非常に偶然的なものであり、できるだけ「質問者」と「回答者」という固定した関係にならないように気を使っている。中之島の永田常彦氏（常ジイ）、悪石島の目が不自由な坂元新熊氏（新熊ジイ）など「語り」のおもしろさに引き込まれている感じがする。しかし、表11-1の略年譜に戻って考えてみると、トカラ列島との関係も前半は、一九七〇年七月二八日の臥蛇島全員離島というドラマに向かって、収斂しているように思われる。なぜ臥蛇島だったのかということを考えると、後に結婚することになるS子への思いが影響しているように思われる。つまり、東京でのS子との会話において、彼女がかつて長く滞在した臥蛇島との関係が最も大切になってきたものと思われる。

そして後半は、七一年四月から、本拠を鹿児島に移したり、また東京で〝ボン工房〟というガリ版本出版をやり繰りしながら、平島への定着に向かっていくプロセスである。そして、ガリ版本の製作、もの書き、S子との

表 11-2　稲垣尚友氏の著作一覧（〜1994年）

年	年　齢	書　名
1966	24	『加計呂麻島、与路島、及び請島の地名』（＊）
67	25	『十島村の地名と民俗』（＊）
69	27	『種子島遭難記―悪石島・坂元新熊談―』（＊）
		『悪石島の地名』（＊）
71	29	『臥蛇島金銭入出帳』（＊）
		『トカラの伝承』（＊）
72	30	『臥蛇島部落規定』（＊）
		「臥蛇島覚え書」（雑誌『日本の底流』）
		『十島村の地名と民俗』（改訂増補版・＊）
73	31	『トカラの地名と民俗』（上・下＊）
75	33	「ふうらい坊渡世」（雑誌『あるくみるきく』）
		『平島放送速記録（一）』（＊）
76	34	『吐火羅国―針の穴から日本をのぞく―』（八重岳書房）
78	36	「籠作り入門記」（『あるくみるきく』）
		『山羊と芋酎』（未來社）
80	38	『悲しきトカラ』（未來社）
83	41	『棄民列島―吐火羅人国記―』（未來社）
91	49	『青春彷徨』（福音館書店）
94	52	「26年目の宝島」（毎日新聞夕刊）

出所：筆者作成。
〈注〉（　）内は出版社、掲載雑誌。＊はガリ版本。

結婚とつながってくる一九七四年五月が、島への定着の頂点と考えられる。例えば、「ふうらい坊渡世」という文章の中で、「ここにいたって、私はまた新たな自分を発見した。つまり、私は、島を、表現したがっているのである。それも、小間切れでなく、丸ごと表してみたがっているのである。…（中略）…もっと正確に言えば、島を丸かじりすることである。これは、あくまで丸かじりであって、記録でも、調査でもない。…（中略）…私はグータラであり、いま島にいる。丸かじりするには最も条件に恵まれている。だから現在のところ、私より優位に立っているものはこの世にいないと思っている。私は出世コースの最先端にいるわけだ。[12]」と自信を持って書いている。

しかし、七六年三月頃の「筆禍事件」をきっかけとして、『悲しきトカラ』の日記に詳しく書かれているように、島からの離脱へと向かっていくのである。この点については、前章で分析したが、七八年一月に出た「籠作り入門記」においても、「とにかく、島と一体になることを夢見る日々であった。その延長上で私は島に居を構えた。カミさん、子供もそこの住民となってもらった。が、そういう試みとは裏腹に、私の地金は日ごとにあらわになっていったのである。どんな地金かというと、東京育ちの〝都会人〟というやつであった。島の日常がしだいに息苦しくさえなってきた。……（中略）……要するに、私は島の歯ごたえに耐える丈夫な歯がなかったのだろう。丸かじりしてやろうという当初の意欲はものの見事にくじけてしまった。[13]」と述べられている。そして、島からの離脱は、また初めての「専業志願」とも重なっていたわけである。

4　竹籠作りから竹大工師へ

稲垣氏の「原初」への憧れは、専業・分業のない生活ということで、「島の生活は何もかもやらなければならない。魚取りから、米作り、野菜を作り、家を造るのである。[14]」。しかし、結婚し、子供もでき、好きでやっていた竹細工をなりわいとしてできないだろうかと考え、日本観光文化研究所の同人の紹介で熊本県人吉市郊外の竹細工師Tさんの元で修業することになった。三カ月の修業を終えて、一九七七年八月には平島を引き揚げ、九月には、家族と茨城県笠間市に住んで、竹細工を仕事として新しい生活を始めた。そして、笠間市に八年余り、その後千葉県鴨川市に現在まで住んでいる。笠間市に住み始めた直後、神経の故障からくる血行不良をきたし、手足には体温が感じられなくなり、心臓は絶えず締め付けられて痛くなった。医者にかかるが、心因性のものらしくあまりよくならなかった。その遠因が島での生活のストレスと島からの「逃亡者意識」にあったらしいことは、随分後になって自覚したようである。

しかし、竹細工の仕事の方は順調に発展し、民家の廃材などを利用したアートとしての竹大工、すなわち青竹だけではなく、すす黒くなった渋味のある竹を使った椅子や家具、照明などを製作し、展覧会なども催されるようになった。著作の方も未來社などから出版され、一九九一年には『青春彷徨』という、主に二二歳から、臥蛇島離島ドラマの二八歳までの自伝的な著作も出版された。家族的にも安定していたようだが、一九九一年七月には、妻がガンで亡くなってしまった。このことと島への回帰が結び付いているのかどうかはわからないが、子供たちも次第に独立していき、今、また新たな旅立ちの時に差しかかっているのかもしれない。

5　島からの逃亡者意識と島への回帰

島からの逃亡者意識については、前章においても、また『悲しきトカラ』においても跡付けることができるが、島への回帰という点は、行為においてはほとんど見られないし、稲垣氏本人の中でもまだ意識化されてはいないかもしれない。しかし、インタヴューを通して、一九八九年の数時間だけの平島寄港の時のM男の反応と、五年後の九四年二月の時の港でのM男の微笑みから「ああ、M男は島を私物化してはいないんだな」という感想を抱き、もう一度平島に行ってみようかと話している。竹大工に関しても、職人仕事には徹し切れないで、形を気にしたどこかに「遊び心」が入ったものを作っており、本当にやり続けたいことは、「もの書き」であると述べている。

人生の途上にある人間のライフヒストリーは、全く完結したものではなく、現在進行形である。したがって、インタヴューそのものが、ライフ・ドキュメントとして位置付けられる。筆者は、前章で「ここで一つのケースとして言及してきた稲垣尚友氏の場合、彼のライフヒストリー全体から考慮すると、この平島での体験が、必ずしも全生涯にわたって大きな意味を持つかどうかは未確定の問題である。(15)」と書いた。もちろん、現在でも未確定に変わりはないが、「彷徨するアイデンティティ」という主題に即して考えても、象徴的に言うならば、稲垣氏のアイデンティティは四〇代まで揺れていると考えることもできるのである。そこで、次にアイデンティティ論を展開してみたい。

第四節　捜し求めるアイデンティティ

1　主観的リアリティとアイデンティティの揺らぎ

ライフヒストリー研究において、主観的リアリティの発見という課題は、従来から言及され、また強調されてきた(16)。しかし、話者のライフストーリーの中から主観的リアリティを発掘していくだけではなく、もう一歩進めて、「自分自身が何者であるのか」、「自分の生き方はどのようなものであったのか」という根源的な問いかけを、調査者と被調査者とが共有して行く過程も、ライフヒストリー研究の重要な一側面である。すなわち、自我同一性（self-identity）にかかわる議論である。アイデンティティを確立していくという課題は、E・H・エリクソンの言うように、確かに青年期特有の課題であろうが、現代社会がモラトリアム期を長期化させたり、社会的役割の多様化から、現代人にとっては青年期のみならず、成人期においてもアイデンティティの危機という現象が見られる。そうであるならば、現代的なライフヒストリー研究においては、捜し求めるアイデンティティの軌跡を見つめ、それを社会的・文化的文脈の中で再解釈していくという課題が存在している。

そこで、前節で見た稲垣氏のライフヒストリーから「彷徨するアイデンティティ」の軌跡を追ってみよう。ここで注意しておきたいのは、アイデンティティ論が個人的なパーソナリティ論に収斂してしまうのではなく、個人のアイデンティティがどのような社会的文脈にあるときに確立されたり、危機に陥ったり、揺らいだり、回復したりするのかという点に焦点を合わせることである。すなわち、稲垣氏だからこうなったという説明だけでは不十分であり、稲垣氏ではない社会的人間の場合にも、アイデンティティを捜し求めるという共通の課題が存在していることを忘れてはならないだろう。以下では、「メタファーとしての『旅』」、「失われたものとしての『原初』」、「拠点としての『島』」、「存在証明としての『手』」（職人とものの書き）というまとめ方をしてみたが、稲垣氏自身が『青春彷徨』などで何度も言及している言葉は、もちろん、旅、原初、島、職人とものの書きの方である。このようなキーワードは、稲垣氏のパーソナリティが色濃く出ているわけだが、むしろ筆者は「メタファーとしての」、「失われたものとしての」、「拠点としての」、そして「存在証明としての」という部分に力点を置いている。そして最後には、稲垣氏のアイデンティティの軌跡をある座標軸の中に位置付けてみたいと考えている。

2　メタファーとしての「旅」

稲垣氏は、人生の出発点としている二二歳の旅立ちから数えても、非常に多くの旅に出ている。そして、『青春彷徨』や「ふうらい坊渡世」を注意深く読んでみると、「あてどのない旅」という印象があり、必ずしも「南島」に集中して行くばかりではない。例えば、S子への思いにかかわる場所は、新潟県瀬波温泉であり、東北から北海道へも何回も旅に出ている。また、一九六六年五月に伊豆山中での小屋造りに挫折した後、五〇ccのバイクで大阪へ向かうときも、「タビに疲れると三鷹にもどり、三鷹にいるとタビに出たがる。この相反する思いがたえず私をせきたてるのだった。が、今は何も考えまい。ひたすら走り続けよう。バイクが好きだからではなく、走り続けることで頭の中を空っぽにしたい。この時〝走り続ける〟も〝歩き続ける〟も私にとっては同じことであった。[17]」と書いている。しかし、後に平島への定着を志して以後、一九七五年に書かれた「ふうらい坊渡世」では、「モノみなスッポかして旅に出よう」として、「もう何年ぐらいになるのだろう。私はタビをしていない。好き勝手な方角に、好きな日程で動くタビをである。せっかく島という財産を得たら、今度は出世に足をとられて、島に行くことまでが通勤になってしまった。好き勝手せずしては、自由な発想は生まれてきっこない。私はそろそろ逃げ出したくなってきた。[18]」と述べている。

このような点から、稲垣氏は捜し求めるアイデンティティの対象ではないが、隠喩（メタファー）として旅に固執していると言える。はじめは確かに憧れとしての「南島」は、東京から行く旅であったが、旅が旅でなくなると、また旅に出たくなる、そのことがアイデンティティの追求を言わば陰から支えているのである。すなわちアイデンティティを位置付ける座標軸の一つは、定着―放浪という旅の軸になるのである。

3　失われたものとしての「原初」

原始、原初ないしは「人間の原型」という言葉は、稲垣氏のライフヒストリーの中では多用されている。「腰蓑一丁で野娘を追う」という漫画的な表現にしろ、『悲しきトカラ』の中での「人間の〝ありのまま〟を追い求め」、「近代が追放してしまった『専業・分業のない生活』という〝原初〟＝人間的な生活」という表現にしろ、稲垣氏の捜し求めるアイデンティティの一端を表している。この点は、当時の稲垣氏自身は否定的であるが、やはり時代の影響という点も無視できない。『青春彷徨』で時々登場する、三鷹の国際基督教大学の学園闘争時代の闘士で、後に『日本読書新聞』の編集部に籍を置いた鹿児島出身のA君の言葉や谷川雁、吉本隆明、雑誌『日本の底流』など背景として一九六〇年代後半からの問題提起が稲垣氏の内面にも何らかの作用を及ぼしたのではないかと考えられる。

特に、一九六九年一一月には、目的地は既に「死に体」に近くなっていた臥蛇島であったが、その前に諏訪之瀬島の〝バンヤン・アシュラマ〟という「ヒッピー」を訪ねている。サンスクリット語で〝榕樹（ガジュマル）の下の修練場〟という意味のクリシュナ教の宗教共同体である。バンヤンの存在は得たいの知れない人間たちの集団、と周辺の島民たちは捉えているようだった。「彼らは決まって長髪で、薄汚れたTシャツに短パンである。どこに行くにも寝袋をさげ、ゴム草履を引っかけて行く。島民に悪さもしないが、媚びることもない。彼らは〝郷に入れば郷に従え〟という生き方ではなく、郷に入ってもマイペースで生きているようだ。私は内心で彼らの動きに不安を抱いていた。私が後生大事にしている島の中で〝何か〟、それは自分でも分からないのだが、その〝何か〟を彼らが土足で踏み荒らしはしないか、という不安である。同時に、嫉妬を抱いたのである。〝島の青年〟を夢見る自分が、どこかに無理があるのではないか、と思い始めていたので、バンヤンの連中のマイペースぶりがうらやましくもあり、もしかしたら、彼らの方が私よりずっと正直なのではないかと思ったりもした。しかし、私と決定的に違うのは、彼らは集団であり、私はあくまでひとりである、ということだった。[19]」。ここに正直に語られている稲垣氏の気持ちは、「原初」とか「人間の原型」という観念を島にだけ向けてはいなかった、という点で非常に重要である。筆者は「失われたものとしての」という表現を使ったが、時間は逆行できないという「失われればもう戻らない」という意味ではなく、「失われたからこそ、取り戻さなければならない」という認識であったのだろう。

4　拠点としての「島」

捜し求めるアイデンティティは、「放浪」の中には見つけにくい。「島の青年を夢見て」や「島を丸かじりする」という表現のように、稲垣氏にとって島はある程度の「狭さ」を持った拠点である。旅の中からアイデンティティを捜そうとした帰結として、「島」へ行き着いたのは偶然の結果かもしれないが、生活を見通せる「ある範囲」が必要になる。その意味で、稲垣氏のライフヒストリーにとっては、結婚し、盛大な見知り祝い（村入り）を行った平島は、他の臥蛇島や中之島、諏訪之瀬島とは異なった意味を持っている。

しかし、皮肉なことに拠点としての島を見出したはずなのに、アイデンティティが定着できなかった点にこそ「逃亡者意識」が芽生えてくる。もちろん、一方での職業的なアイデンティティも存在している。「ペンを走らせ日記をつけていても、あるいは、暇を見て竹細工に興じていても、それは〝遊び〟であると言われる。遊びが即ち仕事になればいいという私の考えは非難される。[20]」。そこから「竹籠作り入門」へと向かい、結局は「竹細工」という職業を得て、「島」を失うことになるのである。初めは、島で暮らすために竹細工を思いついたのだが、需要の問題からして、島では専業は難しいというわけである。このようにして、一九七七年八月には、拠点としての平島を引き揚げたのである。

彷徨するアイデンティティの観点から再解釈してみると、失われたものとしての「原初」と拠点としての「島」は、ひとり・孤絶―集団・共同関係という人間の関係性の軸とそれとは少し次元を異にしている専業―協業という仕事の軸の二つの位相を示しているように考えられる。つまり、原初をひとりで捜し求める自分と「野娘」と一緒に暮らす自分、島の青年になりきろうとする自分とどこかで無理をしていると感じる自分、また専業・分業のない生活を人間的な生活と考える自分と竹細工を専業にしたいと思う自分というようにさまよっているわけである。

5　存在証明としての「手」

それでは、稲垣氏のアイデンティティは、いつまでも揺らぎ、彷徨するままなのだろうか。必ずしもそういうわけではない。特に、三五歳以降の笠間および鴨川での竹大工師としての仕事や著作活動は安定しているし、家族生活でも三人の子供を育てている。筆者はこのように、青春期の揺れるアイデンティティを統合している一本の筋として象徴的な意味での「手」に注目していきたい。島を丸かじりしたいという発想でまとめられた、多くのガリ版本は、ほとんどが「手書き」であるし、「土方こそすべて」という島でのなりわいの中心もやはり手も足も使う肉体労働である。そして、竹細工の仕事も職人仕事だし、現在の竹大工もやはりその延長線上にある。「手書き」、「手作り」という作業は、決して楽ではないがアイデンティティを止めておくために稲垣氏はコツコツと手作業に打ち込む。

しかし、そのことと自意識の問題とはいつも一致するとは限らない。例えば、初めてトカラ列島の地名と民俗を採集し、『十島村の地名と民俗』というガリ版本を一九六七年暮れに完成させ、多くの島民たちに送った後になって、「はしがき」の言葉を読み直して、ひどく後悔したということが書かれている。「『……そして甚だ僭越ではありますが、この書が現地在住の方々に何か益するところがあれば殊更に幸いであると思いつつ稿を起こし……』私は耐えられない思いに駆られた。私は部屋を飛び出してハガキを求めに走った。そして、贈本先に次のような依頼の便りを送ったのである。『前略…先ほどお送りした本の中で、削除していただきたい部分がございます。はしがきの終わりの三行を消していただきたいのです。突然のお頼みで恐縮ですが、どうかよろしくお願いいたします。尚友』私は理由も添えずにこうした内容のハガキを送った。書いている最中も、そして、書き終わってからも、『気取るな！　何が僭越だ！　何が益するところがあれば幸いだ！』と、自らにツバをはきつけたい衝動に駆られたのである。私は手近な紙に乱れた字で、『死ぬまで赤っぱじをかけ！』と書きなぐり、それを手の中で揉み潰して丸くし、思いきり強く壁に投げつけた。[21]」この事は、稲垣氏のライフヒストリーの中で一回きりしか見られないが、それだけに強烈な印象を与えている。つまり、書くこと、記録することの意味について自分自身の意識と他者への影響との間でアイデンティティが揺れているわけである。書くこと、表現することは、何らかの意味で自分自身の表現であるが、そこに見られている自分と自分自身を他人のように眺めている自分とが映し出されたときに、何かいたたまれないような恥の意識や自意識内部での矛盾が露呈される場合がある。この時点からだいぶ時間が経ったころの記述として、「篭作り入門記」には、「正午前、肥薩線の人吉駅に降り立った。駅前の喫茶店に入りコーヒーをする。どこの地方に行ってもコーヒーを飲む。コーヒーが好きだからではなく、喫茶店に入りコーヒーをすする自分を遠くから眺めているのが好きなのである。すでにここ数年の自分の体になりかかった習性である。[22]」と書かれている。これもまた、彼の自意識を探るうえで重要なポイントであるかもしれない。「鏡に映った自己」「自分自身を他者のように眺める自己」の存在は、アイデンティティの成り立ちをさらに複雑にしている。しかし、これも存在証明をどのように表現していくのかという課題にかかわっているのである。

6　座標軸上のアイデンティティ

彷徨するアイデンティティを何らかの座標軸上に固定すること自体がある意味では無意味なことであり、稲垣氏の揺れ動くアイデンティティそのものについては、現在も続行中の自伝的著作の記述に譲るべきであり、ライフヒストリー研究者である筆者が勝手な解釈を施しても単なる「こじつけ」でしかない。しかし、稲垣氏の「彷徨するアイデンティティ」は、個別的なものでありながら、なおかつ一般的な軸をも共有しているように考えられる。したがって、一九六〇年代から青年期に入ってきた日本の一青年の揺れ動くアイデンティティの軌跡を何らかの座標軸上に表現してみることも重要なことであると思われる。つまり、どのような軸の上で揺れ動いてきたのか、また、振幅はどのようなものであったのか、どこへ回帰していこうとするのか、などを考察してみたいからである。

稲垣氏のアイデンティティ捜しの軸となっているものは、基本的に三つあるように思われる。第一には、「メタファーとしての旅」でも見てきたとおり、定着—放浪の間を文字どおり揺れ動く点である。これは島の場合もあるし、島以外の土地の場合もある。したがって、第一の軸は旅の軸ということになる。そして第二は、人間の関係性の軸であり、〈私〉を中心としながらひとり・孤絶―集団・連帯という振幅を持っている。ここには、友人・恋人・結婚・家族などの要素も含まれており、集団・連帯というカテゴリーでは、稲垣氏の場合は、一貫してマイナス方向に傾いているため、二者関係の密度という指標も採り入れた。第三の軸は、二二歳の時からのアイデンティティの揺れを仕事の面から見つめると、不定・協業のパターンと定職・専業のパターンとに段階的に区切ることもできる。もちろん、職業意識の面では、今でも「専業意識」よりは「兼業意識」の方が上回っており、段階的に区分するわけにもいかないが、一九七七年以降の竹細工師の仕事を一応専業と考えることができるだろう。

これらの軸の交錯をどのように表現すべきなのか、三次元空間に置き換えるというアイディアもあるが、まだ図示するには不十分であると思われる。最後に、またこの点を再考察してみたい。

第五節　モデルなきアイデンティティ

ライフヒストリー研究にとって、アイデンティティ論は常に議論の的になりやすい。なぜならば、話者や対象者が一体何者であるのか、また、調査者が位置付けている社会的カテゴリーを対象者自身はどのように捉えているのかといった点が浮き彫りになるからである。しかし、アイデンティティ論の枠組やモデルは、精神分析学や自我心理学から応用されることが多いため、幼児期体験や社会化のプロセスについての記述が中心となりやすい。ここで扱ったような、成人期の社会化や長期にわたるアイデンティティの揺れについては、今までとかく見過ごされてきた面もある。

このような「モデルなきアイデンティティ」という課題を考えていく場合、今回扱ってみたように、ライフ・ドキュメントの手法が有効であるように思われる。日記や手記・手紙などはその時々のアイデンティティの揺れを正確に表現していることも多く、後年のライフヒストリー聞き取り（それは、しばしば老年期に入ってからが多いが）からは省かれてしまうこともある。もちろん、対象者自身の手による自伝や作品にはライフ・ドキュメントの利用がなされる場合も多いが、「モデルなきアイデンティティ」を表現しているかどうかは検討の余地がある。インタヴューと併用した場合のライフ・ドキュメントは、アイデンティティの揺れについて、ともに考えていくことにもなり、そこにはさまざまな発見があるとも言える。

しかし、前節において試論的に用いた「座標軸上のアイデンティティ」には、まだまだ残された課題も多い。その第一は、人間の関係性の軸が旅による定着―放浪の間で揺れていることが稲垣氏の特徴的な点であるのだが、それはなぜなのか。拠点としての島をめぐる人間関係にポイントが絞られたためであるが、もちろん仕事上の人間関係によって、アイデンティティの揺れが生ずる場合もある。したがって、この座標軸はどこまで独立的で、どこから他の軸に依存的になるのかを明確にする必要があろう。第二には、定職・専業意識さえ、もう一度、不定・兼業意識へと回帰するかもしれない。そうならば、円環的な図形を描かなければならず、リニアル（線形的）な年代で表示するには限界があるのかもしれない。一般的には、ライフ・コース論的な考え方や自我発達の周期的な見方によって、青年期・成人期・老年期のそれぞれにアイデンティティの課題が異なってくると予想されているが、何度でも舞い戻ってくる課題もあるのかもしれない。さらに、第三点としては、存在証明としての「手」という指摘をうまく座標軸の上に表せなかった点である。筆者の考えでは、仕事の軸を分割する不定―定という基準の底に、実はアイデンティティを統合している見えない「手」が一貫して流れているように思われる。しかし、このことは無意識の世界を流れているので、表面では、彷徨するアイデンティティを統合しているとは思えないのである。しかし、「手」と言ったところで土方、職人、竹大工師、芸術家、地名と民俗の記録採集者、調査研究者、自伝的著作者とどれもその現れ方は異なっている。これらの点とも関連するが、時代の社会史や世代的連続も考慮しなければならない。一九六〇年代、七〇年代そして九〇年代と社会変動や時代意識とも無縁というわけではない。ともかく、ライフ・ドキュメントによるライフヒストリー構成は、未完の一歩を踏み出したに過ぎないのである。

確かに個人個人のライフヒストリーに沿って考えていくと、アイデンティティの内容に関しては、あらかじめ参照すべきモデルというものは、存在していない。しかし、形式的なアイデンティティの種類としては、肯定的か否定的か、短期的か長期的か、独立的か消去的か、役割依存的か役割創出的かなどの類型を考えることもできる。自分自身が何者であるのかを肯定的に言えるのか、「こうではない」という形でしか言えないのか、短期的・一時的なアイデンティティの埋め合わせであるのか、長期的なライフ・ストラテジーなのかが問われなければならない。また、アイデンティティは、自分自身の独立的なものと考えられているのか、それとも家族、親族、友人などとの中での消去法による選択の一種であるかも問題にされるべきである。また、ライフ・コースの過程での役割に依存的なアイデンティティもあるし、むしろ主体的に参加するボランティア活動のようにアイデンティティが役割を創出していくようなものもある。いずれにしても、アイデンティティ論は、多様なライフヒストリーやライフ・ドキュメントの解釈を通して、より豊かな段階へと展開していくことができるものと思われる。

第六節　その後の稲垣尚友氏[23]

稲垣氏は、『十七年目のトカラ・平島』[24]（一九九五年）を執筆してから、積極的にトカラ列島や南島文化にかかわる著作も増えてきている。『密林のなかの書斎―琉球弧北端の島の日常―』[25]（一九九六年）、『埋み火―南島尚歯譚―』[26]（二〇〇三年：フィクション処女作）、『灘渡る古層の響き―平島放送速記録を読む―』[27]（二〇一一年）など多くの著作が生まれている。近年は、稲垣一夫氏[28]の尽力によって、トカラ塾や「南風（ハエ）語り」などの活動を通じて、若い人々に対して、南島文化の継承やトカラ列島文化の伝承が続けられている。

稲垣氏に対してのインタヴューから明らかになったことだが、二〇〇〇年頃に起こった、鴨川市の自宅の火災によって、彼の竹大工の大きな特徴であった、解体した古民家から収集していた「すす竹」「古黒竹」などの資材を全部消失してしまった。稲垣氏の竹大工は、新しい竹材料を使用した家具や小物、雑貨ではなくて、古くてすすけた古竹の材料を使うことでアンティークな色調を出したベッド、家具など大きな作品であった。ところが、火災によって、すべての「すす竹」を失ってしまうと、職業としての「竹大工」をあきらめて、また、放浪の旅へと向かうわけである。もちろん、竹細工の展覧会や竹籠作りの実演なども引き受けているが、二〇〇三年には、リヤカーを引いて、西日本や九州へと放浪の旅へ出ている。稲垣氏は、「かえって、火災によってすべてを失って良かった」とまで述べている。

つまり、自分のアイデンティティの原点を、竹大工、竹細工からトカラ列島・平島へと戻していく「きっかけ」になったからである。そして、一九九四年頃からトカラ列島へと戻っていく意識が、「水を得た魚」のように、平島へと向かっていくわけである。平島やトカラの側も二五年を過ぎて、変化が押し寄せてきていた。人口も減少し、高齢化し、島の秩序も大きく変化してきた。むしろ『ナオ』を受け入れる基盤が整備されていたとも言える。さらに、二〇〇九年頃から、元編集者の稲垣尚友氏を中心として、稲垣一夫氏の南島文化への造詣を記録しておきたい、という動きが出てくる。このようにして、トカラ塾や「南風（ハエ）語り」の活動が起こってくるのである。これらの活動はもう五年以上にわたって続けられ、前述の『灘渡る古層の響き』が成果として公刊されている。稲垣氏の学問活動は、宮本常一の民俗学、すなわち「歩いて学ぶ巨人」としての宮本常一を原点としている。ライブとしての「平島放送速記録」を再現したりする手法にもみて取れるところである。

稲垣尚友氏は、現在七〇歳、五〇代後半から約一五年間が経ち、今ようやく、彷徨するアイデンティティの「揺らぎ」は終息する方向にあるように思われる。もちろん、日々の日常生活における多少の揺らぎは、これからも起こるであろうが、アイデンティティの軸が、ブレなくなっているからではないだろうか。個人生活史にとってのトカラや南島の文化が、アイデンティティの中核に位置していくこともあるのである。

（1）本書、第十章参照。有末賢「生活史と『生の記録』研究―ライフ・ヒストリーの解釈をめぐって―」『法学研究』第六一巻第一号、一九八八年一月、二三三～二六二頁。

（2）大山信義編著『船の職場史―造船労働者の生活史と労使関係―』御茶の水書房、一九八八年、三三一頁。また、本書、第五章参照。有末賢「質的社会学としての生活史研究」『法学研究』第六五巻第一号、一九九二年一月、二五九～二八五頁、参照。

（3）日記文学などに見られるように、日記を読む行為も充分、反省的である。また、第一人称、第二人称、第三人称の相違については、**Jankélévitch, Vladimir, *La Mort*** (Paris: Flammarion, 1966)（仲沢紀雄訳『死』みすず書房、一九七八年）の中で「わたし自身の死は、つまり、《だれかの》死ではなく、世界を覆す死、その種のものでは唯一で、いかなる他の死にも似ていない模倣不可能な死だ。…（中略）…第三人称態の死は、死一般、抽象的で無名の死、あるいはまた、例えば一人の医者が自分の病気を検討する、ないしは自分自身の症状を研究する、あるいは自分自身に診断を下すと言うようなふうに、個人の立場を離れて概念的に捉えられたものとしての自分自身の死だ。…（中略）…第三人称の無名性と第一人称の悲劇の主体性との間に、第二人称という、中間的で言わば特権的な場合がある。遠くて関心をそそらぬ他者の死と、そのまま われわれの存在である自分自身の死との間に、近親の死という親近さが存在する。」（邦訳二四～二九頁）と書かれている。

（4）**Malinowski, Bronislaw, *A Diary in the Strict Sense of the Term*** (New York: Harcourt Brance & World, 1967)（谷口佳子訳『マリノフスキー日記』平凡社、一九八七年）、邦訳二一頁。

（5）同右、二一二頁。

（6）フランスの社会学者D・ベルトーらの「フランスにおける職人的パン製造者たち」の生活史調査で用いられた手法で、最初にインタヴューした人から次に彼の友人に、さらにまた友人にとインタヴューの輪を広げていって、雪ダルマを作っていくようにして、ライフ・ストーリーを重ね合わせていくやり方である。Bertaux, Daniel and Bertaux-Wiame, Isabelle, "Life Stories in the Bakers' Trade", Bertaux, Daniel (ed.), *Biography and Society: The Life History Approach in the Social Sciences* (Sage, 1981).

（7）アメリカの文化人類学者O・ルイスが『貧困の文化』（一九五九年）や『サンチェスの子供たち』（一九六一年）などで用いた手法で、家族の各構成員の長く詳しい自伝を通して、その家族の各メンバー一人一人の目を通して捉えるアプローチである。黒澤明監督の映画『羅生門』（一九五〇年）が話題を呼んでいたことからこの名が付いた。Lewis, Oscar, *Five Families: Mexican Case Studies in the Culture of Poverty* (New York: Basic Books, 1959)（高山智博訳『貧困の文化―五つの家族―』新潮社、一九七〇年）。Lewis, Oscar, *The Children of Sánchez: Autobiography of a Mexican Family* (New York: Random House, 1961)（柴田稔彦・行方昭夫訳『サンチェスの子供たち』1・2、みすず書房、一九六九年）。Lewis, Oscar, *La Vida: A Puerto Rican Family in the Culture of Poverty—San Juan and New York* (New York: Random House, 1965, 1966)（行方昭夫・上島建吉訳『ラ・ビーダ―プエルト・リコの一家族の物語―』1・2・3　みすず書房、一九七〇・七一年）。

（8）稲垣尚友『青春彷徨』福音館書店、一九九一年、一二一頁。

（9）同右、七二頁。

（10）同右、一四二頁。

（11）同右、一七〇頁。

（12）稲垣尚友「ふうらい坊渡世」『あるくみるきく』（日本観光文化研究所発行）第九七号、一九七五年三月、二八〜三〇頁。

（13）稲垣尚友「籠作り入門記」『あるくみるきく』第一三一号、一九七八年一月、二二一〜二二三頁。

（14）稲垣尚友『悲しきトカラ』未來社、一九八〇年、九二頁。

（15）有末、前掲「生活史と『生の記録』研究」、二五五頁。

（16）桜井厚「主観的リアリティとしてのライフ・ヒストリー」『中京大学社会学部紀要』第一巻第一号、一九八六年一二月、七三〜一一〇頁、では中野卓『口述の生活史』（一九七七年）の中の内海松代おばあさんの主観的リアリティや社会的世界について分析している。

（17）稲垣、前掲『青春彷徨』、一二七頁。

（18）稲垣、前掲「ふうらい坊渡世」、三〇頁。

(19) 稲垣、前掲『青春彷徨』、三五九頁。
(20) 稲垣、前掲「籠作り入門記」、二三頁。
(21) 稲垣、前掲『青春彷徨』、三〇〇〜三〇一頁。
(22) 稲垣、前掲「籠作り入門記」、四頁。
(23) 第六節は、「彷徨するアイデンティティ―ライフ・ドキュメントとしての日記と作品―」(一九九五年)後に調査をし、本書出版に際して、新たに書き足された部分である。
(24) 稲垣尚友『十七年目のトカラ・平島』梟社、一九九五年。
(25) 稲垣尚友『密林のなかの書斎―琉球弧北端の島の日常―』梟社、一九九六年。
(26) 稲垣尚友『埋み火―南島尚歯譚―』えれほん、二〇〇三年。短編小説として「インドリの棲む島」「埋み火」「遠い潮騒」「山姫女・宮鶴女」「陽除け」の五編が収録されている。
(27) 稲垣尚友『灘渡る古層の響き―平島放送速記録を読む―』みずのわ出版、二〇一一年。写真は、大島洋氏、三五三頁、付録CD付。
(28) 稲垣一夫氏の主催するトカラ塾のレポートは、以下から見ることができる。http://www.tokarajuku.sakura.ne.jp/index.html

結章　生と死のライフヒストリー

第一節　はじめに

今まで本書『生活史宣言』において、序章から第Ⅰ部「現代社会学と生活史研究」、第Ⅱ部「生活史の意味論」、第Ⅲ部「生活史の応用と解釈」の十一章を費やして生活史の社会学を検討してきた。しかし、ここまでの記述では、生活史のライフの面、つまり、生きること、生と生活が中心であった。そこで、結章では、生活史（ライフヒストリー）における生と死の諸相を検討することを目的とする。生活史研究は、従来から人間の生（ライフ）の歴史、生命・生活の歴史を描いてきた。生活や生き方、ライフ・スタイルは多様であり、具体的な諸相においては、どれ一つとして同じものはあり得ない。生きてきた時代や所属する国家や文化によって、生活史研究はある程度のカテゴリーで分類することもできる(1)。職業やジェンダー、階級・階層、地域（都市・農村）などの諸要素によって、生や生活の諸相を社会学や文化人類学、歴史学などのカテゴリーによって、分析もしてきた。その意味では、個別、特殊的な事例でも何らかの共通性を有しているとも言える。しかし今までの生活史研究は、生や生活、つまり生きてきた人間の側からだけ描かれてきた。対象者とか被調査者、話者、語り手などと呼ばれている人間の「生」に注目してきた。

一方で、生きている人間は必ずいつかは死ぬ。そうだとすれば、死の共通性の側からも生活史が描かれ得るのではないだろうか？　生者と死者、死別のライフヒストリーなど今まで意識的には研究されてこなかった「生と死のライフヒストリー」について考察していくことにする。筆者は、戦後の被爆者調査について、厚生省によるいわゆる「昭和四〇年調査」や慶應義塾大学の中鉢正美らによる「昭和五〇年生活事例調査」、一橋大学の石田忠らによる長崎被爆者の「生活史調査」などを再検討する「被爆者調査史研究会」によって、読み直しを試みてきた。[2]それによって、R・J・リフトンによる『死の内の生命』（原著：*Death in Life: Survivors of Hiroshima*, 1967）が著される以前には、生存者の心の中にある「死」の問題や死者への「罪意識」の問題が、日本の医学調査や生活調査などにおいて主題化されることがなかったという事実にある種の驚きを感じた。原爆や敗戦の現実を前にして、戦後の日本人は、まず「生き延びること」「死なないで生きること」に必死であった、とも言える。「生のライフヒストリー」は、生きていく者たちにとって眼前の「生の現実」を意味付ける必要から、現在と過去、現在と将来が切り取られていったわけである。「死んだ者たち」は、とりあえず、眼の前から消えていく。完全に忘れ去られていくわけではないが、「生きていく」側の日常が次々と現れてくるために、死者のことは、とりあえず「見ない」ことにしてきた、のではないだろうか？

しかし、戦後五〇年、六〇年と経てきて、戦争による死やいくつもの「死」を過去に置き去りにしてきた日本人は、今、まさに「死のライフヒストリー」を感じ始めている。個人化し、多様化した今日、生きていく姿はこんなにも多様であり、一つとして「同じ」ものはないのに、「死」は誰のもとにも平等に訪れる。自分の「死のあり方」、身内との死別、医療問題、介護や看取り、葬儀や葬送・墓のあり方など今まで見過ごしてきた「死のライフヒストリー」が語られるようになってきている。

本章では、〈生〉としてのライフヒストリーと〈死〉のライフヒストリーをはじめに、それぞれの位相から考察していく。そして、生と死の相互関係を、相互、循環、一回性の三つの視点から、再考察していく。相互関係とは、生が死によって縁どりされ、見えてくる面、あるいは死が生によって理解される面の再考察である。循環関係とは、生と死と再生などの循環を意味している。宗教観や死生観とも結び付いているが、生と死は、ある種の循環を通して、人類の生活史が形成されている。例えば、戦争体験や空襲体験などの「語り継ぎ」「世代間の継承」という課題は、生と死の循環を通して、人間の本質、内省に迫る「哲学」を獲得していくプロセスとしても理解できる。一人の人間のライフヒストリーが死によって終わっても、語り継がれる「真実」は、生まれ変わって継続されていく、という「神話」は、類としての「人類」のライフヒストリーとして一般化されている。

しかし、その反面で、生の一回性、死の一回性もライフヒストリーの重要な「真実」である。一回しかないから、一回しか出会わないからこそ、人は真剣に生きている。「死んだらおしまいだから」「死んだらもう戻ってこないから」こそ、「生は尊い」。柳田國男が「一回性のない歴史[3]」記述として「民俗学」を構想したとき、確かに、民俗事象は繰り返され、家の継承が人を超えていく「家永続の願い」を述べたが、それとても、人の一生の「一回性」を否定するものではない。この「一回性」という性質についても、再考察していきたい。

第二節　〈生〉としての生活史

1　「生きられた経験」とライフヒストリー

生活史（ライフヒストリー）は、生きてきた「経験」の積み重ねによって、生成される。しかし、その経験は、日々繰り返される日常生活や同時代の誰もが経験している経験だけであるならば、主体にとって「語る」に値するものとは思われない。庶民生活史や地域女性史の聞き取り、インタヴューにおいて、聞き手が対象とする語り手に、「ぜひ、あなたの生活史を話してください」とお願いすると、多くの人々が「私の話なんか聞いてもつまらないですよ」「私のライフヒストリーなんて取り立ててお話しすることなんて、何もありませんよ」という答えが返ってくる。それは、単なる「謙遜」や「遠慮」だけの言葉ではない、と思われる。実際に、その当事者のライフヒストリーを話してもらうために、調査者は、なぜ「その人の話が重要であるのか」「なぜ、他の人ではなく、あなたのライフ・ストーリーが重要であるのか」を説明しなくてはならなくなる場合もある。

その意味で、誰でもが体験する「経験」であっても、その経験が他者に語る意味を持つためには、「生きられた経験」として話者の心の中で、語るべき内容になっている必要があるものと思われる。「生きられた経験」[4]とは、およそ、三つの位相を持っていると考えることができる。第一に「経験」したときのリアリティ（現実感）である。原爆の被爆者にとって、あるいは東京大空襲の空襲経験者にとっても、その場、その時の恐怖感や悲惨さは、もちろん圧倒的なものであろう。しかし、そうした戦争体験そのものも、経験した人が多く生きていた時代には、「皆さん、経験したことですから」「特に私だけというわけではありませんよ」という接頭語がつくことも多い。その意味で「生きられた経験」は、後に述べるが、「語り」の時期としての「現在」のリアリティにも関係している。その前に、第二の位相は、「記憶」の位相である。個人の頭の中に「記憶」として刻み込まれることは、「生きられた経験」にとって、重要な意味を持つ。誰でも経験したすべてのことを記憶しているわけではない。「忘れる」という行為は、実験心理学やクイズのようにマイナス・イメージで示されるばかりとは言えない。われわれの日常生活において、「忘れたい」「思い出したくない」という経験も実はたくさんある。したがって、われわれは適度に「忘れる」行為を選択しながら生きているとも言えるのではないだろうか。その意味で、「忘れた」ことは語ることはできないし、「生きられていない」経験もまたわれわれの経験ではある。つまり、「記憶」のフィルターは、調査者から質問されたときのみに作動するわけではない。当事者自身の記憶のフィルターを通して、「生きられた経験」がライフヒストリーを構成しているのである。「記憶」のフィルターは、調査者から質問されたときのみに作動するわけではない。当事者自身の記憶のフィルターが人生においても、何度も何度も働く。「想起」「思い出す」という行為である。「忘れる」と「思い出す」という行為をわれわれは繰り返しながら、〈生〉のライフヒストリーを生きている。そして、第三に、「語る」というリアリティの位相が存在している。当事者は「忘れていないこと」「思い出したこと」をすべて語っているわけでもない。調査者に「語ってもよいこと」を選別しながら語っていく。もちろん、「対話的ライフ・ストーリーの構築」[5]も行われている。調査者（聞き手）のポジショナリティ（立場性）もかかわってくるであろう。しかし、ここで強調したいのは、語りのリアリティは、オーラルな事象として、経験の位相を調査場面での「今、ここ」に変換している、という事実である。つまり、話者が、被爆の体験を「今、ここ」で体験したかのように話すことができる、聞き手がそこに「経験のリアリティ」を感じ取ることができる、という意味である。「生きられた経験」とは、当事者が体験した「経験」の位相を、本人の「記憶」のフィルターを通して、「今、ここ」で「語る」という位相に変換される装置のことでもある。その意味で、〈生〉のライフヒストリーは、〈生〉を経験した人から経験していない人たちへ「継承」していく作業でもある。そのことが、〈生〉の意味を単なる、生物・生命的なものから、社会的・文化的なものに構築していく生活史の意義であるとも言えるのである。

2　生命・生活・生存の歴史

藤村正之は、『〈生〉の社会学』（二〇〇八年）において、〈生〉を支え、構成するものを、〈生命〉〈生活〉〈生涯〉の三つの構成要素として記述している。「三つの構成要素の関係は次のように理解することができる。〈生〉とは、ひとまず、その言葉通り、私たちが『今、ここで生きていること』といえる。しかし、その『今』は、瞬間瞬間確実に存在し、それが連続線上に並んでいく一方で、瞬間瞬間消えていき、個々人の〈生〉は決して永遠には続かない。それは、最終的に〈死〉という現象によって時間的に遮られ、そこに〈生と死〉という対概念が成立する。そのような〈生と死〉という対概念の成立が、私たちに二つのことを理解させていく。ひとつは、生から死まで個々人の存在を物理的に支えるのが〈生命〉としての身体であるということである。〈死〉によって、〈生命〉と〈生涯〉は終わりをつげる。そして、その区切られた時間域の中で、〈生命〉を通じて描かれる、瞬間瞬間のいわばスナップショットが〈生活〉だといえるであろう。〈生〉とは、身体の活動としての〈生命〉を媒体に、日々の活動経験（〈生活〉）と時間経験（〈生涯〉）を私たちが達成していく軌跡であると考えられる。[6]」

藤村は、〈生命〉を基礎的な媒体として、〈生活〉と〈生涯〉を達成していく軌跡を、〈生〉と位置付けている。私も、藤村と同様の〈生〉のライフヒストリーを考えている。

〈生涯〉という言葉と〈生存〉という言葉が違っているが、「〈生〉の社会学」を「〈生〉のライフヒストリー」に置き換えてみると、〈生涯〉が意味しているのが「生活史（ライフヒストリー）」であるから、そこに〈生存〉という位相を置くことで、同様の理解と考えることができる。個々人のライフヒストリーは多様であっても、生命体や生活の位相、生存の確認などのレヴェルにおいては、普遍性を有していると言える。その意味で、生命や生活、生存などのシステムやメカニズムは、自然科学や社会科学の研究対象でもある。生命科学、生活科学、医学などの領域において、独自の伝統に基づいて研究されてきた。〈生〉のライフヒストリー、〈生〉としての生活史が目指すものは、このような既存の科学や研究方法とどのように向き合っているのだろうか？

藤村は、「〈生〉を現代・近代・普遍（通時代的）という異なる時間的文脈」に置き、普遍的文脈に置いたときの「〈生〉の超越性・流動性（「より以上の生」と「生より以上」）」、現代社会論の文脈においたときの「〈生〉のがたさの素因（「死」との不明瞭な距離と〈普通〉であることの過酷さ）」、そして、近代の再編の文脈において、『管理・分断される〈生〉（フーコーとギデンズの二つの「生の政治学」など）」を描き出している(7)。それぞれ、見事な分析になっており、また、最後に「〈生〉の瞬間―その偶然性」として次のように述べている。「〈生涯〉はある意味で日々の断片を長期間積分したものともとらえられ、それを連続体であるかのように感じさせるのが、〈生命〉たる身体と〈生活〉たる経験や記憶がもつ慣性や習慣の力なのかもしれない。私たちは日々その特別な一瞬に出会い、他方で、後になってようやくその一瞬のもつ意味に、哀惜や悔恨をもって気づく。私たちは誰もが、人には語りがたい瞬間の経験をもち、また、他者も周囲に量りがたいそのような瞬間の経験をもっているのである。人生の最後として〈死〉の瞬間があるように、〈生〉にも瞬間がある。人々の〈生〉のリアリティに歩みよろうとする『〈生〉の社会学』には、人々がもつそのような〈生〉の瞬間への感覚も求められるというべきだろう。そして、〈生〉とは、〈生命〉〈生活〉〈生涯〉が相互反射する総体としての長きにわたるものでありつつ、わずかな瞬間に、輝きにも苦悩にもなりうる決定的な何かをかかえこむあやうさのなかにあるものなのである。そのことに気づくことで、私たちは、〈生〉というものへの視線と態度をもう少し柔らかくすることができるのではないだろうか(8)。」

藤村のこの指摘は、〈生〉のライフヒストリーにおいても重要なポイントを衝いていると言える。〈生〉の瞬間の切り取りは、生活史においても重要である。むしろ、生活史は、生涯の時間が長いから経験したこと、語るべきことがたくさんあるというものではなく、〈生〉の一瞬をどれだけ凝縮して、聞き出しているのか、語り得ているのか、にかかっているとも言える。その点を社会学的に再考察してみたい。

3　構造と主体の相互作用としての社会学

〈生〉のライフヒストリーを社会学的に考察していくプロセスは、構造と主体の相互作用として描き出すことができる[9]。つまり、生命についても、生活についても、外部の客観的な構造に縛られている。しかし、主体は、それらの構造やシステムに対して、ただ受動的に行動するだけではない。主体と構造との相互作用や自己再帰的な構造において、主体の独自の〈生〉の軌跡が形成されていくのである。

ライフヒストリー研究には、事実の側面と意味の側面が重なり合って存在しているように思われる[10]。歴史的事実の記述を中心とした政治史、外交史、経済史、社会史などに比べると、生活史では人間主体の「生きる意味の探求」という意味の側面が重要視されている。しかし、人間の内面や「生きる意味」自体に主題を置いた小説、文学や哲学に比較すると、生活史は、個々人の「生きた経験」に根差しているという意味で、決してフィクションではなく「事実」を根拠にしている。したがって、生活史研究には、「事実の探求」と「意味の探求」が重なり合いながら進行していく、と考えられるのである。この「事実の側面」、すなわち客観的な「国家」「社会」「制度」などの側面を「構造」という言葉で表している。それに対して、「意味の探求」、すなわち人間の主観的行為や意図や感情などを「主体」という言葉で表現している。そうであるならば、主体と構造とは相互作用を起こし、また主体そのものも構造との相互作用によって形成されるものである。また、構造も一人の人間の意味だけでは、はねかえされてしまうかもしれないが、主体との継続的・反復的な相互作用を通して変化するものでもある。今村仁司は、『近代の思想構造』（一九九八年）において「近代というエポックは、自分で自分を反復する能力において際立っている。自分の原理を、機械論であれ有機論であれ、あるいはその他の理論形式であれ、そうした形式をとりながら、経済的な再生産のように、再現し、反復し、再記述する能力において卓越するところが、近代の最大の特徴の一つであるといえよう。そのことをわれわれは、『近代の思想構造』としてできるだけ明確に提示した。機械、方法、交通、労働、時間という五つの構成的構造契機は、それぞれが他の諸契機を呼び起こし、参照し、また内面化する。各契機は他の契機なしには存立しえない。こうした諸契機の相互反照関係あるいは相互の送り戻し関係が、近代という一つのシステムを構造として成立させている。そしてこの構造は自己再生産の力をみずから作り出し、その原理構成力をもって自己複製を行う。各契機はそれ独自の原理をもち、それぞれの原理が他の原理と結合する。原理の組織化がここに見られる。(11)」と述べている。

近代の自己再帰的構造は、〈生〉を連鎖していく無限のシステムのように構成されてきた。しかし、ポスト・モダンと呼ばれる今日、このような〈生〉の無限連鎖ではなく、〈生〉と〈死〉の相互関係、〈死〉による断絶や〈死〉の連続、〈死〉から〈再生〉という方向への連続などを考えていかなければならなくなっている。〈死〉の共通性、〈死〉の平等性に気がつき始めたとも言える。それでは、次に〈死〉のライフヒストリーについて考えていきたい。

第三節　〈死〉のライフヒストリー

1　被爆者のライフヒストリー

「被爆者調査」については、拙稿「戦後社会調査史における被爆者調査と記憶の表象」において、戦後の代表的な「被爆者調査」を読み直しながら、その変遷について概観した。そこで、さまざまな社会科学的な調査において、広島・長崎の被爆者、原爆被害者がどのように描かれてきたのか、また、調査者の位置や立場性についていも再検討してみた。

戦後の被爆者調査において「被爆者のライフヒストリー」は、多くの研究者が用いた研究手法であり、調査過程の中から生み出された生活史研究である。しかし、前稿においても叙述したが、ロバート・J・リフトンによる研究[12]を待つまで、日本人による被爆者調査においては、基本的に「被爆後の生活」と「生存者のライフヒストリー」という視角（パースペクティヴ）であった。このことは、昭和四〇（一九六五）年の厚生省調査がきっかけとなって、中鉢正美（慶應義塾大学教授）のグループによる「生活構造調査」（広島）と石田忠（一橋大学教授）らによる「反原爆生活史調査」（長崎）が行われてきた、という経緯と重なっている。つまり、「被爆者特別措置法」などの立法措置や他の戦争被害との比較の上に立った賠償問題などの、戦後社会政策の観点が覆いかぶさってきていたのである。しかし、政府からの政策という上からの視点に対しては、中鉢や石田や隅谷三喜男らの社会科学者たちは闘っていたし、あくまでも被爆者の立場に立った政策が必要であることを説いていた。だからこそ、生き残った被爆者たちの健康や生活基盤、心の問題をライフヒストリーという手法で明らかにしていったわけである。

そのことは間違っていたわけではない。しかし、リフトンが問題にしたのは、原爆で死んでいった多くの家族、友人・知人、同胞などとの悲惨な「死に目」を経験し、その死者たちの〈思い〉を背負う、過酷なＰＴＳＤに苦しむ生存者（サバイバー）たちの「生きざま」であった。被爆者が背負う「罪意識」の問題は、今でこそ、サバイバーたちの普遍的な問題であることが理解されているが、一九七〇年代までは多くの日本人にとっては、周知の事実ではなかった。〈死〉のライフヒストリーとしての「被爆者のライフヒストリー」という視角は、まだ充分な認識の上には置かれていなかったのである。「被爆者」というカテゴリーが、原水爆禁止運動、反核運動に結び付いていったのは、一九五四年の第五福竜丸被爆事件を大きなきっかけとしている[13]。しかし、その後、原爆五〇年、六〇年と経る中で、「ヒバクシャ」は第二次世界大戦の多くの戦死者、戦災被害者の象徴ともなってきている。東京大空襲や沖縄地上戦の犠牲者はもとより、日本の侵略戦争によって犠牲となったアジアの戦災被害者をも含む拡大した考え方もある。その意味で、〈死〉のライフヒストリーの象徴として、社会科学ではなく、文学の立場から、次に福永武彦の『死の島』を取り上げてみたい[14]。「原爆文学」の観点から人物は、すべて架空の人物であり、すべてが作家の想像力の産物である。被爆者で画家の萌木素子の「内部」と記述されている部分、特に「漢字カタカナ表記」の昭和二〇（一九四五）年八月六日直後の広島の記憶こそが、まさに〈死〉のライフヒストリーとして提示されている。例えば、「一切ノ叫喚ガタダ一様ニ甲高イ雑音ニ還元サレテシマイ、ソレハ一種ノ沈黙ニ等シクナッテイタニモ拘ラズ、彼女ハ沈黙ノ中カラ呟カレタコノ声ダケヲ明カニ聴キ取リ、ソコニ人間ノ声ヲ感ジ、シカモソレガ不可能デアル故ニ人間ラシク感ジ、人間ラシイ故ニ不可能デアルト感ジタ。ソノ声ノホカニ人間ラシイトイウノハドウイウコトナノカ、彼女ニハマルデ分ラナカッタ。御免ネ、オ水ハナインダヨ、ト彼女ハ言ッテ聞カセタカモシレナイ。ソノ女ノ子ニアヤマルコトニヨッテ、自分ガ人間デアルコトヲ回復シヨウトシタカモシレナイ。…（中略）…彼女ハソノ時、材木ノ下敷キニナッテ呻イテイルノガ本当ノ自分ナノダト考エタノデハナカッタロウカ。誰ヒトリ助ケテクレル者モナク、無慚ナ呻キヲ共ニシ、苦痛ヲ共ニシテ、ソコカラ自分ヲ引キ出シタノデハナカッタロウカ。ソシテ今、自分ノ前デカスカニオ水ト呟キ、ソノ水モ得ラレズニ死ンデ行ッタノモヤハリ自分ダト考エタノデハナカッタロウカ。

シカシワタシハ物ジャナイ、ト彼女ハ呟キ、立チ上ッタ。見渡ス限リノ風景ノ中デ彼女ハ孤独ダッタ。マダ人間デアルコトニヨッテ、彼女ハ耐エガタイホド孤独ダッタ[15]。」という記述である。この萌木素子の「記憶と心の内部の声」は、多くの被爆者が経験し、死んでいった多くの被爆者のライフヒストリーである。福永は『死の島』において、〈死〉のライフヒストリーという、記述されることのなかった、心の内部を表現したかったのではないだろうか。登場人物の中の「萌木素子」という被爆者で「希死念慮」(自殺願望)を持つ女性の心の「声」という形で記述されている。[16]「漢字カタカナ表記」という表現方法も、単に「内部」の声、発することのない声という意味だけではなくて、すでに「ヒロシマ」「ヒバクシャ」という世界共通言語の意味も込められていると解釈することもできる。昭和二〇年当時の日本の「漢字カタカナ表記」という時代と反核時代の一九五〇〜六〇年代を重ねながら、二重に秘められた声として表記されているとも言える。「マダ人間デアルコトニヨッテ、彼女ハ耐エガタイホド孤独ダッタ。」ということが、彼女が〈死者〉の側に入っていく、〈死者〉の側こそに、皆がいる、私も行きたい、という声の本質である。

原爆による大量の死者たちが、〈この世〉に生き残った者たちの足を引っ張る力は、〈生〉の側で〈まだ、頑張ろう〉と生き残れるほど、たやすいものではない。死者たちの方がはるかに強い力を持っている。そのことを理解できるのは、おそらく大量死を経験した人たちだけだろう。福永武彦もまた、戦争を経験し、サナトリウムでの長い病床経験から「死と孤独」の文学を目指した作家であった。[17]〈原爆〉と核兵器という視角だけではなく、大量死とサバイバーの苦しみという視角からも、〈被爆者のライフヒストリー〉を描くことは可能である。石田忠は、被爆者＝福田須磨子のライフヒストリーを、《漂流》から《抵抗》へというスローガンで定着させたが、[18]それとは全く別の意味で、福永武彦は、『死の島』の萌木素子において、死と孤独のライフヒストリーを焦点化させたとも言えるのである。

2 「死別」体験とライフヒストリー

被爆者が、生と死の境界をさまよい歩きながら、大量死を経験していることは、前項で述べたが、戦争などの大量死ではなくても、人は〈死別〉体験によって、〈死〉のライフヒストリーをたどることになる。〈死別〉体験は、人生を一瞬にして変えたり、狂わせたりする。「生と死のライフヒストリー」を考えるうえで、最初は〈死別〉という体験だけを念頭に置いていた。しかし、広義の「死別」体験のカテゴリーの中には入るものであろうが、「原爆」や戦争などによる大量死は、別な意味で社会科学的分析が必要になるであろう。そして、この次の項で検討していきたい「自死」「自殺」というカテゴリーもまた、普通の「死別」体験とは異なるライフヒストリーが予想される。

「ひとはなぜ自伝を書くのか？」。この問いかけに対して、フランス文学者の石川美子は、『自伝の時間』（一九九七年）において、愛する者の死、その喪に苦しむ者たちは、「新たな生」としての作品に取り組もうとする。残酷な喪の中で、残された自分の生を自伝物語の執筆にささげようと決意した、と答えるのである。「喪の苦悩とは、愛するひとと過ごした日々が消え去ってしまった悲しみ、そして自分のかけがえのない時間が過ぎ去ってしまったという『失われた時』の思いから生じている。とすれば、過去の時間とはたんなる『失われた時』ではないことを発見できない限り、あるいは、亡き愛するひとは歴史の虚無のなかに消え去ってしまったのではないと確信できないかぎり、『喪の作業』はなしとげられないかもしれない。自伝作品の真の『終わり』を見出しえないのかもしれない。そんな自伝作者たちに希望をあたえる、無意志的記憶想起（レミニサンス）の経験――過去の情景が突然にこころによみがえってくること――である。レミニサンスは、時間がたんなる不可逆的な流れではないことを彼らに告げてくれるであろう。(19)」

死別体験は、単に「喪の作業」と言われる精神病理的過程をたどるばかりではない。死別体験が「時間への旅」を誘発し、レミニサンスの経験を呼び込むこともある。また、石川は、フロイトの「正常な喪」と「異常な喪」の区別から、死者たちの「地下聖堂（クリプト）」化という言葉でクリプト的自伝を類型化し、R・ジラール（René Girard）の「ロマンティック」と「ロマネスク」という対概念から「ロマネスク的回心」という概念も提起している。[20] 石川の『自伝の時間』は、自伝作品を、愛する者を失った「喪」の苦悩の中から立ち上がる「新たな生」や「回心」「再生」の「時間」の観点から見つめている。精神科医や臨床心理学のように、患者の短期間での「回復」にあせらないで、もっと年単位、一〇年単位で自伝を書くように「時間」を見つめるとき、さまざまな光が見えてくるのである。

ロラン・バルトは、母親の死を『喪の日記』として書き記している。例えば、一九七八年八月一日には、「たぶんもう書いたことだが」としながら、「悲しみとともに生きることが——結局は——できるのだと、いつも（苦しいながらも）驚いている。それが文字どおり、たえられるということである。だがそれは——おそらく——、そのことを語り、文にすることがかろうじて（すなわち、そうできないという思いとともに）できるからであろう。わたしの教養やエクリチュールの好みが、そのような悪魔払い的な力をわたしにあたえているのだ。あるいは、言葉によって組み入れられるという同化の力を。

わたしの悲しみは説明できないが、それでも語ることはできる。『たえがたい』という言葉をわたしに提供してくれるという事実そのものが、ただちにいくぶんかの耐性をもたらすのである。[21]」と述べている。

3 「自死遺族」という経験

社会学としては、デュルケムの『自殺論』にもあるように、社会的事実としての「自殺」を研究してきた。デュルケムは、「自己本位的自殺」「集団本位的自殺」「アノミー的自殺」などの類型を設定し、自殺率という統計的事実から社会的原因という仮説を説明している。[22] 確かに社会学的分析の事例としては優れたものである。しかし、当事者の自殺という現実や遺された遺族たちの感情などは考慮されているわけではない。〈死〉のライフヒストリーという観点から、自殺や自死遺族のことを再考してみたい。

自死遺族にとって、一般的な「死別」と異なる点があるとするならば、当事者の「自殺」という行動に対する「ショック」の体験である。もちろん、病死においても、突然に襲ってくる「クモ膜下出血」や「心不全」などもあり得るし、「事故死」[23]にしても「殺人事件」などにしても、遺族たちにとってのショックは非常に激しい。したがって、衝撃（ショック）の程度を問題にしているのではなくて、「自殺」という死因の「不可解さ」「不条理さ」という質の問題であろう。確かに、「うつ病」などの心の病気を抱えていて、その結果として自死に至ってしまう、というケースも多いものと思われる。しかし、「うつ病」や「統合失調症」などのすべての患者が自殺してしまうわけではない。また、心の病気とは関係なく、経済的理由や絶望によって、「死を選ぶ」という行為もあり得る。高橋和巳は、小説『黄昏の橋』の中で、「生は生でありつづけようとする本能でありつづける限り、それ自体の内に死を妊むことはなく、死は常に偶然として生の前に立ちはだかる。そして、その個体自身にとってその偶然のおとずれようを価値的に比較したり意義付けしたりすることはできない。彼にとって意義のあるのは、彼が生きようとし続けてきたその姿勢のあり方であり、その持続であり、終わることなく織り続けた未完の布の模様でしかない。」[24]と述べている。しかし、このような言説が唯一当てはまらないのが「自殺」という行為である。たとえ病気であったとしても、「自らの生を自らによって終わらせてしまう」という行為の衝撃は遺された者にとって計り知れないほど大きい。

さらに、自死遺族にとって、当事者の死因をできるだけ「伏せる」「言いたくない」というケースも多い。それは、世間には、「自殺」は「悪いこと」であり、自殺によって遺された遺族たちは、何か悪いことをしたのではないか、という「偏見」があるからでもある。また、これらの「偏見」とは別に、自死遺族たちの誰もが、ある種の「罪意識」を持っている。自死した家族や友人たちを「大切な人」と思っていたのに、「自殺に追い込んだ」のは「私のせい」ではないのか、という「罪意識」である。このように自死遺族たちが受けるショックは、その質において、まるで「原爆被爆者」の「生存者〈サバイバー〉」のような衝撃である。もちろん、戦争によるヒロシマ、ナガサキの被爆者たちと自死遺族たちは異なる。「大量死」とは意味も異なるし、大切な人を自殺で失うというのは、個人的な体験である。しかし、〈死〉のライフヒストリーという観点からは、不条理な死や「罪意識」、PTSDの症状など共通する面も存在している。自死遺族たちは、「死と孤独」という生が尽きる究極の時点を経験する。その意味で、「自らの死」を意識する重篤な患者や生き返った人々のいわゆる「臨死体験」とは違って、強烈な「二人称の死」[25]を経験する死別体験である。だからこそ、自死遺族たちには、〈死者〉との「和解」という未完の課題が横たわっているのではないだろうか。

4 〈死者〉との和解

本節では、〈死〉のライフヒストリーとして、〈死別〉体験とライフヒストリーを軸にしながら、「被爆者のライフヒストリー」と「自死遺族たちのライフヒストリー」を参照してきた。もちろん、これだけが〈死〉のライフヒストリーの事例ではない。死や死別については、近年、多くの研究成果が蓄積されてきている。文化人類学、民俗学、社会学、臨床心理学、医療や看護社会学、社会福祉学、生命倫理学など関連する領域も非常に多くなっている。「死生学」[26]という新しい研究分野も生まれてきている。具体的な研究テーマにおいても、災害と大量死問題、終末期医療や看取りの問題、脳死と臓器移植問題、障害学や生命の価値の問題、死別と喪の作業、墓と葬儀、死生観や宗教の問題、孤独死や無縁社会の問題……など枚挙にいとまがない。

ただ、生と死のライフヒストリー研究にとって最も重要になってくるのは、〈死別〉を通して、人はなお、どのように生きていくのかであり、そのプロセスこそが問われているのである。もっと突き詰めて言えば、生きている者たちは、〈死者〉たちとどのような関係を結んでいるのか、〈生〉のライフヒストリーにとって、〈死〉のライフヒストリーとは何なのか、という点である。生きている者たちは、〈死者〉たちにある種の〈畏れ〉の感情を抱いている。〈死者〉との〈和解〉(reconciliation)[27]を望んでいる。それは、被爆者にしても、自死遺族にしても同様である。もちろん、大往生していった曾祖父、祖父母、先祖たちなどとは、〈文化〉の形をとって、〈和解〉がすでに成立している。そこで、直近の〈死者〉たちとも、いずれは〈和解〉の関係になりたいのである。「非業の死」や「怨霊」というような〈文化〉の形式も存在しているが、個人としては、〈生者〉と〈死者〉との〈和解〉はライフヒストリーにおける重要なテーマであろう。筆者はかつて、「死別の社会学序説」という論文において、「死者とともにある関係性」と「死者を断ち切る関係性」という二つの概念で、死別の重層的関係を見たことがあったが[28]、これら二つの関係性はともに、〈死者〉との〈和解〉という目的に収斂されていくものと思われる。死者を断ち切りながら、死者を忘れることによって、〈和解〉が成立する場合もあるし、死者といつでも共にある関係性の中で、死者を忘れないことによって、〈和解〉が成り立つ場合もある。

しかし、〈死者〉との〈和解〉は、すぐには訪れない。時間のかかることなのである。何度も「喪の作業」を繰り返し、「喪の失敗」も経験し、喪が明け、〈死〉が具体的ではなく、抽象的な観念の世界へと飛び去って行ったところに、ようやく〈和解〉は訪れてくる。死者が生前「終わることなく織り続けた未完の布の模様」としてだけ浮かび上がるとき、もはや〈死〉そのものの様相は消えて、死者との〈和解〉が訪れてくるのである。

第四節　生と死の相互関係

1　〈生者〉と〈死者〉の相互関係

今まで、〈生〉としての生活史と〈死〉のライフヒストリーをそれぞれ別々に論じてきた。本節では、生と死の相互関係について考えてみたい。〈生者〉と〈死者〉との相互関係については、従来から多く指摘されてきた。例えば、Ａ・シュッツによる「先行者の世界」[29]は、「生活世界」における「同時代人の世界」に対して、〈死者〉たちを「先行者の世界」として設定したものである。あるいは、日本民俗学の父である柳田國男は、『先祖の話』において、家を中心として先祖からの授かりものとしての「誕生」を説いている。[30]これも〈生者〉と〈死者〉たちとの相互関係である。

しかしここで考えたい〈生者〉と〈死者〉との相互関係には、いくつかのレヴェルが存在している。[31]第一には、生命・生存のレヴェルにおける〈生〉と〈死〉の相互関係である。このレヴェルにおいては、生命の終焉、命の終わりをもって「死」と定義するならば、相互の関係ではなく、断絶の関係である。しかし、「人の死」の定義をめぐって、「心臓死」ではなく「脳死」をもって「人の死」と定義されるようになり、臓器移植が実施されるようになると、生と死には相互の関係が出てくることになる。「脳死」段階での臓器提供を「否」とするか「是」とするかは、本人の意志、家族の同意などきわめて「社会的」な出来事となっている。また、生命維持装置の装着や除去についての医師・病院側と患者家族側との同意など、まさに〈生者〉と〈死者〉との相互の関係である。第二に、〈生活〉における〈生〉と〈死〉の相互関係である。死後の埋葬や葬儀、墓に関する習慣や法は、〈生活〉の次元における〈生〉と〈死〉との相互関係と言える。火葬や土葬、散骨や樹木葬についても近年、議論になっているが、従来から共同体の「民俗文化」として維持伝承されてきた埋葬法に対して、個人化や自己選択の流れによって、自己決定の権利と考えられるようになってきた。葬儀に関しても、生前契約によって、〈死者〉本人が演出する葬儀という形態まで生まれている。従来は、生きている者たちのための「葬儀」であったのが、次第に故人の遺志によって、むしろ、家族葬や密葬の形式が増えているようである。そして、相互関係の第三のレヴェルは、〈生涯〉における〈生者〉と〈死者〉との相互関係である。これは、「死生観」とも呼ばれてきたものであり、死別後の人生をどのように生きていくのか、という課題と結び付いている。狭義においては、前節で記述した「死者とともにある関係性」や「死者を断ち切る関係性」はこの意味での、〈生者〉と〈死者〉との相互関係である。もちろん、〈生命〉と〈生活〉と〈生涯〉の各レヴェルは分かちがたく結び付いていて、だからこそ、死に方や葬儀や死者を祀る習慣などが複合的な「社会・文化」的事象となっているわけである。それでは、これらの相互関係を循環関係と一回性の関係に分けてこれから見ていくことにしたい。

2　生と死と再生の循環

生と死と再生というモチーフは、古今東西のさまざまな神話や物語に使われている。[32] キリスト教の「イエスの死と復活」もそうであるし、仏教やヒンズー教の「輪廻転生」も死と再生である。生と死と再生は、人間が死後の世界を想像し、死後における〈生命〉を希求したときに描かれた世界でもある。

生と死と再生の循環関係には、さまざまな要素が混在しているようにも思われる。これから分析的に論述していくことにしよう。第一に、〈死者〉そのものの〈再生〉を念じている「信仰の世界」のレヴェルである。科学的には「あり得ない」ことだが、「再生」を信じることによって、人は「救われる」という希望を持つことができる。この意味での「循環」は、宗教や世界観、神への信仰と結び付いている。第二に、「再生」を「生まれ変わり」と解釈する循環関係である。この考え方は、死と隣り合わせに生まれてきた「新しい命」を再生として位置付け、〈死者〉を新たな〈生者〉に結び付ける「絆の関係」である。この場合は、日本の祖先神崇拝と家・村を中心とした共同体の循環的秩序と共通点がある。また、「生まれ変わり」の思想は、〈生命〉を「生きとし生けるもの」として、命の〈つながり〉を意識させる、エコロジカルな思想とも結び付いている。「食物連鎖」や「生態系」「エコシステム」などの考え方と共通点があるものと思われる。第三に、死別を経験した〈生者〉の側の視点として、「喪の仕事」を終えて、新しい段階、〈回復〉の段階にかかってくることを〈再生〉と解釈する循環関係が存在する。臨床心理学などで、死別の衝撃（ショック）の時期を乗り越えて、〈回復〉に向かうということは、もとの〈生〉を取り戻すことになるために、〈生〉と〈死〉と〈再生〉の循環の図式となっている。もちろん、死別を経験して、さまざまな苦しみを経た後、もとの元気を回復したとしても、もとの〈生〉に完全に戻って来たわけではない。その意味では、完全な「循環」ではあり得ないのであるが、〈再生〉とすることで、物語を構築しているものと思われる。さらに、〈死〉と〈再生〉が結び付く、原子や分子のレヴェルにおける循環の図式である。「万能細胞」と呼ばれる再生医療において、〈死〉と〈再生〉は今、明らかに現代科学の最前線のテーマとなっている。この第四のレヴェルの話が人間の死生観にどのような影響をもたらすのか、というテーマは未だ、未完の課題であろう。しかし、「信仰の世界」から「科学の世界」まで貫くような〈生〉と〈死〉と〈再生〉の循環関係は、重要な課題となっている。

「循環」という関係は、一見、時間軸に沿った不可逆な関係ではないように考えられる。「永遠なる生命」「不老不死」というような夢のような話にも聞こえる。しかし、〈生〉が必ず〈死〉に至るように、個体の〈死〉は、〈再生〉を経た後においても必ずやってくる。そうだとするならば、「循環」において目指されているのは、個体を超えた「種」としての生き残り、人類としての「種の継続」という永遠性なのではないだろうか？　これが、「循環」が持っている思想の「普遍性」の一端であるのかもしれない。

3　〈死別〉の繰り返しと〈生〉の一回性

次に「一回性」の関係について考えてみたい。本質的に〈生〉は一回限りのものである。しかし、生と死のライフヒストリーという主題において、「一回性」という関係性を再考してみると、そこには、やはり三つくらいの位相の異なるレヴェルを発見することができる。

第一には、時間・空間の一回性である。歴史的時間において起こるすべての事象は、厳密に言えば、一回限りである。繰り返しているように思えるカレンダー時間においても「今、この時」は一回しか起きていない。空間や場所の記憶においては、短時間であれば、同じものと同定できることは多いが、しかし、それでも空間の気象、人の流れ、あるいは空間に佇む人の「思い」などを考慮に入れると、同じ空間という設定はあり得ない。写真に収めたときのアングルなどにおいても一つとして同じとは言えない。第二に、人と人との「出会い」の一回性である。人間関係は、交流、交際の積み重なりである。もちろん、家族関係など、「一回性」とは無縁に思える継続した関係性も存在している。しかし、人が年齢という時間軸で生き、人と人が偶然に「出会う」という現象から見直してみると、この「出会い」は「一期一会」である。「明日また会える」という保証は、本当はないのである。「出会い」の一回性を意識するからこそ、人は〈死別〉の悲しみを味わい、人と人との「慈しみ」の感情を味わう。「一期一会」は〈生〉と〈死〉のライフヒストリーが一瞬に交錯するその瞬間を見事に言い当てた言葉である。第三に、〈死別〉もまたそれぞれに一回性を有している。確かに、人は年齢を重ねるうちに、多くの〈死別〉の経験を重ねる。祖父母との死別、両親との死別、配偶者との死別、兄弟姉妹との死別、友人との死別、あるいは場合によっては子供との死別や、地震や津波でいっぺんに大量の人たちを亡くす死別も経験する。しかし、それぞれの経験は、それぞれの大切な人、大切な思い出との〈死別〉であって、やはり一回限りのものである。自死遺族たちの「分かち合いの会」などのセルフ・ヘルプ・グループに参加すると、「関係別の話し合い」という設定が用意されているケースが多い。これは、配偶者を亡くした死別の経験と子供を自死で亡くした経験では、「経験の質」が異なるという経験則に基づいている。さらに、「関係別の話し合い」に入っても、細部にわたる自らの経験や感情を話していくと、決して同じものはない、という結論に至る。つまり、〈死別〉の一回性、ということである。自死遺族というような衝撃（ショック）の経験では、「時間が凍りつく（フリーズ）」という経験を味わう[33]。つまり、死別の瞬間から時間が止まってしまって、遺された遺族にとっては、時間が流れないという経験である。これは、死別の〈一回性〉を表している。

そして、生と死のライフヒストリーを考える場合、この「一回性」という鍵概念は、重要である。つまり、この一回性を痛いほど思い知るが故に、人は、〈死〉から〈再生〉へという循環する関係を希求するわけである。「一回性」は〈生〉と〈死〉を峻別し、個体の〈生〉は〈死〉によって終わる、という現実を浮かび上がらせる。一回だけの〈生〉であるからこそ、〈死〉を迎えるまでの時間が貴重になってくる。〈死別〉を経験するからこそ、「一期一会」が理解できる、というわけである。

4　サバイバー（生存者）の生き方

サバイバー（生存者）とは、被爆者やホロコーストなどの「生き残り」を指す言葉として理解されている。最近では、戦争や大事故・大災害の生存者や幼児期の虐待経験者などに対してもサバイバーの定義が拡大されることもある。症状としては、ＰＴＳＤなどのトラウマ後のストレス障害やパニック症候群などが現れることもあると言われている。

しかし、単にそのような病状のある人々だけではなく、サバイバーの生き方とは、生と死のライフヒストリーを考えるときに重要な参照例となるものと思われる。と言うのは、サバイバー（生存者）は、〈生〉のライフヒストリーと〈死〉のライフヒストリーの交錯する交点を生きているのではないかと思われるからである。サバイバーは、確かに過酷な人生や〈死〉に直面するような経験に見舞われている。それが原因で、うつ病などの病気に苦しんでいる人々も多いし、自死してしまう人もいる。その交点は、一点で支える不安定な位置にあって、〈死〉

や〈死者〉の側にすぐさま傾いてしまう重心の揺れ方を内包している。確かに「危なっかしい」生き方である。しかし、〈生〉のライフヒストリーだけを安定して歩む生き方ではないし、〈死者〉の側に身を投げ出してしまうというわけでもない。サバイバーは、サバイバーであることを片時も忘れないにもかかわらず、サバイバーを感じさせない生き方を考えなければならない。つまり、〈生〉に邁進すること、〈生〉だけを見つめること、しかし、それでいながら、人の〈生〉は〈死〉と隣り合わせにあること、いつ〈死〉に直面するかわからないことを覚悟している、という生き方である。サバイバーは、「死別」の危機を背負った生き方を迫られているのである。

もちろん、〈生〉のライフヒストリーと〈死〉のライフヒストリーが交錯する場面は「死別」ばかりとは言えない。「がん告知」や終末期医療もそうであるし、「死刑」宣告を受けた受刑者も同様である。あるいは、修業を積んだ宗教者もこのような生き方を実践しているかもしれない。しかし、宗教的な「悟り」を得た人生の達人と普通の人々は、精神のあり方において同じとは言えない。宗教者にはできることでも、凡人にはなかなか真似ができない場合もある。その点、リバイバーは普通の人々である。普通であるからこそ、過酷なトラウマ体験に対して、病的な症状を呈するのであろう。

A・W・フランク（Arthur W. Frank）は、『傷ついた物語の語り手』において、「回復の語り」「混沌の語り」「探求の語り」の三種を紡いでいるが、サバイバーの語りにおいても、同様に「回復の語り」「混沌の語り」「探求の語り」が見られる。フランクは、「半ば開かれたものとしての傷」という章において、次のように述べている。「苦しむ者は、他者のものであり同時に自らのものでもある物語を聴くことによって、また自らの物語は単に聴かせるだけでなく、それが実際にそうであるように、聴き手自身の物語でもあるかのごとくに聴いてもらうことによって、健やかなものとなる。とりかえしがつかないという思い誤りは乗り越えられる。[34]」

サバイバーは、あなたのすぐ隣に座っている。あるいは、あなた自身がサバイバーであるかもしれない。そうでなければ、真の意味で〈生〉のライフヒストリーを紡ぎ出すことはできない。サバイバーの生き方は、「半ば開かれたものとしての傷」を共有化するのである。

第五節　おわりに

今まで、生と死のライフヒストリーという主題のもとで、〈生〉としての生活史、〈死〉のライフヒストリー、生と死の相互関係を見てきた。特に、生と死の関係性について、(1)相互浸透の関係、(2)循環関係、(3)一回性の関係、の三つを軸にして、整理してみよう。表12-1は、これらの関係をまとめたものである。

生と死の相互関係は、今まで検討してきたように(1)相互浸透の関係、(2)循環関係、(3)一回性の関係の三つに分類できる。つまり、〈生者〉と〈死者〉との断続性については、(2)が連続、(3)が断絶の関係であり、(1)は相互浸透、つまり、〈生者〉と〈死者〉の間で、連続したり、断絶したり、相互に行き来している状態を指している。次に〈死別〉の価値観としては、(2)の循環関係は、生から死、死から再生へと循環した死別の価値観を表している。(3)の一回性の関係では、生と死ははっきり区別され、生ある者は必ず死ぬ、死んだ者は生き返らない、一回限りに生を生き、死もまた一度限りである。それに対して、(1)の相互浸透関係では、〈生〉の中に〈死〉を見ており、また逆に〈死〉の中に〈生〉を見つけるという複雑な死別の価値観を有している。これは、人間の生命を動物や植物、生命体の中で相対化し、生きることと死ぬことを同じ価値観の下で見直すというものである。例えば、人が生きるとき、魚を食べ、牛や馬や鶏を食べ、野菜を食べて生きている。また、微生物などは人が意識をしないで殺している。生きとし生けるものがすべて生き残れる環境にはないのである。自然であれ、人為的であれ、〈死〉は必然的に〈生〉の中にあり、〈生〉もまた〈死〉とともにある。人の死別だけを特別に取り扱うので

表 12-1　生と死の関係性

関係性	〈生者〉と〈死者〉の断続性	〈死別〉の価値観	宗教観
(1)　相互関係	相互浸透の関係	〈生〉の中の〈死〉 〈死〉の中の〈生〉	生命－生物界の中の〈人間〉
(2)　循環関係	連　続	生⇒死⇒再生	〈来世〉〈あの世〉
(3)　一回性の関係	断　絶	生・死の区別	〈現実〉〈科学〉

出所：筆者作成。

はなく、ペットとの死別（ペット・ロス）も含めて、動物界、自然界、生命界における死別の価値観を主張するわけである。そして、最後に宗教観を挙げれば、(1)の相互浸透は、アニミズム的な宗教観となり、生命—生物界の中の〈人間〉という位置になるものと思われる。(2)の循環関係の宗教観は、「来世」思想、輪廻転生になっている。俗な言い方をすれば「あの世」信仰ということになろう。(3)の一回性の関係では、宗教というよりは「科学」や「現実」が前面に出てくる。それは、生と死を現実の生活の中で見直すという考え方になるであろう。

最後に、生と死の関係性を「ライフヒストリー」という形式において、語り、聞き取り、書き記していくことの重要性は、ロラン・バルトが『喪の日記』で実践したエクリチュールによる「悲しみの言葉」[35]がすでにわれわれに示しているものであろう。

(1)　この点については、序章、参照。有末賢「生活史の『個性』と『時代的文脈』」『法学研究』第八四巻第二号、二〇一一年二月、二五～五一頁、参照。

(2)　これについては、有末賢「戦後社会調査史における被爆者調査と記憶の表象」『法学研究』第八三巻第二号、二〇一〇年二月、三九～七二頁、参照。共同研究として、浜日出夫、竹村英樹らとともに、いずれ成果を発表する予定である。

(3)　この指摘は、中井信彦『歴史学的方法の基準』塙書房、一九七三年、による。中井信彦「史学としての社会史—社会史にかんする覚書—」『思想』第六六三号、一九七九年九月、も参照。

（4）「生きられた経験」については、哲学的な系譜として、現象学や生の哲学、実存主義などに関連している。「生きること」や「思考」「哲学」は、生の全体性、存在、実存に関係しており、「生きられた時間」「生きられた空間」「生きられた経験」として立ち現れてくる、という考え方である。Van Manen, Max, *Researching lived experience: human science for an action sensitive pedagogy* (London, Ont.: Althouse Press, 1990)（村井尚子訳『生きられた経験の探求—人間科学がひらく感受性豊かな〝教育〟の世界—』ゆみる出版、二〇一一年）。

（5）桜井厚『インタビューの社会学—ライフストーリーの聞き方—』せりか書房、二〇〇二年、において、「対話的構築主義アプローチ」と言われている。桜井厚・小林多寿子編著『ライフストーリー・インタビュー—質的研究入門—』せりか書房、二〇〇五年、も参照。

（6）藤村正之『〈生〉の社会学』東京大学出版会、二〇〇八年、二六五頁。

（7）同右、二七三～三〇三頁参照。

（8）同右、三〇七頁。

（9）有末賢「再帰性と自己決定権—ポストモダンと日本社会—」田中宏・大石裕編『政治・社会理論のフロンティア〔慶應義塾大学法学部政治学科開設百年記念論文集〕』慶應義塾大学出版会、一九九八年、二五一～二八三頁、参照。

（10）本書、第七章参照。有末賢「生活史調査の意味論」『法学研究』第七三巻第五号、二〇〇〇年五月、一～二七頁、参照。

（11）今村仁司『近代の思想構造—世界像・時間意識・労働—』人文書院、一九九八年、二二五頁。

（12）Lifton, Robert Jay, *Death in Life: Survivors of Hiroshima* (New York: Random House, 1967)（桝井迪夫監修、湯浅信之・越智道雄・松田誠思共訳『死の内の生命—ヒロシマの生存者—』朝日新聞社、一九七一年）。現在はロバート・J・リフトン（桝井迪夫・湯浅信之・越智道雄・松田誠思訳）『ヒロシマを生き抜く（上）（下）—精神史的考察—』岩波現代文庫、二〇〇九年、として出版されている。

（13）一九五四年三月一日、米国によるビキニ環礁での水爆実験によって、「安全区域」にいながら死亡したという事件である。

（14）福永武彦の『死の島』との出会いは、第二回公開シンポジウム「詩人たちが読む福永武彦」（二〇一〇年七月二四日：日本近代文学館）【主催：科学研究費補助金プロジェクト「昭和文学の結節点としての福永武彦—古事記からヌーヴォロマンまで—」】に参加したのがきっかけであった。参考にしたのは、山田兼士「『死の島』日記」であり、また、シンポジウム後に西岡亜紀氏と交流したことが大きな刺激になった。記して感謝したい。『年報　福永武彦の世界』第二号、二〇一一年三月、参照。

また、原爆文学については、Treat, John Whittier, *Writing ground zero*（Chicago: The University of Chicago Press, 1995）（水島裕雅・成定薫・野坂昭雄監訳『グラウンド・ゼロを書く―日本文学と原爆―』法政大学出版局、二〇一〇年）が詳しい。この本では、福永武彦の『死の島』は、福永が被爆者ではないという意味では「原爆文学」の範疇には入らないが、広く原爆から生まれた文学として扱っている。

(15) 福永武彦『死の島　上巻』河出書房新社、一九七一年、一四七頁。

(16) 小説『死の島』においては、主人公・相馬鼎は、売れない作家志望の青年で、物語は鼎が明け方に見た夢（水爆炸裂後の救いのない地上の風景）で始まり、最後は、二人の大切な女友達（相見綾子と萌木素子）の死を防ぐことができなかった、という結末なのだが、福永は、この『死の島』の結末部分を三つの異なった終わり方を並列に置くことで示している。つまり、最初の「朝」では素子が死に綾子が生き残る、第二の「別の朝」では綾子が死に素子が生き残る、そして第三の「更に別の朝」では両者とも死んでいる、という結末である。そしてすでに言及したように、萌木素子は被爆者の画家だった、というわけである。

(17) 福永武彦『草の花』新潮文庫、一九五六年、も、福永武彦『夜の三部作　冥府　深淵　夜の時間』講談社、一九六九年、も、「死と孤独」が共通したテーマである。西岡亜紀『福永武彦論―「純粋記憶」の生成とボードレール―』東信堂、二〇〇八年、も参照。

(18) 石田忠「反原爆の立場―福田須磨子さんの戦後史―」石田忠編著『反原爆―長崎被爆者の生活史―』所収、未來社、一九七三年。

(19) 石川美子『自伝の時間―ひとはなぜ自伝を書くのか―』中央公論社、一九九七年、一一六頁。

(20) 同右、一八七～二〇二頁参照。

(21) ロラン・バルト（石川美子訳）『喪の日記』みすず書房、一七九頁。Barthes, Roland, *Journal de Deuil 26 octobre 1977-15 septembre 1979* (Editions du Seuil/IMEC, 2009)。

(22) デュルケムは、自殺の社会的原因を社会的規範の作用の様式（統合と規制）と社会的規範の拘束度（強、弱）の軸を交差させることによって、Ⅰ.自己本位的自殺（社会の統合や連帯が弱まり、個人が集団生活から切り離されて孤立する結果として生じる自殺。）、Ⅱ集団本位的自殺（反対に社会が強い統合度と権威を持っていて、個人に死を強制したり、奨励したりすることによって生じる自殺。）、Ⅲアノミー的自殺（社会の規範が弛緩したり、崩壊したりして、個人への欲求への適切なコントロールが働かなくなる結果、無際限の欲求に駆り立てられる個人における幻滅、むなしさによる自殺。）、Ⅳ.宿命的自殺（その反対に欲求に対する抑圧的規制が強すぎるため、閉塞感、絶望感がつのって生じる自殺。）の四類型を原理的には立てている。しかし、四番目の宿命的自殺については、歴史的な意義しか持たないとして、アノミー的自殺の末尾の脚注で触れているだけである。したがって、実際には自殺の三つの類型を分析しているのである。澤井敦『死と死別の社会学―社会理論からの接近―』青弓社、二〇〇五年、三一～三七頁、参照。

(23) 野田正彰『喪の途上にて―大事故遺族の悲哀の研究―』岩波書店、一九九二年、参照。

(24) 高橋和巳『黄昏の橋』筑摩書房、一九七一年、一一九頁。

(25) 死における「人称の問題」を提起したのは、ジャンケレヴィッチであった。**Jankélévitch, Vladimir, *La Mort* (Paris: Flammarion, 1977)**（仲沢紀雄訳『死』みすず書房、一九七八年）、邦訳二四～二九頁参照。

(26) 島薗進・竹内整一・小佐野重利［責任編集］『死生学』（全五巻）東京大学出版会、二〇〇八年、1死生学とは何か、2死と他界が照らす生、3ライフサイクルと死、4死と死後をめぐるイメージと文化、5医と法をめぐる生死の境界、が出版されている。

(27) 日本オーラル・ヒストリー学会『日本オーラル・ヒストリー研究』第五号、二〇〇九年、の特集は「オーラル・ヒストリーと〈和解〉」であり、狐崎知己「『紛争犠牲者』の証言と競合する『真実』―グアテマラにおける個人的な経験から―」、蘭信三「オーラル・ヒストリー実践と歴史との〈和解〉」、好井裕明「差別と和解するとはどういうことなのだろうか」、清水透「なぜ、今『和解』か」の四つの論稿が掲載されている。

(28) 有末賢「死別の社会学序説」山岸健［責任編集］、草柳千早・澤井敦・鄭暎恵編『社会学の饗宴Ⅰ　風景の意味―理性と感性―』所収、三和書籍、二〇〇七年、三～二五頁。

(29) Ａ・シュッツ（桜井厚訳）『現象学的社会学の応用』御茶の水書房、一九八〇年。他者類型を「同時代者」と「先行者」に分けて分析している。

(30) 柳田國男『先祖の話』筑摩書房、一九七五年。この家を中心とした円環的な通過儀礼を、成人化の過程、死への予祝過程、仏への過程、祖霊への過程として図でわかりやすく示したのは、宮家準『生活のなかの宗教』ＮＨＫブックス、日本放送出版協会、一九八〇年、である。

(31) 前述したとおり、〈生命〉〈生活〉〈生涯〉の三つの分類を提起したのは、藤村、前掲書である。

(32) 死と再生については、神話研究や再生する動物や神々の神話や民話の中に登場している。また、心理学者のユングも研究している。水野知昭『生と死の北欧神話』松柏社、二〇〇六年、アクセル・オルリック（尾崎和彦訳）『北欧神話の世界―神々の死と復活―』青土社、二〇〇七年、など参照。

(33) 有末、前掲「死別の社会学序説」参照。また、水津嘉克「『死別』への社会学的接近のために―「段階論」の批判的検討から―」崎山治男・伊藤智樹・佐藤恵・三井さよ編著『〈支援〉の社会学―現場に向き合う思考―』所収、青弓社、二〇〇八年、四〇～六一頁、など参照。

(34) Frank, Arthur W., *The Wounded Storyteller* (Chicago: University of Chicago, 1995)（鈴木智之訳『傷ついた物語の語り手―身体・病い・倫理―』ゆみる出版、二〇〇二年）、邦訳二四九頁。

(35) バルト、前掲書には、一九七八年七月三一日、パリ「わたしは悲しみに生きており、それがわたしを幸せな気分にする。悲しみに生きることを妨げるものすべてに耐えられない。」（一七七頁）という記述さえある。

あとがき

一〇年は長いのだろうか、短いのだろうか？　『生活史宣言―ライフヒストリーの社会学―』に収めた論文のうち、最も古いものは「第一章　生活史研究の視角」であり、執筆は今から三〇年も以前である。序章にも書いたように、本書の原型となった、博士論文『生活史の社会学―その方法と課題―』も今から一〇年前に、博士学位審査が終わっている。『生活史宣言』という本のタイトルを決めるまでにも、数年を要したかもしれない。松田素二『日常人類学宣言！』（世界思想社、二〇〇九年）の出版も筆者に力を与えてくれた。

こんなに長い時間がかかってしまったのは、著者の怠慢以外の何物でもないが、生活史はある意味では、時間の関数でもある。著者自身の生活史もこの三〇年の間に、大きく変わってきた。独身から結婚、離婚、再婚、妻との死別、再婚、孫の誕生と家族生活も変わったし、引っ越しは一〇回以上、海外での留学生活もイギリス、中国、再びイギリス、オーストラリアと経験している。そんな中で、生活史研究に対する関心は依然として持続し続けているともいえる。このような環境の変化の中で、さまざまな人々にお世話になった。

まず、博士論文の主査、川合隆男先生、副査、中野卓先生と中川清先生に深く感謝したい。私の生活史研究は、一九八一年一一月に生活史研究会が発足した時から、その研究会の歩みとともに進んできたと言っても過言ではない。中野卓先生をはじめとして、研究会を今まで支えてきた、桜井厚さん、水野節夫さん、佐藤健二さん、井腰圭介さん、大出春江さん、小林多寿子さん、そして一九九七年から研究会の事務局を引き受けていただいている井出裕久さんにも感謝の言葉を捧げたい。生活史研究会が三〇年間、今まで続いていなかったならば、私の研究も持続できなかったかもしれない。その意味でも、毎回の研究会に報告・参加していただいたすべての方々に感謝したいと思う。

二〇〇五年に再婚してから私の生活を支え続けている愛子さんにも感謝の言葉を贈りたい。昨年以来、がんとの闘いも加わって、一層感謝に堪えない。また、両親の健在（父・武夫九三歳、母・幸子八七歳）も心の支えになっている。改めて感謝の言葉を贈りたい。

最後に、慶應義塾大学出版会の編集部、岡田智武さん、綿貫ちえみさんにお礼の言葉を贈りたい。特に、綿貫さんには、細かい文献、注、索引など大変お世話になった。本当にどうもありがとうございました。

有末　賢

二〇一二年六月

初出一覧

序　章　書き下ろし。部分的には、「生活史の『個性』と『時代的文脈』」『法学研究』第八四巻第二号、二五～五一頁、二〇一一年二月、を利用。

第Ⅰ部　現代社会学と生活史研究

第一章　「生活史研究の視角」『慶應義塾創立一二五年記念論文集法学部政治学関係』所収、三四五～三六六頁、慶應義塾大学法学部、一九八三年。

第二章　「生活研究とライフ・ヒストリー──生活史研究から──」川添登編『生活学へのアプローチ』所収、四九～六八頁、ドメス出版、一九八四年。

第三章　書き下ろし。部分的には「再帰性と自己決定権─ポストモダンと日本社会─」田中宏・大石裕編『政治・社会理論のフロンティア［慶應義塾大学法学部政治学科開設百年記念論文集］』所収、二五一～二八三頁、慶應義塾大学出版会、一九九八年、および、「戦後日本社会のアイデンティティ論─重層的アイデンティティに向けて─」『法学研究』第七七巻一号、七七～一〇二頁、二〇〇四年一月、を利用。

第Ⅱ部　生活史の意味論

第四章　「質的社会学としての生活史研究」『法学研究』第六五巻第一号、二五九～二八五頁、一九九二年一月。

第五章　「〈意味の社会学〉と生活史研究」『社会学年誌』（早稲田社会学会）No.34、六一～七四頁、一九九三年三月。

「生活史の社会学」松平誠・中嶌邦編著『講座生活学3　生活史』所収、六一～八七頁、光生館、一九九三年。

「生活史の方法論」栗田宣義編『メソッド／社会学─現代社会を測定する─』所収、一一五～一三一頁、川島書店、一九九六年。

以上三論文を合成、再構成。

第六章　「ライフヒストリーにおける記憶と時間」『三田社会学』（三田社会学会）創刊号、六七〜八二頁、一九九六年七月。一部加筆、修正。

第七章　「生活史調査の意味論」『法学研究』第七三巻第五号、一〜二七頁、二〇〇〇年五月。

第Ⅲ部　生活史の応用と解釈

第八章　「移民研究と生活史研究―日系人・日系社会研究の方法論的課題―」柳田利夫編著『アメリカの日系人―都市・社会・生活―』所収、二二九〜二五六頁、同文舘、一九九五年。

第九章　「日本出稼ぎとエスニシティ変容」柳田利夫編著『リマの日系人―ペルーにおける日系社会の多角的分析―』所収、一三一〜一五九頁、明石書店、一九九七年。

第十章　「生活史と『生の記録』研究―ライフ・ヒストリーの解釈をめぐって―」『法学研究』第六一巻第一号、二三三〜二六二頁、一九八八年一月。

第十一章　「彷徨するアイデンティティ―ライフ・ドキュメントとしての日記と作品―」中野卓・桜井厚編『ライフヒストリーの社会学』所収、一六七〜一九〇頁、弘文堂、一九九五年、を一部加筆、修正。

結　章　「生と死のライフヒストリー―相互・循環・一回性―」『法学研究』第八四巻第六号、七七〜一〇六頁、二〇一一年六月、を一部加筆、修正。

参考文献

Abercrombie, N., Hill, S. and Turner, B. S., 1984, 1988, 1994, *The Penguin Dictionary of Sociology*, London: Penguin Books.（丸山哲央監訳・編集、『新しい世紀の社会学中辞典』ミネルヴァ書房、一九九六。）

Abrams, P., 1982, *Historical Sociology*, England: Open Books.

Agar, M. H., 1980, *The Professional Stranger: An Informal Introduction to Ethnography*, New York: Academic Press.

秋元律郎、一九八九、『都市社会学の源流―シカゴ・ソシオロジーの復権―』有斐閣。

Allport, G., 1942, *The Use of Personal Document in Psychological Science*.（大場安則訳、『心理科学における個人的記録の利用法』培風館、一九七〇。）

阿南透、一九八八、「写真のフォークロア―近代の民俗―」『日本民俗学』一七五号。

Antaki, C. & Widdicombe, S.（eds.）, 1998, *Identities in Talk*, London: Sage.

青井和夫・松原治郎・副田義也編、一九七一、『生活構造の理論』有斐閣双書。

蘭信三、二〇〇九、「オーラル・ヒストリー実践と歴史との〈和解〉」日本オーラル・ヒストリー学会『日本オーラル・ヒストリー研究』第五号。

有賀喜左衛門、一九六七、「大家族制度の名子制度」『有賀喜左衛門著作集Ⅲ』未來社。

有賀喜左衛門、一九六八、「日本家族制度と小作制度」『有賀喜左衛門著作集Ⅱ』未來社。

有賀喜左衛門、一九六九、「民俗資料の意味―調査資料論―」『有賀喜左衛門著作集Ⅷ』未來社。

有末賢、一九八〇、「批判的社会学の知識構造―パラダイム概念を軸として―」『慶應義塾大学大学院社会学研究科紀要』第二〇号。

有末賢、一九八三、「生活史研究の視角」『慶應義塾創立一二五年記念論文集法学部政治学関係』慶應義塾大学法学部。

有末賢、一九八四、「生活研究とライフ・ヒストリー―生活史研究から―」川添登編『生活学へのアプローチ』ドメス出版。

有末賢、一九八八、「生活史と『生の記録』研究―ライフ・ヒストリーの解釈をめぐって―」『法学研究』第六一巻第一号。

有末賢、一九九二、「質的社会学としての生活史研究」『法学研究』第六五巻第一号。

有末賢、一九九三、「〈意味の社会学〉と生活史研究」『社会学年誌』（早稲田社会学会）三四号。

有末賢、一九九三、「生活史　life history」森岡清美・塩原勉・本間康平編『新社会学辞典』有斐閣。

有末賢、一九九三、「生活史の社会学」松平誠・中嶌邦編著『講座生活学3　生活史』光生館。

有末賢、一九九四、「戦後日本社会の価値意識の変化―余暇と自己実現を中心に―」『法学研究』第六七巻第一二号。

有末賢、一九九五、「彷徨するアイデンティティ―ライフ・ドキュメントとしての日記と作品―」中野卓・桜井厚編『ライフヒストリーの社会学』弘文堂。

有末賢、一九九五、「移民研究と生活史研究―日系人・日系社会研究の方法論的課題―」柳田利夫編著『アメリカの日系人―都市・社会・生活―』同文舘。

有末賢、一九九六、「ライフヒストリーにおける記憶と時間」『三田社会学』（三田社会学会）創刊号。

有末賢、一九九七、「日本出稼ぎとエスニシティ変容」柳田利夫編著『リマの日系人―ペルーにおける日系社会の多角的分析―』明石書店。

有末賢、一九九八、「再帰性と自己決定権―ポストモダンと日本社会―」田中宏・大石裕編『政治・社会理論のフロンティア〔慶應義塾大学法学部政治学科開設百年記念論文集〕』慶應義塾大学出版会。

有末賢、一九九九、『現代大都市の重層的構造―都市化社会における伝統と変容―』ミネルヴァ書房。

有末賢、一九九九、「生活誌研究と奥井復太郎」川合隆男・藤田弘夫編著『都市論と生活論の祖型―奥井復太郎研究―』慶應義塾大学出版会。

有末賢、二〇〇〇、「生活史調査の意味論」『法学研究』第七三巻第五号。

有末賢、二〇〇〇、「書評リプライ：意味の重層性と現代都市文化」『日本都市社会学会年報』第一八号。

有末賢、二〇〇六、「ライフヒストリーにおけるオーラル・ヒストリー」『日本オーラル・ヒストリー研究』創刊号。

有末賢、二〇〇七、「死別の社会学序説」山岸健［責任編集］、草柳千早・澤井敦・鄭暎恵編『社会学の饗宴Ⅰ　風景の意味―理性と感性―』三和書籍。

有末賢、二〇一〇、「戦後社会調査史における被爆者調査と記憶の表象」『法学研究』第八三巻第二号。

有末賢、二〇一一、「生活史の『個性』と『時代的文脈』」『法学研究』第八四巻第一号。

有末賢、二〇一一、「生と死のライフヒストリー―相互・循環・一回性―」『法学研究』第八四巻第六号。

浅賀ふさ、一九七一、『ケースヒストリーの要点―クライエント理解の手引き―』川島書店。

浅野智彦、二〇〇一、『自己への物語論的接近―家族療法から社会学へ―』勁草書房。

Atkinson, R., 1995, *The Gift of Stories: Practical and Spiritual Applications of Autobiography, Life Stories, and Personal Mythmaking*, Westport, Connecticut: Bergin & Garvey.（塚田守訳、『私たちの中にある物語―人生のストーリーを書く意義と方法―』ミネルヴァ書房、一九九六。）

Atkinson, R., 1998, *The Life Story Interview*, London: Sage.

Banks, A. & Banks, S.（eds.）, 1998, *Fiction and Social Research: By Ice or Fire*, London: Altamira Press, A Division of Sage Publications, Inc.

Barthes, R., 1996, *Journal de Deuil 26 octobre 1977-15 septembre 1979*, Editions du Seuil/IMEC.（石川美子訳、『喪の日記』みすず書房、二〇〇九。）

Beauchamp, T. L., Faden, R. R., Wallace, R. J., Jr. and Walters, L.（eds.）, 1982, *Ethical Issues in Social Science Research*, Baltimore: The Johns Hopkins University Press.

Becker, H. S., 1963, *Outsiders: Studies in the Sociology of Deviance*, New York: The Free Press.（村上直之訳、『アウトサイダーズ―ラベリング理論とはなにか―』新泉社、一九七八。）

Becker, H. S. and Geer, B., 1960, "Participant Observation: The Analysis of Qualitative Field Data" in Adams, R. N. and Preiss, J. J.（eds.）, *Human Organization Research*, Illinois: Dorsey Press.

Benjamin, W., 1974, "Über den Begriff der Geschichte", Gesammelte Schriften, 1-2, Suhrkamp.（浅井健二郎編訳、「歴史の概念について」『ベンヤミン・コレクション1　近代の意味』ちくま学芸文庫、一九九五）。

Berger, P. L., 1963, *Invitation to Sociology: A Humanistic Perspective*, Doubleday Anchor Books.（水野節夫・村山研一訳、『社会学への招待』思索社、一九七九。）

Berger, P. L. & Berger, B., 1975, *Sociology: A Biographical Approach*, New York: Basic Books.（安江孝司・鎌田彰仁・樋口祐子訳、『バーガー社会学』学習研究社、一九七九。）

Berger, P. L. & Luckmann, T., 1966, *The Social Construction of Reality*, New York: Doubleday & Company.（山口節郎訳、『日常世界の構成』新曜社、一九七七。）

Bernard, J., 1973, *The Sociology of Community*, Illinois: Scott Foresman and Company.（正岡寛司監訳、『コミュニティ論批判』早稲田大学出版部、一九七八。）

Bertaux, D., 1990, "Oral History Approaches to an International Social Movement" in Oyen, E.（ed.）, *Comparative Methodology: Theory and Practice in International Social Research*, London: Sage.

Bertaux, D., 1997, *Les récits de vie : Perspective ethnosociologique*, Paris: Nathan.（小林多寿子訳、『ライフストーリー―エスノ社会学的パースペクティヴ―』ミネルヴァ書房、二〇〇三。）
Bertaux, D.（ed.）, 1981, *Biography and Society: The Life History Approach in the Social Science*, California: Sage.
Bertaux, D. and Bertaux-Wiame, I., 1981, "Life Stories in the Bakers' Trade", in Bertaux, D.（ed.）, *Biography and Society: The Life History Approach in the Social Sciences*, California: Sage.
Biography & Society, 1987, Newsletter #8-July 1987.
Blumer, H., 1939, *Critiques of Research in the Social Science: I*, Social Science Research Council.（桜井厚抄訳、『生活史の社会学』御茶の水書房、一九八三。）
Bogdan, R. and Taylor, S., 1975, *Introduction to Qualitative Research Methods*, New York: John Willey & Sons.
Boudon, R., Besnard, P., Cherkaoui, M., and Lecuyer, B-P., 1993, *Dictionnaire de la sociologie*, Larousse, 1993.（宮島喬・杉山光信・梶田孝道・富永茂樹［訳者代表］、『ラルース社会学事典』弘文堂、一九九七。）
Bulmer, M.（ed.）, 1982, *Social Research Ethics*, Hong Kong: Macmillan Press.
バージェス、R・G、一九五九、「社会学研究法」（内藤莞爾訳）、ギュルヴィッチ＝ムーア編（東京大学社会科学研究所監訳）『二十世紀の社会学』Ⅳ、誠信書房。
Burgess, R. G., 1984, *In the Field: An Introduction to Field Research*, London, Boston: George Allen & Unwin.
Carr-Hill, R. A. and Macdonald, K. I., 1973, "Problems in the Analysis of Life Histories", *Sociological Review Monograph*（University of Keele）No.19.
Coffey, A. & Atkinson, P., 1996, *Making Sense of Qualitative Data: Complementary Research Strategies*, Thousand Oaks: Sage.
Cohler, B. J., 1982, "Personal Narrative and Life Course", in Baltes, P. B. and Brim, O. G., Jr.（eds.）, *Life-Span Development and Behavior*, Volume 4, New York: Academic Press.
Crapanzano, V., 1980, *Tuhami*, Chicago: University of Chicago Press.（大塚和夫・渡部重行訳、『精霊と結婚した男―モロッコ人トゥハーミの肖像―』紀伊國屋書店、一九九一。）
醍醐麻沙夫、一九八一、『森の夢―ブラジル日本人移民の記録―』冬樹社。
De Waele, J.-P. and Harre, R., 1979, "Autobiography as a psychological research", in Ginsburg, G. P.（ed.）, *Emerging Strategies in Social Psychological Research*, New York: John Wiley & Sons.

Denzin, N. K., 1970, *Sociological Methods: A Sourcebook*, New York: McGraw-Hill Book Company.

Denzin, N. K., 1970, *The Research Act: A Theoretical Introduction to Sociological Methods*, Chicago: Aldine Publishing Company.

Denzin, N. K. & Lincoln, Y. S.（eds.）, 1998, *Collecting and Interpreting Qualitative Materials*, California: Sage.

Denzin, N. K. & Lincoln, Y. S.（eds.）, 1998, *Strategies of Qualitative Inquiry*, California: Sage.

Denzin, N. K. & Lincoln, Y. S.（eds.）, 1998, *The Landscape of Qualitative Research: Theories and Issues*, California: Sage.

土居健郎、一九七七、『方法としての面接—臨床家のために—』医学書院。

Dore, R. P., 1958, *City Life in Japan: A Study of a Tokyo Ward*, London: Routledge.（青井和夫・塚本哲人訳、『都市の日本人』岩波書店、一九六二。）

Easthope, G., 1974, *A History of Social Research Methods*, London: Longman.（川合隆男・霜野寿亮監訳、『社会調査方法史』慶應通信、一九八二。）

江口英一編、一九九〇、『日本社会調査の水脈—そのパイオニアたちを求めて—』法律文化社。

江口重幸、一九九九「病いの経験を聴く—医療人類学の系譜とナラティヴ・アプローチ—」小森康永・野口裕二・野村直樹編著『ナラティヴ・セラピーの世界』日本評論社。

江原由美子、一九八五、『生活世界の社会学』勁草書房。

江原由美子、一九九五、『装置としての性支配』勁草書房。

Elder, G., 1981, "History and the Life Course" in Bertaux, D.（ed.）, *Biography and Society: The Life History Approach in the Social Science*, California: Sage.

江馬成也、一九五六、「ライフ・ヒストリー分析への一試論」『東北大学教育学部研究年報』第四集。

Emerson, R. M., Fretz, R. I. & Shaw, L. L., 1995, *Writing Ethnographic Fieldnotes*, Chicago: University of Chicago.（佐藤郁哉・好井裕明・山田富秋訳、『方法としてのフィールドノート—現地取材から物語作成まで—』新曜社、一九九八。）

Faraday, A., and Plummer, K., 1979, "Doing Life Histories", *The Sociological Review*, Vol.27, No.4.

Frank, A. W., *The Wounded Storyteller*, Chicago: University of Chicago.（鈴木智之訳、『傷ついた物語の語り手—身体・病い・倫理—』ゆみる出版、二〇〇二。）

藤村正之、二〇〇八、『〈生〉の社会学』東京大学出版会。

藤田弘夫、一九八四、「アーバニズム理論とサバービア」『日本都市の社会学的特質』時潮社。

福武直・日高六郎・高橋徹編、一九五八、『社会学辞典』有斐閣。
布施鉄治・岩城完之・小林甫、一九七四、「生活過程と社会構造変動に関する一考察」『社会学評論』九九号（第二五巻第三号）。
布施鉄治編著、一九八二、『地域産業変動と階級・階層―炭都夕張／労働者の生産・労働―生活史・誌―』御茶の水書房。
Gans, H. J., 1962, "Urbanism and Suburbanism as Ways of Life: A Reevaluation of Definitions" in Rose, A. M.（ed.）, *Human Behavior and Social Processes: An Interactionist Approach*, Boston: Houghton Mifflin.
Garfinkel, H, 1967, "Passing and the managed achievement of sex status in an 'intersexed' person part 1 an abridged version" in Garfinkel, P., *Studies in Ethnomethodology*, Prentice Hall.（山田富秋・好井裕明・山崎敬一編訳、『エスノメソドロジー―社会学的思考の解体―』せりか書房、一九八七。）
Geertz, C., 1973, *The Interpretation of Cultures*, New York: Basic Books.（吉田禎吾・柳川啓一・中牧弘允・板橋作美訳、『文化の解釈学』Ⅰ・Ⅱ、岩波書店、一九八七。）
Giddens, A., 1976, *New Rules of Sociological Method*, New York: Basic Books.
Giddens, A., 1979, *Central Problems in Social Theory*, Berkeley: University of California Press.
Giddens, A., 1991, *Modernity and Self-Identity: Self and Society in the Late Modern Age*, London: Polity Press.（秋吉美都・安藤太郎・筒井淳也訳、『モデニティと自己アイデンティティー後期近代における自己と社会―』ハーベスト社、二〇〇五。）
Giddens, A., 1992, *The Transformation of Intimacy: Sexuality, Love and Eroticism in Modern Societies*, Stanford, California: Stanford University Press.（松尾精文・松川昭子訳、『親密性の変容―近代社会におけるセクシュアリティ、愛情、エロティシズム―』而立書房、一九九五。）
Gouldner, A. W., 1970, *The Coming Crisis of Western Sociology*, New York: Basic Books.（岡田直之他訳、『社会学の再生を求めて』新曜社、一九七四。）
ハーバーマス、J、一九七九、『晩期資本主義における正統化の諸問題』（細谷貞雄訳）岩波書店。
芳賀武、一九九〇、『蒼氓の移民宿―大正六年ハワイを目ざした17歳少年のヨコハマ物語―』創英社。
浜日出夫、二〇〇七、「6章　歴史と記憶」長谷川公一・浜日出夫・藤村正之・町村敬志『社会学 Sociology: Modernity, Self and Reflexivity』有斐閣。
浜日出夫、二〇〇七、「記憶の社会学」『哲学』（慶應義塾大学三田哲学会）。
濱嶋朗・竹内郁郎・石川晃弘編、一九九七、『社会学小辞典〔新版〕』有斐閣。

半田知雄、一九七〇、『移民の生活の歴史―ブラジル日系人の歩んだ道―』サンパウロ人文科学研究所。

橋本満、一九九四、『物語としての「家」―パーソナル・ヒストリーに見る日常世界の解釈―』行路社。

広田康生、一九九三、「エスニック・コミュニティ（移民コミュニティ）研究の視点と方法―『都市と異質性』のテーマ再考を目指して―」『専修大学社会科学研究所月報』三五九号。

広田康生、一九九五、「エスニック・ネットワークの展開と回路としての都市―越境する人々と日常的実践―」奥田道大編『コミュニティとエスニシティ［二一世紀の都市社会学第二巻］』勁草書房。

本多千恵、一九九一、「日系アメリカ人の適応に関する一考察―『成功物語』再考―」『慶應義塾大学大学院社会学研究科紀要』三一号。

ホソカワ、ビル、一九八四、『一二〇%の忠誠―日系二世・この勇気ある人びとの記録―』（猿谷要監修：飯野正子・今井輝子・篠田左多江訳）有斐閣選書。

井腰圭介、一九八八、「なぜ『質的』データが必要なのか―見田・安田論争再考―」『上智大学社会学論集』一二号。

Illich, I., 1981, *Shadow Work*, Boston, London: Marion Boyars.（玉野井芳郎・栗原彬訳、『シャドウ・ワーク―生活のあり方を問う―』岩波書店、一九八二。）

今田高俊、一九八六、『自己組織性―社会理論の復活―』創文社。

今福竜太、一九九一、『クレオール主義』青土社。

今村仁司、一九九八、『近代の思想構造―世界像・時間意識・労働―』人文書院。

稲垣尚友、一九七五、「ふうらい坊渡世」『あるくみるきく』（日本観光文化研究所発行）第九七号。

稲垣尚友、一九七八、「籠作り入門記」『あるくみるきく』第一三二号。

稲垣尚友、一九七八、『山羊と芋酎―ナオトモのトカラ―』未來社。

稲垣尚友、一九八〇、『悲しきトカラ―平島生活記録―』未來社。

稲垣尚友、一九八三、『棄民列島―吐火羅人国記―』未來社。

稲垣尚友、一九九一、『青春彷徨』福音館書店。

稲垣尚友、一九九五、『十七年目のトカラ・平島』梟社。

稲垣尚友、一九九六、『密林のなかの書斎―琉球弧北端の島の日常―』梟社。

稲垣尚友、二〇〇三、『埋み火―南島尚歯譚―』えれほん。

稲垣尚友、二〇一一、『灘渡る古層の響き―平島放送速記録を読む―』みずのわ出版。

猪瀬直樹、一九九五、『ペルソナ―三島由紀夫伝―』文藝春秋。

色川大吉、一九七五、『ある昭和史―自分史の試み―』中央公論社。

色川大吉、一九七七、『歴史の方法』大和書房。

色川大吉、一九九二、『自分史―その理念と試み―』講談社学術文庫。

石田甚太郎、一九八六、『ボリビア移民聞書―アンデスの彼方の沖縄と日本―』現代企画室。

石田忠編著、一九七三、『反原爆―長崎被爆者の生活史―』未來社。

石田忠編著、一九七四、『続反原爆―長崎被爆者の生活史―』未來社。

石川准、一九九二、『アイデンティティ・ゲーム』新評論。

石川美子、一九八九、「自伝・自己描写・小説―『わたし』をめぐって―」東京大学仏語仏文学研究会『仏語仏文学研究』3。

石川美子、一九九五、「自伝における愛の喪」『平成七年度専修大学公開講座講義要項「美と愛と死の思想」』。

石川美子、一九九七、『自伝の時間―ひとはなぜ自伝を書くのか―』中央公論社。

Isin, E. F., and Wood, P. K., 1999, *Citizenship and Identity*, Sage.

伊藤一男、一九九〇、『桑港　日本人列伝』ＰＭＣ出版。

岩井洋、一九八六、「身体・記憶・場所」『上智大学社会学論集』一一号。

岩井洋、一九九二、「想起することと歴史をつくること」佐々木正人編集『現代のエスプリ二九八　エコロジカル・マインド』至文堂。

Janik, A. and Toulmin, S., 1973, *Wittgenstein's Vienna*, Simon and Schuster.（藤村龍雄訳、『ウィトゲンシュタインのウィーン』平凡社ライブラリー、二〇〇一。）

Jankélévitch, V., 1977, *La Mort*, Paris: Flammarion.（仲沢紀雄訳『死』みすず書房、一九七八。）

Jeffrey, W., 1986, *Sexuality*, London & N.Y.: Routledge.（上野千鶴子監訳、『セクシュアリティ』河出書房新社、一九九六。）

Johnson, J. M., 1975, *Doing Field Research*, New York: The Free Press.

蔭山宏、一九八六、『ワイマール文化とファシズム』みすず書房。

蔭山宏、二〇〇四、「『学問の危機』と経験―西郷信綱『古典の影』に寄せて―」『法学研究』第七九巻第一号。

篭山京、一九七六、『戦後日本における貧困層の創出過程』東京大学出版会。

篭山京、一九八四、「国民生活の構造」『篭山京著作集第5巻』ドメス出版。

篭山京、一九八四、「生活構造研究の経過と課題」『現代社会学』第一八号（Vol.10, No.1）アカデミア出版会。

篭山京編、一九八一、『大都市における人間構造』東京大学出版会。

片桐雅隆、一九八二、『日常世界の構成とシュッツ社会学』時潮社。

片桐雅隆、二〇〇〇、『自己と「語り」の社会学―構築主義的展開―』世界思想社。

片桐雅隆、二〇〇三、『過去と記憶の社会学―自己論からの展開―』世界思想社。

加藤秀俊、一九六七、「個人史による地域社会研究」『人文学報』第二六号。

加藤秀俊・米山俊直、一九六三、『北上の文化―新・遠野物語―』（現代教養文庫）社会思想社。

加藤普章、一九九〇、『多元国家カナダの実験―連邦主義・先住民・憲法改正―』未來社。

川合隆男、一九七七、「近代日本における社会成層研究の生成」『法学研究』第五〇巻第五号。

川合隆男、一九九〇、「日本社会学の最近の動向と反省」『法学研究』第六三巻第三号。

川合隆男編、一九八九、『近代日本社会調査史（I）』慶應通信。

川又俊則、二〇〇二、『ライフヒストリー研究の基礎―個人の「語り」にみる現代日本のキリスト教―』創風社。

川添登他、一九八二、「生活学会の方向と生活学の内容」『日本生活学会』。

きだみのる、一九六七、『にっぽん部落』岩波新書。

きだみのる、一九八一、『気違い部落周游紀行』冨山房百科文庫

Kim, K. C. and Hurh, W. M., 1984, "Adhesive Sociocultural Adaptation of Korean Immigrants in the U.S.: An Alternative Strategy of Minority Adaptation", *International Migration Review*, vol.18.

木下康仁、一九九九、『グラウンデッド・セオリー・アプローチ―質的実証研究の再生―』弘文堂。

Kluckhohn, C. & Murray, H. A., 1953, "A personality formation" in Kluckhohn, C., Murray, H. & Schneider, D. (eds.), *Personality in Nature, Society and Culture*, New York: Knopf.

小林多寿子、一九九五、「インタビューからライフヒストリーへ」中野卓・桜井厚編『ライフヒストリーの社会学』弘文堂。

小林多寿子、一九九五、「自分史と物語産業の誕生―一九八〇年代の動向から―」『日本女子大学人間社会学部紀要』5。

小林多寿子、一九九七、『物語られる「人生」―自分史を書くということ―』学陽書房。

小林多寿子編著、二〇一〇、『ライフストーリー・ガイドブック―ひとがひとに会うために―』嵯峨野書院。

コッカ、ユルゲン、一九七九、「社会史の概念と方法」（早島瑛訳）『思想』第六六二号。

国民生活センター編、一九七六、『都市家族の生活歴―社会変動とライフ・サイクル―』ドメス出版。
Kotre, J., 1984, *Outliving the Self: Generativity and Interpretation of Lives*, Johns Hopkins University Press.
厚生省公衆衛生局、一九六七、『原子爆弾被爆者実態調査　健康調査および生活調査の概要』。
狐崎知己、二〇〇九、「『紛争犠牲者』の証言と競合する『真実』―グアテマラにおける個人的な経験から―」日本オーラル・ヒストリー学会『日本オーラル・ヒストリー研究』第五号。
工藤美代子、一九八三、『カナダ遊妓楼に降る雪は』晶文社。
Kuhn, T., 1970, *The Structure of Scientific Revolutions*, Chicago: University of Chicago Press.（中山茂訳、『科学革命の構造』みすず書房、一九七一。）
栗原彬、一九八二、『歴史とアイデンティティ―近代日本の心理＝歴史研究―』新曜社。
Langness, L. L., 1956, *The Life History in Anthropological Science*, New York: Holt, Rinehart and Winston.
Langness, L. L. and Frank, G., 1981, *Lives: An Anthropological Approach to Biography*, Novato, California: Chandler & Sharp Publishers.（米山俊直・小林多寿子訳、『ライフヒストリー研究入門―伝記への人類学的アプローチ―』ミネルヴァ書房、一九九三。）
Leach, E., 1976, *Culture and Communication*, New York: Cambridge University Press.
Lejeune, P., 1971, *L'autobiographie en France*, Paris: Armand Colin.（小倉孝誠訳、『フランスの自伝―自伝文学の主題と構造―』法政大学出版局、一九九五。）
ル・ロワ・ラデュリ、一九八〇、『新しい歴史［歴史人類学への道］』（樺山紘一・木下賢一・相良匡俊・中原嘉子・福井憲彦訳）新評論。
Lewis, O., 1959, *Five Families: Mexican Case Studies in the Culture of Poverty*, New York: Basic Books.（高山智博訳、『貧困の文化―五つの家族―』新潮社、一九七〇。）
Lewis, O., 1961, *The Children of Sánchez: Autobiography of a Mexican Family*, New York: Random House.（柴田稔彦・行方昭夫訳、『サンチェスの子供たち』1・2、みすず書房、一九六九。）
Lewis, O., 1965, 1966, *La Vida: A Puerto Rican Family in the Culture of Poverty-San Juan and New York*, New York: Random House.（行方昭夫・上島建吉訳、『ラ・ビーダ―プエルト・リコの一家族の物語―』1・2・3、みすず書房、一九七〇・七一。）
Lifton, R. J., 1967, *Death in Life: Survivors of Hiroshima*, New York: Random House.（桝井迪夫監修、湯浅信之・越智道雄・松田誠思共訳、『死の内の生命―ヒロシマの生存者―』朝日新聞社、一九七一。桝井迪夫・湯浅信之・越智道雄・松田誠思訳、『ヒロシマを生き

抜く（上）（下）―精神史的考察―』岩波現代文庫、二〇〇九。）

リフトン、R・J、一九七四、『終わりなき現代史の課題』（小野泰博・吉松和哉訳）誠信書房。

Linde, C., 1993, *Life Stories: The Creation of Coherence*, New York: Oxford University Press.

ルーマン、N、一九八三、『法と社会システム』（土方昭監訳）新泉社。

Lyotard, J.-F., 1979, *La condition postmoderne*, Paris: Les editions de Minuit.（小林康夫訳、『ポスト・モダンの条件―知・社会・言語ゲーム―』白馬書房、一九八六。）

Maanen, J. V., 1988, *Tales from the Field: On Writing Ethnography*, Chicago: University of Chicago.（森川渉訳、『フィールドワークの物語―エスノグラフィーの文章作法―』現代書館、一九九九。）

前山隆、一九八一、『非相続者の精神史―或る日系ブラジル人の遍歴―』御茶の水書房。

前山隆、一九八二、『移民の日本回帰運動』（NHKブックス）日本放送出版協会。

前山隆編著、一九八六、『ハワイの辛抱人―明治福島移民の個人史―』御茶の水書房。

真壁知子、一九八三、『写真婚の妻たち―カナダ移民の女性史―』未來社。

真木悠介、一九七七、『気流の鳴る音―交響するコミューン―』筑摩書房。

Malinowski, B., 1967, *A Diary in the Strict Sense of the Term*, New York: Harcourt Brance & World.（谷口佳子訳、『マリノフスキー日記』平凡社、一九八七。）

升本喜年、一九九三、『女優岡田嘉子』文藝春秋。

松田素二、二〇〇九、『日常人類学宣言！―生活世界の深層へ／から―』世界思想社。

松田素二・川田牧人編著、二〇〇二、『エスノグラフィー・ガイドブック―現代世界を複眼で見る―』嵯峨野書院。

松平誠、一九八二年、「都市の社会集団―〝まつり〟を準拠点とする実証研究（その三）―」『応用社会学研究』第二三号。

松平誠、一九八二年、「都市の社会集団―府中祭礼集団にみる町内（まちうち）の実証的研究―」『応用社会学研究』第二四号。

松本健一、一九九〇、『仮説の物語り―いかに事実を発見するか―』新潮社。

松本康、一九九二、「都市は何を生み出すか―アーバニズム理論の革新―」森岡清志・松本康編『都市社会学のフロンティア2　生活・関係・文化』日本評論社。

McNamee, S. and Gergen, K. J.（eds.）, 1992, *Therapy as Social Construction*, London: Sage.（野口裕二・野村直樹抄訳、『ナラティヴ・セラピー―社会構成主義の実践―』金剛出版、一九九七。）

箕浦康子編著、一九九九、『フィールドワークの技法と実際―マイクロ・エスノグラフィー入門―』ミネルヴァ書房。

見田宗介、一九七九、『現代社会の社会意識』弘文堂。

見田宗介・栗原彬・田中義久編、一九八八、『社会学事典』弘文堂。

宮家準、一九八〇年、『生活のなかの宗教』ＮＨＫブックス、日本放送出版協会。

宮本常一、一九七八、『民俗学の旅』文藝春秋。

宮永國子編著、二〇〇二、『グローバル化とアイデンティティ・クライシス』明石書店。

三好耕三、一九八二、『ブラジル成功物語―ブラジルの大地に夢を賭けた男―』長崎出版。

水野節夫、一九七九、「初期トーマスの基本的視座―『ポーランド農民』論ノート（一）―」『社会労働研究』第二五巻第三・四号。

水野節夫、一九七九、「『ポーランド農民』の実質的検討に向けて―『ポーランド農民』論ノート（二）―」『社会労働研究』第二六巻第二号。

水野節夫、一九八六、「生活史研究とその多様な展開」宮島喬編『社会学の歴史的展開』サイエンス社。

水野節夫、二〇〇〇、『事例分析への挑戦―〝個人〟現象への事例媒介的アプローチの試み―』東信堂。

水野知昭、二〇〇六、『生と死の北欧神話』松柏社。

森岡清美、一九七三、『家族周期論』培風館。

森岡清美・青井和夫編、一九八五、『ライフ・コースと世代―現代家族論再考―』垣内出版。

森岡清美・塩原勉・本間康平［編集代表］、一九九三、『新社会学辞典』有斐閣。

森末義彰・寶月圭吾・小西四郎編、一九六九、『体系日本史叢書一七　生活史Ⅲ』山川出版社。

中川久定、一九七九、『自伝の文学―ルソーとスタンダール―』岩波新書。

中川清、一九九〇、「《書評論文》近代日本一〇〇年の自己認識を振り返る」『三田学会雑誌』八三巻三号。

中井信彦、一九七三、『歴史学的方法の基準』塙書房。

中井信彦、一九七九、「史学としての社会史―社会史にかんする覚書―」『思想』第六六三号。

中野卓、一九六八、「大正期前後にわたる漁村社会の構造変化とその推進力」『村落社会研究』第四集、塙書房。

中野卓、一九八一、「個人の社会学的調査研究について」『社会学評論』一二五号（第三二巻第一号）。

中野卓編、一九八一、『明治四十三年京都―ある商家の若妻の日記―』新曜社。

中野卓編著、一九七七、『口述の生活史―或る女の愛と呪いの日本近代―』御茶の水書房。

中野卓編著、一九八三、『日系女性立川サエの生活史―ハワイの私・日本での私 一八八九～一九八二―』御茶の水書房。

中野卓編著、一九八九、『中学生のみた昭和十年代』新曜社。

中野卓・小平朱美、一九八一、『老人福祉とライフ・ヒストリー』未來社。

中野卓・桜井厚編、一九九五、『ライフヒストリーの社会学』弘文堂。

西原和久、二〇〇三、『自己と社会―現象学の社会理論と〈発生社会学〉―』新泉社。

西岡亜紀、二〇〇八、『福永武彦論―「純粋記憶」の生成とボードレール―』東信堂。

西澤晃彦、一九九五、『隠蔽された外部―都市下層のエスノグラフィー―』彩流社。

野田正彰、一九九二、『喪の途上にて―大事故遺族の悲哀の研究―』岩波書店。

野口裕二、一九九六、『アルコホリズムの社会学―アディクションと近代―』日本評論社。

ノラ、P.、二〇〇二、『記憶の場―フランス国民意識の文化＝社会史―』第一巻（谷川稔監訳）岩波書店。

小倉康嗣、二〇〇六、『高齢化社会と日本人の生き方―岐路に立つ現代中年のライフストーリー―』慶應義塾大学出版会。

沖本、ダニエル・I、一九八四、『日系二世に生まれて―仮面のアメリカ人―』（山岡清二訳）サイマル出版会。

奥山眞知・田巻松雄編著、一九九三、『二〇世紀末の諸相―資本・国家・民族と「国際化」―』八千代出版。

オルリック、A、二〇〇七、『北欧神話の世界―神々の死と復活―』（尾崎和彦訳）青土社。

大出春江、一九九五、「『口述の生活史』作品化のプロセス」中野卓・桜井厚編『ライフヒストリーの社会学』弘文堂。

大出春江編著、二〇一二、『看取りの文化とケアの社会学』梓出版社。

オオイシ、G、一九八九、『引き裂かれたアイデンティティ―ある日系ジャーナリストの半生―』（染矢清一郎訳）岩波書店。

大久保孝治、一九八五、「ライフコース研究におけるデータ収集の方法」『社会学年誌』（早稲田大学社会学会）第二六号。

大久保孝治、一九八八、「生活史分析の方法論的基礎」『社会科学討究』第三四巻第一号。

大久保孝治、二〇〇九、『ライフストーリー分析―質的調査入門―』学文社。

大城道子、二〇一〇、「『当事者性の共有』可能性を探る」『日本オーラル・ヒストリー研究』第六号。

大山七穂、一九九六、「ジェンダーと調査のバイアス」栗田宣義編『メソッド／社会学―現代社会を測定する―』川島書店。

大山信義編著、一九八八、『船の職場史―造船労働者の生活史と労使関係―』御茶の水書房。

Perec, G., 1975, *W ou le souvenir d'enfance*, Paris: Denoel.（酒詰治男訳、『W（ドゥブルヴェ）あるいは子供の頃の思い出』人文書院、一九九五。）

Plath, D. W., 1980, *Long Engagements: Maturity in Modern Japan*, Stanford, California: Stanford University Press.（井上俊・杉野目康子訳、『日本人の生き方―現代における成熟のドラマ―』岩波書店、一九八五。）
Plummer, K., 1983, *Documents of Life: An Introduction to the Problems and Literature of a Humanistic Method*, London: George Allen & Unwin.
Plummer, K., 1995, *Telling Sexual Stories: Power, Change, Social Worlds*, London: Routledge.（桜井厚・好井裕明・小林多寿子訳、『セクシュアル・ストーリーの時代―語りのポリティクス―』新曜社、一九九八。）
Ribbens, J. and Edwards, R., 1998, *Feminist Dilemmas in Qualitative Research: Public Knowledge and Private Lives*, London: Sage.
Robert, A., 1998, *The Life Story Interview*（Qualitative Research Methods Series 44）, London: Sage.
Rossman, G. B. & Rallis, S. F., 1998, *Learning in the Field: An Introduction to Qualitative Research*, Thousand Oaks, California: Sage.
Rubin, H. J. & Rubin, I. S., 1995, *Qualitative Interviewing: The Art of Hearing Data*, Thousand Oaks: Sage.
Runyan, W. M., 1982, *Life Histories and Psychobiography: Explorations in Theory and Method*, New York: Oxford University Press.
Sacks, H., 1972, "An Initial Investigation of the Usability of Conversational Data for Doing Sociology", in Sudnow, D.（ed.）, *Studies in Social Interaction*, The Free Press.（北澤裕・西阪仰訳、「会話データの利用法―会話分析事始め―」サーサス、ガーフィンケル、シェグロフ編『日常性の解剖学―知と会話―』マルジュ社、一九八九。）
佐伯彰一、一九七四、『日本人の自伝』講談社。
斎藤学、一九八四、『嗜癖行動と家族―過食症・アルコール依存症からの回復―』有斐閣。
酒井直樹、一九九六、「序論　ナショナリティと母（国）語の政治」酒井直樹、ブレット・ド・バリー、伊豫谷登士翁編『ナショナリティの脱構築』柏書房。
桜井厚、一九八〇、「A・シュッツの基本概念と生活史」シュッツ、A、『現象学的社会学の応用』御茶の水書房。
桜井厚、一九八二、「社会学における生活史研究」『南山短期大学紀要』第一〇号。
桜井厚、一九八六、「主観的リアリティとしてのライフ・ヒストリー」『中京大学社会学部紀要』第一巻第一号。
桜井厚、二〇〇二、『インタビューの社会学―ライフストーリーの聞き方―』せりか書房。
桜井厚、二〇〇五、『境界文化のライフストーリー』せりか書房。
桜井厚・小林多寿子編著、二〇〇五、『ライフストーリー・インタビュー―質的研究入門―』せりか書房。
佐藤郁哉、一九八四、『暴走族のエスノグラフィー―モードの叛乱と文化の呪縛―』新曜社。
佐藤郁哉、一九九二、『フィールドワーク―書を持って街へ出よう―』新曜社。

佐藤健二、一九八四、「社会分析の方法としての『新しい歴史』」『社会科学紀要』第三三集、東京大学教養学部。

佐藤健二、一九九五、「ライフヒストリー研究の位相」中野卓・桜井厚編『ライフヒストリーの社会学』弘文堂。

佐藤健二、一九九八、「データの処理―データ・ベースの構築―」石川淳志・佐藤健二・山田一成編『見えないものを見る力―社会調査という認識―』八千代出版。

佐藤健二、二〇一一、『社会調査史のリテラシー―方法を読む社会学的想像力―』新曜社。

澤井敦、二〇〇五、『死と死別の社会学―社会理論からの接近―』青弓社。

Schaef, A. W., 1987, *When Society Becomes an Addict*, The Lazear Agency.（斎藤学監訳、『嗜癖する社会』誠信書房、一九九三。）

Schatzman, L. and Strauss, A. L., 1973, *Field Research: Strategies for a Natural Sociology*, Englewood Cliffs, N.J.: Prentice Hall.（川合隆男監訳、『フィールド・リサーチ―現地調査の方法と調査者の戦略―』慶應義塾大学出版会、一九九九。）

Schütz, A., 1964, *Collected Papers II: Studies in Social Theory*, edited and introduced by Broderson, A., The Hague: Martinus Nijhoff.（桜井厚訳、『現象学的社会学の応用』御茶の水書房、一九八〇。）

Schütz, A., 1971, "On Multiple Realities" in *Collected Papers I: The Problem of Social Reality*, The Hague: Martinus Nijhoff.（森川眞規雄・浜日出夫訳、『現象学的社会学』紀伊國屋書店、一九八〇。）

シュッツ、A、一九八二、『社会的世界の意味構成―ヴェーバー社会学の現象学的分析―』（佐藤嘉一訳）木鐸社。

Schwartz, H. and Jacobs, J., 1979, *Qualitative Sociology*, New York: The Free Press.

生活研究同人会編著、一九八二、『近代日本の生活研究―庶民生活を刻みとめた人々―』光生館。

関根政美、一九八九、『マルチカルチュラル・オーストラリア―多文化社会オーストラリアの社会変動―』成文堂。

Shils, E., 1981, *Tradition*, Chicago: University of Chicago Press.

島薗進・竹内整一・小佐野重利［責任編集］、二〇〇八、『死生学』東京大学出版会。

清水透、二〇〇九、「なぜ、今『和解』か」日本オーラル・ヒストリー学会『日本オーラル・ヒストリー研究』第五号。

新保満、一九七五、『石をもて追わるるごとく―日系カナダ人社会史―』トロント：大陸時報社。

新保満、一九八六、『カナダ日本人移民物語』築地書館。

Silverman, D., 1993, *Interpreting Qualitative Data: Methods for Analysing Talk, Text and Interaction*, London: Sage.

Silverman, D. (ed.), 1997, *Qualitative Research: Theory, Method and Practice*, London: Sage.

祖父江孝男、一九七六、「村の生活はどう変わったか―ライフ・ヒストリーによる分析―」『文化とパーソナリティ』弘文堂。

園部雅久、二〇〇〇、「書評論文：有末賢『現代大都市の重層的構造』」『日本都市社会学会年報』第一八号。

Spengemann, W. C., 1980, *The Forms of Autobiography*, New Haven: Yale University.（船倉正憲訳、『自伝のかたち―一文学ジャンル史における出来事―』法政大学出版局、一九九一。）

Straus, A. L., 1987, *Qualitative Analysis for Social Scientists*, New York: Cambridge University Press.

数土直紀、二〇〇一、『理解できない他者と理解されない自己―寛容の社会理論―』勁草書房。

水津嘉克、二〇〇八、「『死別』への社会学的接近のために―「段階論」の批判的検討から―」崎山治男・伊藤智樹・佐藤恵・三井さよ編著『〈支援〉の社会学―現場に向き合う思考―』青弓社。

鈴木栄太郎、一九六九、「都市社会学原理」『鈴木栄太郎著作集Ⅵ』未來社。

鈴木広編、一九七八、『コミュニティ・モラールと社会移動の研究』アカデミア出版会。

鈴木隆雄、二〇一〇、「当事者であることの利点と困難さ―研究者として／当事者として―」『日本オーラル・ヒストリー研究』第六号。

庶民生活史研究会編、一九八九、『同時代人の生活史』未來社。

戴エイカ、一九九九、『多文化主義とディアスポラ：Voices from San Francisco』明石書店。

高橋哲哉、一九九五、『記憶のエチカ―戦争・哲学・アウシュヴィッツ―』岩波書店。

立岩真也、一九九七、『私的所有論』勁草書房。

鄭暎惠、一九九三、「定住外国人と近代国家の誤算」『現代思想』二一巻九号（「特集　浮遊する国家―外国人問題の視点から―」）。

トーマス、W・I、ズナニエツキ、F、一九八三、『生活史の社会学―ヨーロッパとアメリカにおけるポーランド農民―』（桜井厚訳）御茶の水書房。

鳥越皓之、一九八二、『トカラ列島社会の研究―年齢階梯制と土地制度―』御茶の水書房。

鳥越皓之、一九八八、『沖縄ハワイ移民一世の記録』中公新書。

Treat, J. W., 1995, *Writing ground zero*, Chicago: University of Chicago Press.（水島裕雅・成定薫・野坂昭雄監訳、『グラウンド・ゼロを書く―日本文学と原爆―』法政大学出版局、二〇一〇。）

辻信一、一九九〇、『日系カナダ人』晶文社。

鶴見和子、一九六二、『ステブストン物語―世界のなかの日本人―』中央公論社。

鶴見和子、一九六三、『生活記録運動のなかで』未來社。

鶴見和子、一九八二、「書評：中野卓編『口述の生活史』」『社会学評論』一二八号（第三二巻第四号）。

鶴見和子・市井三郎編、一九七四、『思想の冒険─社会と変化の新しいパラダイム─』筑摩書房。

中鉢正美、一九七五、『現代日本の生活体系』ミネルヴァ書房。

上田喜三郎、一九八八～一九九四、「ハワイ日系人の生活史」（一）～（一八）『太平洋学会誌』一一巻三号～一六巻四号。

上野千鶴子、一九八四、「祭りと共同体」井上俊編『地域文化の社会学』世界思想社。

上野英信、一九七七、『出ニッポン記』潮出版社。

鵜飼哲・高橋哲哉編、一九九五、『『ショアー』の衝撃』未來社。

Van Manen, M., 1990, *Researching lived experience: human science for an action sensitive pedagogy*, London, Ont.: Althouse Press.（村井尚子訳、『生きられた経験の探求─人間科学がひらく感受性豊かな〝教育〟の世界─』ゆみる出版、二〇一一。）

我妻洋監修、我妻令子・菊村アケミ共著、一九八六、『千枝さんのアメリカ─一日系移民の生活史─』弘文堂。

渡辺牧、一九八二、「志向性の社会学序説」『ソシオロゴス』第六号。

和崎洋一、一九六五、「地域社会の研究」『人文学報』第二一号。

White, M. and Epston, D., 1990, *Narrative Means to Therapeutic Ends*, New York: W. W. Norton & Company.（小森康永訳、『物語としての家族』金剛出版、一九九二。）

ホワイト、W・F、一九七九、『ストリート・コーナー・ソサイエティ』（寺谷弘壬訳）垣内出版。

Wiesel, E., 1994, *Tous les fleuves vont à la mer*, Paris: Georges Borchardt.（村上光彦訳、『そしてすべての川は海へ─20世紀ユダヤ人の肖像─（上）（下）』朝日新聞社、一九九五。）

ウィルソン、R、ホソカワ、B、一九八二、『ジャパニーズ・アメリカン─日系米人・苦難の歴史─』（猿谷要監訳）有斐閣選書R。

ワース、L、一九七八、「生活様式としてのアーバニズム」鈴木広編『都市化の社会学［増補］』（高橋勇悦訳）誠信書房。

ヴィトゲンシュタイン、L、一九六八、『論理哲学論考』（藤本隆志・坂井秀寿訳）法政大学出版局（叢書：ウニベルシタス6）。

矢木明夫、一九七八、『生活経済史　大正・昭和篇』評論社。

山本啓、一九八〇、『ハーバーマスの社会科学論』勁草書房。

山崎朋子、一九七八、『あめゆきさんの歌─山田わかの数奇なる生涯─』文藝春秋。

柳田國男、一九六七、『明治大正史　世相篇』平凡社（東洋文庫）。

柳田國男、一九七〇、「郷土生活の研究法」『定本柳田國男集第二五巻』筑摩書房。

柳田國男、一九七〇、「民間伝承論」『定本柳田國男集第二五巻』筑摩書房。

柳田國男、一九七五、『先祖の話』筑摩書房。

柳田利夫編著、一九九七、『リマの日系人―ペルーにおける日系社会の多角的分析―』明石書店。

好井裕明、二〇〇九、「差別と和解するとはどういうことなのだろうか」日本オーラル・ヒストリー学会『日本オーラル・ヒストリー研究』第五号。

吉澤輝夫編集、一九九五、『現代のエスプリ三三八　自分史』至文堂。

ナ行

ハ行

マ行

ヤ行

ラ行

ワ行

人名索引

ア行

カ行

サ行

タ行

ヤ行

ラ行

ワ行

ナ行

ハ行

マ行

タ行

サ行

索　引

事項索引

ア行

カ行

著者紹介

有末　賢（ありすえ　けん）

1953年生まれ。慶應義塾大学法学部教授。1982年慶應義塾大学大学院社会学研究科社会学専攻博士課程修了。博士（社会学）。慶應義塾大学法学部専任講師、同助教授を経て現職。専攻領域は地域社会論、都市社会学、生活史。

主要著作に、『ライフヒストリーの社会学』（共著、弘文堂、1995年）、『社会学入門』（共編著、弘文堂、1996年）、『メソッド／社会学―現代社会を測定する―』（共著、川島書店、1996年）、『リマの日系人―ペルーにおける日系社会の多角的分析―』（共著、明石書店、1997年）、『政治・社会理論のフロンティア』（共著、慶應義塾大学出版会、1998年）、『現代大都市の重層的構造―都市化社会における伝統と変容―』（ミネルヴァ書房、1999年）、『都市社会学』（共著、有斐閣、1999年）、『都市民俗生活誌』第１～３巻（共編、明石書店、2002～５年）、『戦後日本の社会と市民意識』、『多文化多世代交差世界における市民意識の形成』（ともに共編著、慶應義塾大学出版会、2005年、2008年）、『講座日本の都市社会　第３巻―都市の生活・文化・意識―』、『講座日本の都市社会　第５巻―都市社会研究の歴史と方法―』（ともに共編著、文化書房博文社、2007年）、『都市民俗基本論文集』全４巻＋別冊２（共編、岩田書院、2009～12年）などがある。

生活史宣言
――ライフヒストリーの社会学

2012年８月10日　初版第１刷発行

著　者――――有末　賢
発行者――――坂上　弘
発行所――――慶應義塾大学出版会株式会社
〒108-8346　東京都港区三田２-19-30
TEL〔編集部〕03-3451-0931
〔営業部〕03-3451-3584〈ご注文〉
〔　〃　〕03-3451-6926
FAX〔営業部〕03-3451-3122
振替　00190-8-155497
http://www.keio-up.co.jp/
装　丁――――渡辺澪子
印刷・製本――株式会社丸井工文社
カバー印刷――株式会社太平印刷社

Printed in Japan ISBN 978-4-7664-1883-5